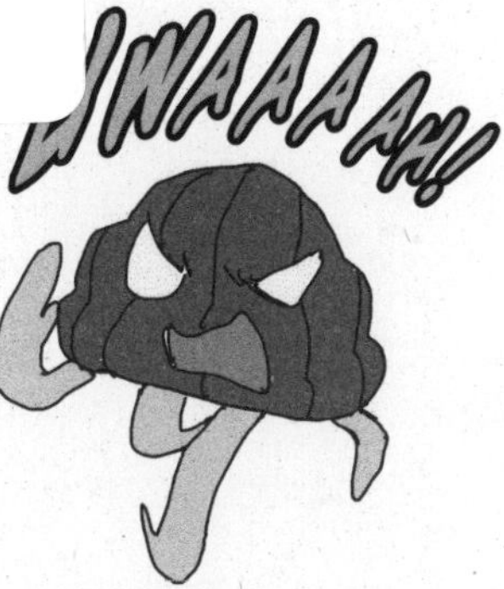

戸塚慶文

Yoshifumi Tozuka

Endlich hat der neue Loop begonnen! Und genau wie Fuko und ihr Team breche auch ich mit frischem Pioniergeist auf und stürze mich in die Zeichnungen! Ich bin schon gespannt, wer uns in diesem sechzehnten Band, in dem wir mit Vollgas auf eine völlig neue Welt zusteuern, so alles begegnen wird! Also, los geht's!

CARLSEN MANGA

Aus dem Japanischen von Martin Gericke

First published in Japan in 2020 by SHUEISHA Inc., Tokyo.
German translation rights in Germany, Austria, Luxembourg and German-speaking Switzerland arranged by SHUEISHA Inc. through VME PLB SAS, France.

Redaktion: Anne Berling
Textbearbeitung: Karen Eifler
Produktionsmanagement: Björn Liebchen

ISBN: 978-3-551-80235-4

UNDEAD UNLUCK

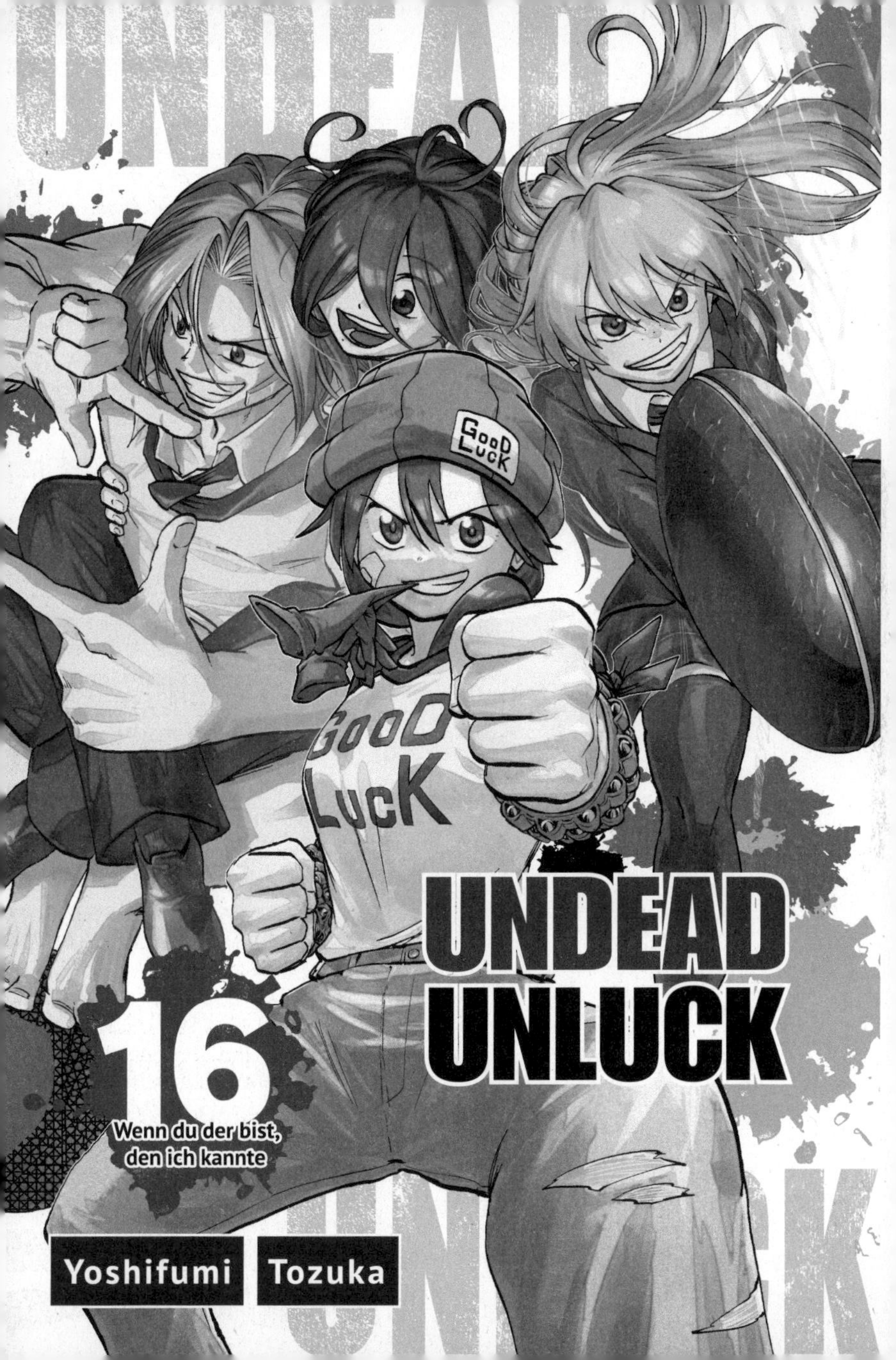
UNDEAD
UNLUCK
16
Wenn du der bist,
den ich kannte
Yoshifumi
Tozuka
GooD LucK
GooD LucK

UNDEAD UNLUCK

CHARAKTERE

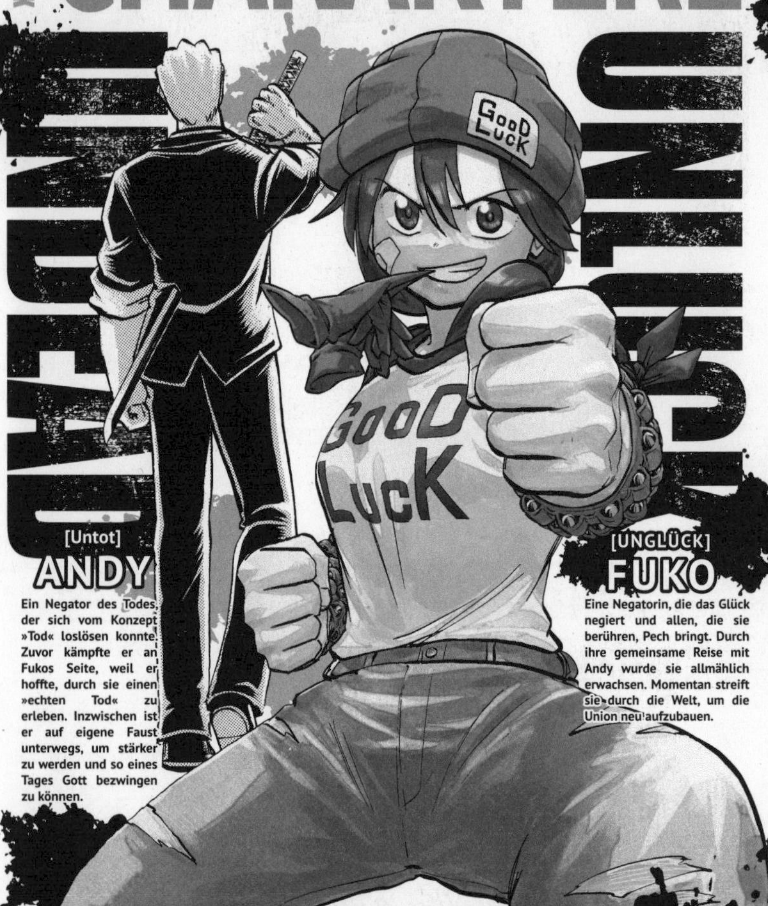

[Untot]

ANDY

Ein Negator des Todes, der sich vom Konzept »Tod« loslösen konnte. Zuvor kämpfte er an Fukos Seite, weil er hoffte, durch sie einen »echten Tod« zu erleben. Inzwischen ist er auf eigene Faust unterwegs, um stärker zu werden und so eines Tages Gott bezwingen zu können.

[UNGLÜCK]

FUKO

Eine Negatorin, die das Glück negiert und allen, die sie berühren, Pech bringt. Durch ihre gemeinsame Reise mit Andy wurde sie allmählich erwachsen. Momentan streift sie durch die Welt, um die Union neu aufzubauen.

STORY

Da sie anderen Menschen mit ihrem »Unglück« ungewollt Pech beschert, hatte sich Fuko eigentlich vorgenommen, ihrem Leben ein Ende zu setzen. Doch nach der Begegnung mit Andy gewinnt sie ihren Lebenswillen zurück und schöpft neuen Mut. In der Zwischenzeit erfahren die beiden von der Existenz der UMA (unidentifizierte, mysteriöse Arten) und treten der Union bei. Dort erfahren sie auch den Grund für die Existenz der Union: Es gilt, die vom Schöpfer auferlegten Quests zu lösen und gegen ihn zu rebellieren. Schließlich bricht Ragnarök über die Welt herein und die Negatoren werden von Sun alias Gott überwältigt! Fuko gelingt es jedoch, mithilfe von Ark, dem Artefakt, das Juiz ihr anvertraute, den Loop zu betreten und in der Zeit zurückzureisen. Durch diesen Neustart hofft sie, die stärkste Union aller Zeiten zu errichten und Gott ein für alle Mal zu besiegen!

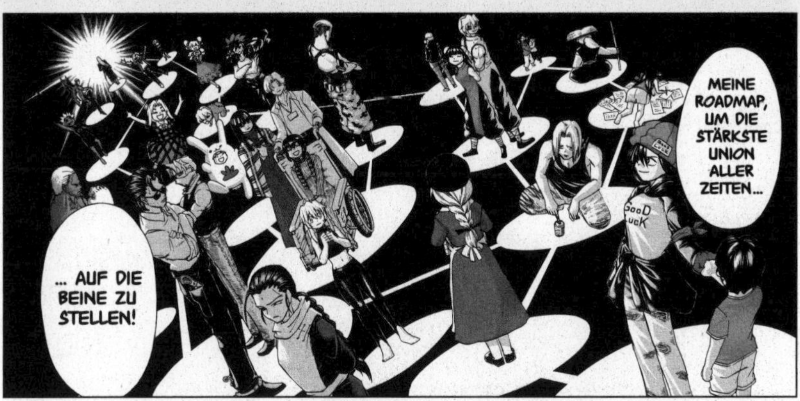

FUKO UNTERNIMMT ALLES, UM IHREN PLAN IN DIE TAT UMZUSETZEN!

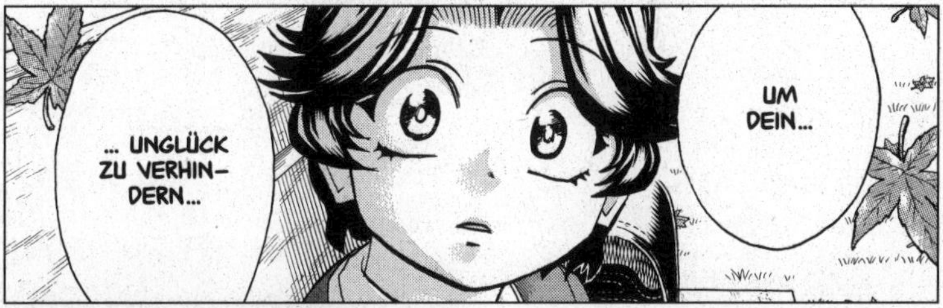

UNKNOWN [ANNO UN] AKIRA KUNO

Im vorherigen Loop rettete Negator Anno Un Andy und Fuko. Im jetzigen Loop verhindert Fuko, dass aus Anno Un überhaupt erst ein Negator wird.

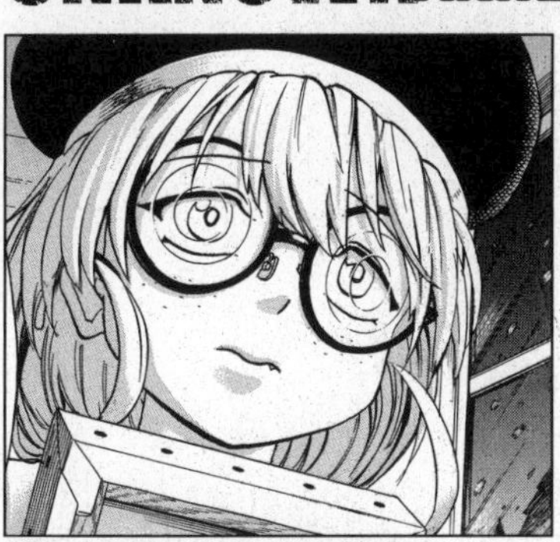

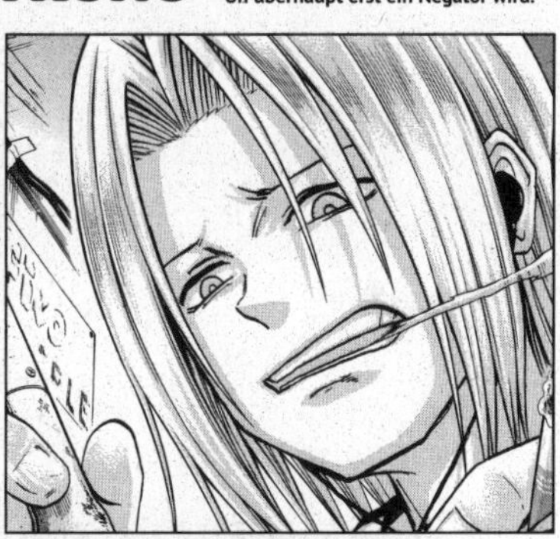

UNCHANGE [UNVERÄNDERLICHKEIT] GINA

Im vorigen Loop wurde sie von Andy und Fuko getötet, obwohl sie sich eigentlich mochten. Als Negatorin kann sie mit Unchange die Veränderlichkeit von Materie leugnen. Doch wie sieht es im jetzigen Loop aus…?!

UNFORGETTABLE [UNVERGESSLICHKEIT] NICO VORGEIL

Im letzten Loop unterstützte er die Union mit zahlreichen Erfindungen. Da er jedoch unter seiner eigenen Negatorenfähigkeit litt, verriet er die Union. Wie wird er sich im jetzigen Loop verhalten…?!

UNDEAD UNLUCK

アンデッドアンラック

INHALT

16

Wenn du der bist, den ich kannte

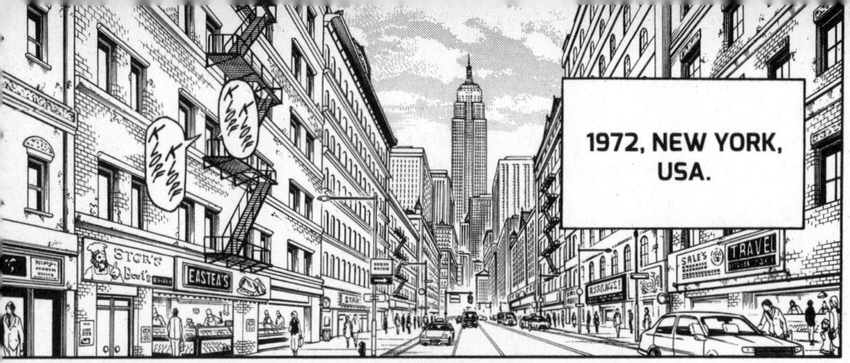

No. 134 Wenn du der bist, den ich kannte

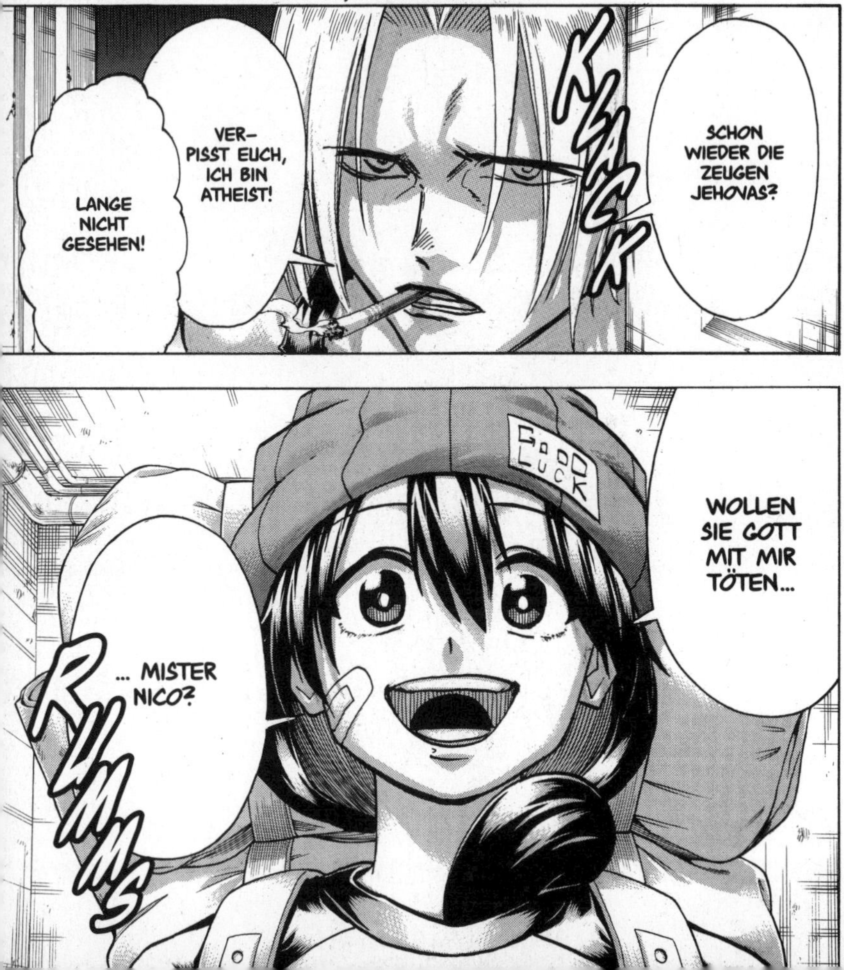

No. 134 Wenn du der bist, den ich kannte

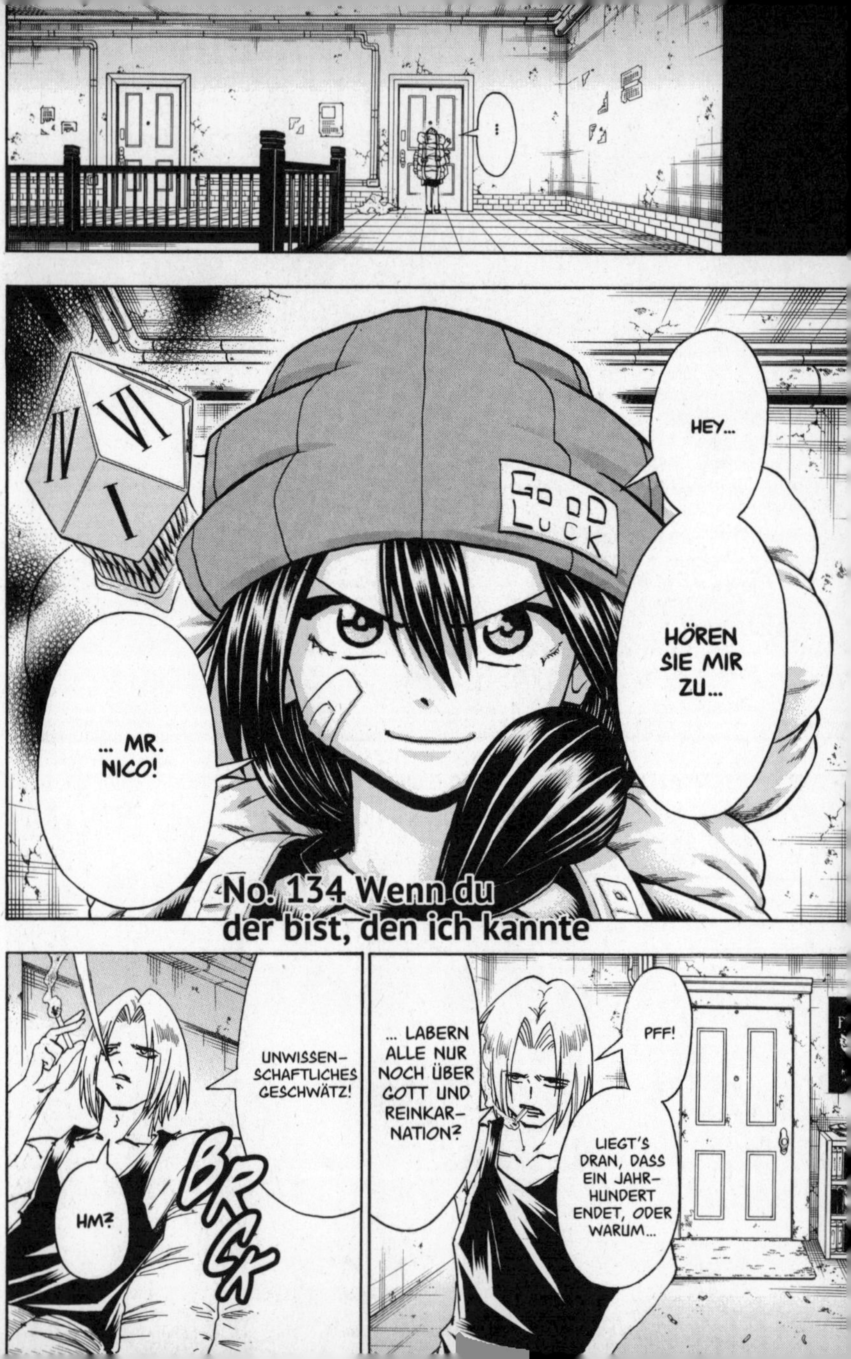

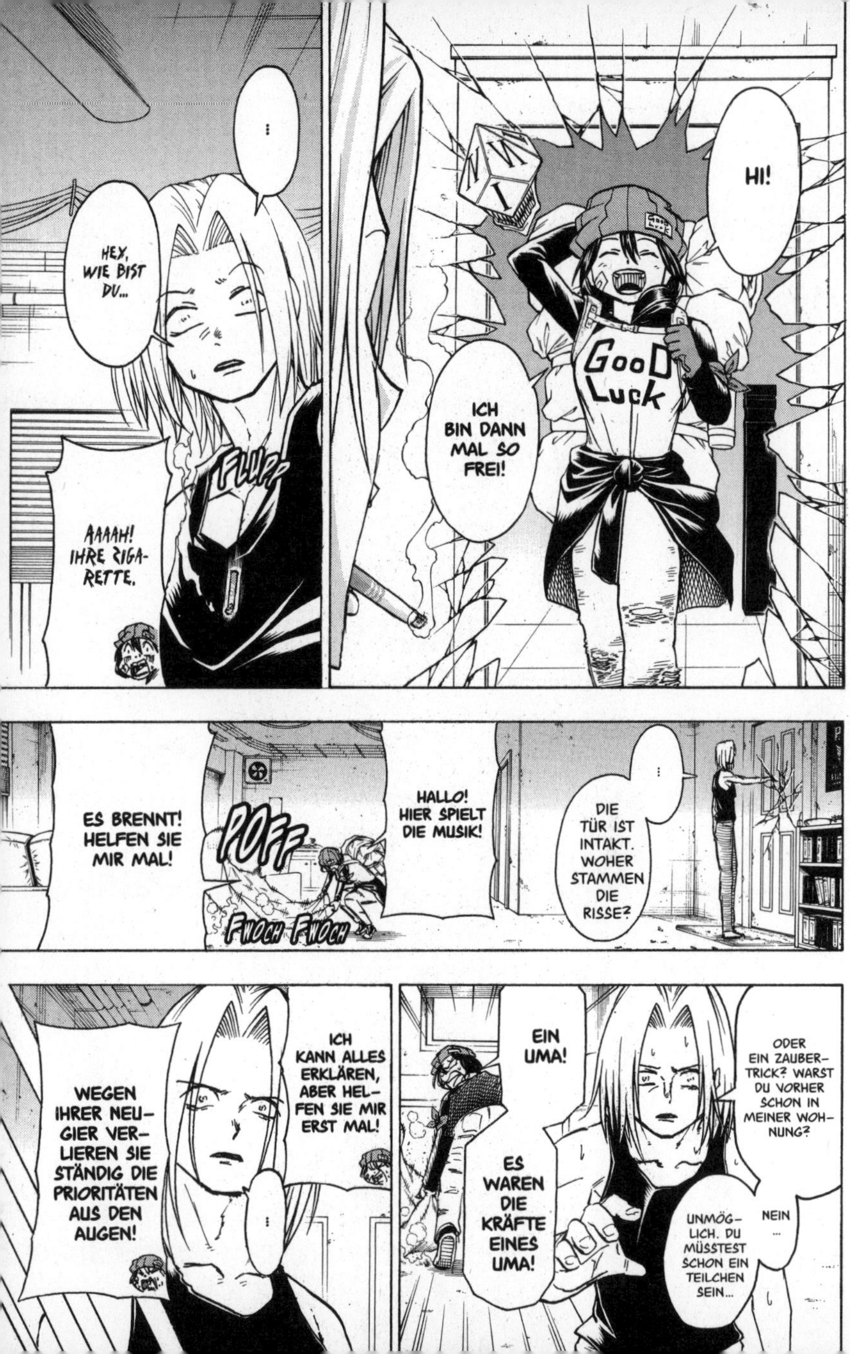
HI!
ICH BIN DANN MAL SO FREI!
...
HEY, WIE BIST DU...
FLUPP
AAAAH! IHRE ZIGARETTE.
...
DIE TÜR IST INTAKT. WOHER STAMMEN DIE RISSE?
HALLO! HIER SPIELT DIE MUSIK!
POFF
ES BRENNT! HELFEN SIE MIR MAL!
FWOCH FWOCH
ODER EIN ZAUBERTRICK? WARST DU VORHER SCHON IN MEINER WOHNUNG?
NEIN ...
UNMÖGLICH. DU MÜSSTEST SCHON EIN TEILCHEN SEIN...
EIN UMA!
ES WAREN DIE KRÄFTE EINES UMA!
ICH KANN ALLES ERKLÄREN, ABER HELFEN SIE MIR ERST MAL!
...
WEGEN IHRER NEUGIER VERLIEREN SIE STÄNDIG DIE PRIORITÄTEN AUS DEN AUGEN!

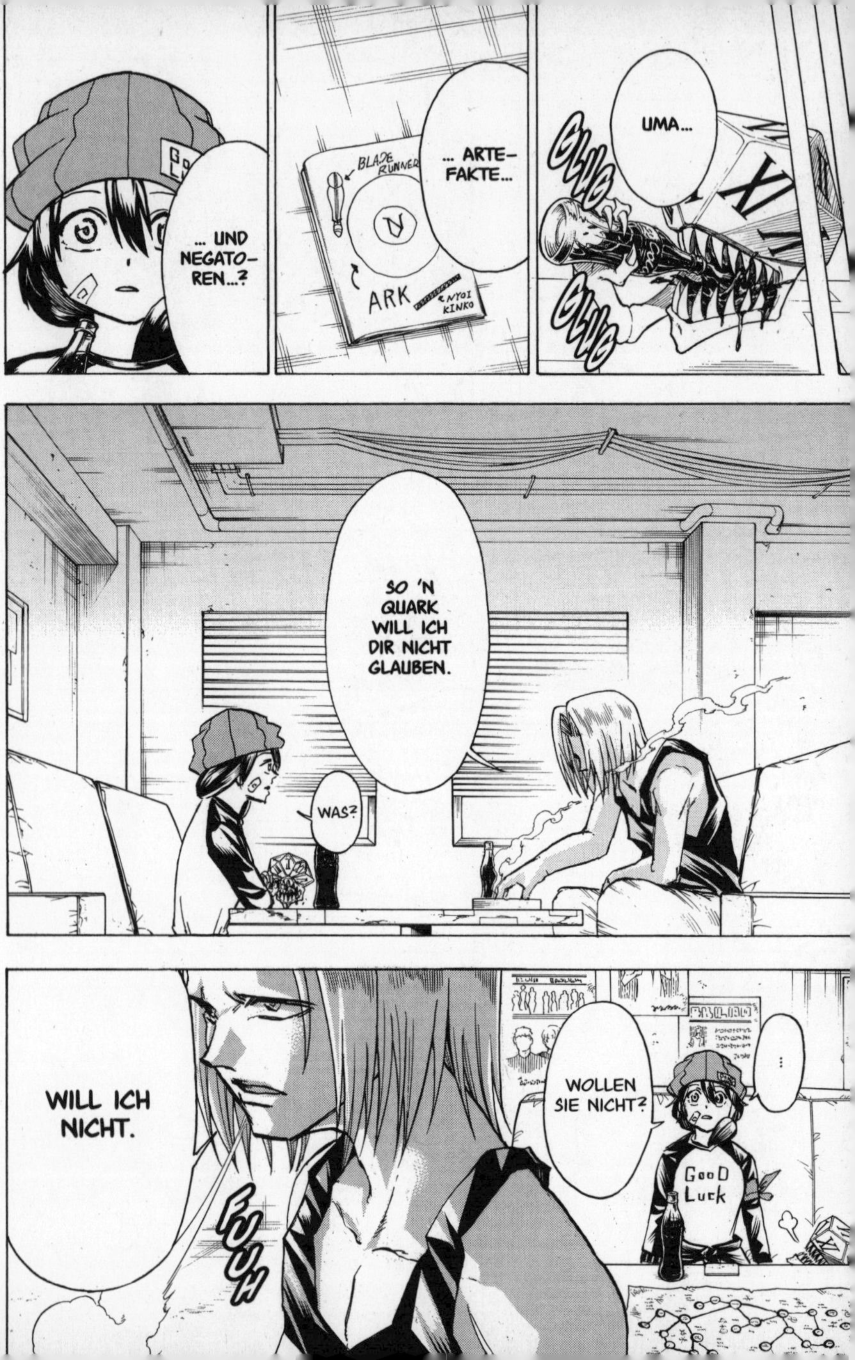

UMA...
GLUG GLUG
... ARTE-
FAKTE...
BLADE RUNNER
ARK
NYOI KINKO
... UND
NEGATO-
REN...?
SO 'N
QUARK
WILL ICH
DIR NICHT
GLAUBEN.
WAS?
...
WOLLEN
SIE NICHT?
GOOD LUCK
WILL ICH
NICHT.
FUUH

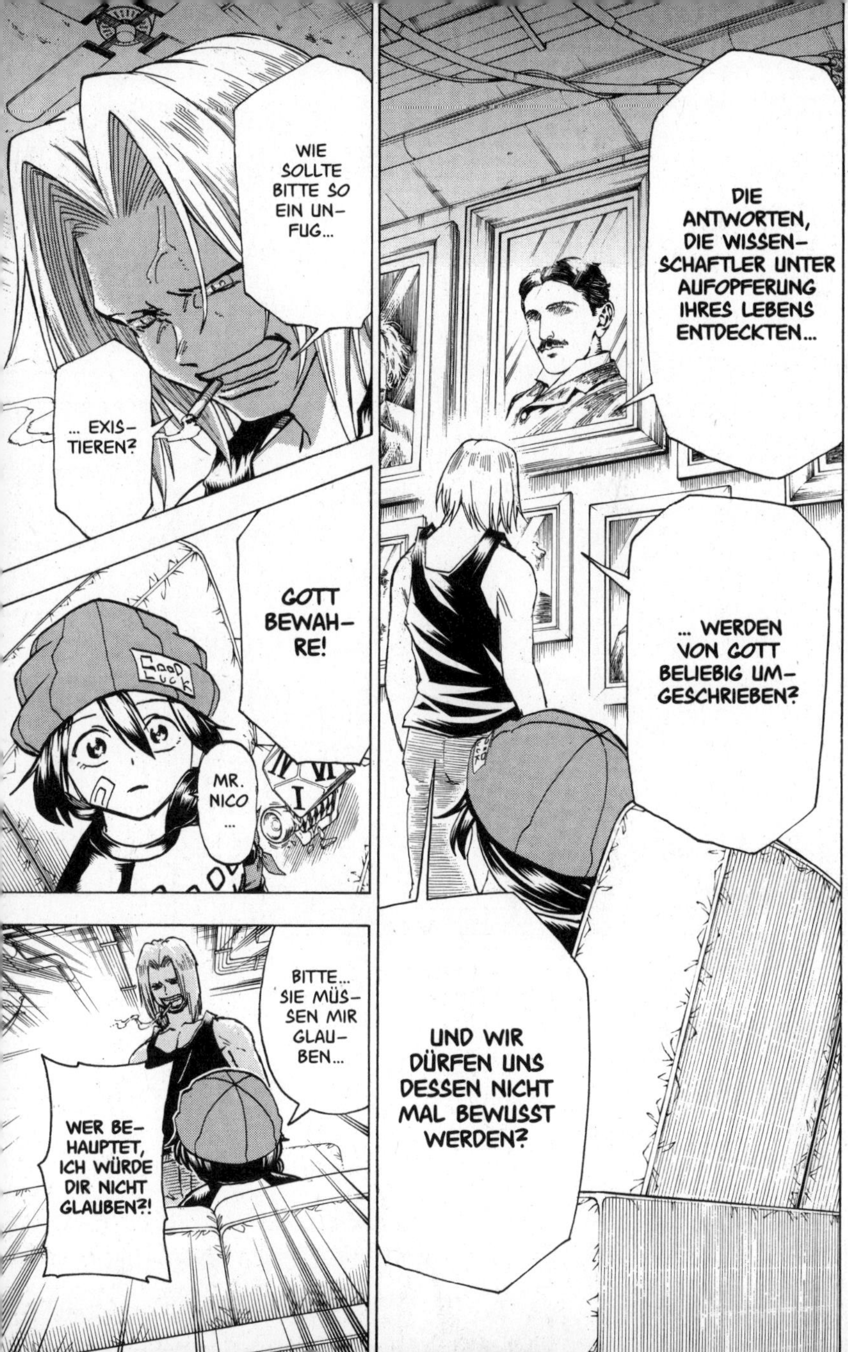
DIE ANTWORTEN, DIE WISSEN-SCHAFTLER UNTER AUFOPFERUNG IHRES LEBENS ENTDECKTEN...
... WERDEN VON GOTT BELIEBIG UM-GESCHRIEBEN?
WIE SOLLTE BITTE SO EIN UN-FUG...
... EXIS-TIEREN?
GOTT BEWAH-RE!
MR. NICO ...
UND WIR DÜRFEN UNS DESSEN NICHT MAL BEWUSST WERDEN?
BITTE... SIE MÜS-SEN MIR GLAU-BEN...
WER BE-HAUPTET, ICH WÜRDE DIR NICHT GLAUBEN?!

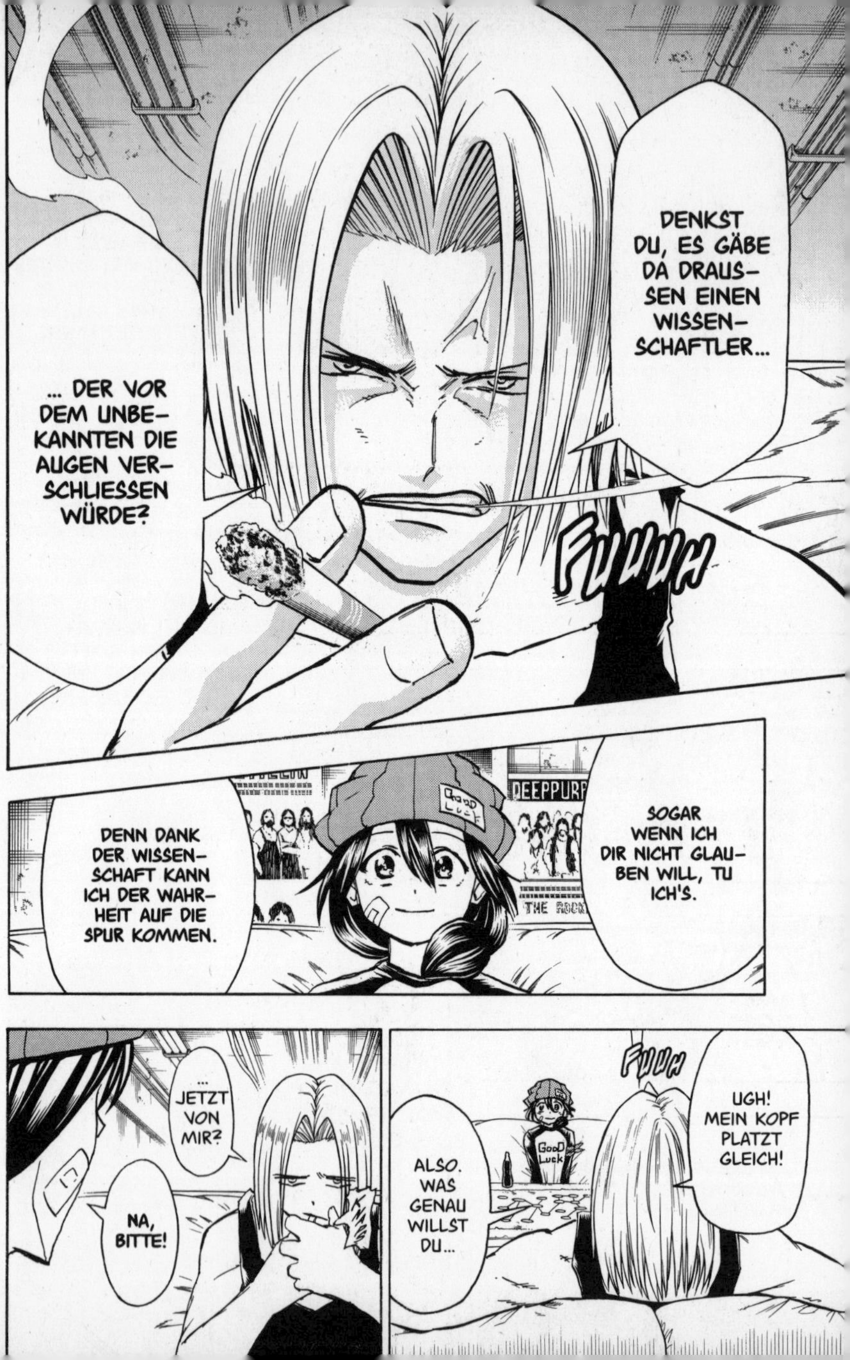
DENKST DU, ES GÄBE DA DRAUSSEN EINEN WISSENSCHAFTLER...
... DER VOR DEM UNBEKANNTEN DIE AUGEN VERSCHLIESSEN WÜRDE?
FUUUH
SOGAR WENN ICH DIR NICHT GLAUBEN WILL, TU ICH'S.
DENN DANK DER WISSENSCHAFT KANN ICH DER WAHRHEIT AUF DIE SPUR KOMMEN.
FUUH
UGH! MEIN KOPF PLATZT GLEICH!
ALSO. WAS GENAU WILLST DU...
... JETZT VON MIR?
NA, BITTE!

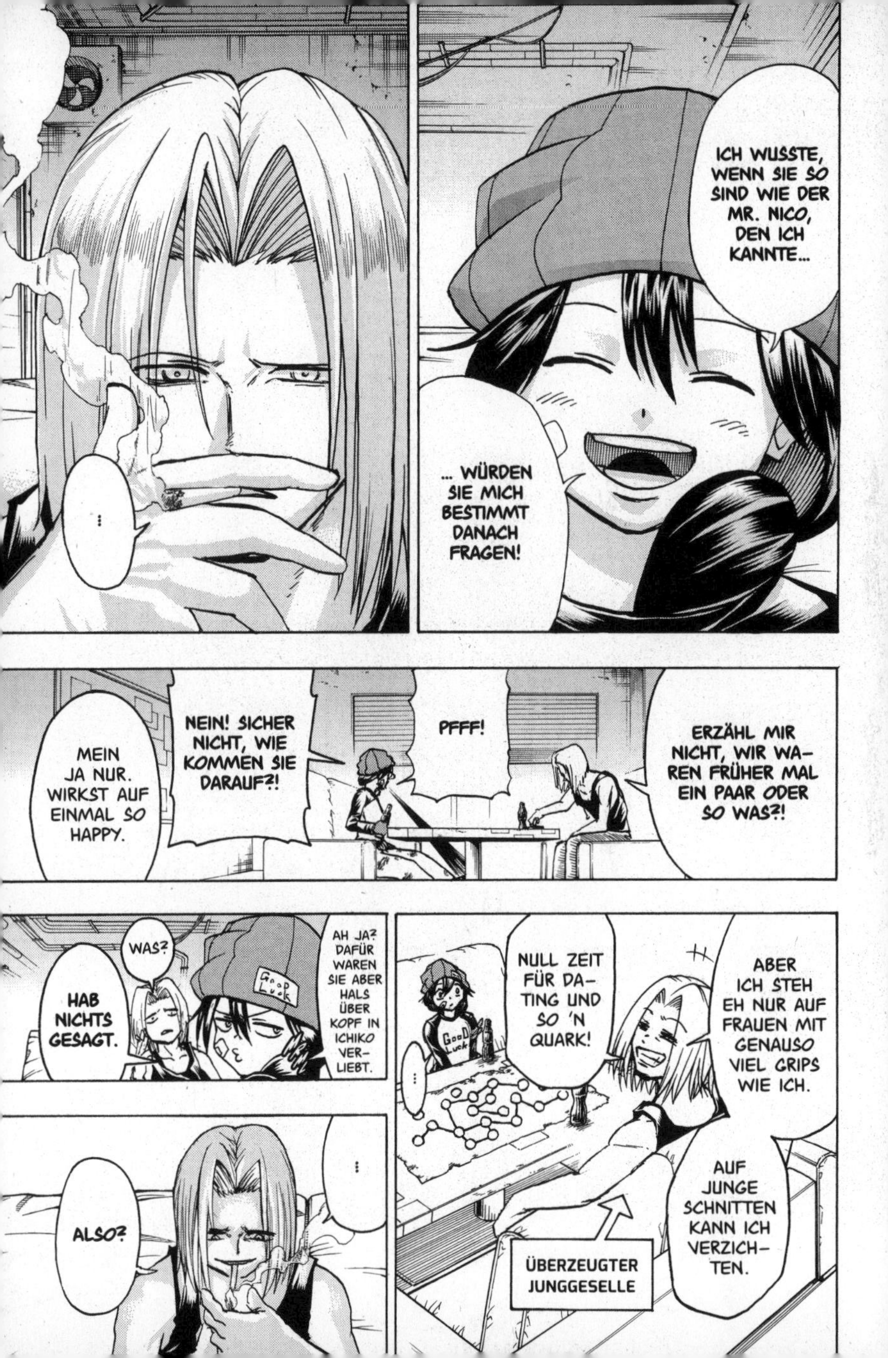
ICH WUSSTE, WENN SIE SO SIND WIE DER MR. NICO, DEN ICH KANNTE...
... WÜRDEN SIE MICH BESTIMMT DANACH FRAGEN!
...
ERZÄHL MIR NICHT, WIR WAREN FRÜHER MAL EIN PAAR ODER SO WAS?!
PFFF!
NEIN! SICHER NICHT, WIE KOMMEN SIE DARAUF?!
MEIN JA NUR. WIRKST AUF EINMAL SO HAPPY.
ABER ICH STEH EH NUR AUF FRAUEN MIT GENAUSO VIEL GRIPS WIE ICH.
NULL ZEIT FÜR DATING UND SO 'N QUARK!
AUF JUNGE SCHNITTEN KANN ICH VERZICHTEN.
ÜBERZEUGTER JUNGGESELLE
...
AH JA? DAFÜR WAREN SIE ABER HALS ÜBER KOPF IN ICHIKO VERLIEBT.
WAS?
HAB NICHTS GESAGT.
...
ALSO?

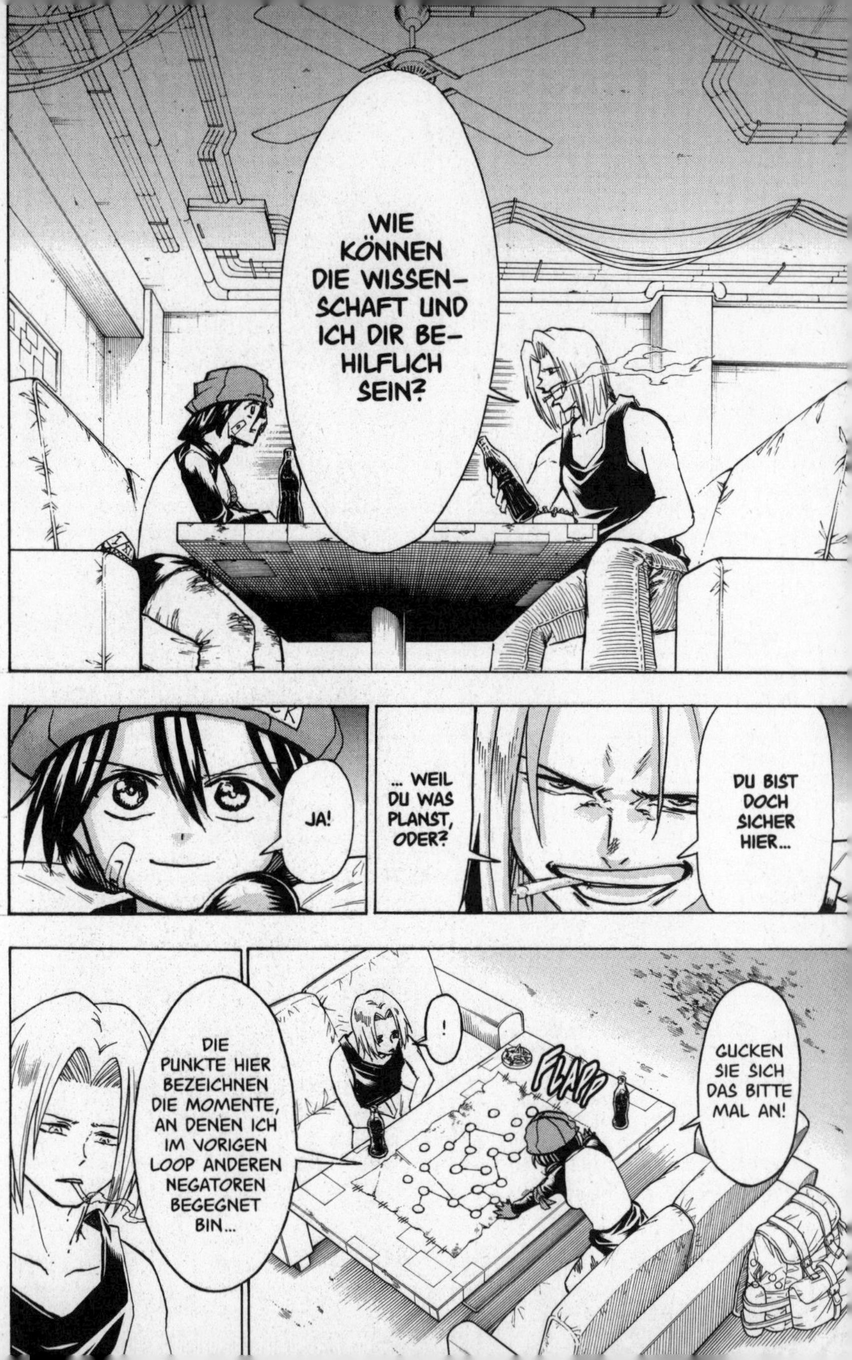
WIE KÖNNEN DIE WISSEN-SCHAFT UND ICH DIR BE-HILFLICH SEIN?
DU BIST DOCH SICHER HIER...
... WEIL DU WAS PLANST, ODER?
JA!
GUCKEN SIE SICH DAS BITTE MAL AN!
FLAPP
!
DIE PUNKTE HIER BEZEICHNEN DIE MOMENTE, AN DENEN ICH IM VORIGEN LOOP ANDEREN NEGATOREN BEGEGNET BIN...

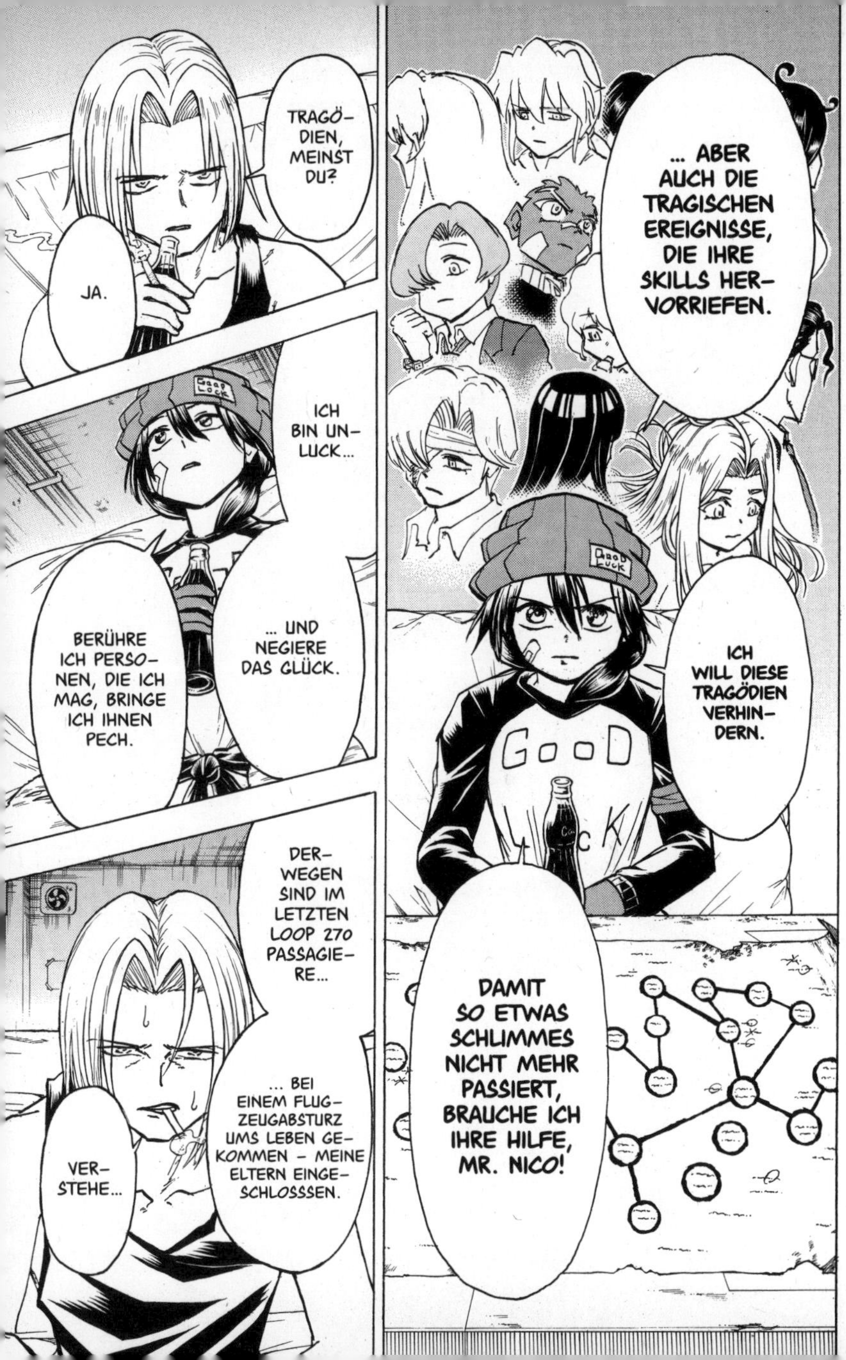
... ABER AUCH DIE TRAGISCHEN EREIGNISSE, DIE IHRE SKILLS HERVORRIEFEN.
ICH WILL DIESE TRAGÖDIEN VERHINDERN.
TRAGÖ-DIEN, MEINST DU?
JA.
ICH BIN UNLUCK...
... UND NEGIERE DAS GLÜCK.
BERÜHRE ICH PERSONEN, DIE ICH MAG, BRINGE ICH IHNEN PECH.
DERWEGEN SIND IM LETZTEN LOOP 270 PASSAGIERE...
... BEI EINEM FLUGZEUGABSTURZ UMS LEBEN GEKOMMEN - MEINE ELTERN EINGESCHLOSSSEN.
VERSTEHE...
DAMIT SO ETWAS SCHLIMMES NICHT MEHR PASSIERT, BRAUCHE ICH IHRE HILFE, MR. NICO!

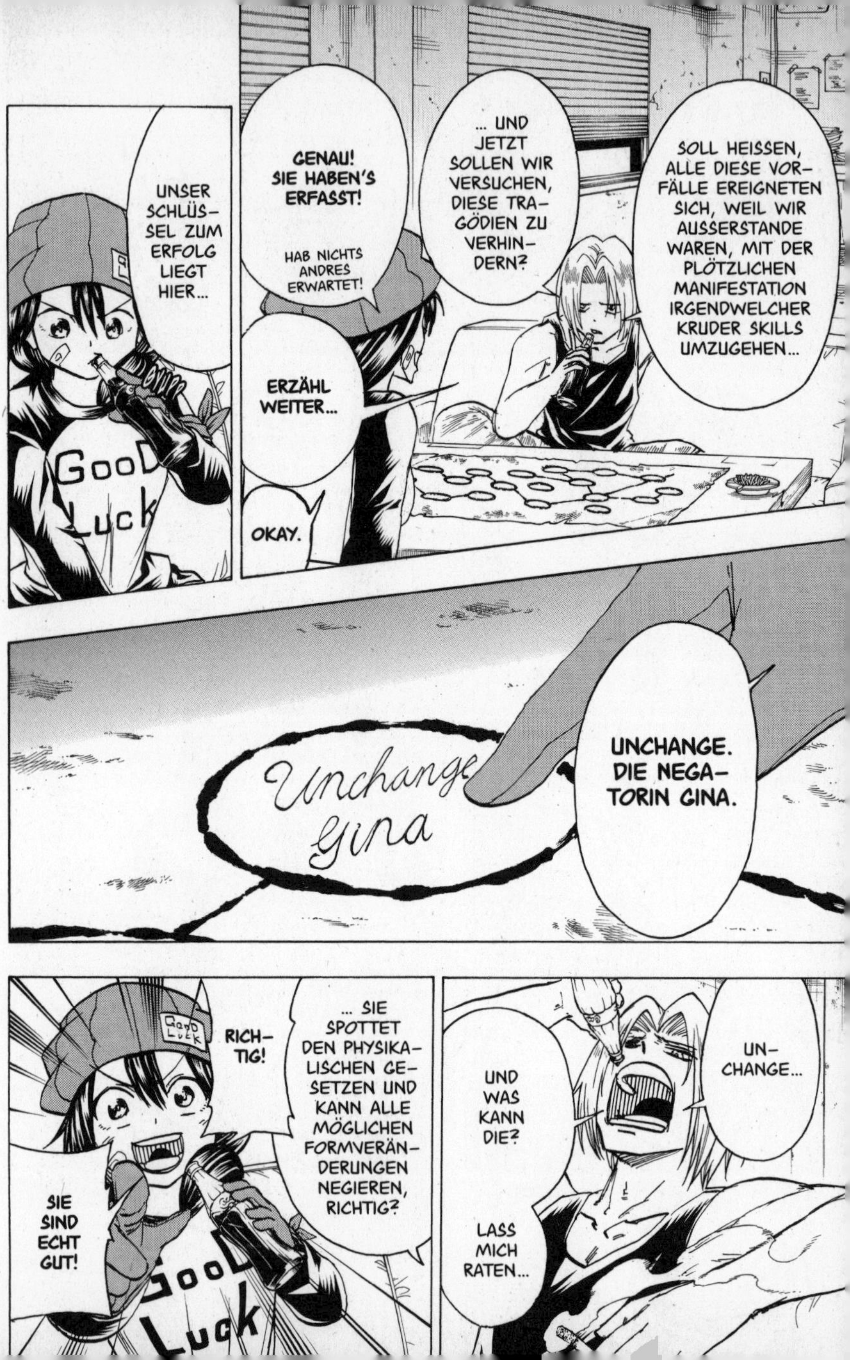
SOLL HEISSEN, ALLE DIESE VORFÄLLE EREIGNETEN SICH, WEIL WIR AUSSERSTANDE WAREN, MIT DER PLÖTZLICHEN MANIFESTATION IRGENDWELCHER KRUDER SKILLS UMZUGEHEN...
... UND JETZT SOLLEN WIR VERSUCHEN, DIESE TRAGÖDIEN ZU VERHINDERN?
GENAU! SIE HABEN'S ERFASST!
HAB NICHTS ANDRES ERWARTET!
ERZÄHL WEITER...
OKAY.
UNSER SCHLÜSSEL ZUM ERFOLG LIEGT HIER...
GOOD LUCK
Unchange Gina
UNCHANGE. DIE NEGATORIN GINA.
UNCHANGE...
UND WAS KANN DIE?
LASS MICH RATEN...
... SIE SPOTTET DEN PHYSIKALISCHEN GESETZEN UND KANN ALLE MÖGLICHEN FORMVERÄNDERUNGEN NEGIEREN, RICHTIG?
RICHTIG!
SIE SIND ECHT GUT!
GOOD LUCK

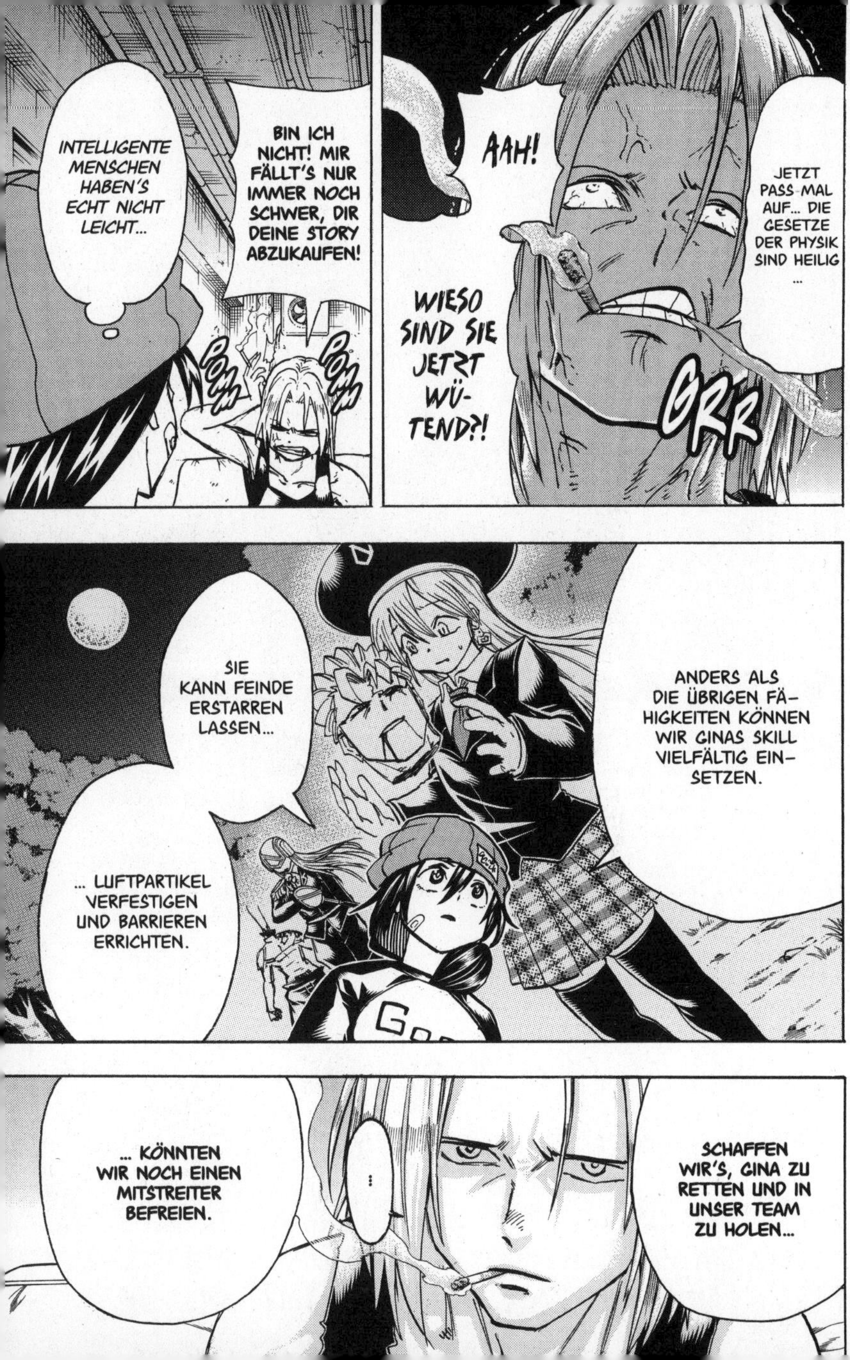
JETZT PASS MAL AUF... DIE GESETZE DER PHYSIK SIND HEILIG ...
AAH!
GRR
WIESO SIND SIE JETZT WÜTEND?!
BIN ICH NICHT! MIR FÄLLT'S NUR IMMER NOCH SCHWER, DIR DEINE STORY ABZUKAUFEN!
INTELLIGENTE MENSCHEN HABEN'S ECHT NICHT LEICHT...
POMM
POMM
ANDERS ALS DIE ÜBRIGEN FÄHIGKEITEN KÖNNEN WIR GINAS SKILL VIELFÄLTIG EINSETZEN.
SIE KANN FEINDE ERSTARREN LASSEN...
... LUFTPARTIKEL VERFESTIGEN UND BARRIEREN ERRICHTEN.
SCHAFFEN WIR'S, GINA ZU RETTEN UND IN UNSER TEAM ZU HOLEN...
...
... KÖNNTEN WIR NOCH EINEN MITSTREITER BEFREIEN.

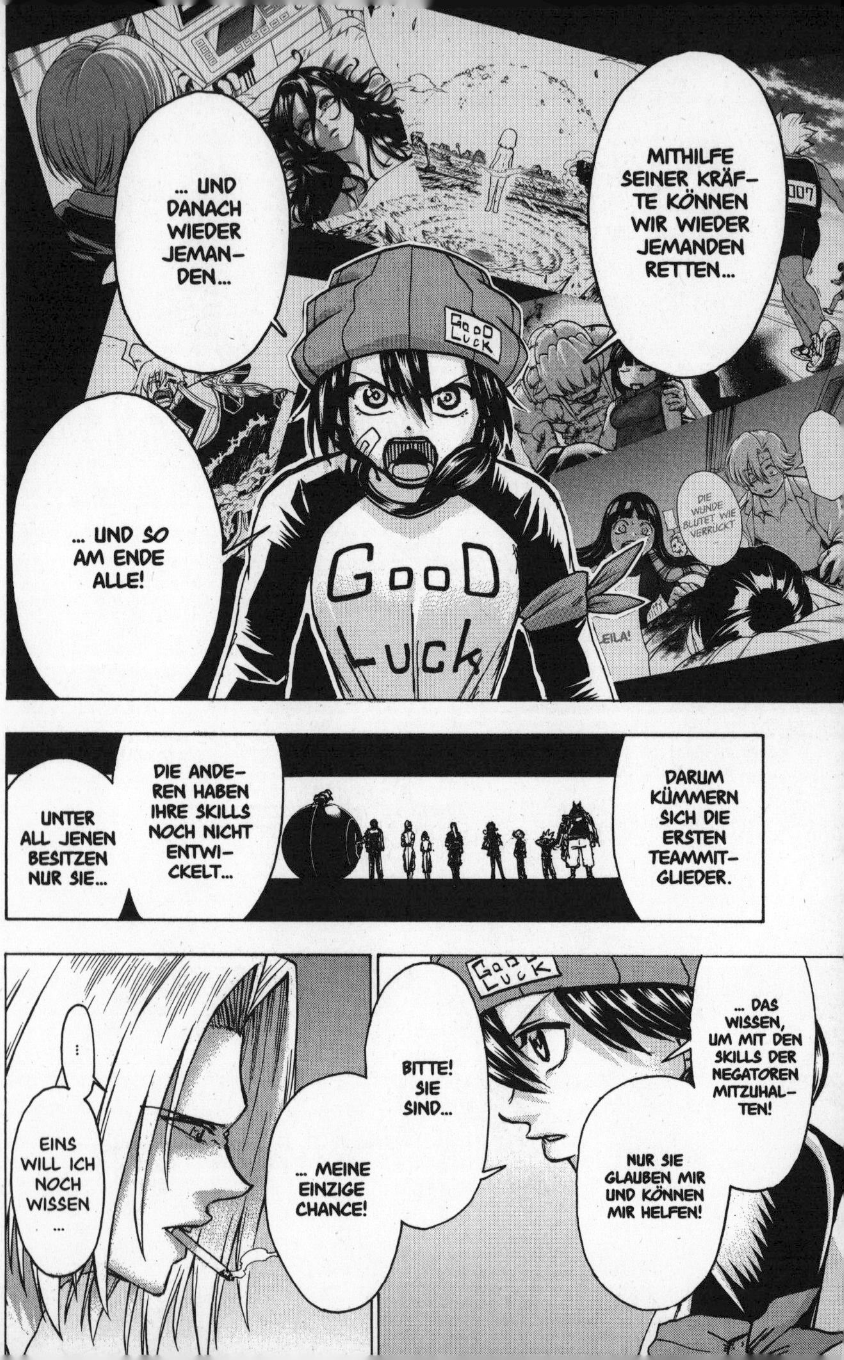
MITHILFE SEINER KRÄFTE KÖNNEN WIR WIEDER JEMANDEN RETTEN...
... UND DANACH WIEDER JEMANDEN...
DIE WUNDE BLUTET WIE VERRÜCKT
LEILA!
... UND SO AM ENDE ALLE!
DARUM KÜMMERN SICH DIE ERSTEN TEAMMITGLIEDER.
DIE ANDEREN HABEN IHRE SKILLS NOCH NICHT ENTWICKELT...
UNTER ALL JENEN BESITZEN NUR SIE...
... DAS WISSEN, UM MIT DEN SKILLS DER NEGATOREN MITZUHALTEN!
NUR SIE GLAUBEN MIR UND KÖNNEN MIR HELFEN!
BITTE! SIE SIND...
... MEINE EINZIGE CHANCE!
...
EINS WILL ICH NOCH WISSEN ...

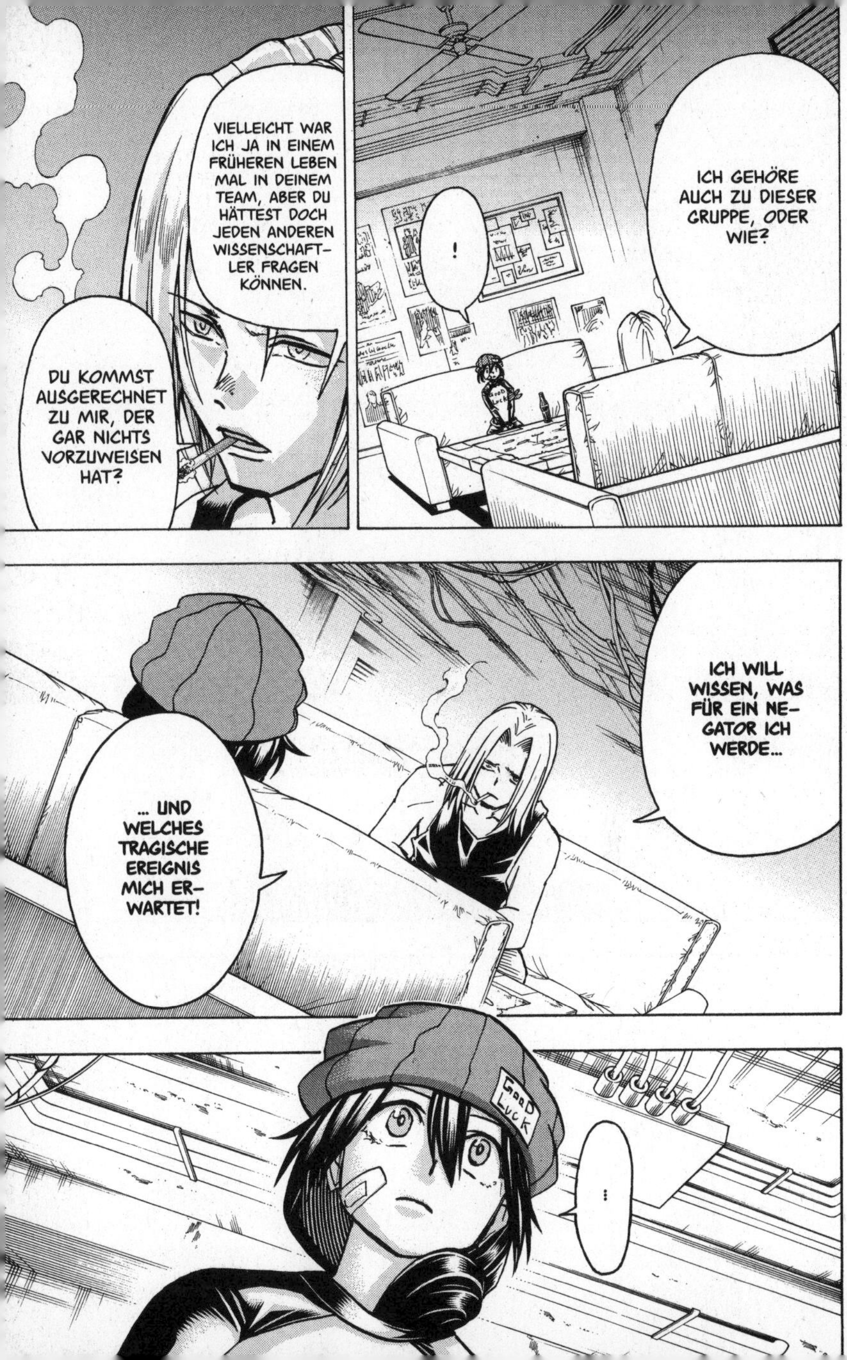
ICH GEHÖRE AUCH ZU DIESER GRUPPE, ODER WIE?
!
VIELLEICHT WAR ICH JA IN EINEM FRÜHEREN LEBEN MAL IN DEINEM TEAM, ABER DU HÄTTEST DOCH JEDEN ANDEREN WISSENSCHAFTLER FRAGEN KÖNNEN.
DU KOMMST AUSGERECHNET ZU MIR, DER GAR NICHTS VORZUWEISEN HAT?
ICH WILL WISSEN, WAS FÜR EIN NEGATOR ICH WERDE...
... UND WELCHES TRAGISCHE EREIGNIS MICH ERWARTET!
GOOD LUCK
...

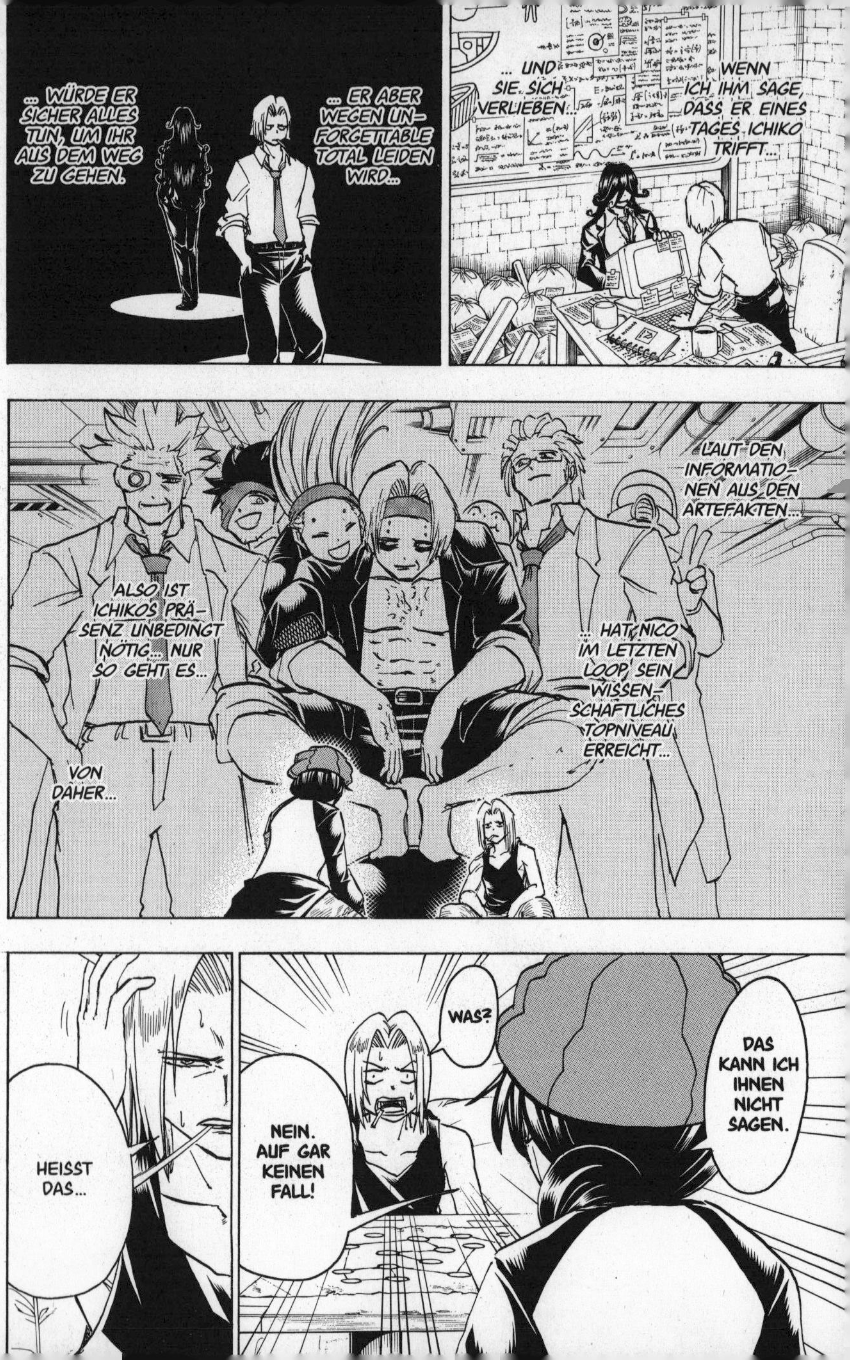
... UND SIE SICH VERLIEBEN...
WENN ICH IHM SAGE, DASS ER EINES TAGES ICHIKO TRIFFT...
... ER ABER WEGEN UNFORGETTABLE TOTAL LEIDEN WIRD...
... WÜRDE ER SICHER ALLES TUN, UM IHR AUS DEM WEG ZU GEHEN.
LAUT DEN INFORMATIONEN AUS DEN ARTEFAKTEN...
... HAT NICO IM LETZTEN LOOP SEIN WISSENSCHAFTLICHES TOPNIVEAU ERREICHT...
ALSO IST ICHIKOS PRÄSENZ UNBEDINGT NÖTIG... NUR SO GEHT ES...
VON DAHER...
DAS KANN ICH IHNEN NICHT SAGEN.
WAS?
NEIN. AUF GAR KEINEN FALL!
HEISST DAS...

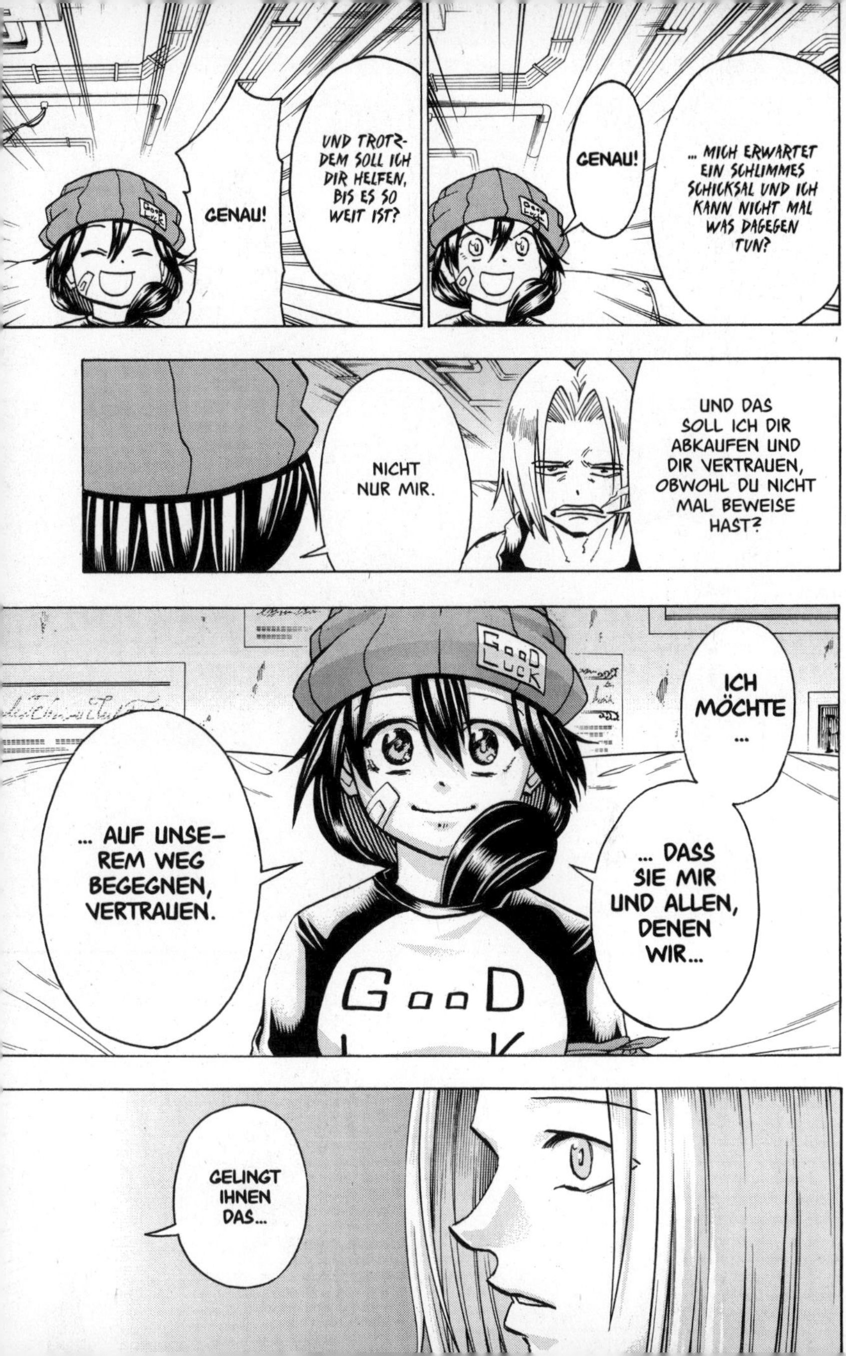
... MICH ERWARTET EIN SCHLIMMES SCHICKSAL UND ICH KANN NICHT MAL WAS DAGEGEN TUN?
GENAU!
UND TROTZ-DEM SOLL ICH DIR HELFEN, BIS ES SO WEIT IST?
GENAU!
UND DAS SOLL ICH DIR ABKAUFEN UND DIR VERTRAUEN, OBWOHL DU NICHT MAL BEWEISE HAST?
NICHT NUR MIR.
ICH MÖCHTE ...
... DASS SIE MIR UND ALLEN, DENEN WIR...
... AUF UNSE-REM WEG BEGEGNEN, VERTRAUEN.
GELINGT IHNEN DAS...

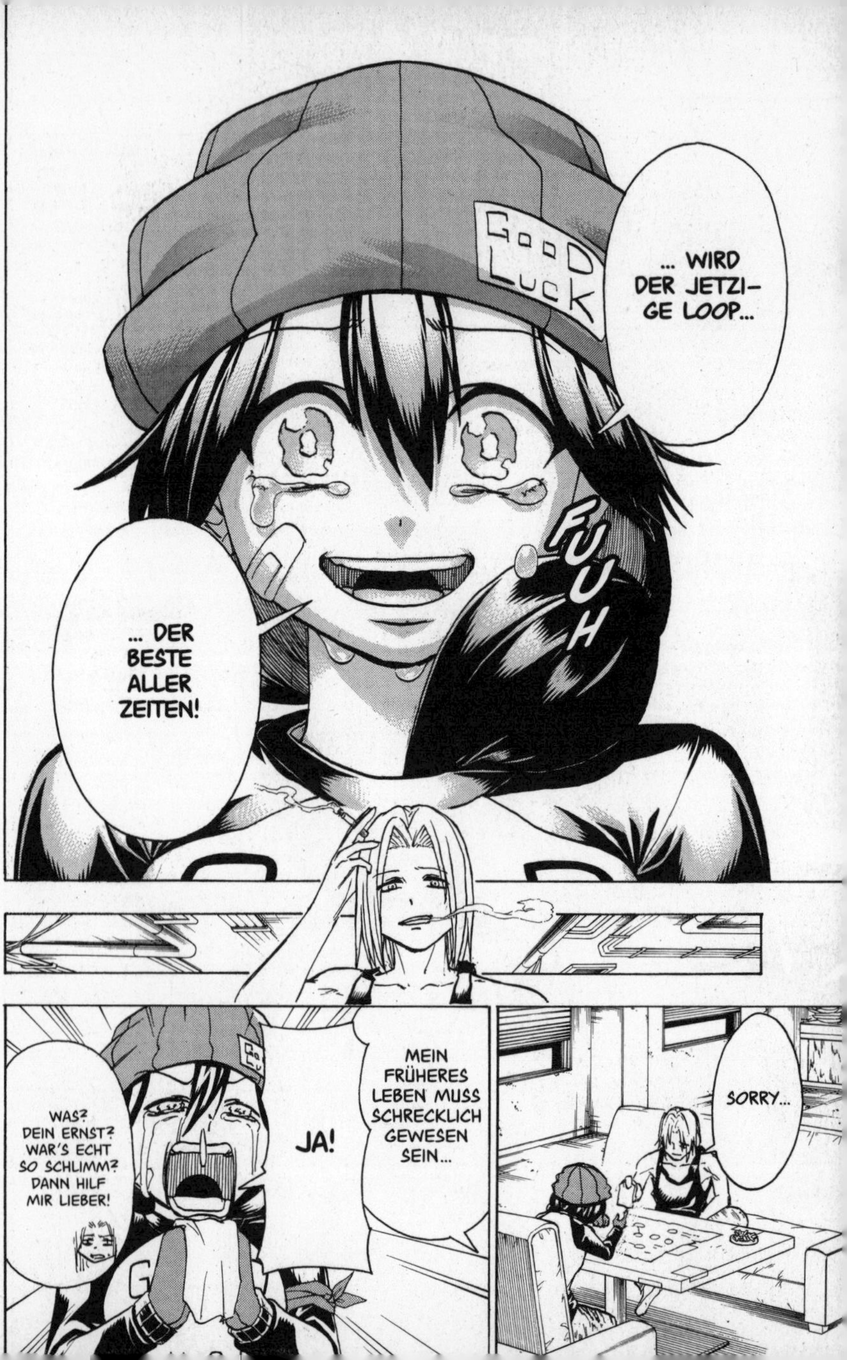
... WIRD DER JETZIGE LOOP...
FUUH
... DER BESTE ALLER ZEITEN!
SORRY...
MEIN FRÜHERES LEBEN MUSS SCHRECKLICH GEWESEN SEIN...
JA!
WAS? DEIN ERNST? WAR'S ECHT SO SCHLIMM? DANN HILF MIR LIEBER!

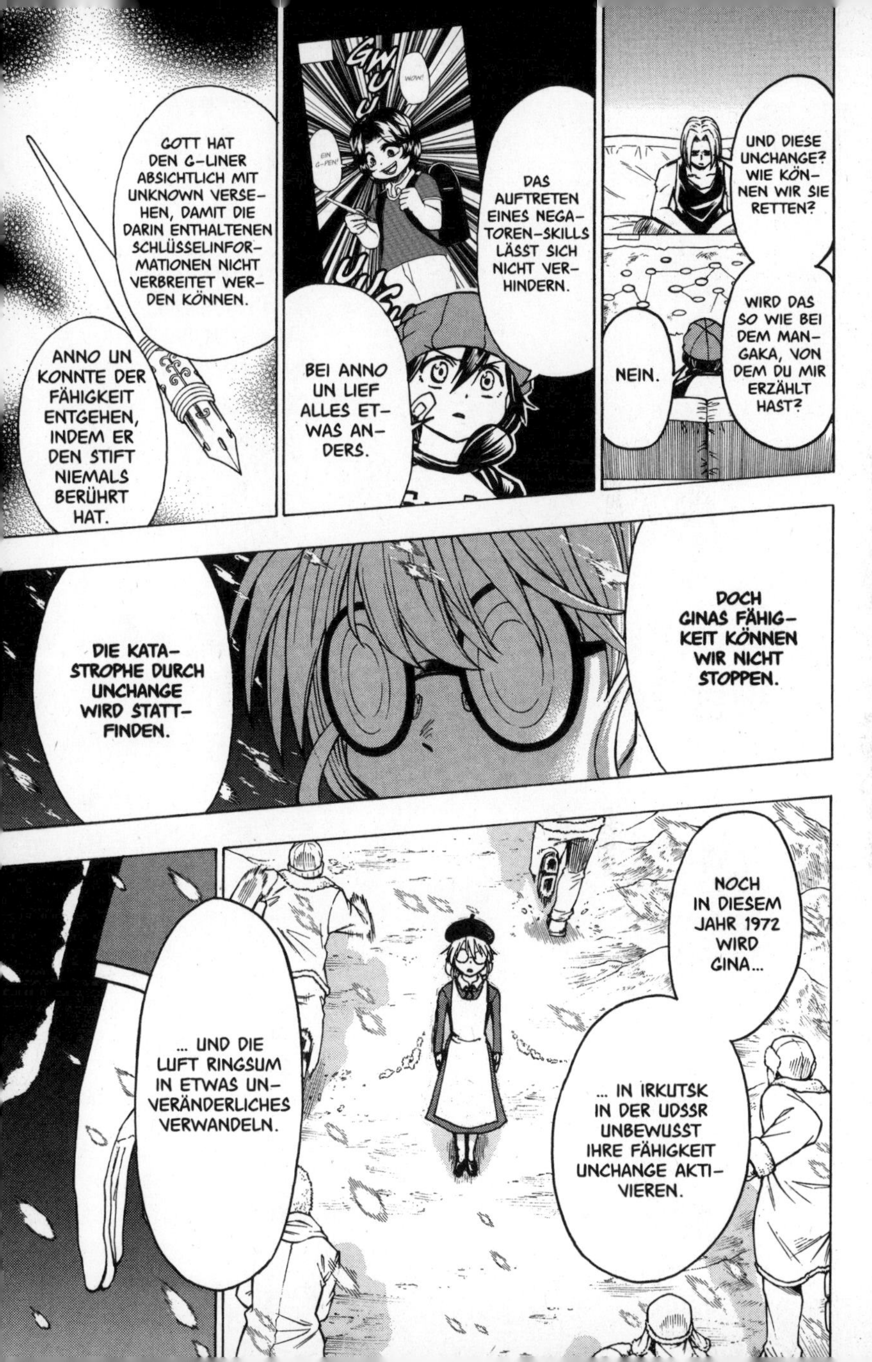
UND DIESE UNCHANGE? WIE KÖNNEN WIR SIE RETTEN?
WIRD DAS SO WIE BEI DEM MANGAKA, VON DEM DU MIR ERZÄHLT HAST?
NEIN.
DAS AUFTRETEN EINES NEGATOREN-SKILLS LÄSST SICH NICHT VERHINDERN.
WOW!
EIN G-PEN!
BEI ANNO UN LIEF ALLES ETWAS ANDERS.
GOTT HAT DEN G-LINER ABSICHTLICH MIT UNKNOWN VERSEHEN, DAMIT DIE DARIN ENTHALTENEN SCHLÜSSELINFORMATIONEN NICHT VERBREITET WERDEN KÖNNEN.
ANNO UN KONNTE DER FÄHIGKEIT ENTGEHEN, INDEM ER DEN STIFT NIEMALS BERÜHRT HAT.
DOCH GINAS FÄHIGKEIT KÖNNEN WIR NICHT STOPPEN.
DIE KATASTROPHE DURCH UNCHANGE WIRD STATTFINDEN.
NOCH IN DIESEM JAHR 1972 WIRD GINA...
... IN IRKUTSK IN DER UDSSR UNBEWUSST IHRE FÄHIGKEIT UNCHANGE AKTIVIEREN.
... UND DIE LUFT RINGSUM IN ETWAS UNVERÄNDERLICHES VERWANDELN.

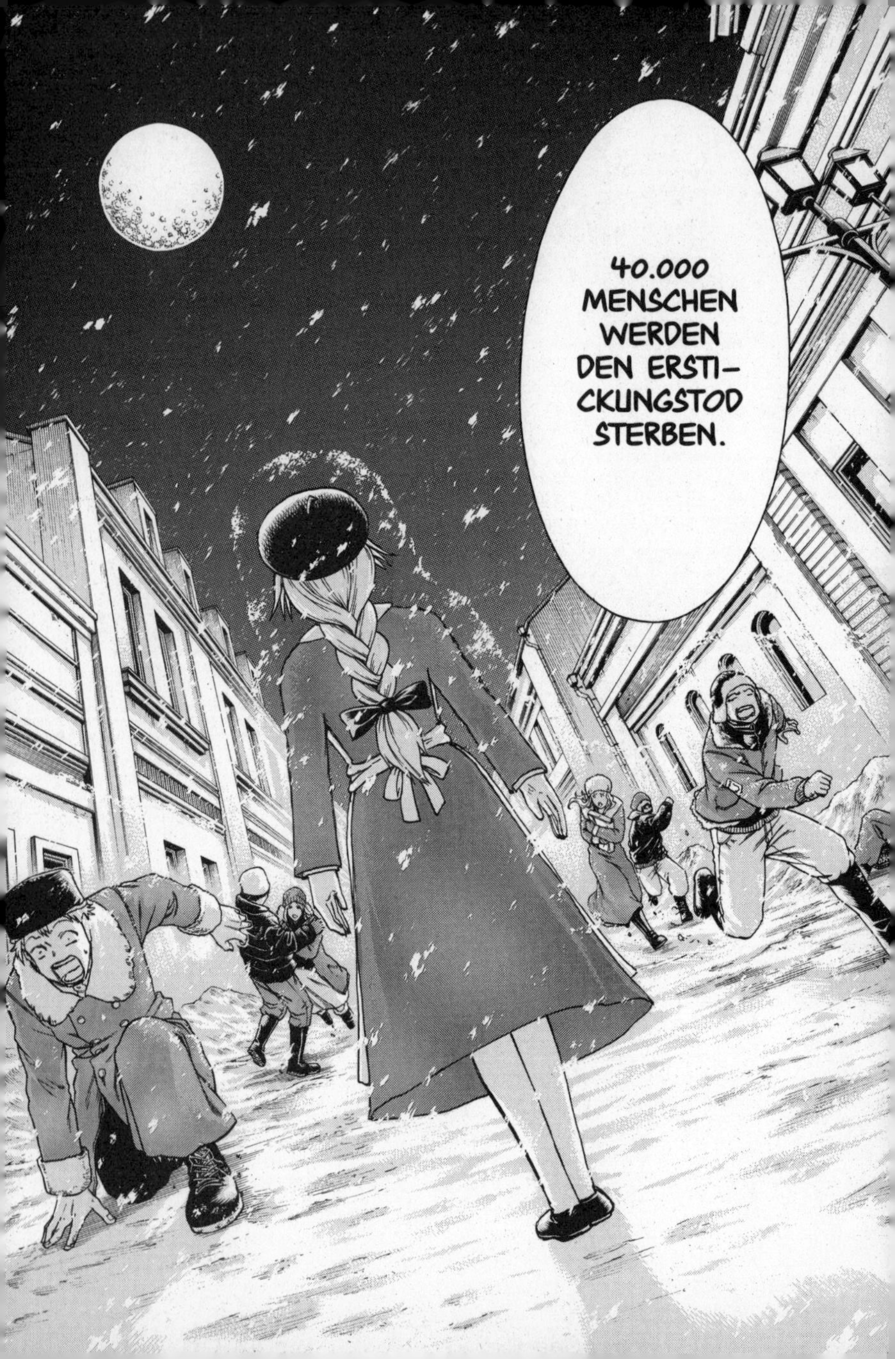
40.000 MENSCHEN WERDEN DEN ERSTI-CKUNGSTOD STERBEN.

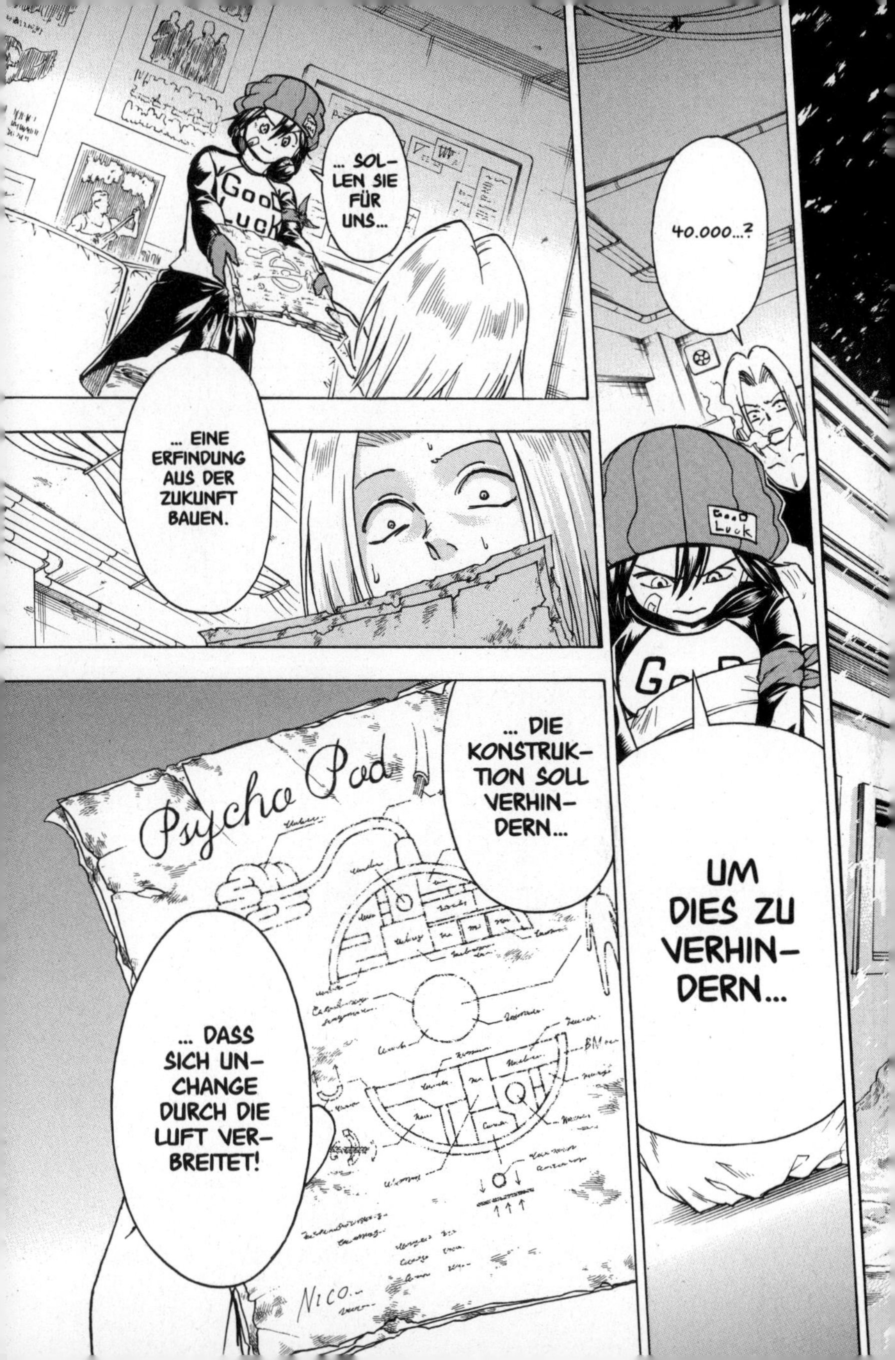
40.000...?
... SOL-LEN SIE FÜR UNS...
... EINE ERFINDUNG AUS DER ZUKUNFT BAUEN.
UM DIES ZU VERHIN-DERN...
... DIE KONSTRUK-TION SOLL VERHIN-DERN...
... DASS SICH UN-CHANGE DURCH DIE LUFT VER-BREITET!
Psycho Pod
Good Luck

UNDEAD UNLUCK – BEFORE & AFTER

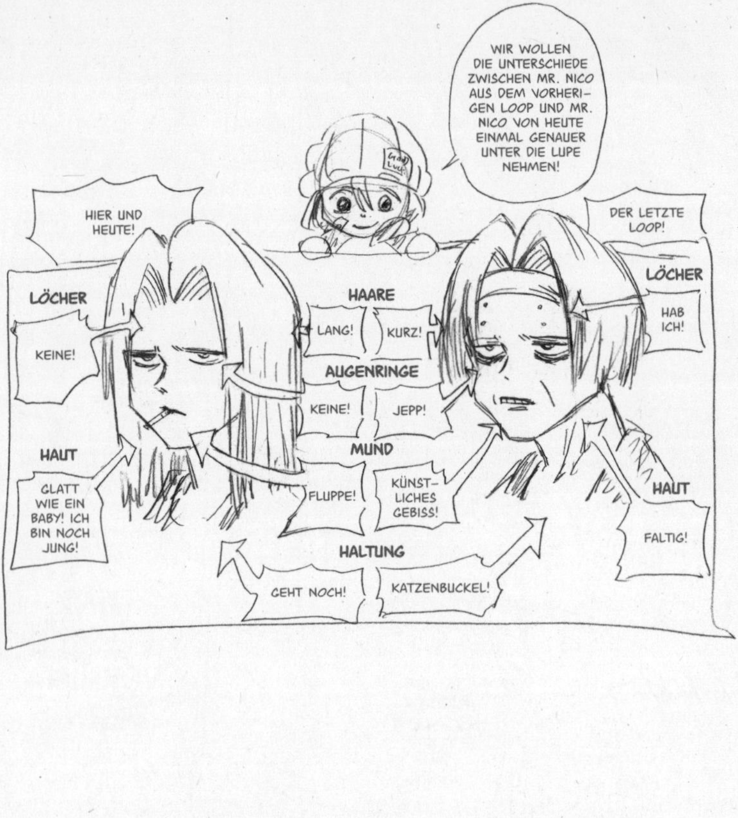

TWITTER-POST

No. 135 Psycho Pod

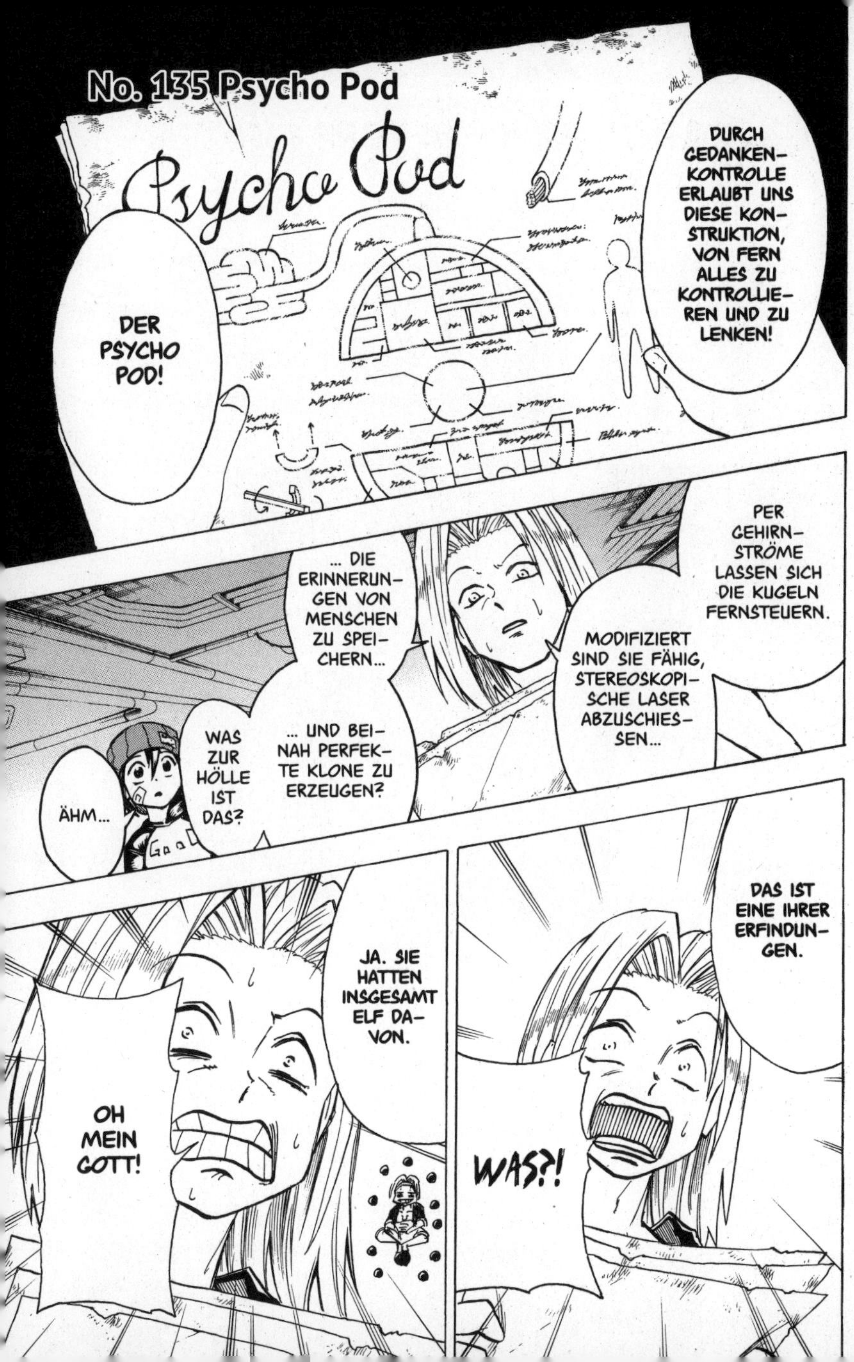

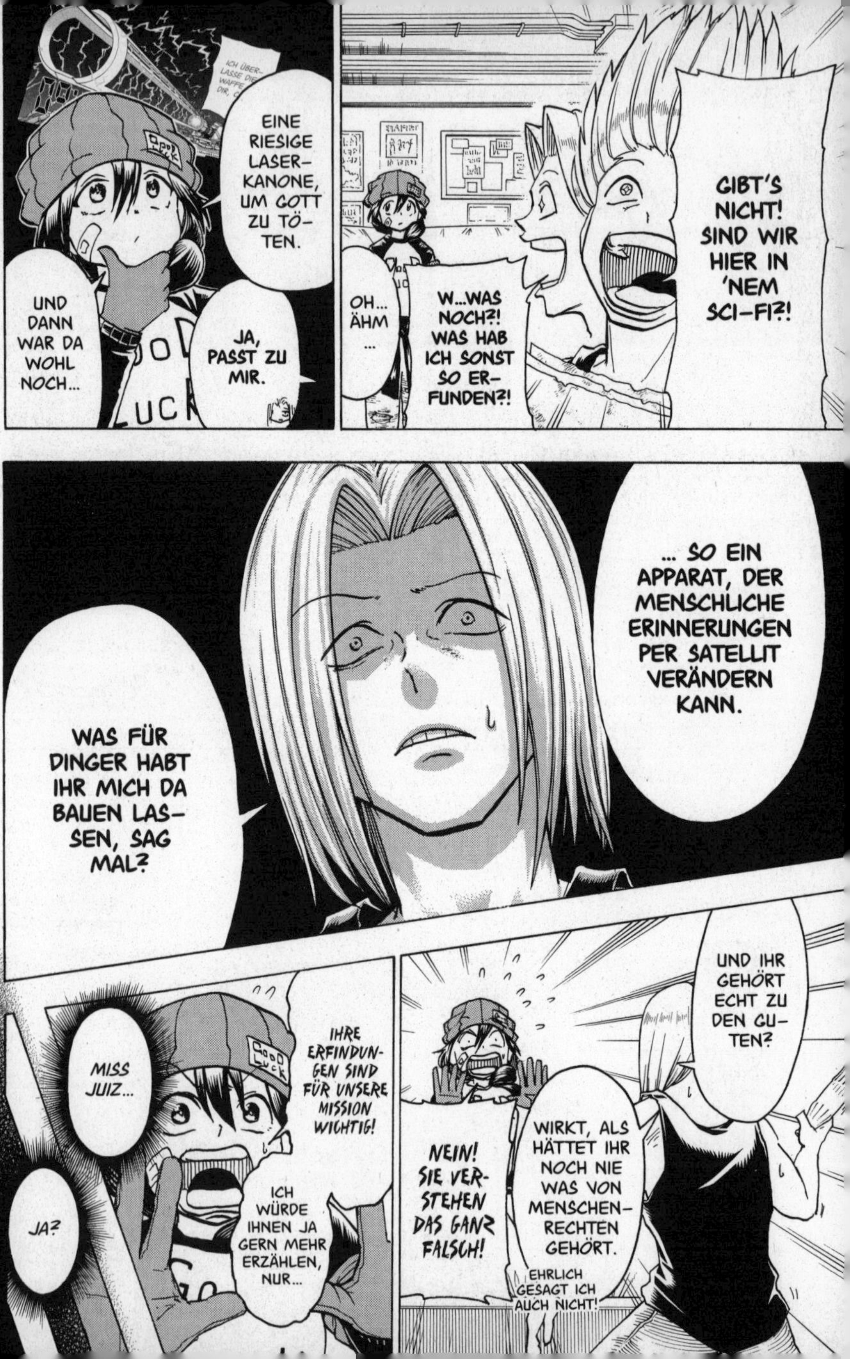
GIBT'S NICHT! SIND WIR HIER IN 'NEM SCI-FI?!
W...WAS NOCH?! WAS HAB ICH SONST SO ERFUNDEN?!
OH... ÄHM ...
EINE RIESIGE LASERKANONE, UM GOTT ZU TÖTEN.
JA, PASST ZU MIR.
UND DANN WAR DA WOHL NOCH...
... SO EIN APPARAT, DER MENSCHLICHE ERINNERUNGEN PER SATELLIT VERÄNDERN KANN.
WAS FÜR DINGER HABT IHR MICH DA BAUEN LASSEN, SAG MAL?
UND IHR GEHÖRT ECHT ZU DEN GUTEN?
WIRKT, ALS HÄTTET IHR NOCH NIE WAS VON MENSCHENRECHTEN GEHÖRT.
EHRLICH GESAGT ICH AUCH NICHT!
NEIN! SIE VERSTEHEN DAS GANZ FALSCH!
IHRE ERFINDUNGEN SIND FÜR UNSERE MISSION WICHTIG!
MISS JUIZ...
ICH WÜRDE IHNEN JA GERN MEHR ERZÄHLEN, NUR...
JA?

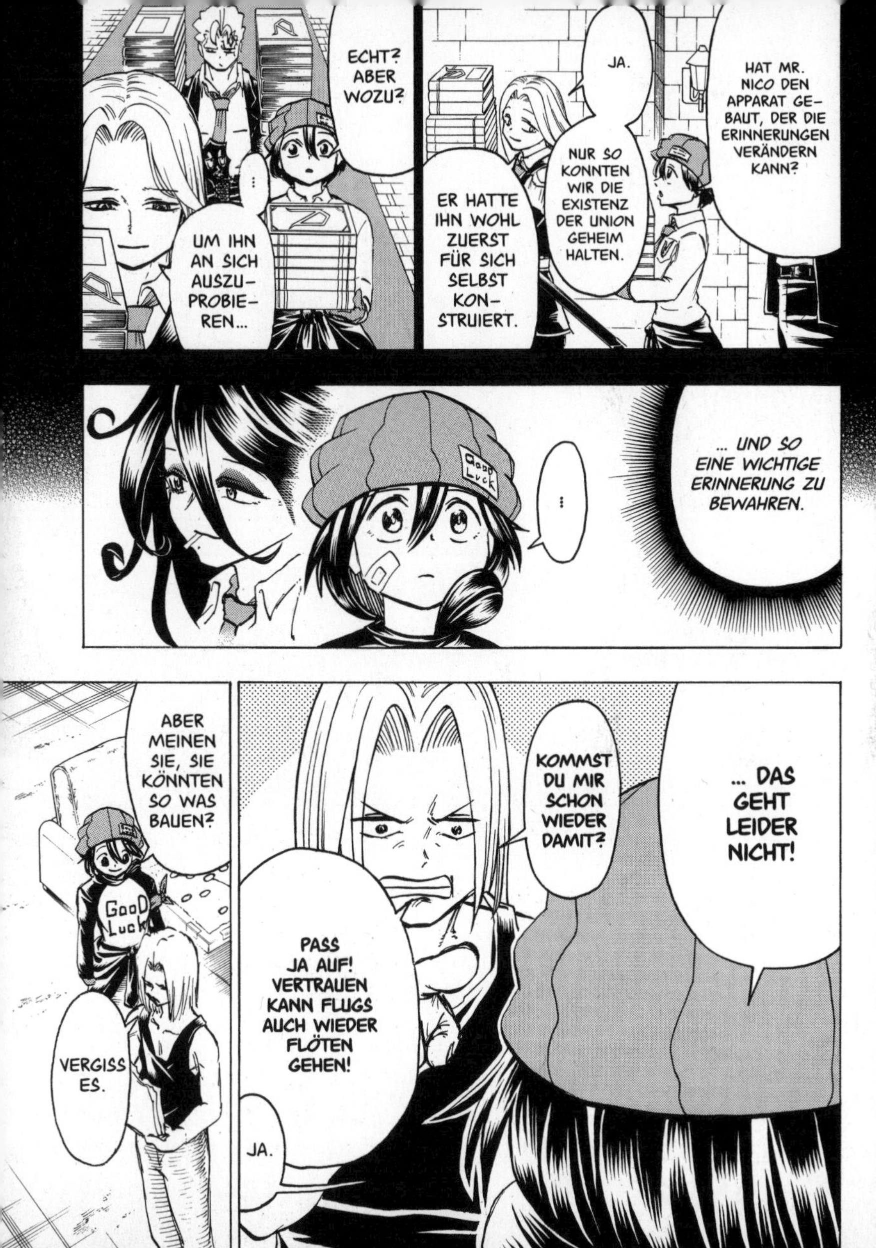
HAT MR. NICO DEN APPARAT GEBAUT, DER DIE ERINNERUNGEN VERÄNDERN KANN?
JA.
NUR SO KONNTEN WIR DIE EXISTENZ DER UNION GEHEIM HALTEN.
ER HATTE IHN WOHL ZUERST FÜR SICH SELBST KONSTRUIERT.
ECHT? ABER WOZU?
...
UM IHN AN SICH AUSZUPROBIEREN...
... UND SO EINE WICHTIGE ERINNERUNG ZU BEWAHREN.
...
... DAS GEHT LEIDER NICHT!
KOMMST DU MIR SCHON WIEDER DAMIT?
PASS JA AUF! VERTRAUEN KANN FLUGS AUCH WIEDER FLÖTEN GEHEN!
JA.
ABER MEINEN SIE, SIE KÖNNTEN SO WAS BAUEN?
VERGISS ES.

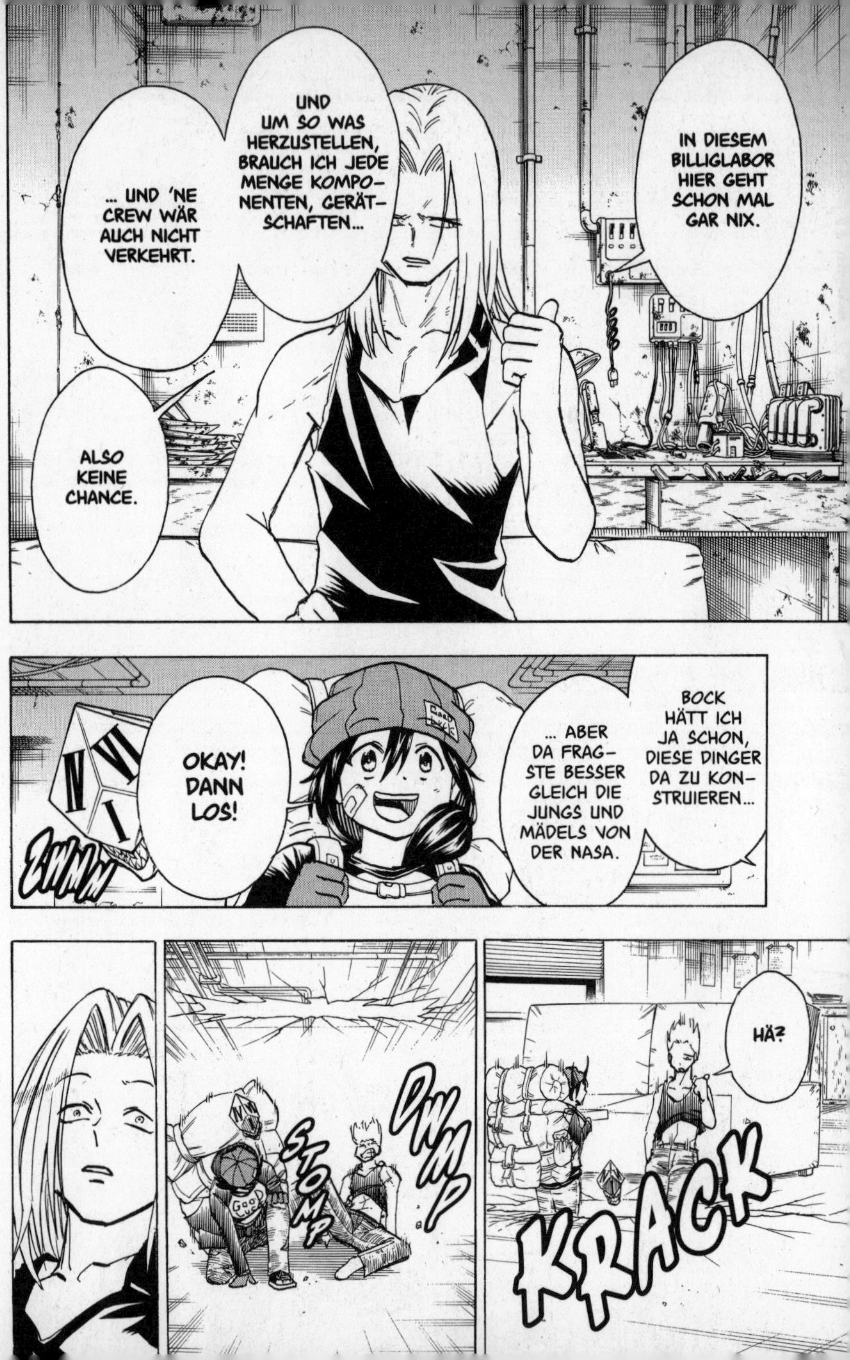
IN DIESEM BILLIGLABOR HIER GEHT SCHON MAL GAR NIX.
UND UM SO WAS HERZUSTELLEN, BRAUCH ICH JEDE MENGE KOMPONENTEN, GERÄTSCHAFTEN...
... UND 'NE CREW WÄR AUCH NICHT VERKEHRT.
ALSO KEINE CHANCE.
BOCK HÄTT ICH JA SCHON, DIESE DINGER DA ZU KONSTRUIEREN...
... ABER DA FRAGSTE BESSER GLEICH DIE JUNGS UND MÄDELS VON DER NASA.
OKAY! DANN LOS!
HÄ?
KRACK
STOMP

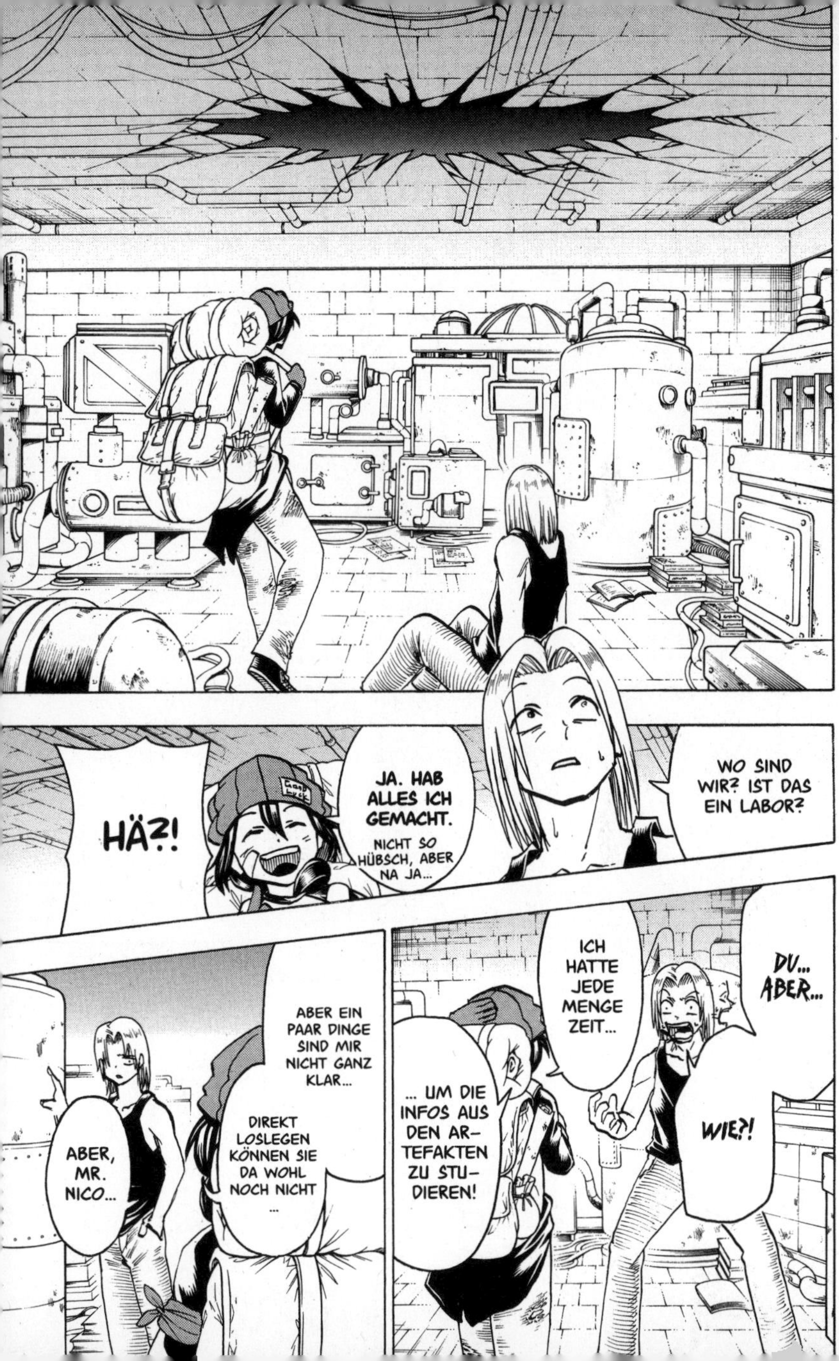
WO SIND WIR? IST DAS EIN LABOR?
JA. HAB ALLES ICH GEMACHT.
NICHT SO HÜBSCH, ABER NA JA...
HÄ?!
DU... ABER...
WIE?!
ICH HATTE JEDE MENGE ZEIT...
... UM DIE INFOS AUS DEN ARTEFAKTEN ZU STUDIEREN!
ABER EIN PAAR DINGE SIND MIR NICHT GANZ KLAR...
DIREKT LOSLEGEN KÖNNEN SIE DA WOHL NOCH NICHT ...
ABER, MR. NICO...

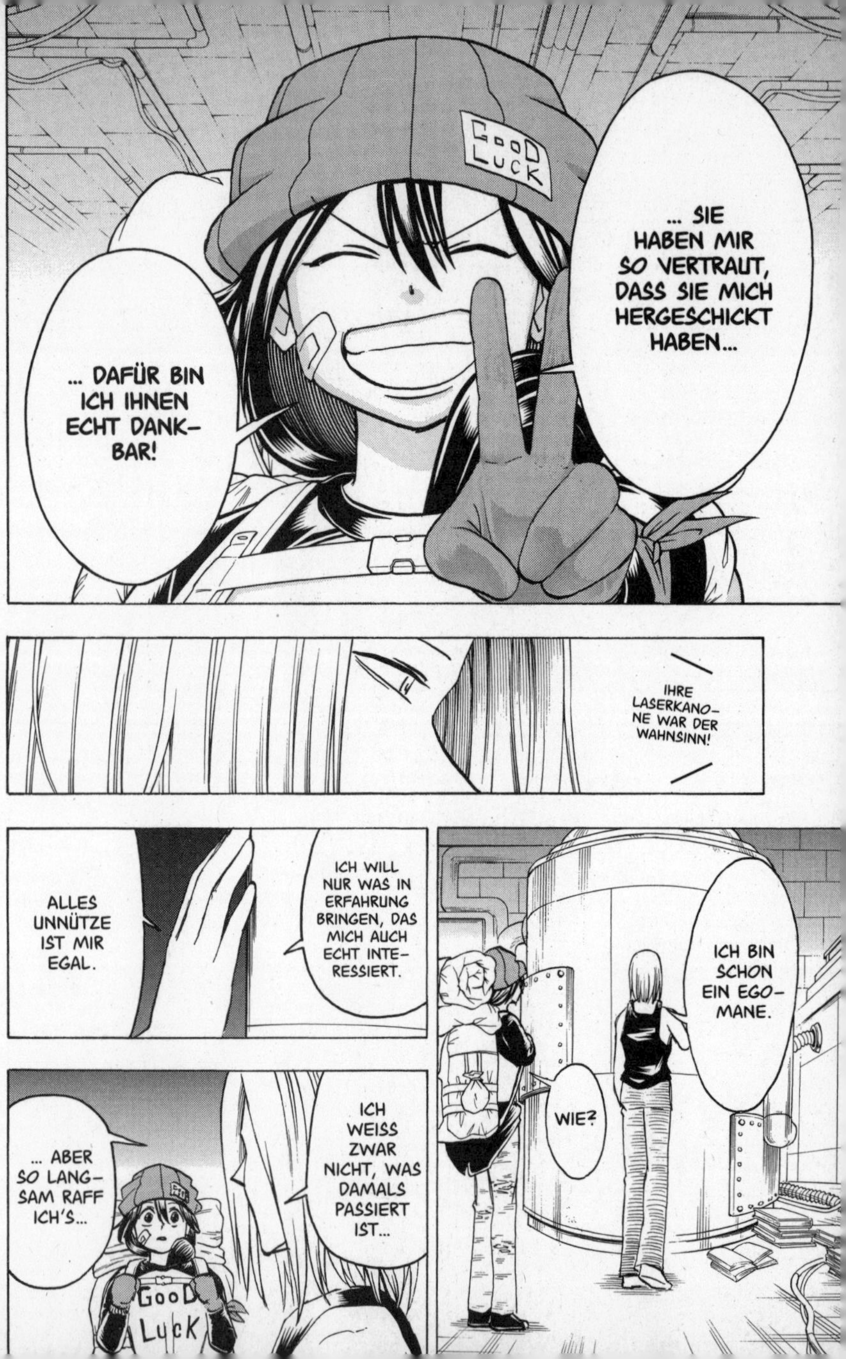
... SIE HABEN MIR SO VERTRAUT, DASS SIE MICH HERGESCHICKT HABEN...
... DAFÜR BIN ICH IHNEN ECHT DANK-BAR!
IHRE LASERKANO-NE WAR DER WAHNSINN!
ICH BIN SCHON EIN EGO-MANE.
WIE?
ICH WILL NUR WAS IN ERFAHRUNG BRINGEN, DAS MICH AUCH ECHT INTE-RESSIERT.
ALLES UNNÜTZE IST MIR EGAL.
ICH WEISS ZWAR NICHT, WAS DAMALS PASSIERT IST...
... ABER SO LANG-SAM RAFF ICH'S...

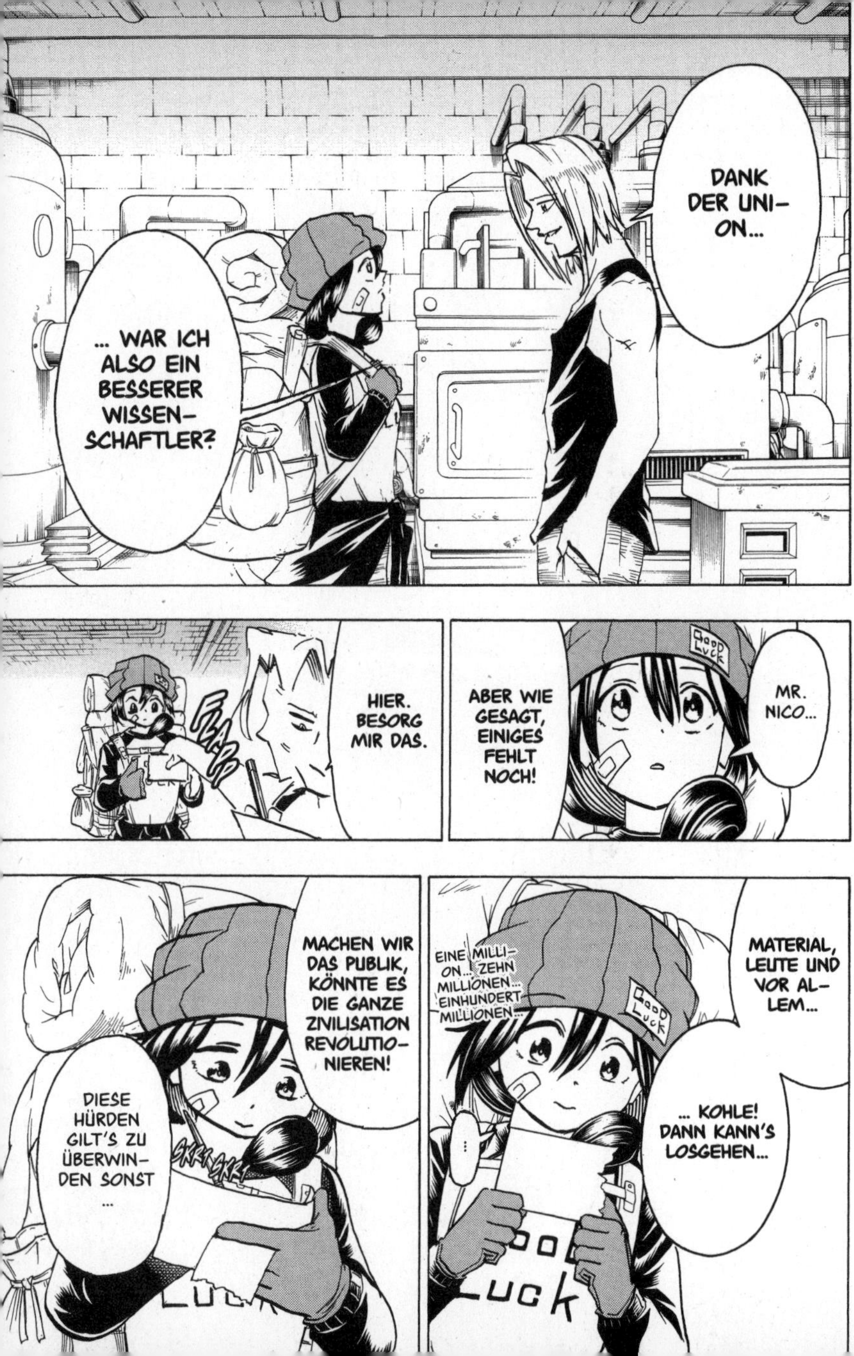
DANK DER UNION...
... WAR ICH ALSO EIN BESSERER WISSENSCHAFTLER?
MR. NICO...
ABER WIE GESAGT, EINIGES FEHLT NOCH!
HIER. BESORG MIR DAS.
MATERIAL, LEUTE UND VOR ALLEM...
... KOHLE! DANN KANN'S LOSGEHEN...
EINE MILLION... ZEHN MILLIONEN... EINHUNDERT MILLIONEN...
...
MACHEN WIR DAS PUBLIK, KÖNNTE ES DIE GANZE ZIVILISATION REVOLUTIONIEREN!
DIESE HÜRDEN GILT'S ZU ÜBERWINDEN SONST ...

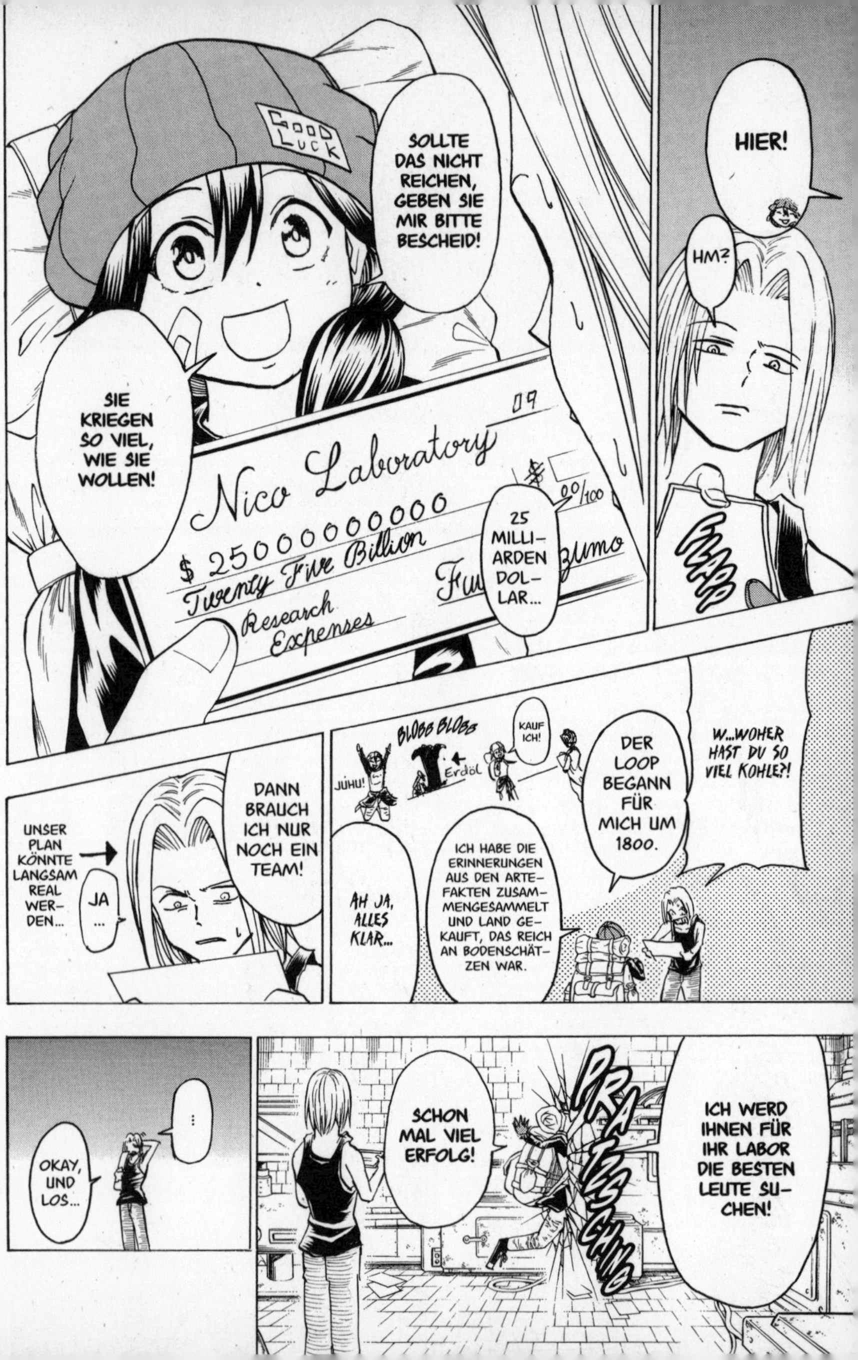
HIER!
HM?
GOOD LUCK
SOLLTE DAS NICHT REICHEN, GEBEN SIE MIR BITTE BESCHEID!
SIE KRIEGEN SO VIEL, WIE SIE WOLLEN!
09
Nico Laboratory
$ 25000000000
Twenty Five Billion
00/100
Research Expenses
25 MILLIARDEN DOLLAR...
W...WOHER HAST DU SO VIEL KOHLE?!
DER LOOP BEGANN FÜR MICH UM 1800.
KAUF ICH!
BLOBB BLOBB
Erdöl
JUHU!
ICH HABE DIE ERINNERUNGEN AUS DEN ARTEFAKTEN ZUSAMMENGESAMMELT UND LAND GEKAUFT, DAS REICH AN BODENSCHÄTZEN WAR.
AH JA, ALLES KLAR...
DANN BRAUCH ICH NUR NOCH EIN TEAM!
JA ...
UNSER PLAN KÖNNTE LANGSAM REAL WERDEN...
ICH WERD IHNEN FÜR IHR LABOR DIE BESTEN LEUTE SUCHEN!
SCHON MAL VIEL ERFOLG!
...
OKAY, UND LOS...

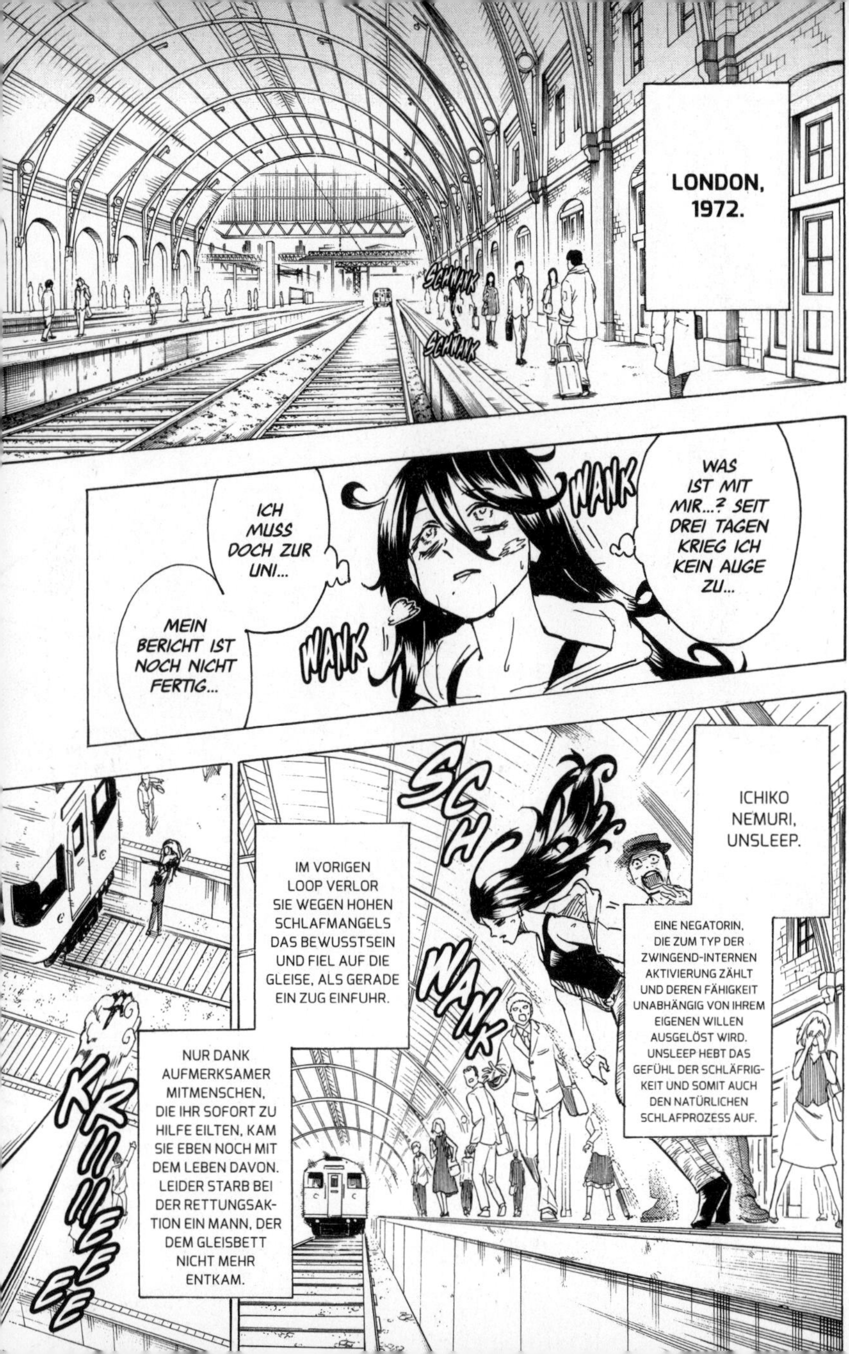
LONDON, 1972.
WAS IST MIT MIR...? SEIT DREI TAGEN KRIEG ICH KEIN AUGE ZU...
WANK
ICH MUSS DOCH ZUR UNI...
MEIN BERICHT IST NOCH NICHT FERTIG...
WANK
ICHIKO NEMURI, UNSLEEP.
EINE NEGATORIN, DIE ZUM TYP DER ZWINGEND-INTERNEN AKTIVIERUNG ZÄHLT UND DEREN FÄHIGKEIT UNABHÄNGIG VON IHREM EIGENEN WILLEN AUSGELÖST WIRD. UNSLEEP HEBT DAS GEFÜHL DER SCHLÄFRIG-KEIT UND SOMIT AUCH DEN NATÜRLICHEN SCHLAFPROZESS AUF.
SCH
WANK
IM VORIGEN LOOP VERLOR SIE WEGEN HOHEN SCHLAFMANGELS DAS BEWUSSTSEIN UND FIEL AUF DIE GLEISE, ALS GERADE EIN ZUG EINFUHR.
NUR DANK AUFMERKSAMER MITMENSCHEN, DIE IHR SOFORT ZU HILFE EILTEN, KAM SIE EBEN NOCH MIT DEM LEBEN DAVON. LEIDER STARB BEI DER RETTUNGSAK-TION EIN MANN, DER DEM GLEISBETT NICHT MEHR ENTKAM.

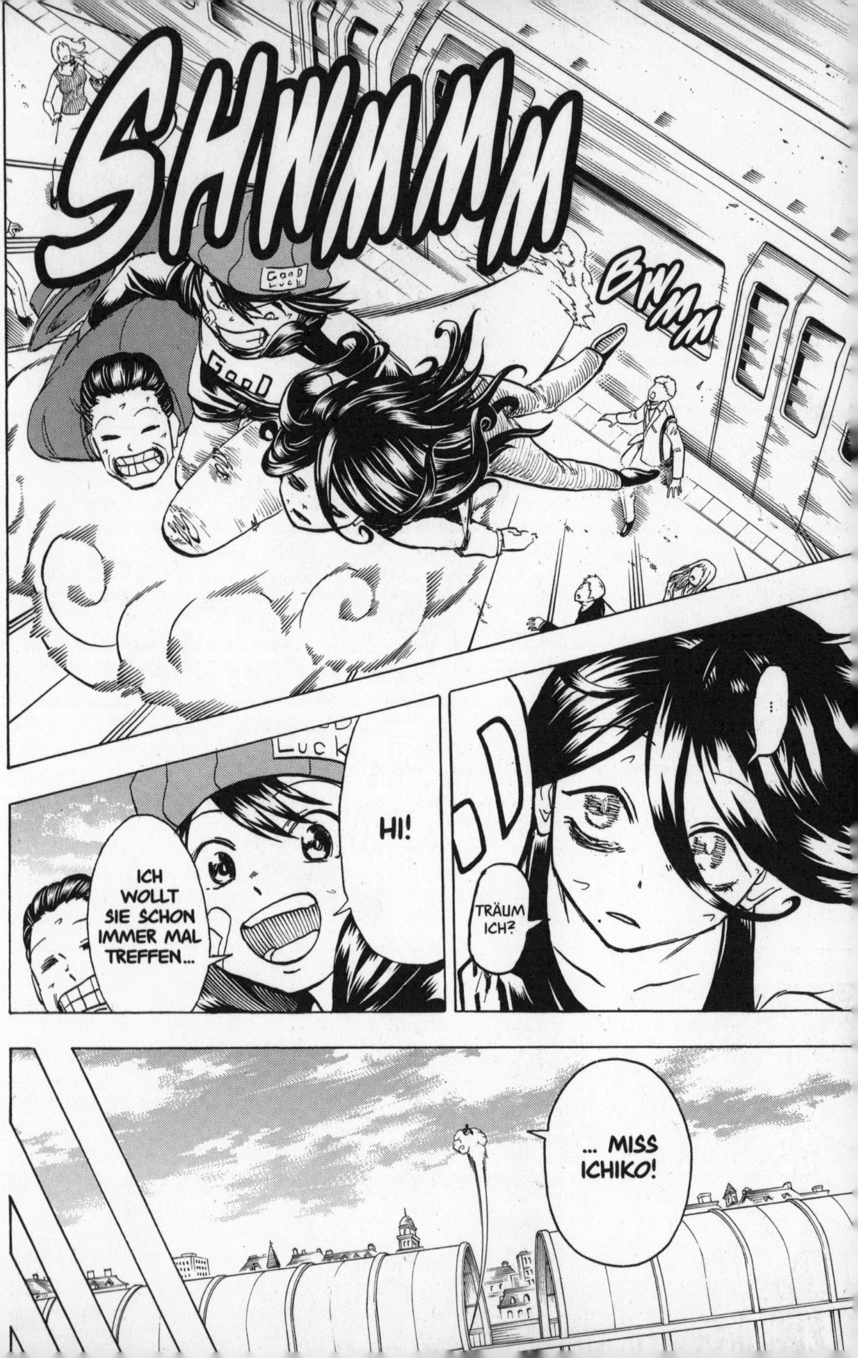
SHWMMM
BWMM
GOOD LUCK
...
TRÄUM ICH?
HI!
ICH WOLLT SIE SCHON IMMER MAL TREFFEN...
... MISS ICHIKO!

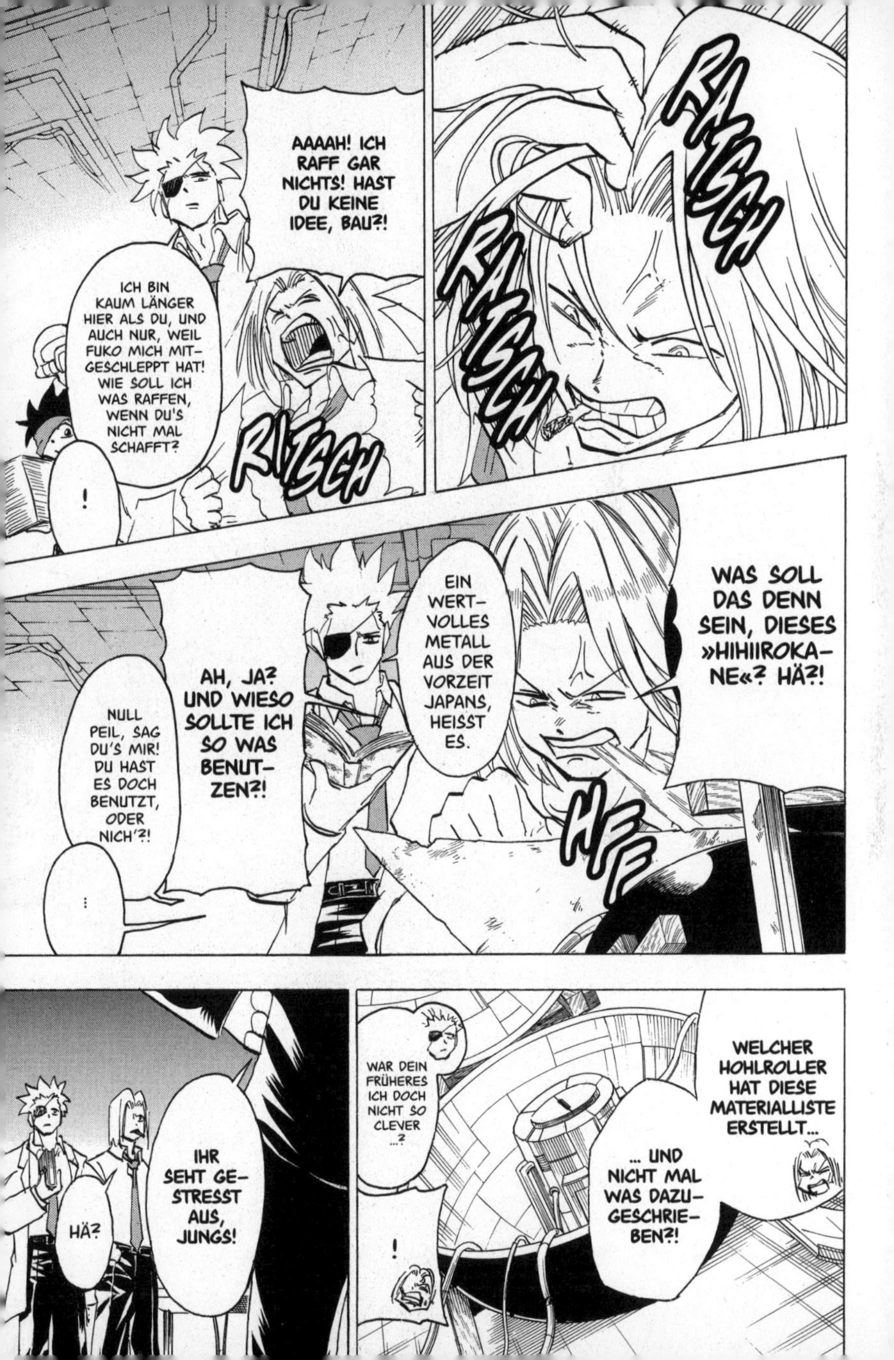
RATSCH
RATSCH
AAAAH! ICH RAFF GAR NICHTS! HAST DU KEINE IDEE, BAU?!
ICH BIN KAUM LÄNGER HIER ALS DU, UND AUCH NUR, WEIL FUKO MICH MITGESCHLEPPT HAT! WIE SOLL ICH WAS RAFFEN, WENN DU'S NICHT MAL SCHAFFT?
RITSCH
!
WAS SOLL DAS DENN SEIN, DIESES »HIHIIROKANE«? HÄ?!
HEF
EIN WERTVOLLES METALL AUS DER VORZEIT JAPANS, HEISST ES.
AH, JA? UND WIESO SOLLTE ICH SO WAS BENUTZEN?!
NULL PEIL, SAG DU'S MIR! DU HAST ES DOCH BENUTZT, ODER NICH'?!
...
WELCHER HOHLROLLER HAT DIESE MATERIALLISTE ERSTELLT...
... UND NICHT MAL WAS DAZUGESCHRIEBEN?!
WAR DEIN FRÜHERES ICH DOCH NICHT SO CLEVER ...?
!
IHR SEHT GESTRESST AUS, JUNGS!
HÄ?

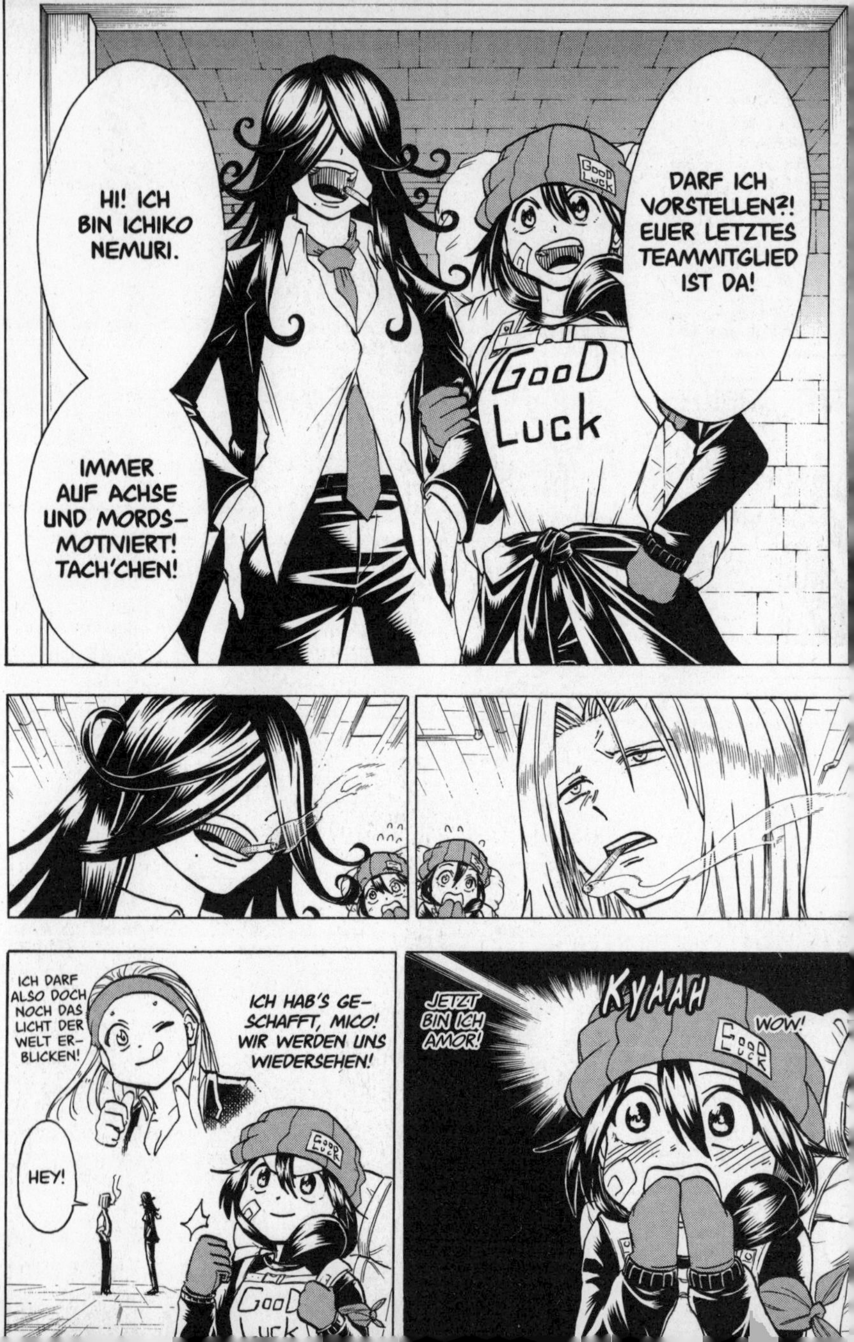
DARF ICH VORSTELLEN?! EUER LETZTES TEAMMITGLIED IST DA!
HI! ICH BIN ICHIKO NEMURI.
IMMER AUF ACHSE UND MORDS-MOTIVIERT! TACH'CHEN!
KYAAH
WOW!
JETZT BIN ICH AMOR!
ICH HAB'S GE-SCHAFFT, MICO! WIR WERDEN UNS WIEDERSEHEN!
ICH DARF ALSO DOCH NOCH DAS LICHT DER WELT ER-BLICKEN!
HEY!

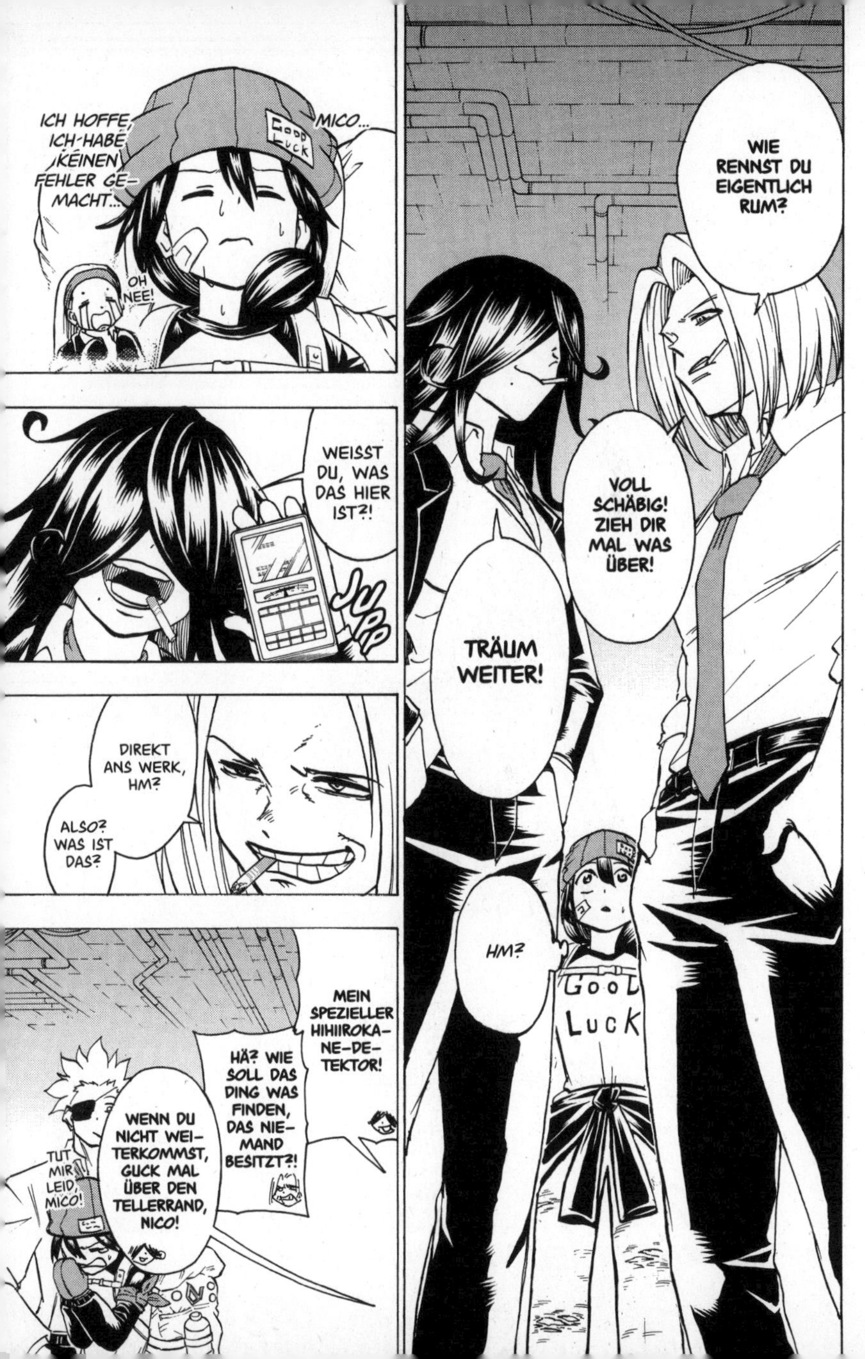
WIE RENNST DU EIGENTLICH RUM?
VOLL SCHÄBIG! ZIEH DIR MAL WAS ÜBER!
TRÄUM WEITER!
HM?
MICO...
ICH HOFFE, ICH HABE KEINEN FEHLER GE-MACHT...
OH NEE!
WEISST DU, WAS DAS HIER IST?!
JUPP
DIREKT ANS WERK, HM?
ALSO? WAS IST DAS?
MEIN SPEZIELLER HIHIIROKANE-DETEKTOR!
HÄ? WIE SOLL DAS DING WAS FINDEN, DAS NIEMAND BESITZT?!
WENN DU NICHT WEITERKOMMST, GUCK MAL ÜBER DEN TELLERRAND, NICO!
TUT MIR LEID, MICO!

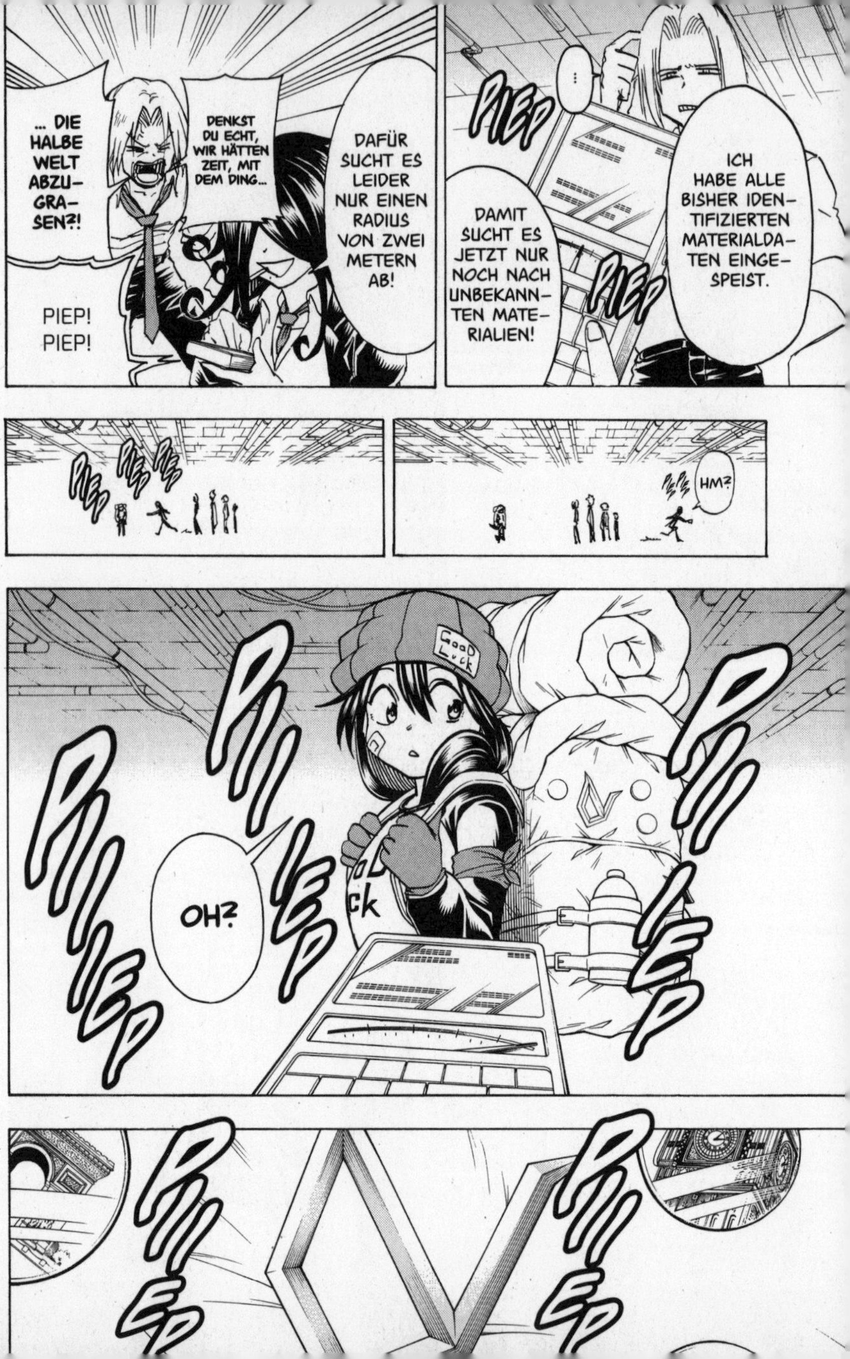
...
ICH HABE ALLE BISHER IDENTIFIZIERTEN MATERIALDATEN EINGESPEIST.
PIEP
DAMIT SUCHT ES JETZT NUR NOCH NACH UNBEKANNTEN MATERIALIEN!
PIEP
DAFÜR SUCHT ES LEIDER NUR EINEN RADIUS VON ZWEI METERN AB!
DENKST DU ECHT, WIR HÄTTEN ZEIT, MIT DEM DING...
... DIE HALBE WELT ABZUGRASEN?!
PIEP! PIEP!
HM?
PIEP PIEP PIEP
OH?
PIIIEP
PIIIEP
PIIIEP
PIIIEP
PIIIEP

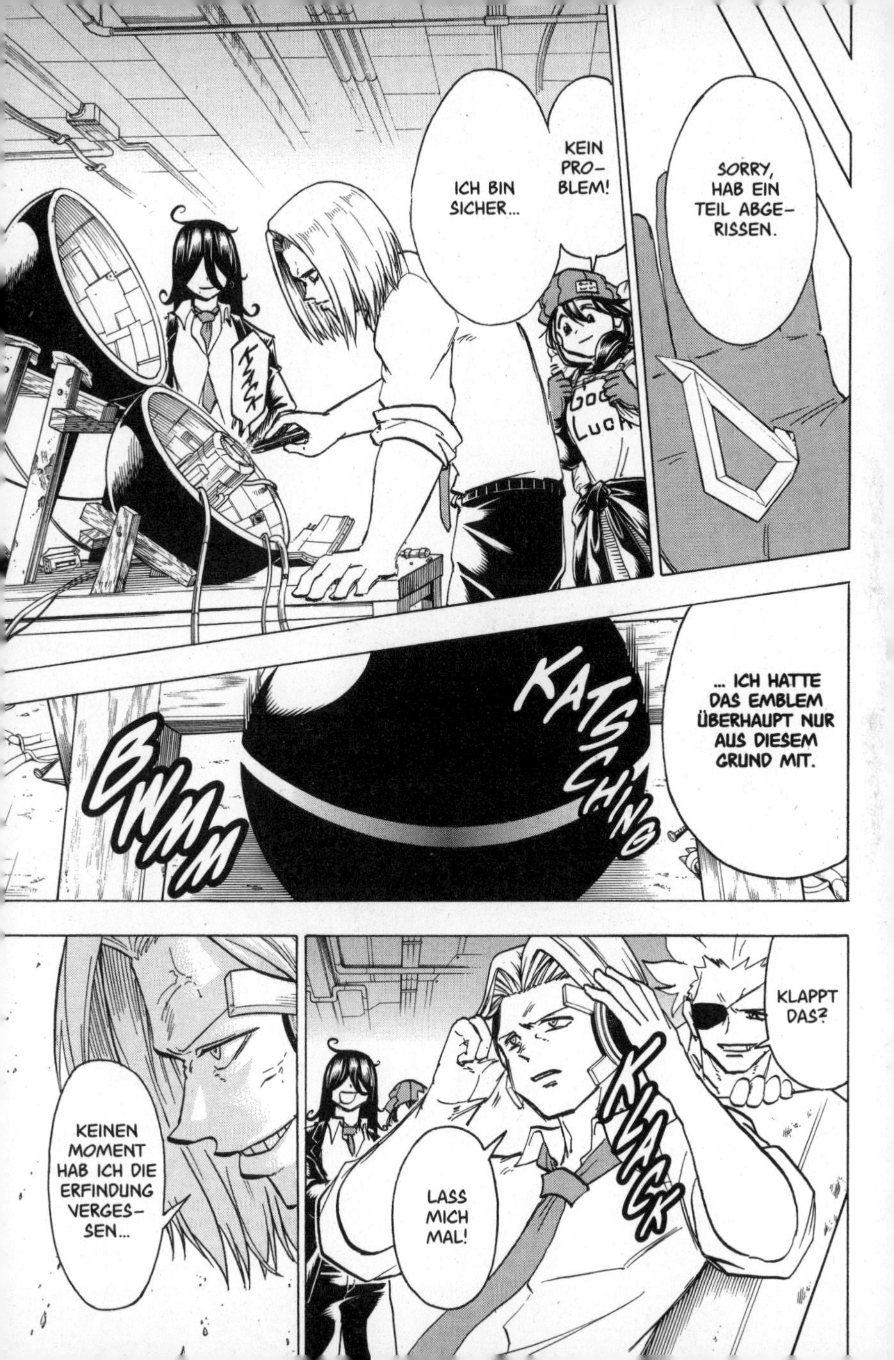
SORRY, HAB EIN TEIL ABGE- RISSEN.
KEIN PRO- BLEM!
ICH BIN SICHER...
KNACK
... ICH HATTE DAS EMBLEM ÜBERHAUPT NUR AUS DIESEM GRUND MIT.
KATSCHING
BWMM
KLAPPT DAS?
KLACK
LASS MICH MAL!
KEINEN MOMENT HAB ICH DIE ERFINDUNG VERGES- SEN...

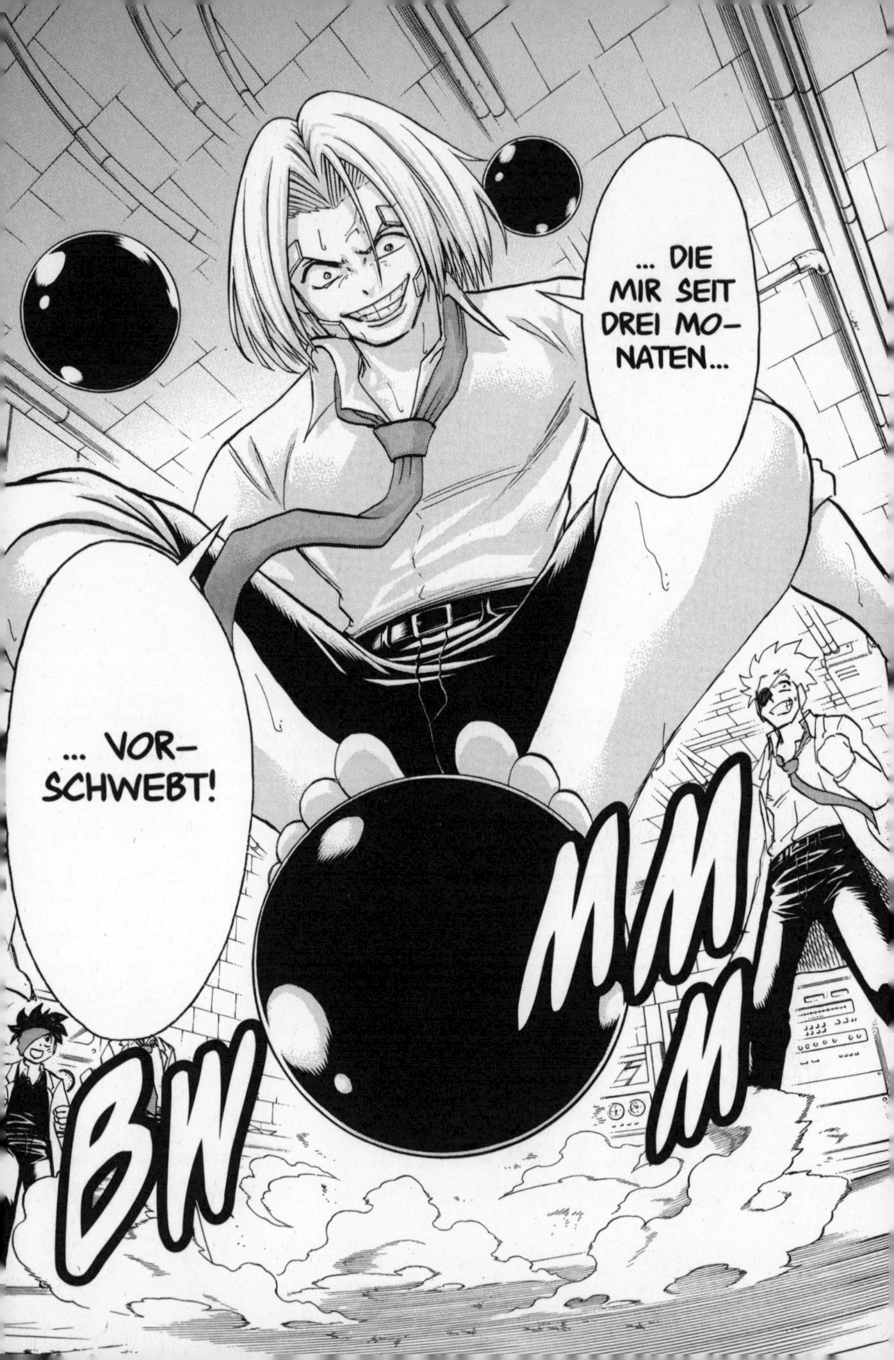
... DIE MIR SEIT DREI MO- NATEN...
... VOR- SCHWEBT!
BWMMMM

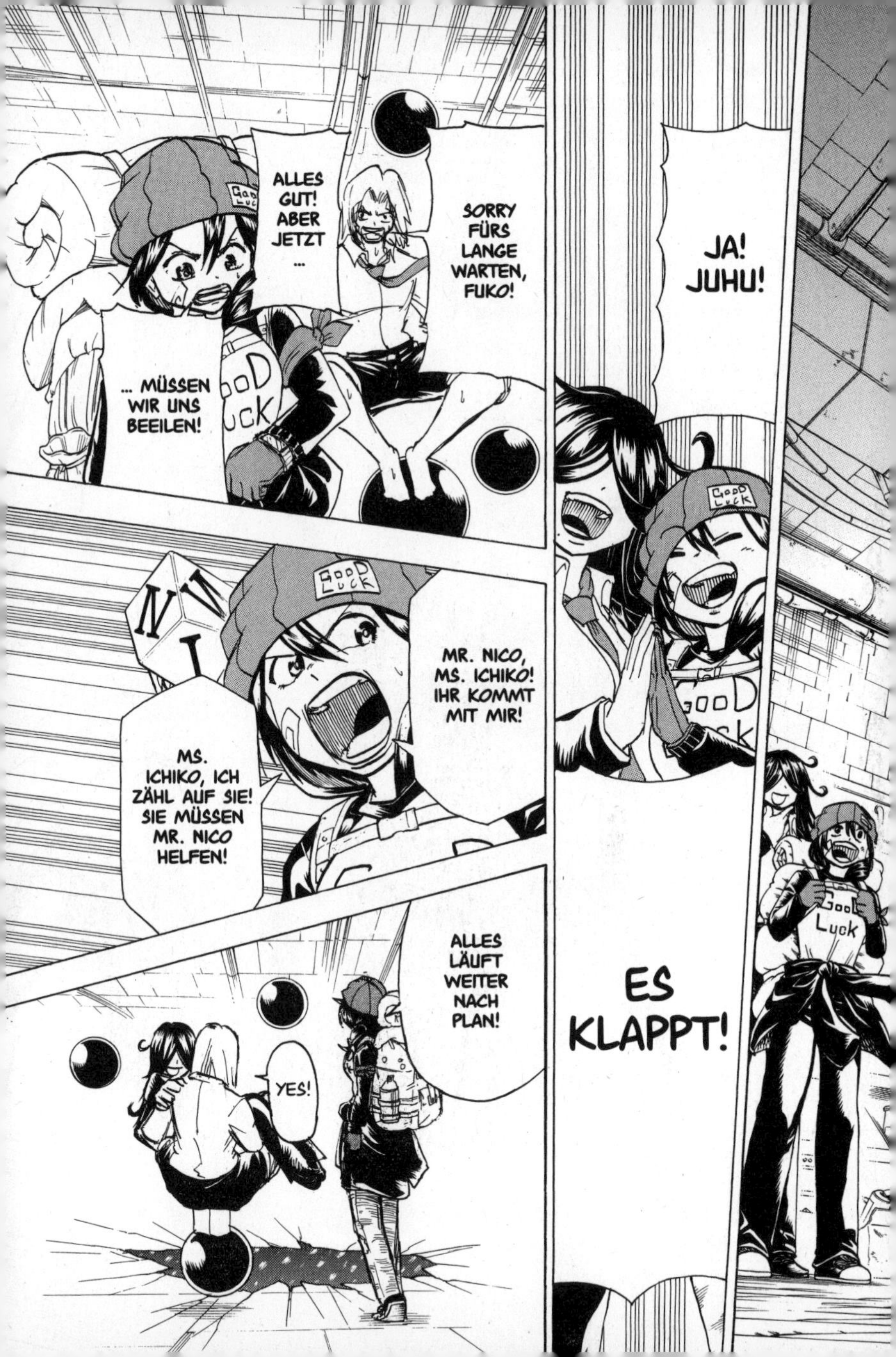
SORRY FÜRS LANGE WARTEN, FUKO!
ALLES GUT! ABER JETZT ...
... MÜSSEN WIR UNS BEEILEN!
MR. NICO, MS. ICHIKO! IHR KOMMT MIT MIR!
MS. ICHIKO, ICH ZÄHL AUF SIE! SIE MÜSSEN MR. NICO HELFEN!
YES!
ALLES LÄUFT WEITER NACH PLAN!
JA! JUHU!
ES KLAPPT!

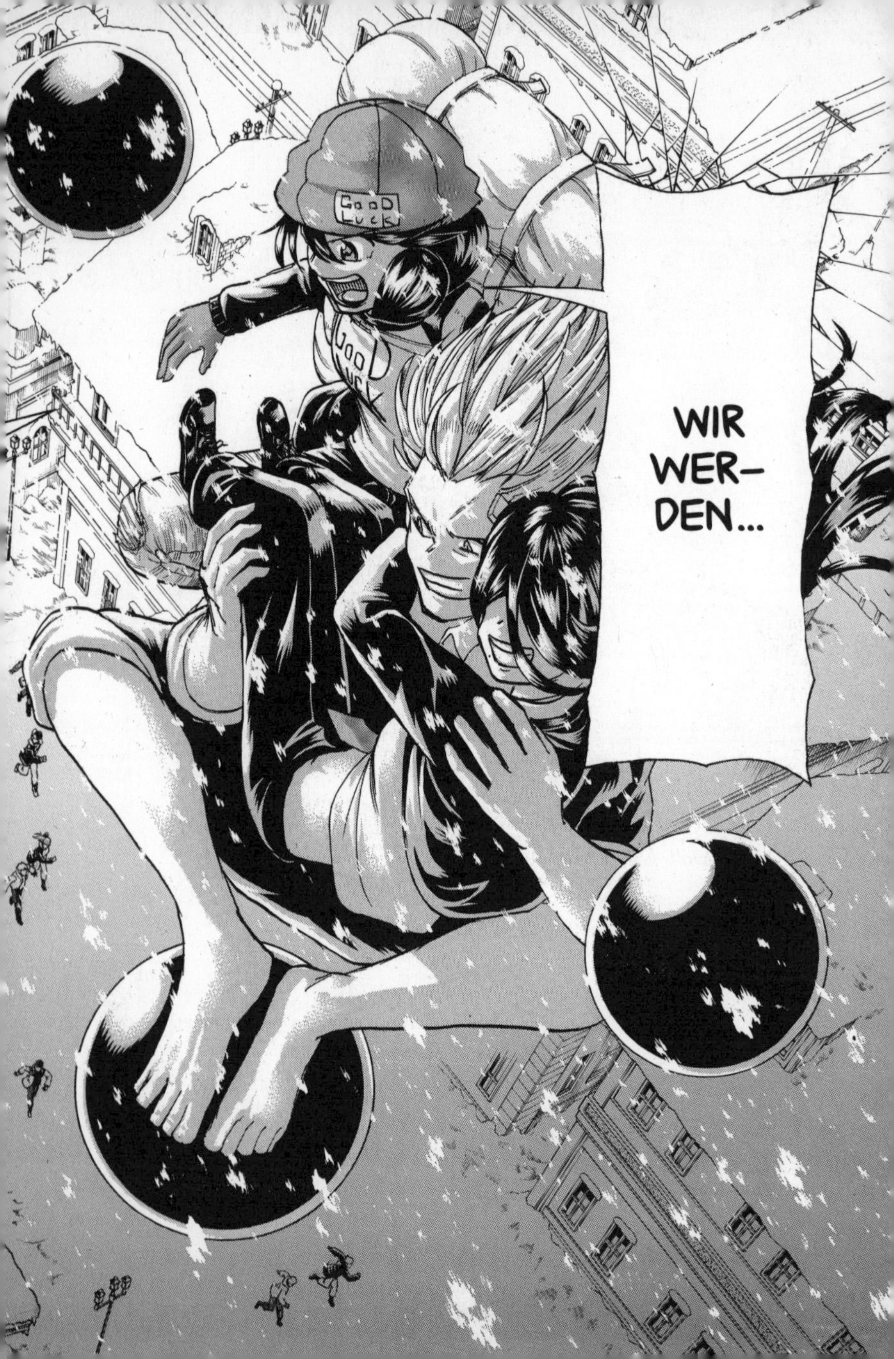
GOOD LUCK
WIR WER-DEN...

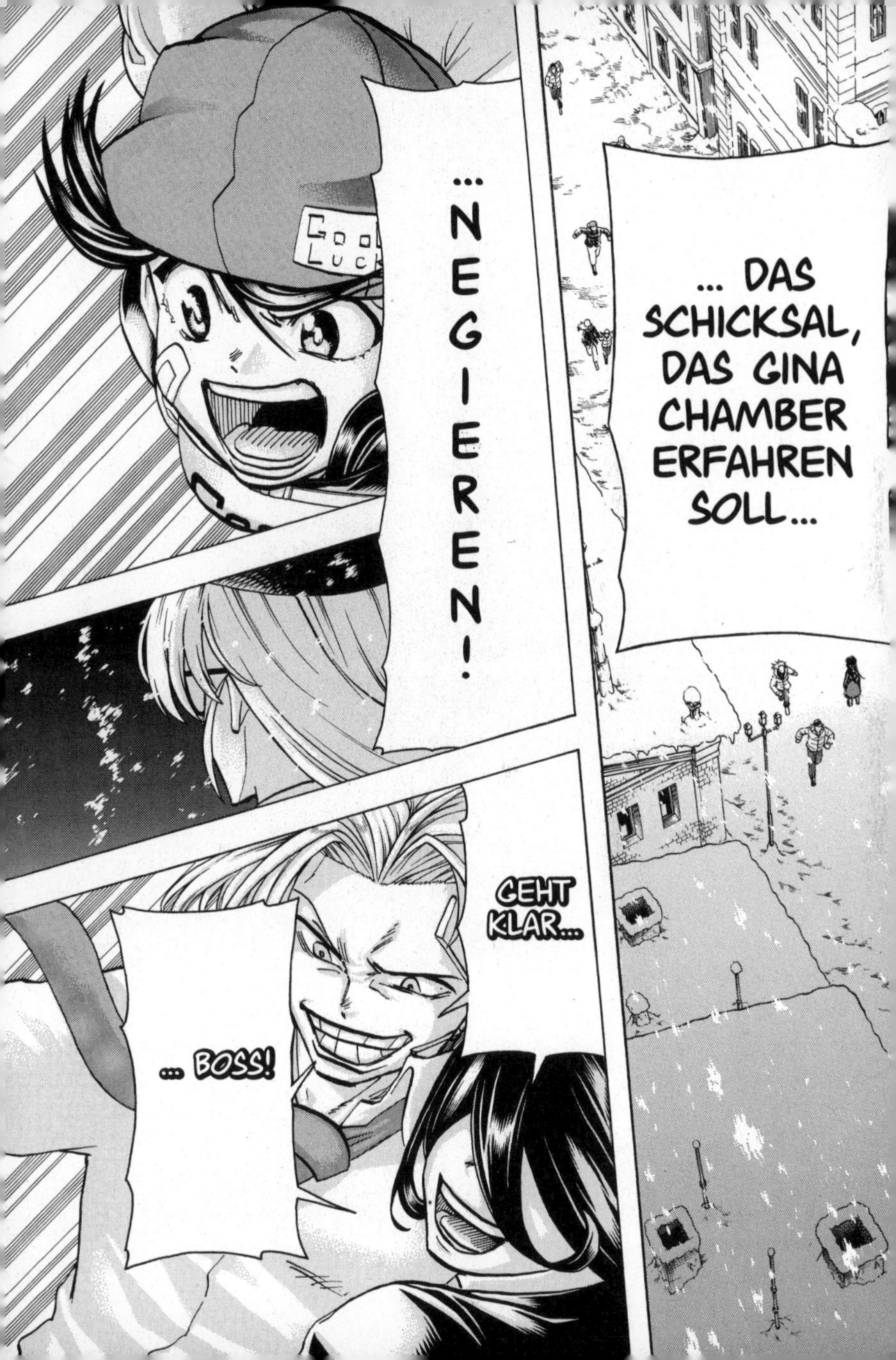
... DAS SCHICKSAL, DAS GINA CHAMBER ERFAHREN SOLL...
... NEGIEREN!
GEHT KLAR...
... BOSS!

WEEKLY JUMP 2023,
AUSGABEN 4 UND 5

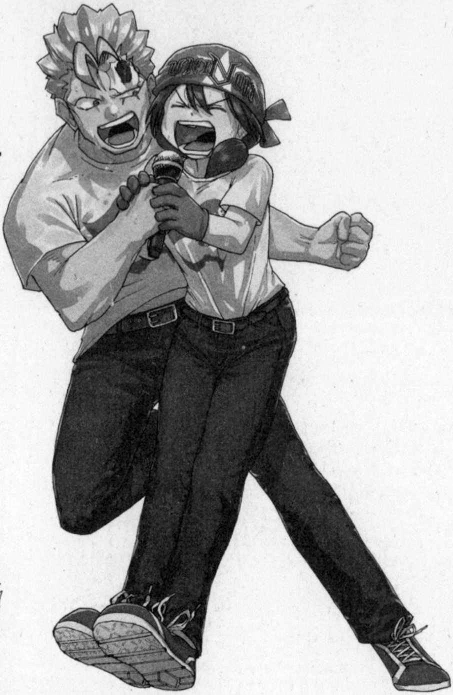

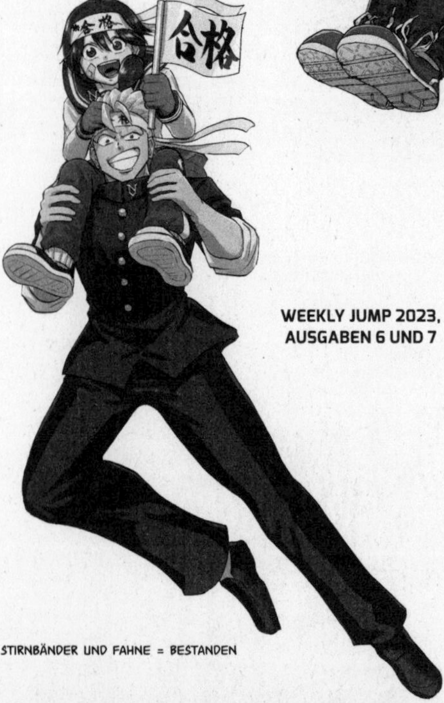

WEEKLY JUMP 2023,
AUSGABEN 6 UND 7

* STIRNBÄNDER UND FAHNE = BESTANDEN

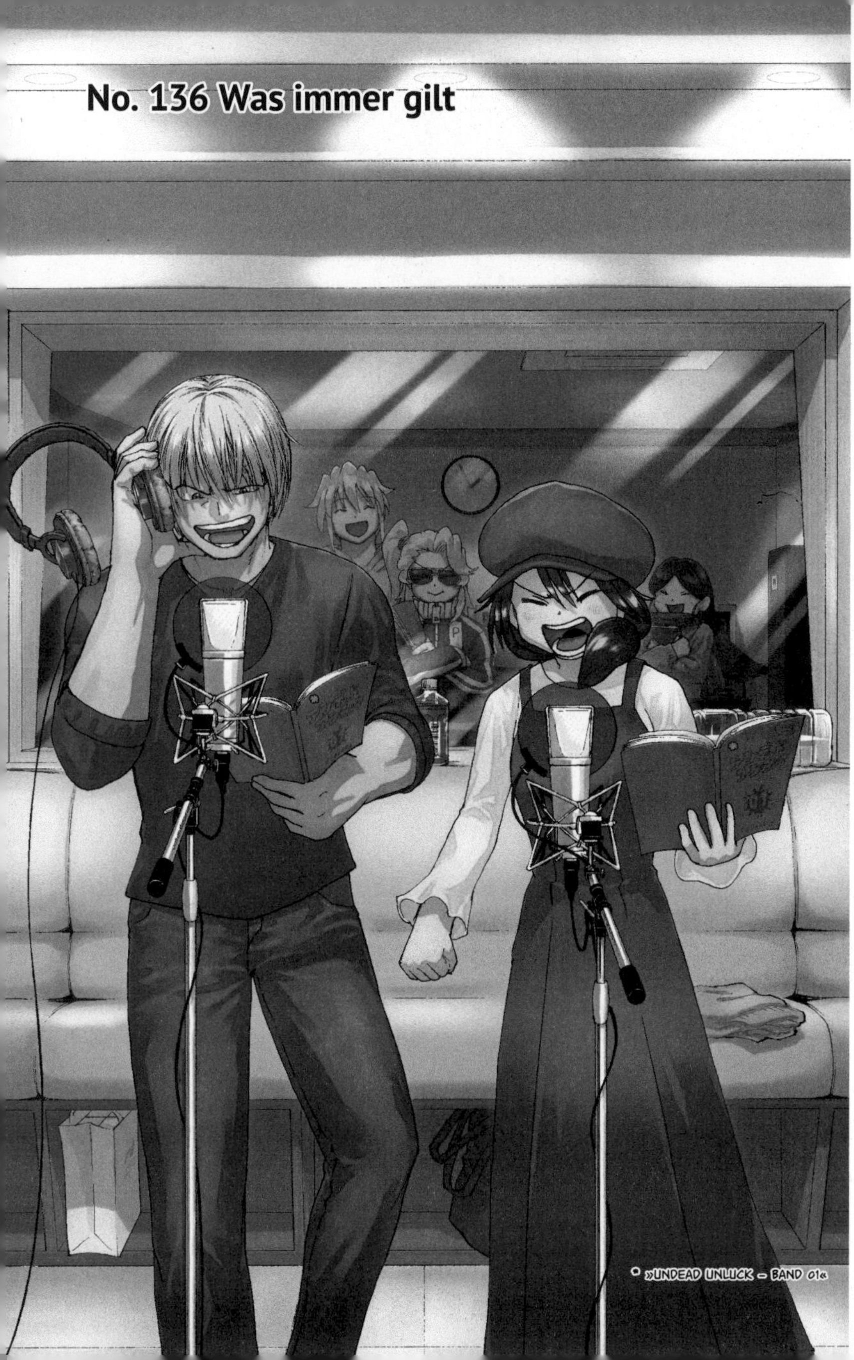
No. 136 Was immer gilt
»UNDEAD UNLUCK – BAND 01«

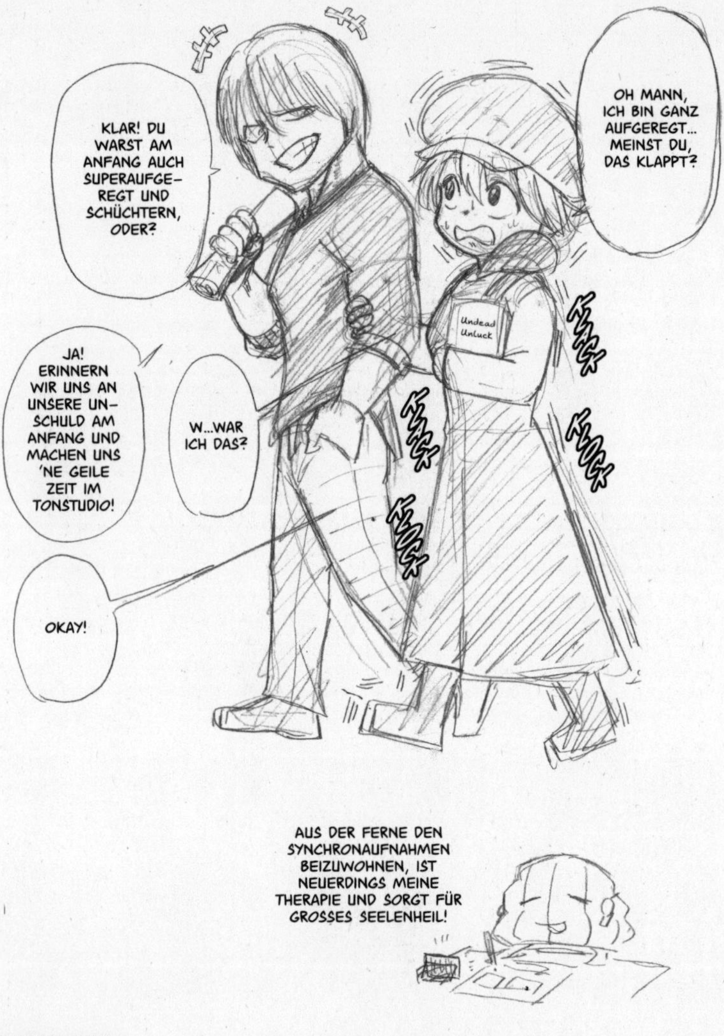

TWITTER-POST

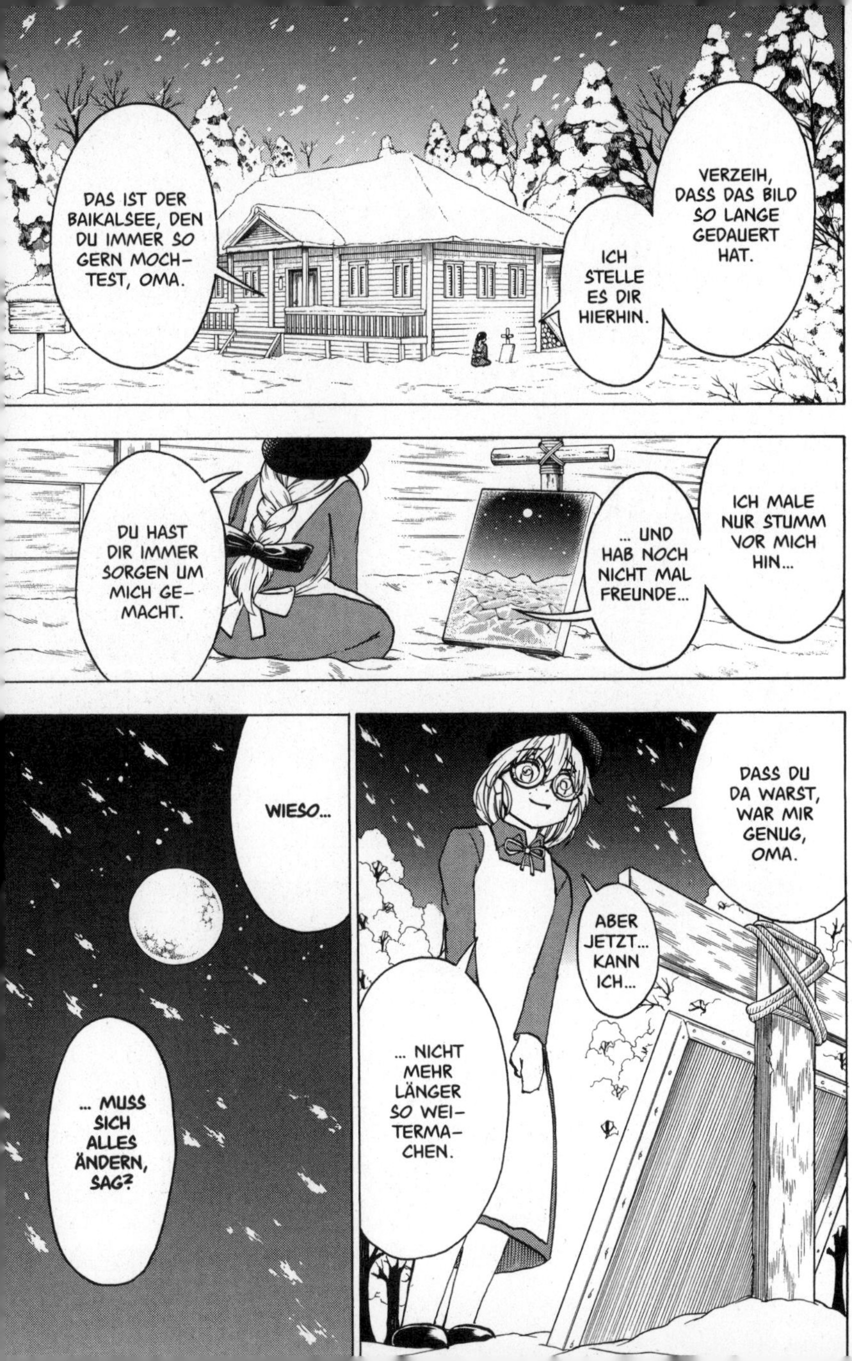
VERZEIH, DASS DAS BILD SO LANGE GEDAUERT HAT.
ICH STELLE ES DIR HIERHIN.
DAS IST DER BAIKALSEE, DEN DU IMMER SO GERN MOCH-TEST, OMA.
ICH MALE NUR STUMM VOR MICH HIN...
... UND HAB NOCH NICHT MAL FREUNDE...
DU HAST DIR IMMER SORGEN UM MICH GE-MACHT.
DASS DU DA WARST, WAR MIR GENUG, OMA.
ABER JETZT... KANN ICH...
... NICHT MEHR LÄNGER SO WEI-TERMA-CHEN.
WIESO...
... MUSS SICH ALLES ÄNDERN, SAG?

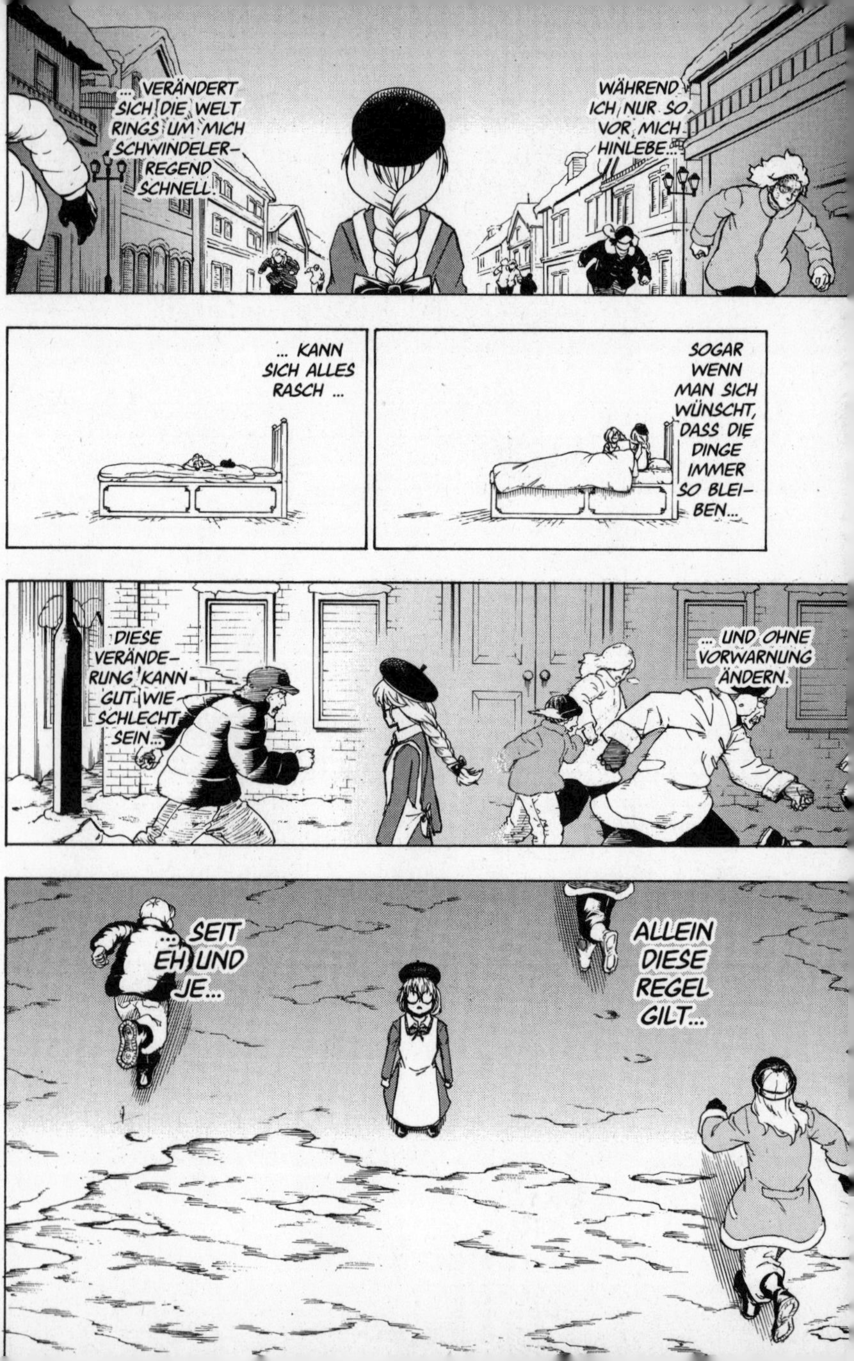
WÄHREND ICH NUR SO VOR MICH HINLEBE...
... VERÄNDERT SICH DIE WELT RINGS UM MICH SCHWINDELERREGEND SCHNELL.
SOGAR WENN MAN SICH WÜNSCHT, DASS DIE DINGE IMMER SO BLEIBEN...
... KANN SICH ALLES RASCH ...
... UND OHNE VORWARNUNG ÄNDERN.
DIESE VERÄNDERUNG KANN GUT WIE SCHLECHT SEIN...
ALLEIN DIESE REGEL GILT...
... SEIT EH UND JE...

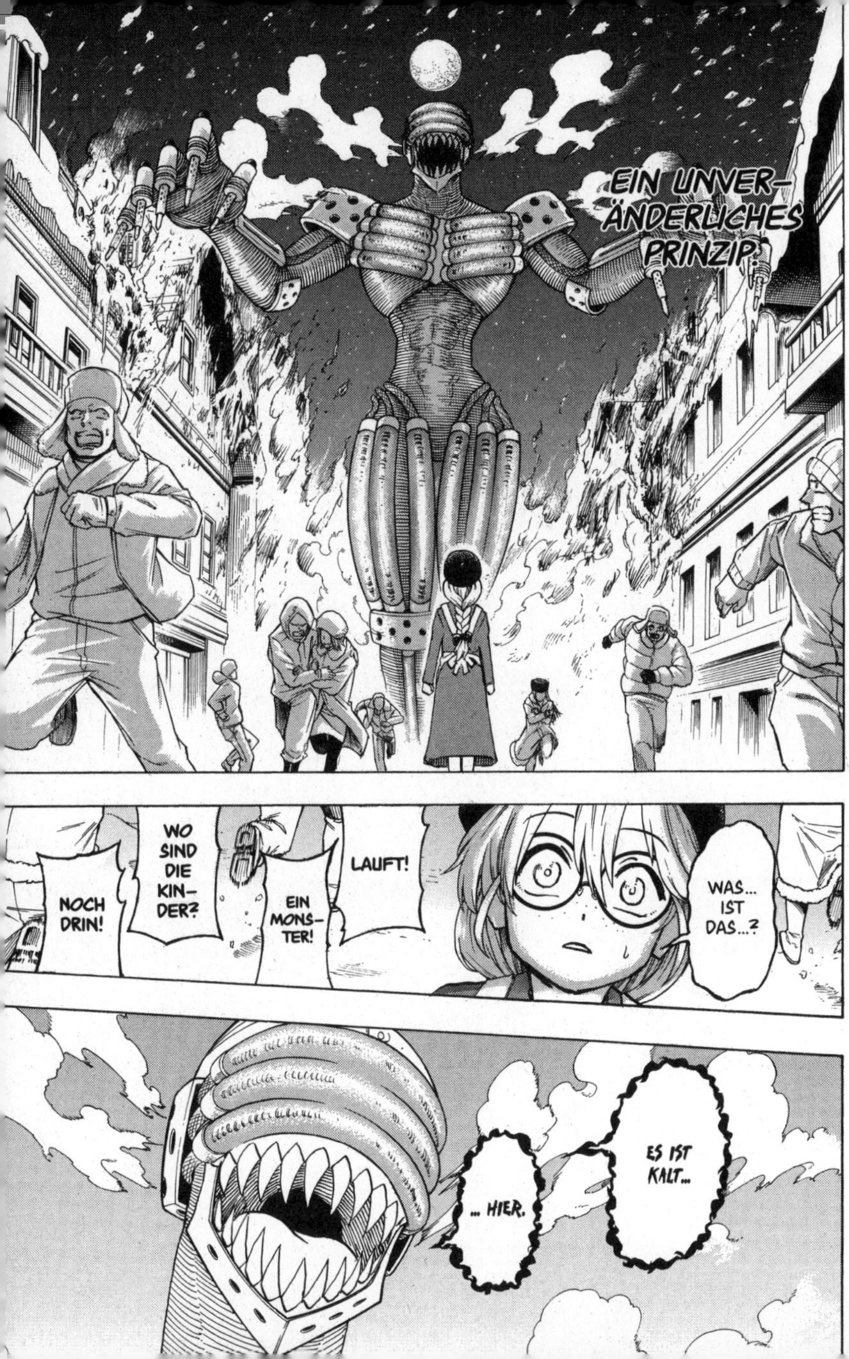
EIN UNVERÄNDERLICHES PRINZIP.
WAS... IST DAS...?
LAUFT!
EIN MONSTER!
WO SIND DIE KINDER?
NOCH DRIN!
ES IST KALT...
... HIER.

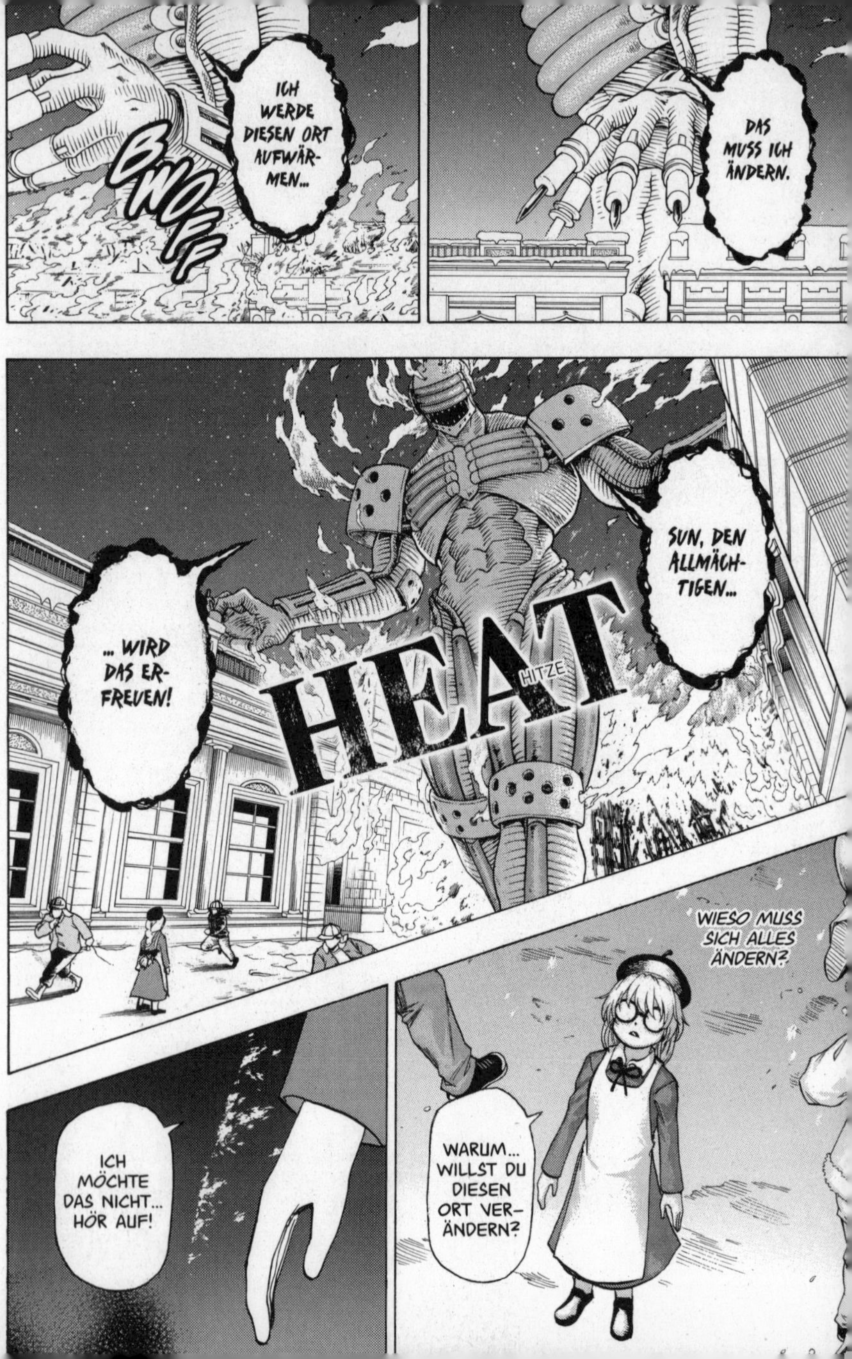
ICH WERDE DIESEN ORT AUFWÄRMEN...
BWOFF
DAS MUSS ICH ÄNDERN.
SUN, DEN ALLMÄCHTIGEN...
... WIRD DAS ERFREUEN!
HEAT
HITZE
WIESO MUSS SICH ALLES ÄNDERN?
WARUM... WILLST DU DIESEN ORT VERÄNDERN?
ICH MÖCHTE DAS NICHT... HÖR AUF!

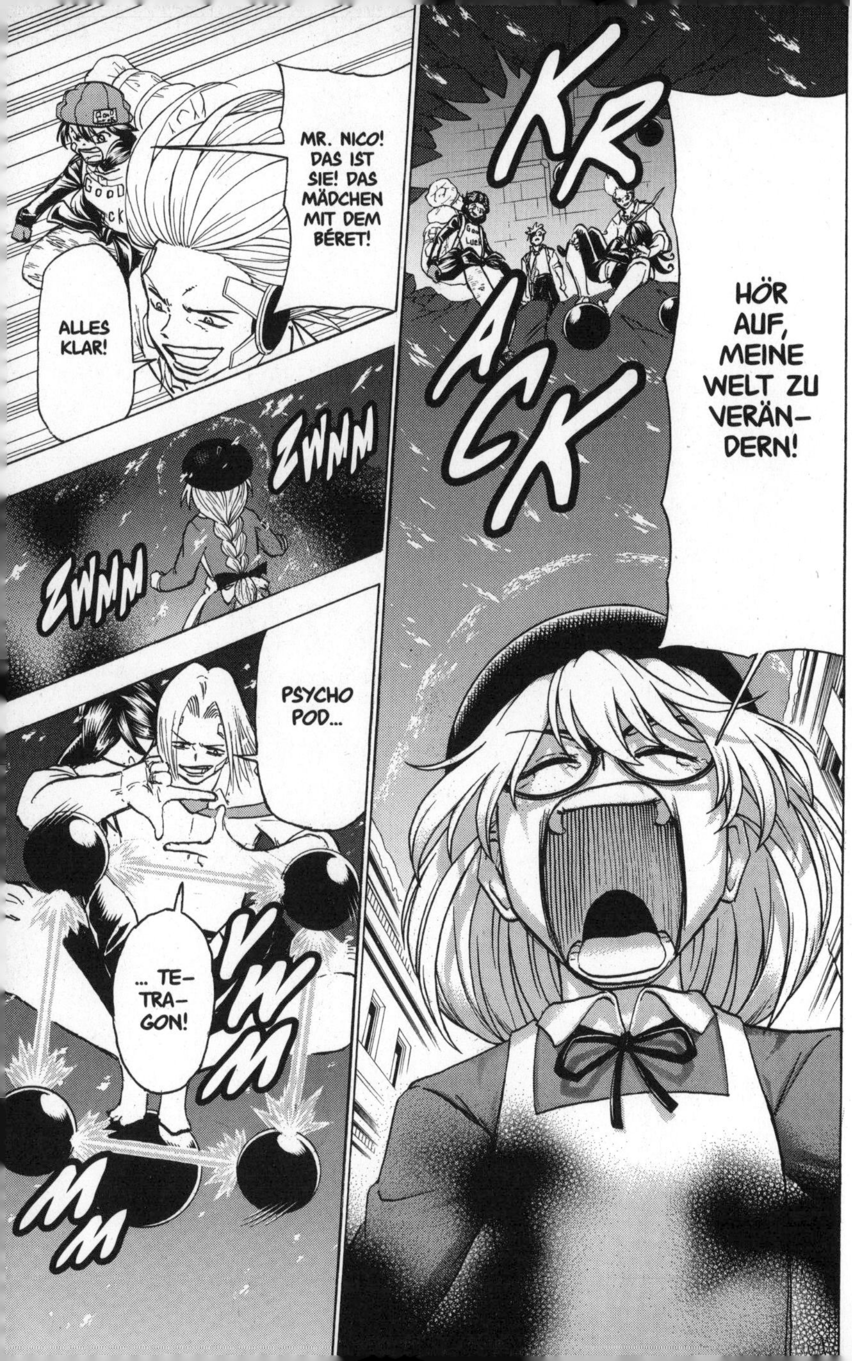

MR. NICO! DAS IST SIE! DAS MÄDCHEN MIT DEM BÉRET!
ALLES KLAR!
ZWMM
ZWMM
PSYCHO POD...
... TE-TRA-GON!
ZWMMM
KRACK
HÖR AUF, MEINE WELT ZU VERÄN-DERN!

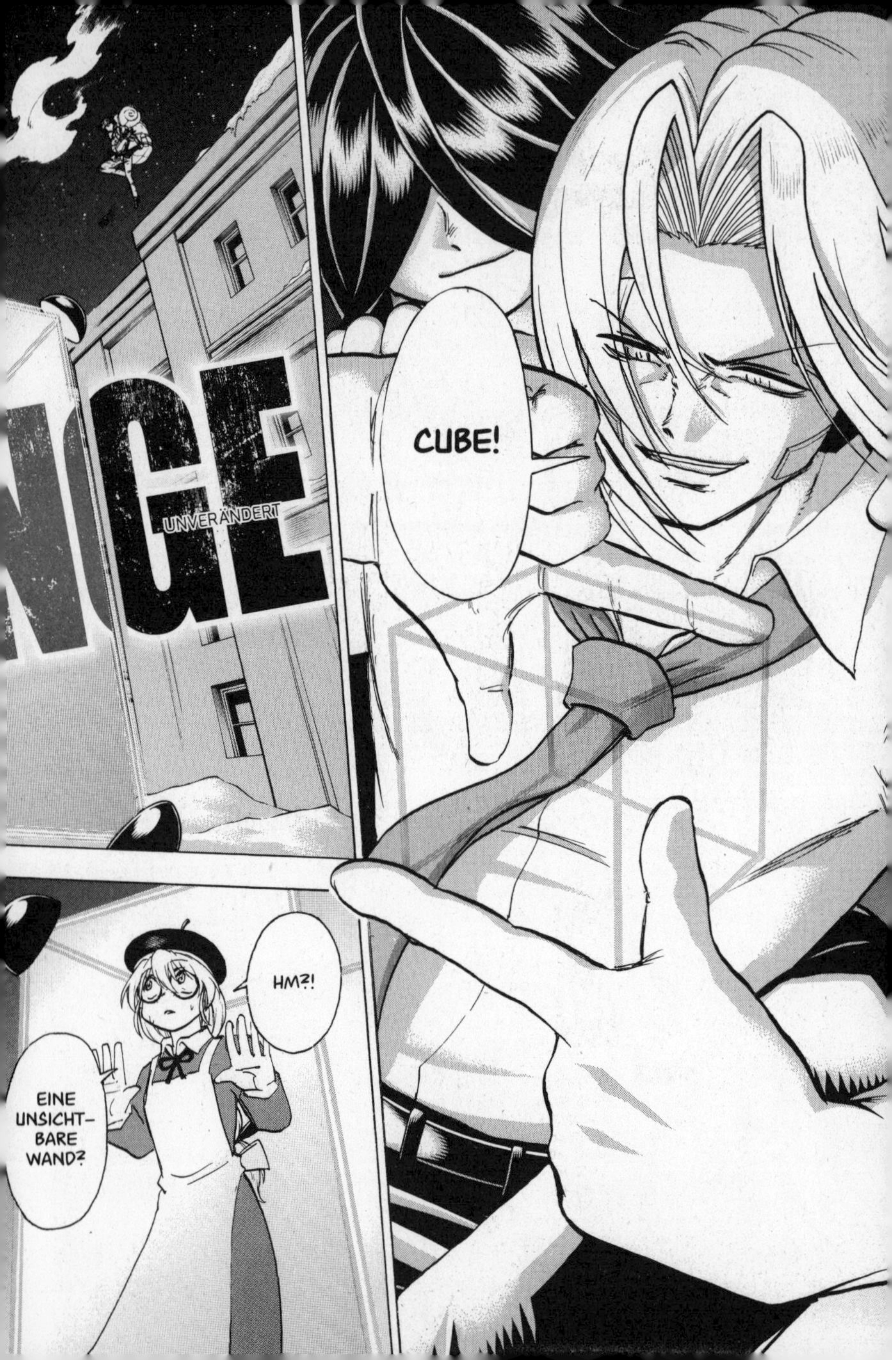
NGE
UNVERÄNDERT
CUBE!
HM?!
EINE UNSICHTBARE WAND?

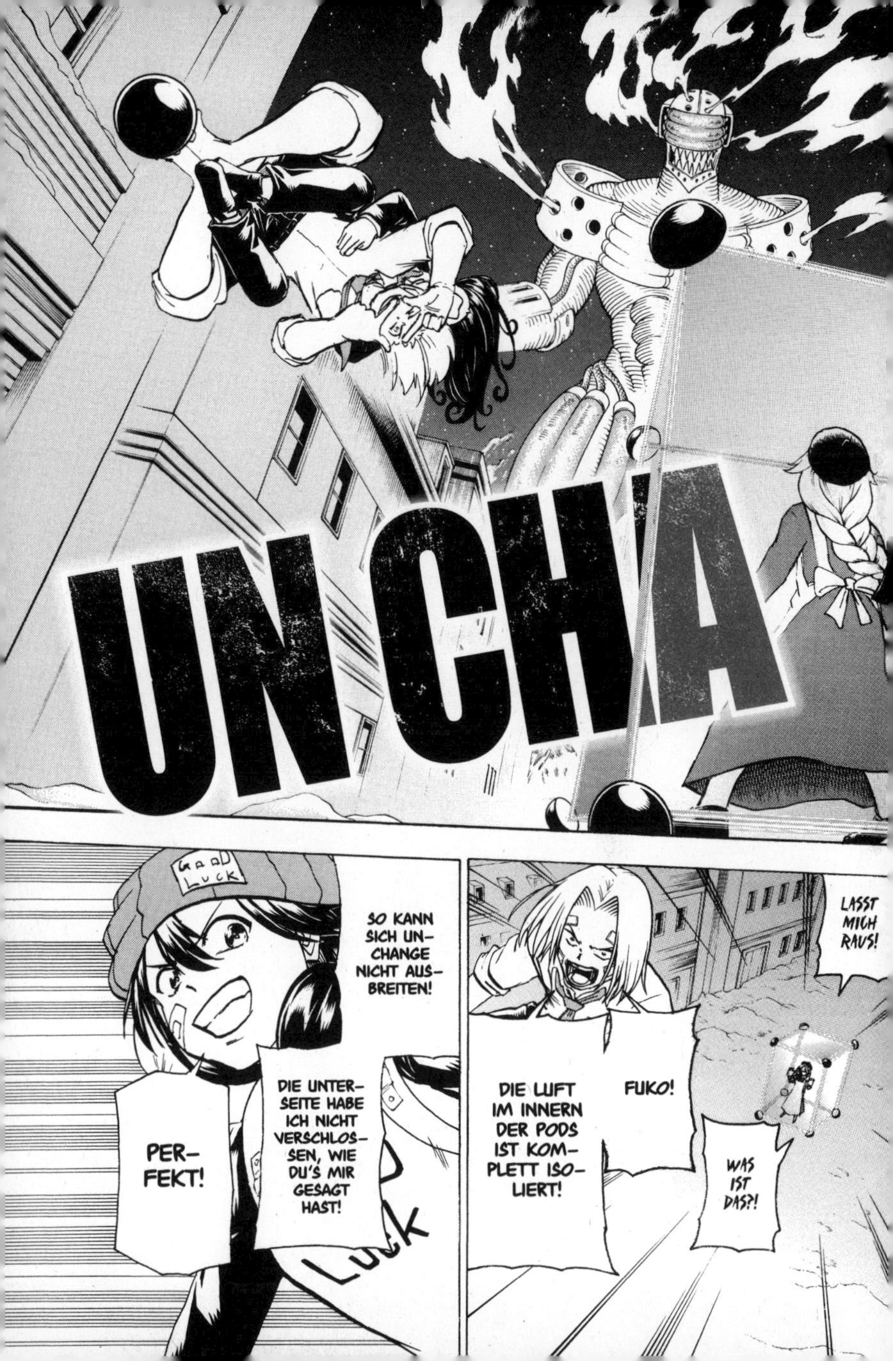
UNCHA
LASST MICH RAUS!
FUKO!
WAS IST DAS?!
DIE LUFT IM INNERN DER PODS IST KOMPLETT ISOLIERT!
SO KANN SICH UNCHANGE NICHT AUSBREITEN!
DIE UNTERSEITE HABE ICH NICHT VERSCHLOSSEN, WIE DU'S MIR GESAGT HAST!
PERFEKT!

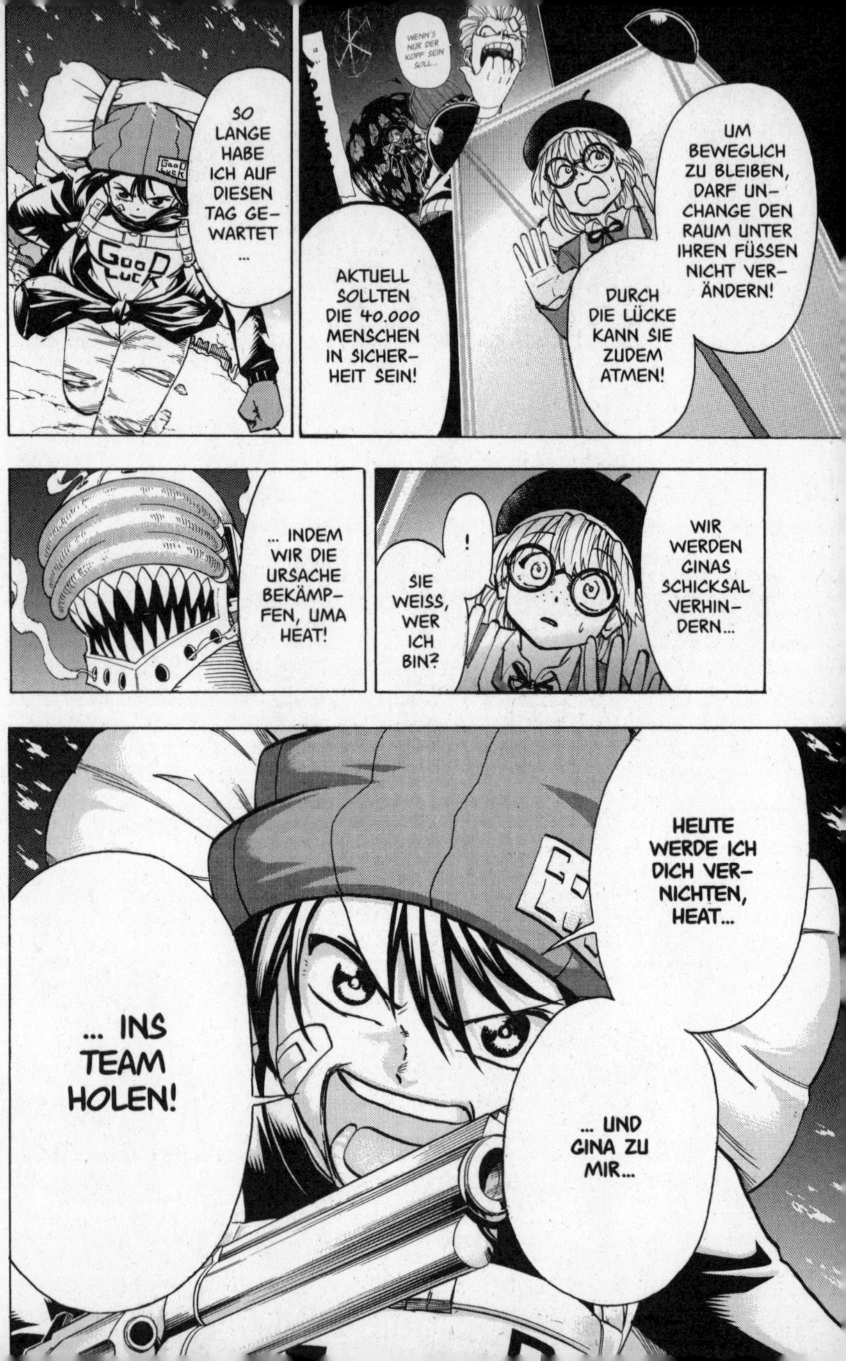
UM BEWEGLICH ZU BLEIBEN, DARF UNCHANGE DEN RAUM UNTER IHREN FÜSSEN NICHT VERÄNDERN!
DURCH DIE LÜCKE KANN SIE ZUDEM ATMEN!
WENN'S NUR DER KOPF SEIN SOLL...
AKTUELL SOLLTEN DIE 40.000 MENSCHEN IN SICHERHEIT SEIN!
SO LANGE HABE ICH AUF DIESEN TAG GEWARTET ...
WIR WERDEN GINAS SCHICKSAL VERHINDERN...
!
SIE WEISS, WER ICH BIN?
... INDEM WIR DIE URSACHE BEKÄMPFEN, UMA HEAT!
HEUTE WERDE ICH DICH VERNICHTEN, HEAT...
... UND GINA ZU MIR...
... INS TEAM HOLEN!

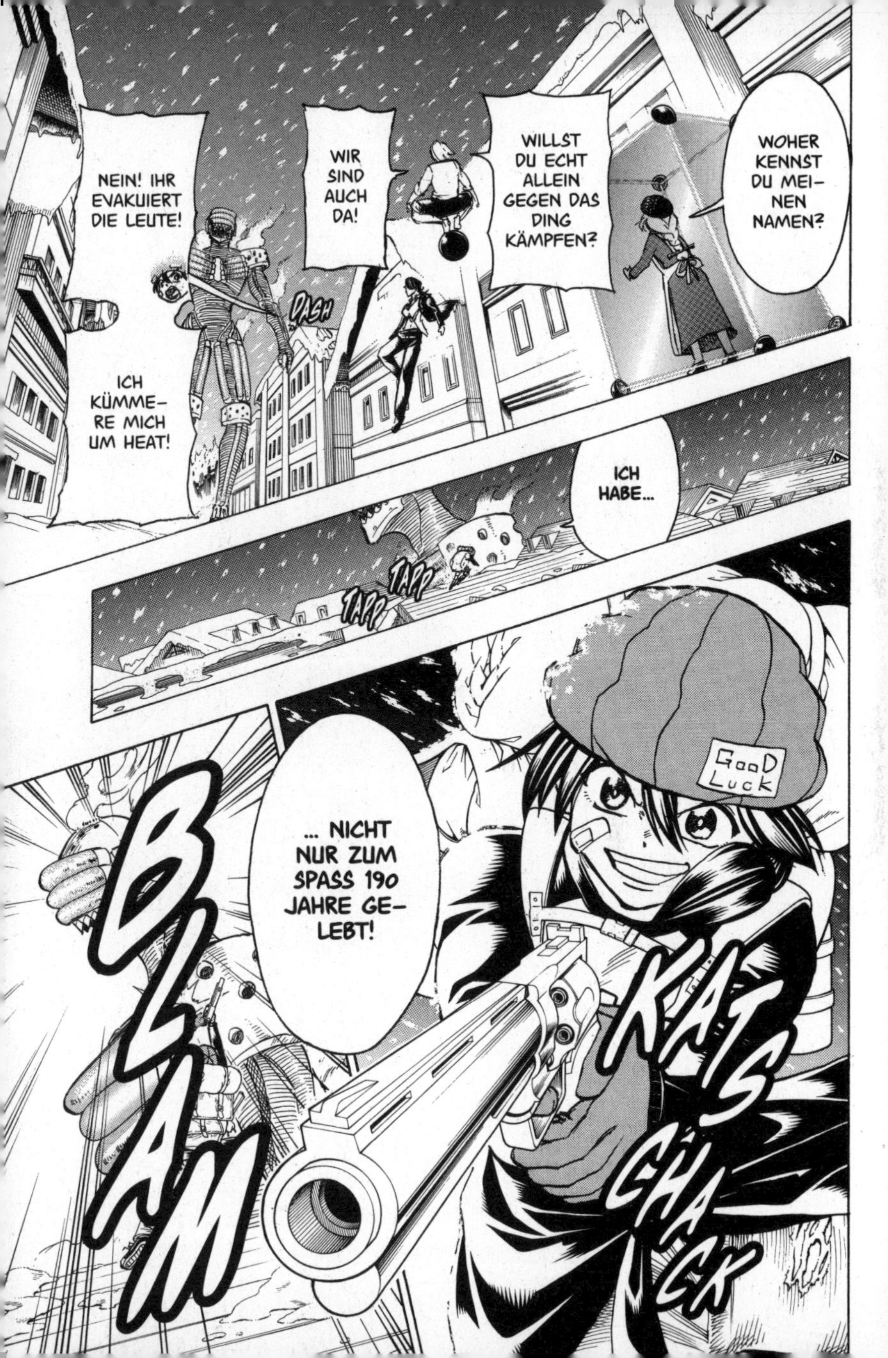
WOHER KENNST DU MEI-NEN NAMEN?
WILLST DU ECHT ALLEIN GEGEN DAS DING KÄMPFEN?
WIR SIND AUCH DA!
NEIN! IHR EVAKUIERT DIE LEUTE!
ICH KÜMME-RE MICH UM HEAT!
DASH
ICH HABE...
TAPP TAPP
GOOD LUCK
... NICHT NUR ZUM SPASS 190 JAHRE GE-LEBT!
KATSCHACK
BLAM

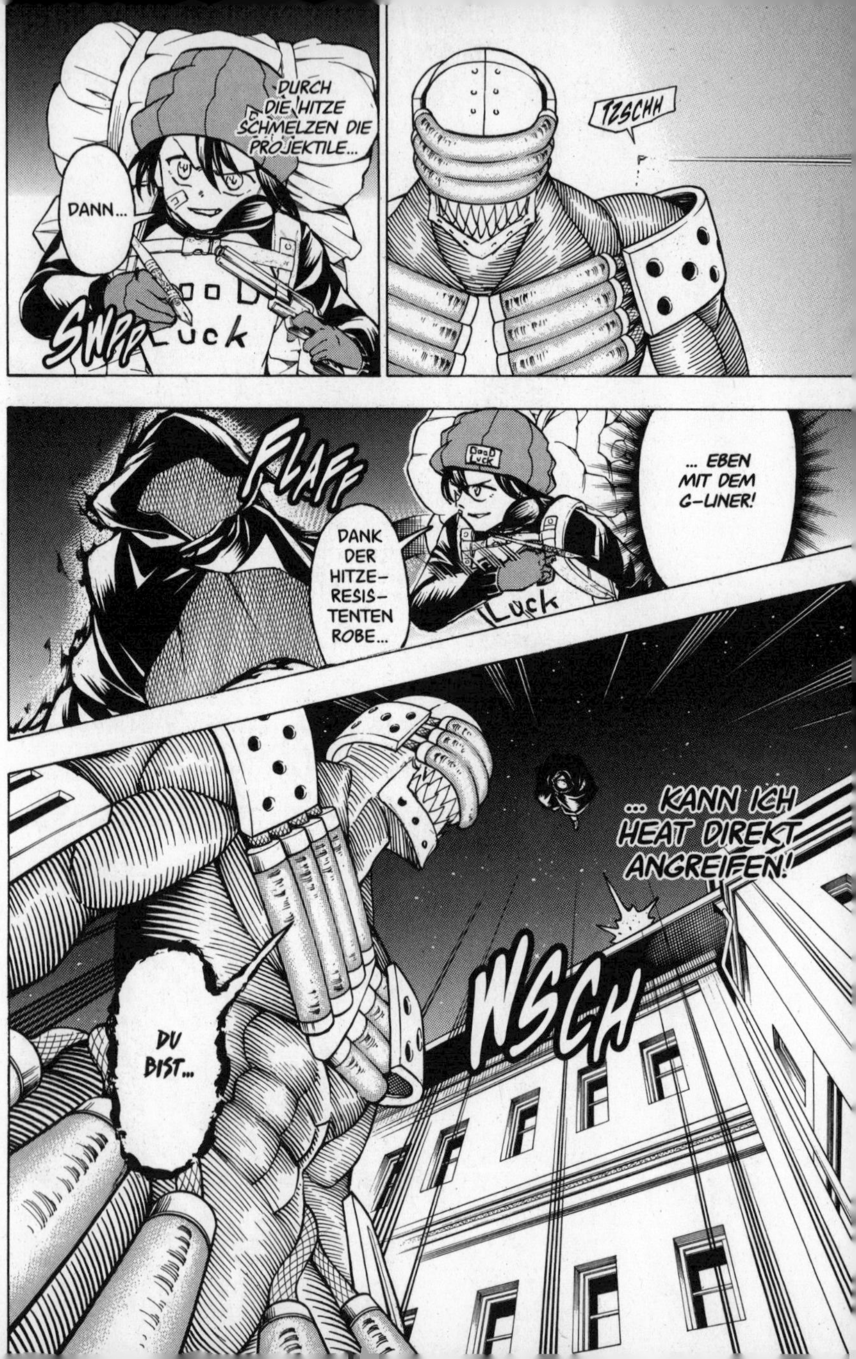
TZSCHH
DURCH DIE HITZE SCHMELZEN DIE PROJEKTILE...
DANN...
SWPP
... EBEN MIT DEM G-LINER!
DANK DER HITZE-RESIS-TENTEN ROBE...
FLAPP
... KANN ICH HEAT DIREKT ANGREIFEN!
WSCH
DU BIST...

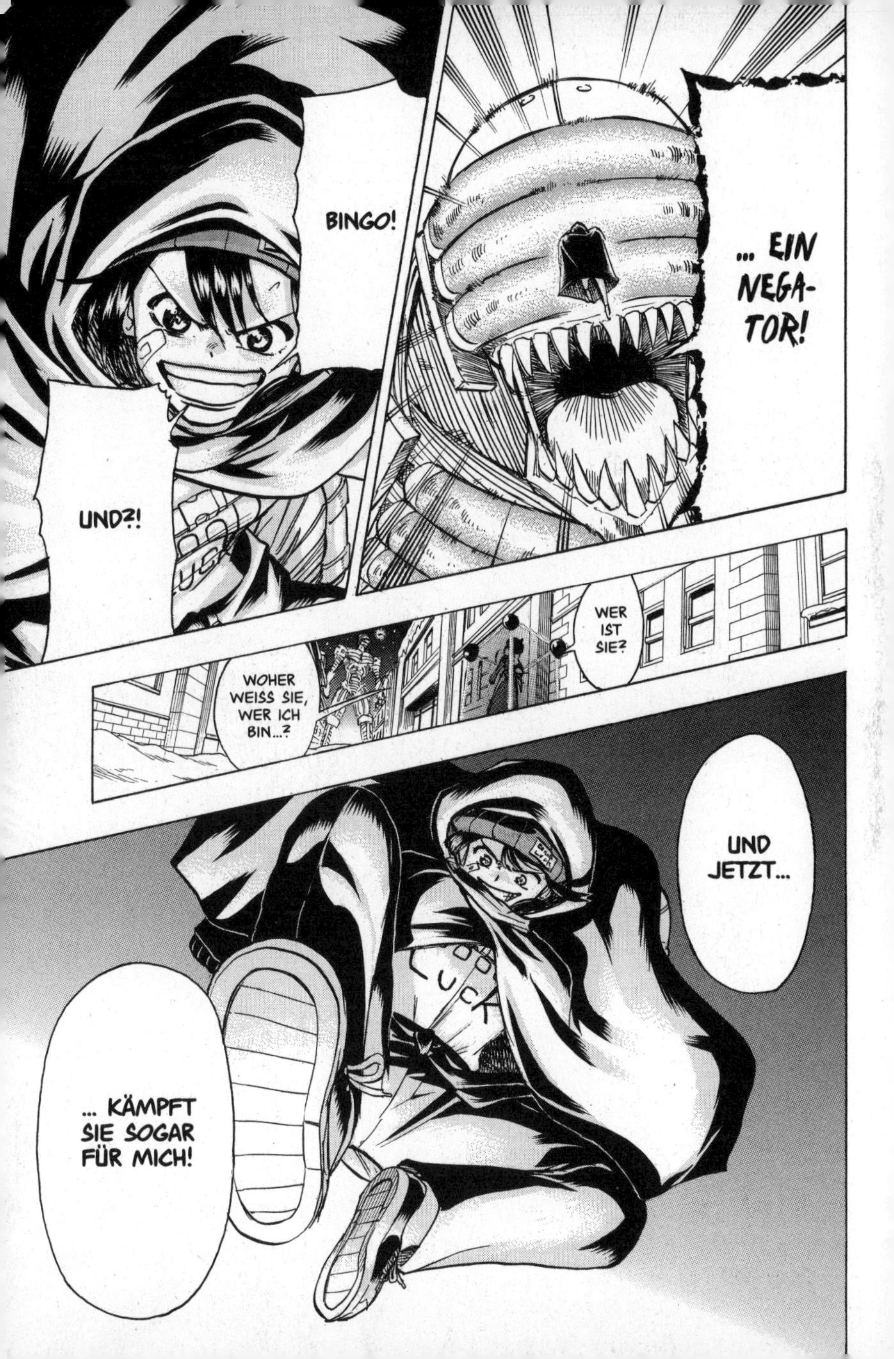
... EIN NEGATOR!
BINGO!
UND?!
WER IST SIE?
WOHER WEISS SIE, WER ICH BIN...?
UND JETZT...
... KÄMPFT SIE SOGAR FÜR MICH!

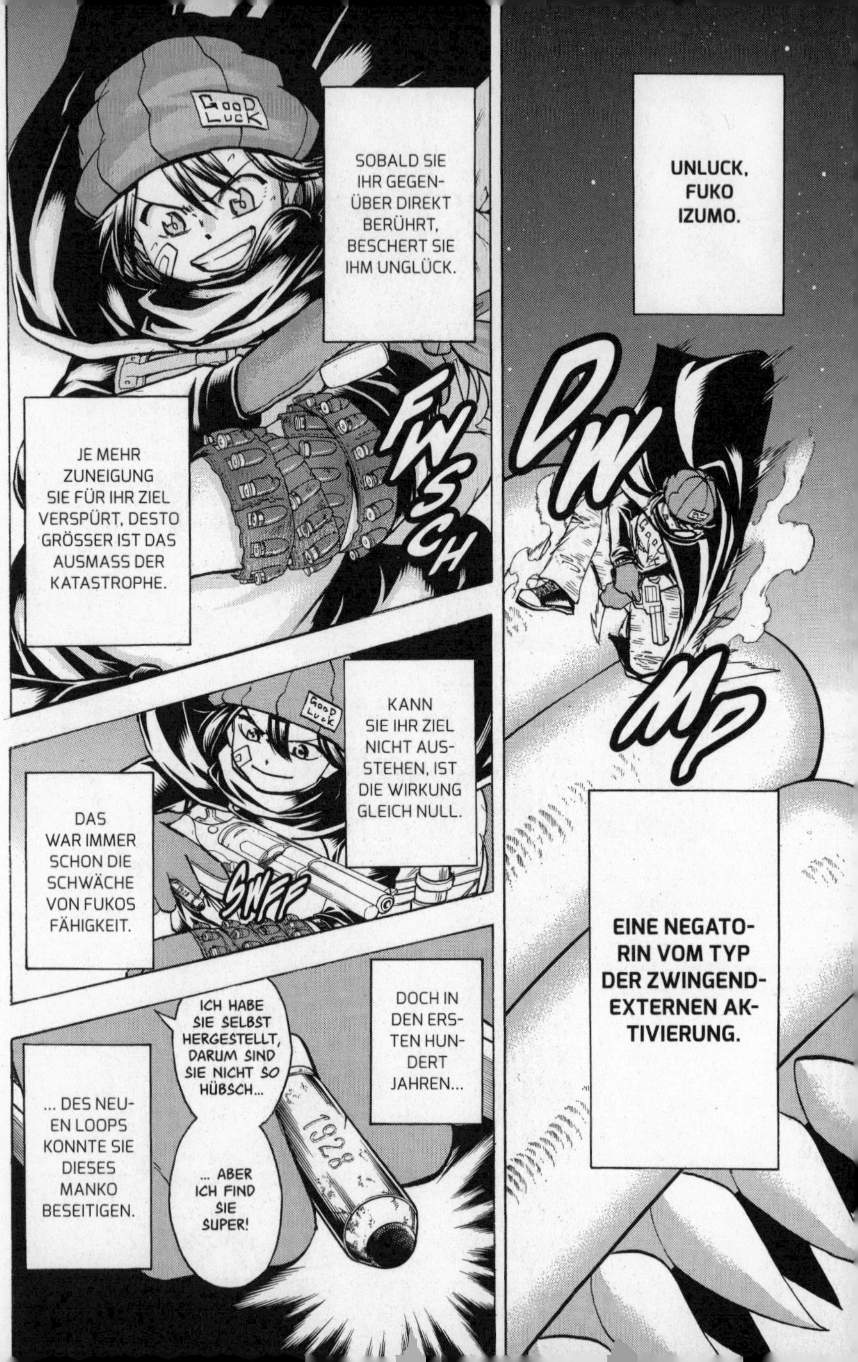
UNLUCK, FUKO IZUMO.
EINE NEGATORIN VOM TYP DER ZWINGEND-EXTERNEN AKTIVIERUNG.
GOOD LUCK
SOBALD SIE IHR GEGENÜBER DIREKT BERÜHRT, BESCHERT SIE IHM UNGLÜCK.
JE MEHR ZUNEIGUNG SIE FÜR IHR ZIEL VERSPÜRT, DESTO GRÖSSER IST DAS AUSMASS DER KATASTROPHE.
FWSCH
GOOD LUCK
KANN SIE IHR ZIEL NICHT AUSSTEHEN, IST DIE WIRKUNG GLEICH NULL.
DAS WAR IMMER SCHON DIE SCHWÄCHE VON FUKOS FÄHIGKEIT.
SWFF
DOCH IN DEN ERSTEN HUNDERT JAHREN...
ICH HABE SIE SELBST HERGESTELLT, DARUM SIND SIE NICHT SO HÜBSCH...
... DES NEUEN LOOPS KONNTE SIE DIESES MANKO BESEITIGEN.
1928
... ABER ICH FIND SIE SUPER!

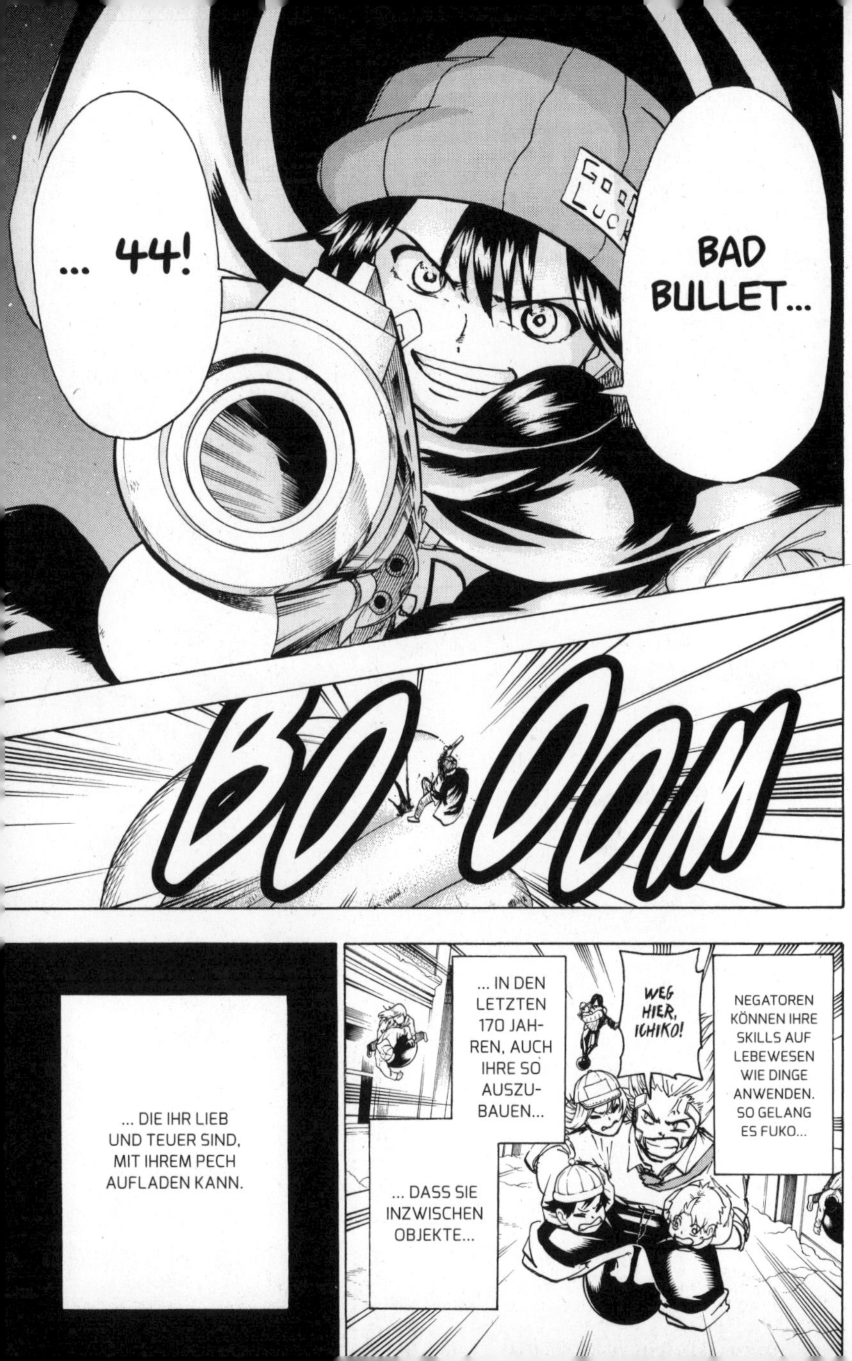
BAD BULLET...
... 44!
BO OOM
NEGATOREN KÖNNEN IHRE SKILLS AUF LEBEWESEN WIE DINGE ANWENDEN. SO GELANG ES FUKO...
WEG HIER, ICHIKO!
... IN DEN LETZTEN 170 JAH-REN, AUCH IHRE SO AUSZU-BAUEN...
... DASS SIE INZWISCHEN OBJEKTE...
... DIE IHR LIEB UND TEUER SIND, MIT IHREM PECH AUFLADEN KANN.

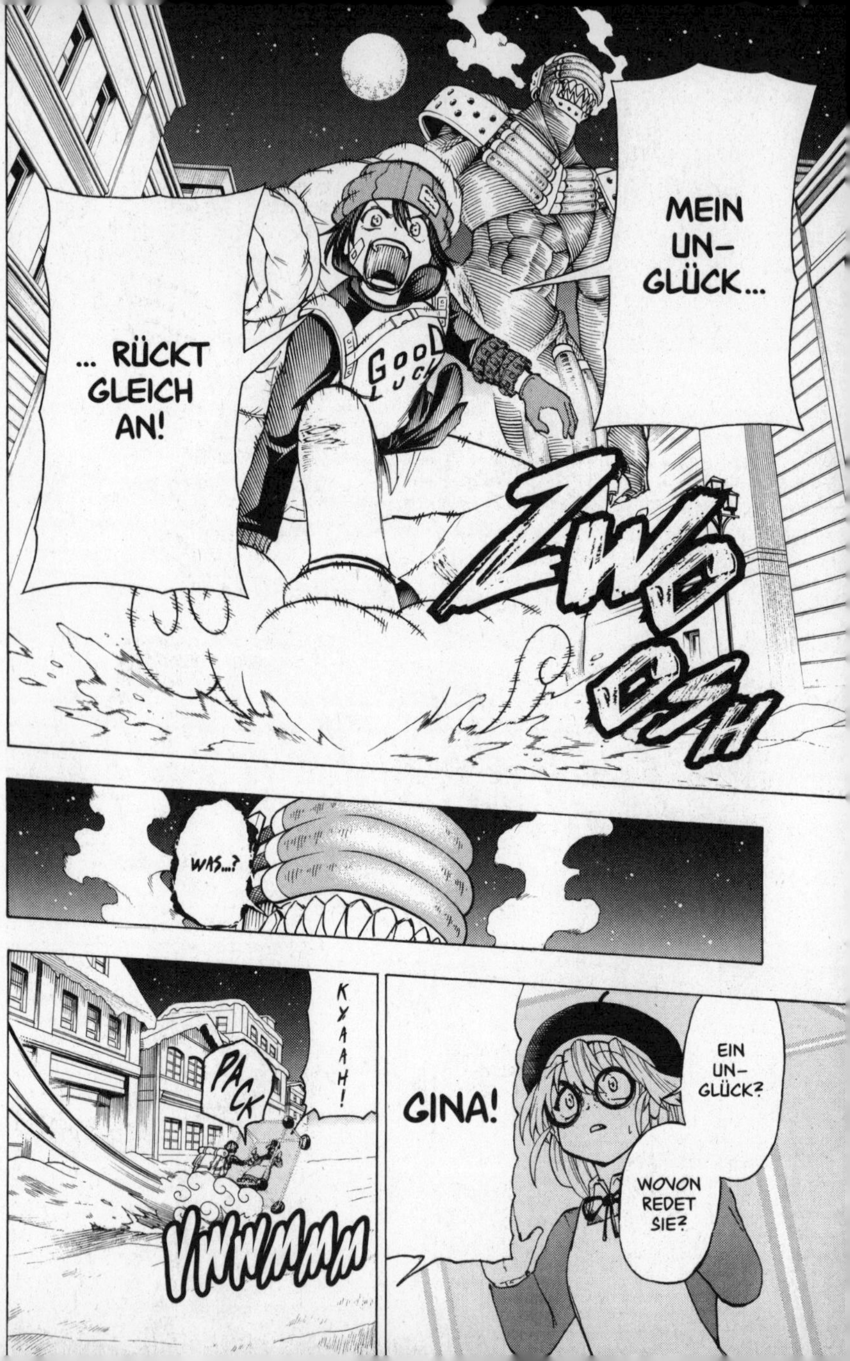
MEIN UN-GLÜCK...
... RÜCKT GLEICH AN!
ZWOOSH
WAS...?
EIN UN-GLÜCK?
WOVON REDET SIE?
GINA!
KYAAAH!
PACK
VWWMMM

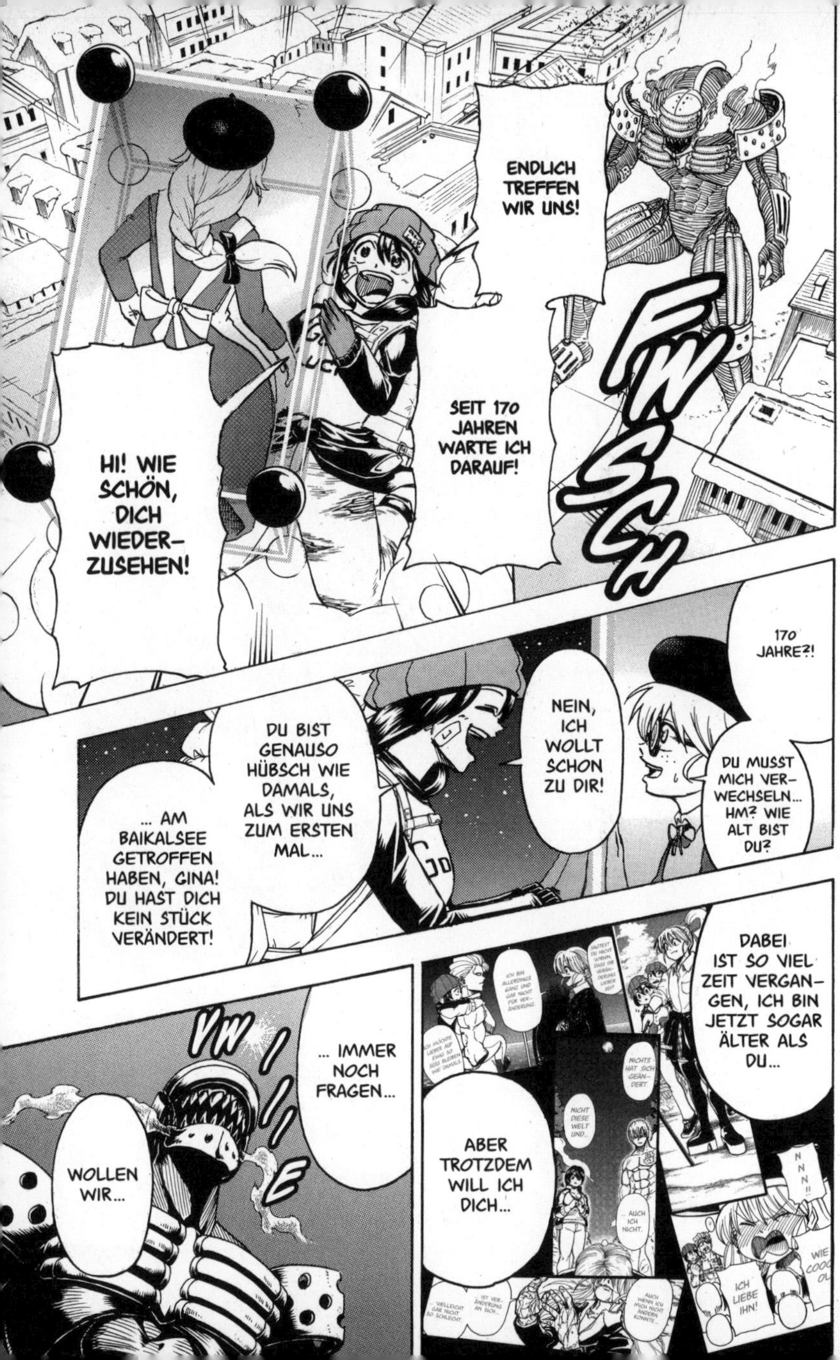
ENDLICH TREFFEN WIR UNS!
SEIT 170 JAHREN WARTE ICH DARAUF!
HI! WIE SCHÖN, DICH WIEDER-ZUSEHEN!
FWSCH
170 JAHRE?!
DU MUSST MICH VER-WECHSELN... HM? WIE ALT BIST DU?
NEIN, ICH WOLLT SCHON ZU DIR!
DU BIST GENAUSO HÜBSCH WIE DAMALS, ALS WIR UNS ZUM ERSTEN MAL...
... AM BAIKALSEE GETROFFEN HABEN, GINA! DU HAST DICH KEIN STÜCK VERÄNDERT!
DABEI IST SO VIEL ZEIT VERGAN-GEN, ICH BIN JETZT SOGAR ÄLTER ALS DU...
SAGTEST DU NICHT VORHIN, DASS DIR VERÄN-DERUNG LIEBER SEI?
ICH BIN ALLERDINGS GANZ UND GAR NICHT FÜR VER-ÄNDERUNG.
ICH MÖCHTE LIEBER AUF EWIG SO SÜSS BLEIBEN WIE DAMALS.
NICHTS HAT SICH GEÄN-DERT.
NICHT DIESE WELT UND...
... AUCH ICH NICHT.
NNN!!
ICH LIEBE IHN!
WIE
AUCH WENN ICH MICH NICHT ÄNDERN KONNTE...
... IST VER-ÄNDERUNG AN SICH...
... VIELLEICHT GAR NICHT SO SCHLECHT.
ABER TROTZDEM WILL ICH DICH...
... IMMER NOCH FRAGEN...
WOLLEN WIR...
VWIIIE

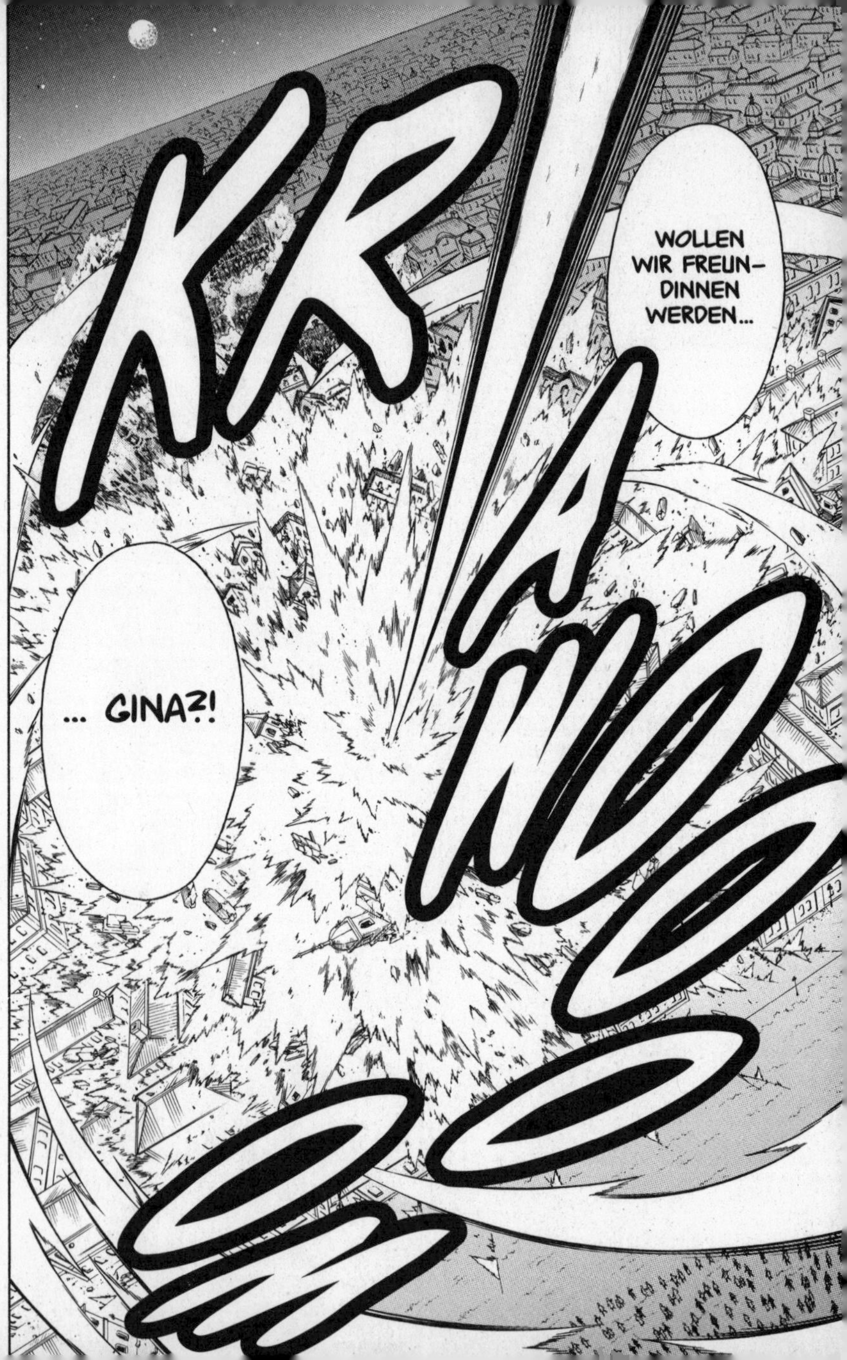
WOLLEN WIR FREUNDINNEN WERDEN...
... GINA?!

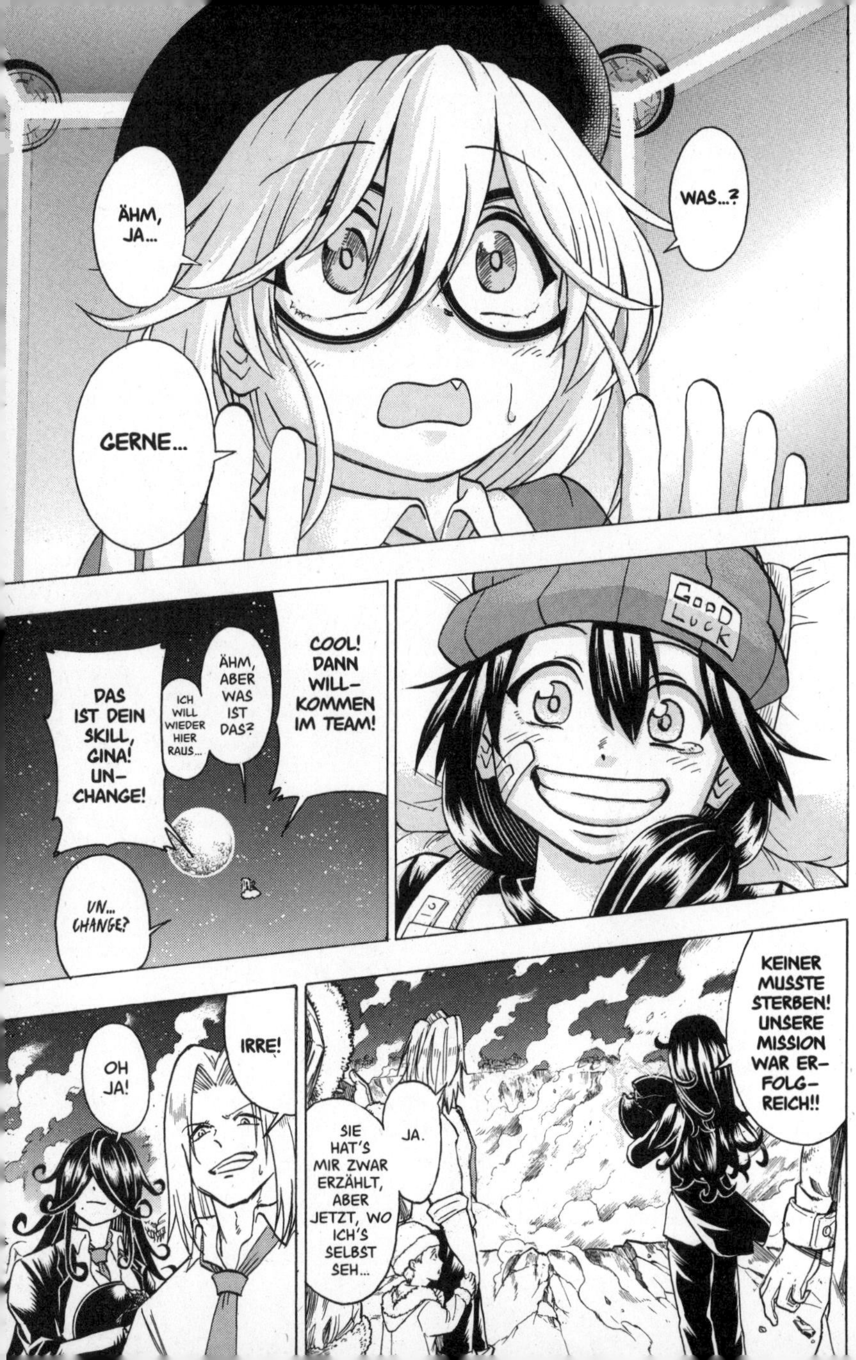
WAS...?
ÄHM, JA...
GERNE...
COOL! DANN WILL-KOMMEN IM TEAM!
ÄHM, ABER WAS IST DAS?
ICH WILL WIEDER HIER RAUS...
DAS IST DEIN SKILL, GINA! UN-CHANGE!
UN... CHANGE?
KEINER MUSSTE STERBEN! UNSERE MISSION WAR ERFOLG-REICH!!
JA.
SIE HAT'S MIR ZWAR ERZÄHLT, ABER JETZT, WO ICH'S SELBST SEH...
IRRE!
OH JA!

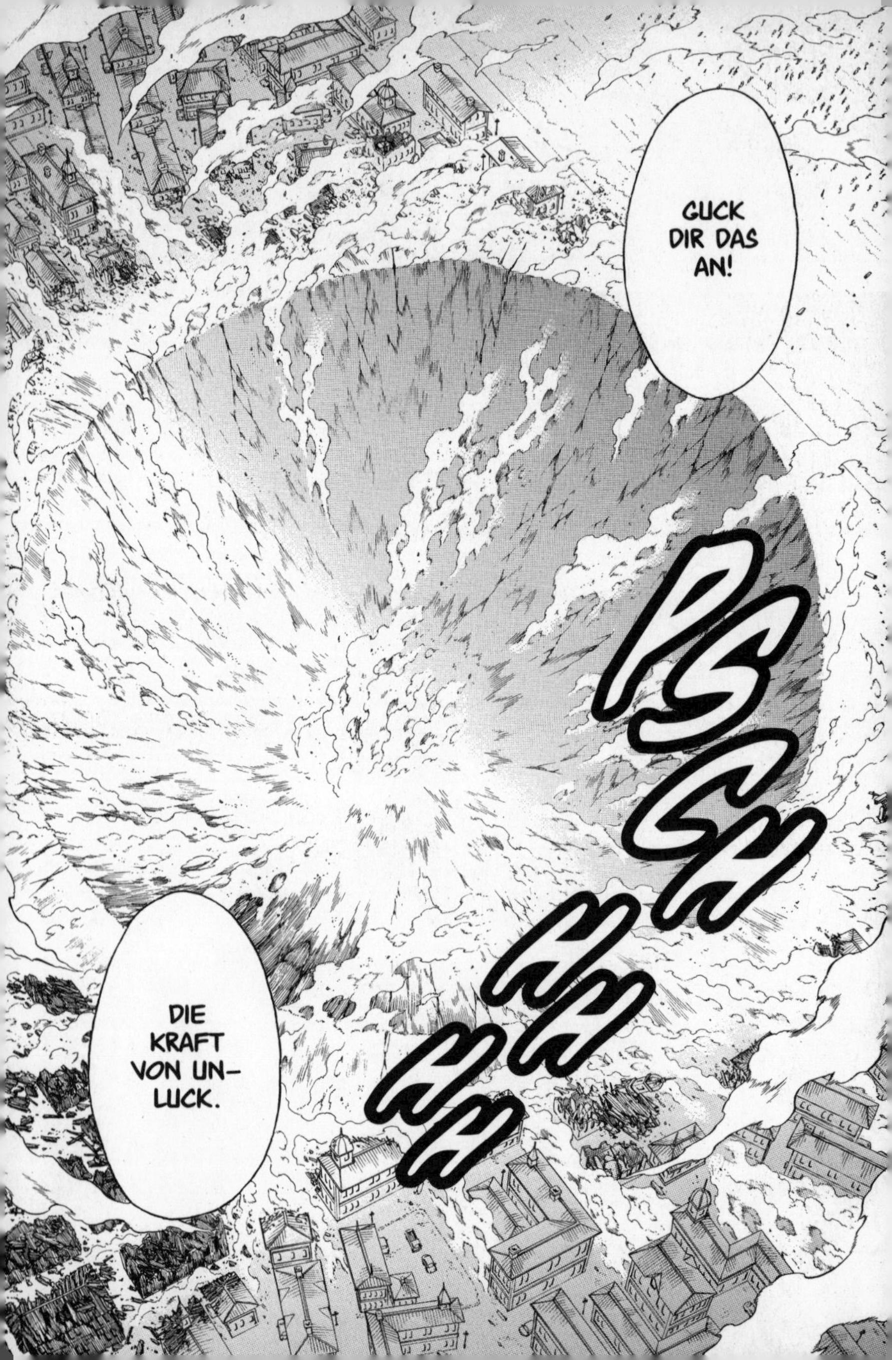
GUCK DIR DAS AN!
PSCHCHCHCH
DIE KRAFT VON UN-LUCK.

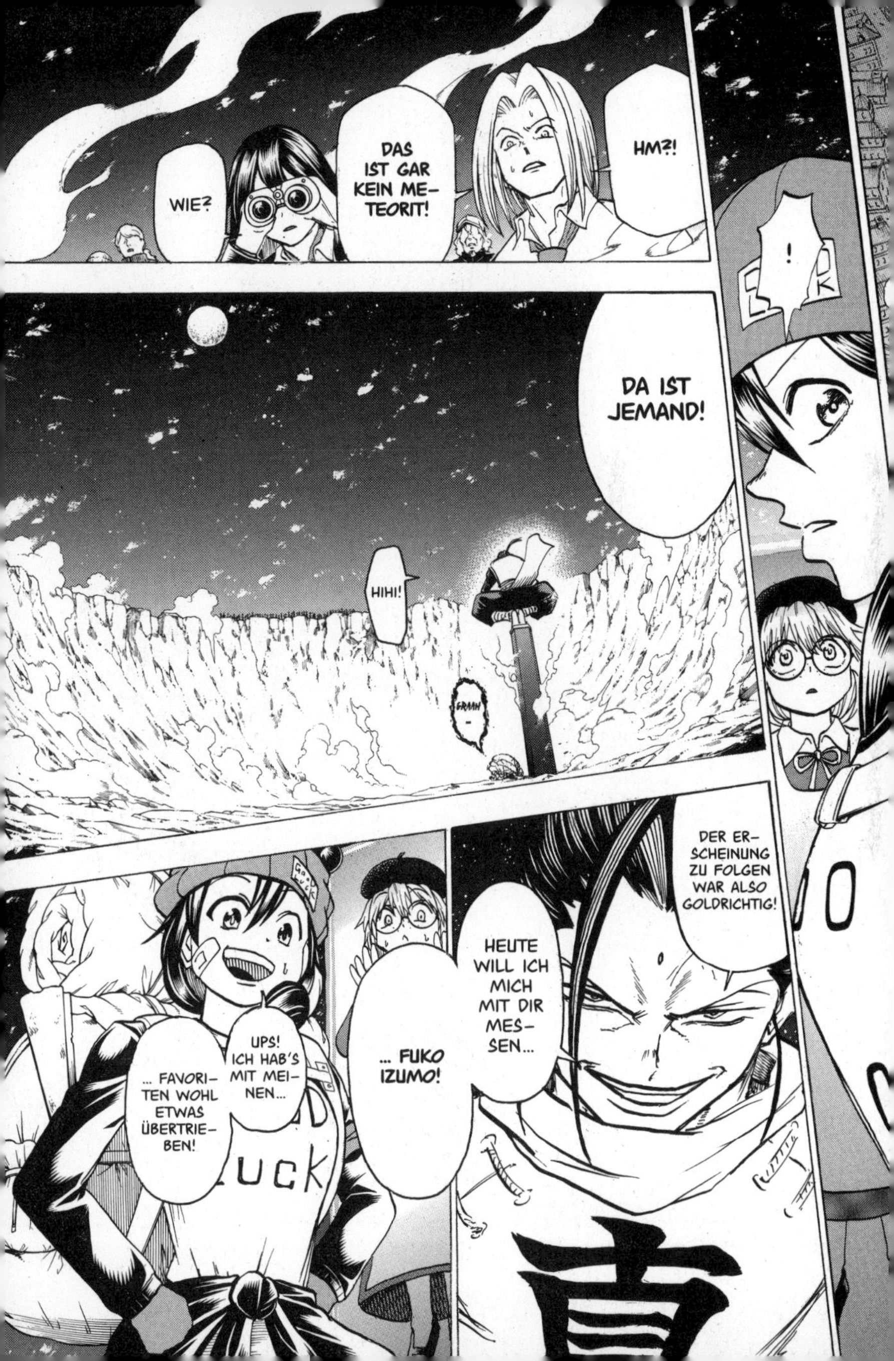
HM?!
DAS IST GAR KEIN METEORIT!
WIE?
!
DA IST JEMAND!
HIHI!
DER ERSCHEINUNG ZU FOLGEN WAR ALSO GOLDRICHTIG!
HEUTE WILL ICH MICH MIT DIR MESSEN...
... FUKO IZUMO!
UPS! ICH HAB'S MIT MEINEN...
... FAVORITEN WOHL ETWAS ÜBERTRIEBEN!

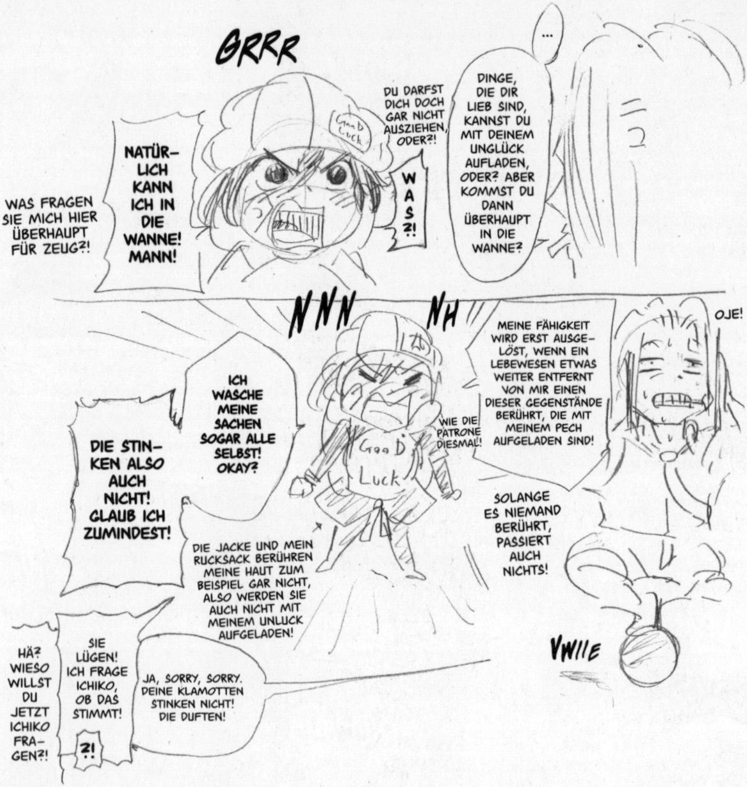

TWITTER-POST

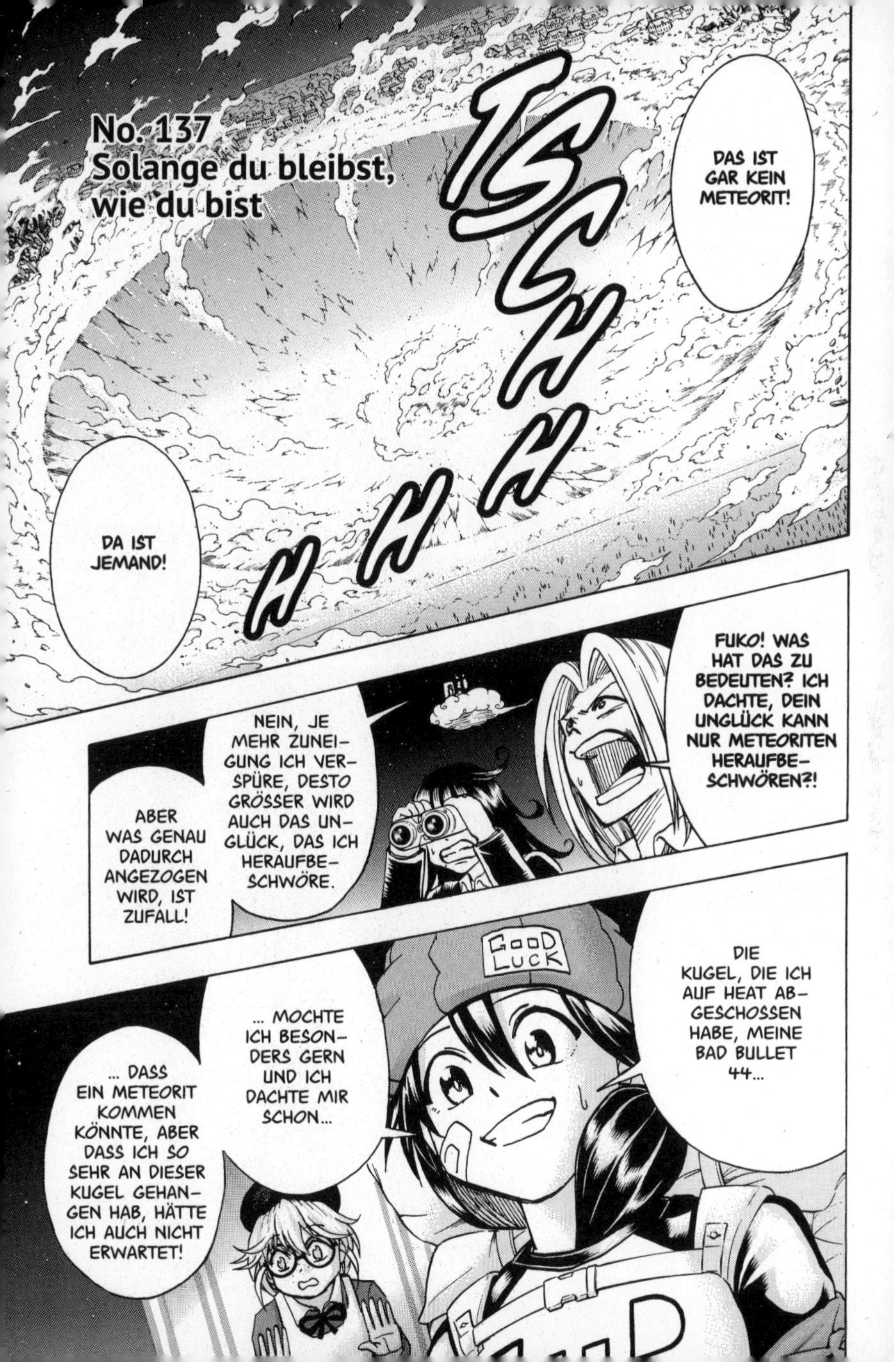
No. 137
Solange du bleibst, wie du bist
DAS IST GAR KEIN METEORIT!
TSCHHHHH
DA IST JEMAND!
FUKO! WAS HAT DAS ZU BEDEUTEN?! ICH DACHTE, DEIN UNGLÜCK KANN NUR METEORITEN HERAUFBESCHWÖREN?!
NEIN, JE MEHR ZUNEIGUNG ICH VERSPÜRE, DESTO GRÖSSER WIRD AUCH DAS UNGLÜCK, DAS ICH HERAUFBESCHWÖRE.
ABER WAS GENAU DADURCH ANGEZOGEN WIRD, IST ZUFALL!
GOOD LUCK
DIE KUGEL, DIE ICH AUF HEAT ABGESCHOSSEN HABE, MEINE BAD BULLET 44...
... MOCHTE ICH BESONDERS GERN UND ICH DACHTE MIR SCHON...
... DASS EIN METEORIT KOMMEN KÖNNTE, ABER DASS ICH SO SEHR AN DIESER KUGEL GEHANGEN HAB, HÄTTE ICH AUCH NICHT ERWARTET!

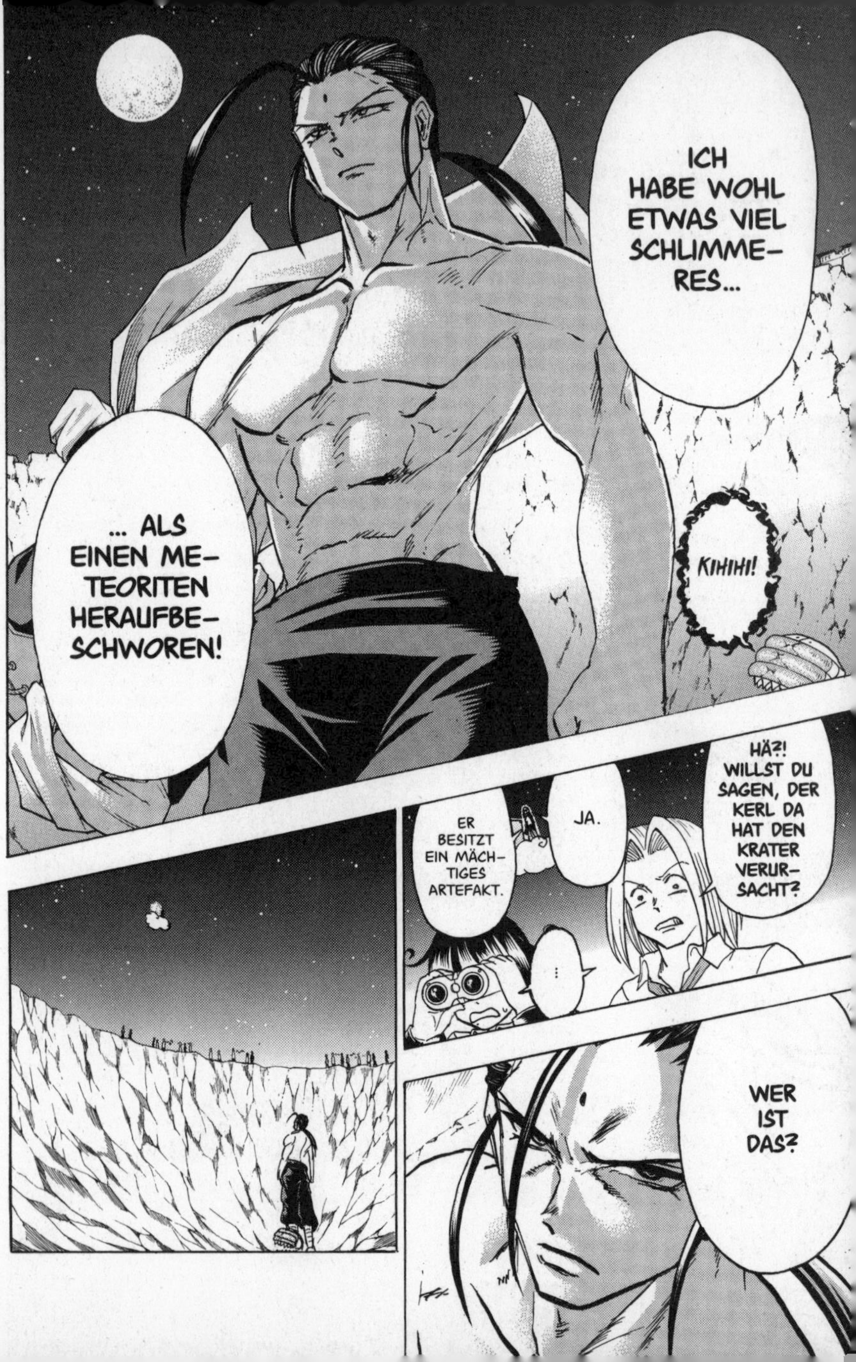
ICH HABE WOHL ETWAS VIEL SCHLIMMERES...
KIHIHI!
... ALS EINEN METEORITEN HERAUFBESCHWOREN!
HÄ?! WILLST DU SAGEN, DER KERL DA HAT DEN KRATER VERURSACHT?
JA.
ER BESITZT EIN MÄCHTIGES ARTEFAKT.
...
WER IST DAS?

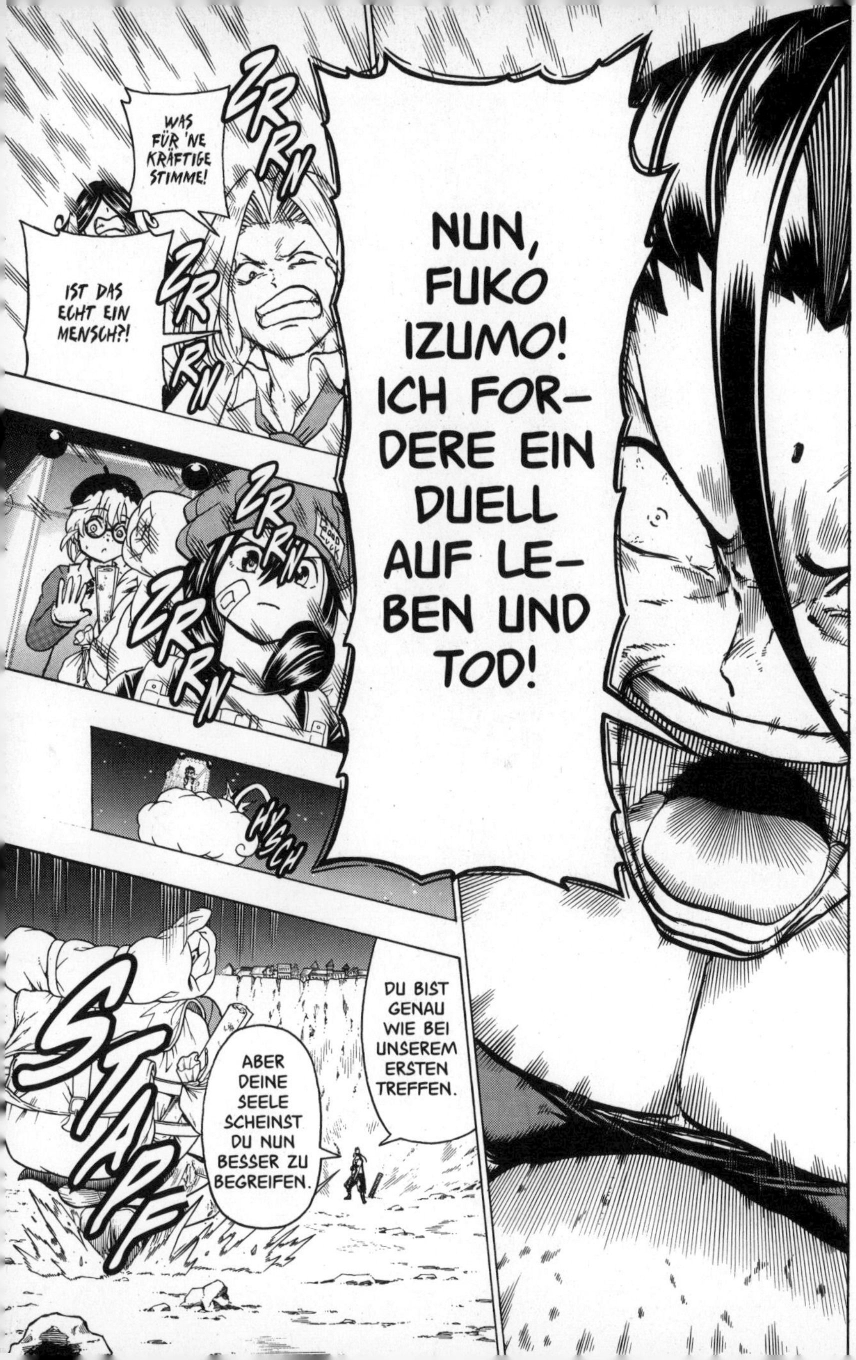
NUN, FUKO IZUMO! ICH FORDERE EIN DUELL AUF LEBEN UND TOD!
ZRRN
WAS FÜR 'NE KRÄFTIGE STIMME!
IST DAS ECHT EIN MENSCH?!
ZRRN
ZRRN
ZRRN
ZRRN
HUSCH
DU BIST GENAU WIE BEI UNSEREM ERSTEN TREFFEN.
ABER DEINE SEELE SCHEINST DU NUN BESSER ZU BEGREIFEN.
STAPF

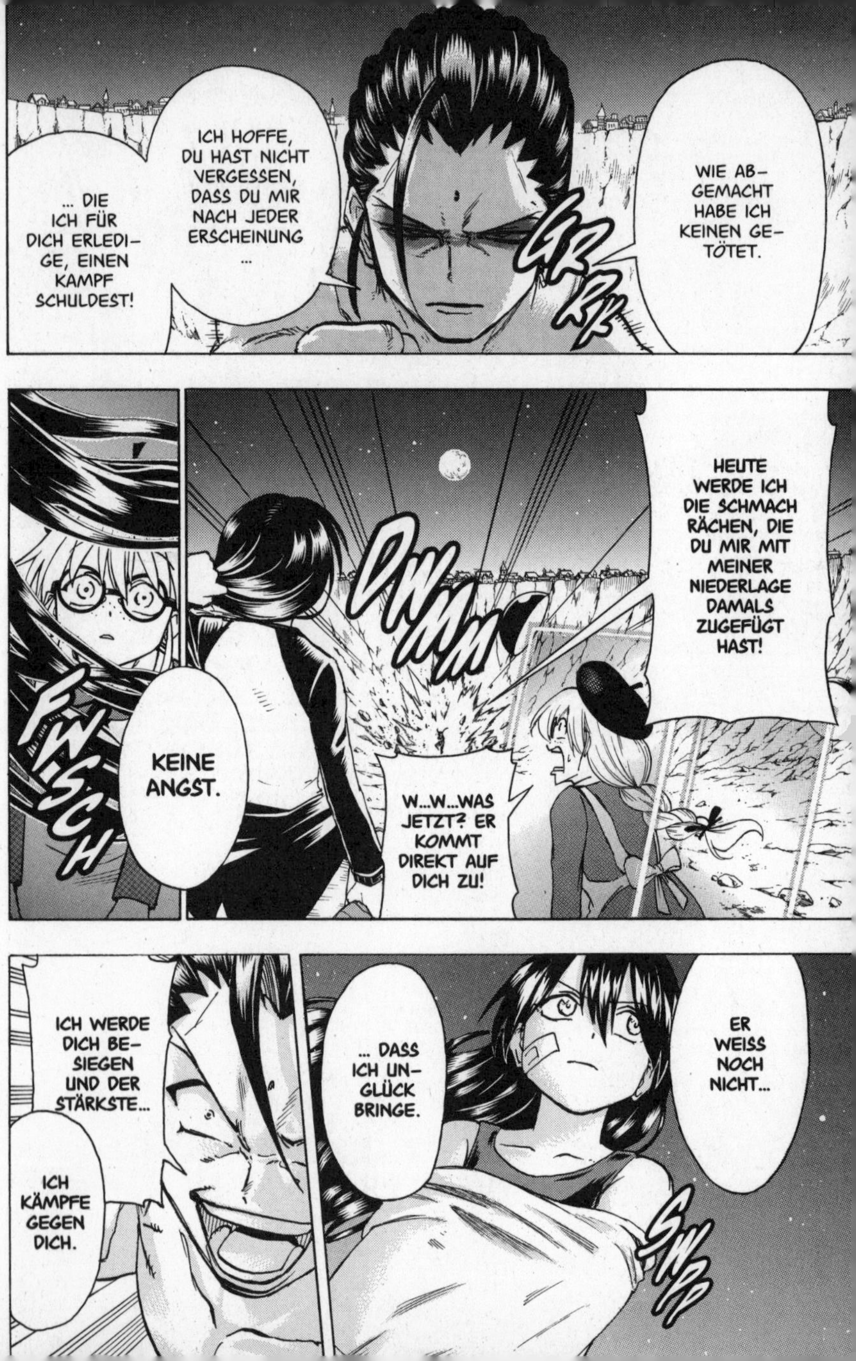

WIE AB-GEMACHT HABE ICH KEINEN GE-TÖTET.
ICH HOFFE, DU HAST NICHT VERGESSEN, DASS DU MIR NACH JEDER ERSCHEINUNG ...
... DIE ICH FÜR DICH ERLEDIGE, EINEN KAMPF SCHULDEST!
HEUTE WERDE ICH DIE SCHMACH RÄCHEN, DIE DU MIR MIT MEINER NIEDERLAGE DAMALS ZUGEFÜGT HAST!
W...W...WAS JETZT? ER KOMMT DIREKT AUF DICH ZU!
KEINE ANGST.
ER WEISS NOCH NICHT...
... DASS ICH UN-GLÜCK BRINGE.
ICH WERDE DICH BE-SIEGEN UND DER STÄRKSTE...
ICH KÄMPFE GEGEN DICH.

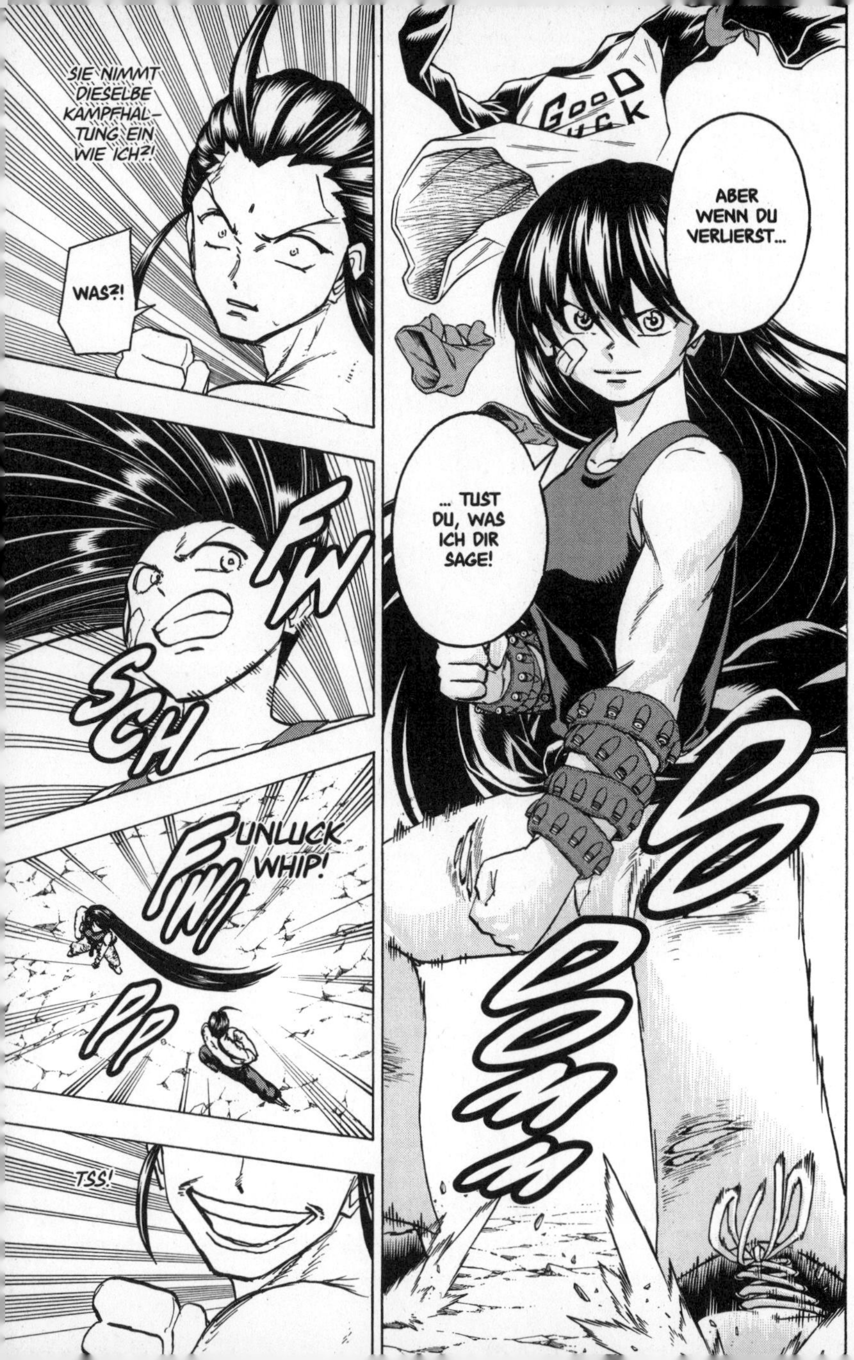
GOOD LUCK
ABER WENN DU VERLIERST...
... TUST DU, WAS ICH DIR SAGE!
SIE NIMMT DIESELBE KAMPFHALTUNG EIN WIE ICH?!
WAS?!
FWSCH
UNLUCK WHIP!
PWIPP
TSS!

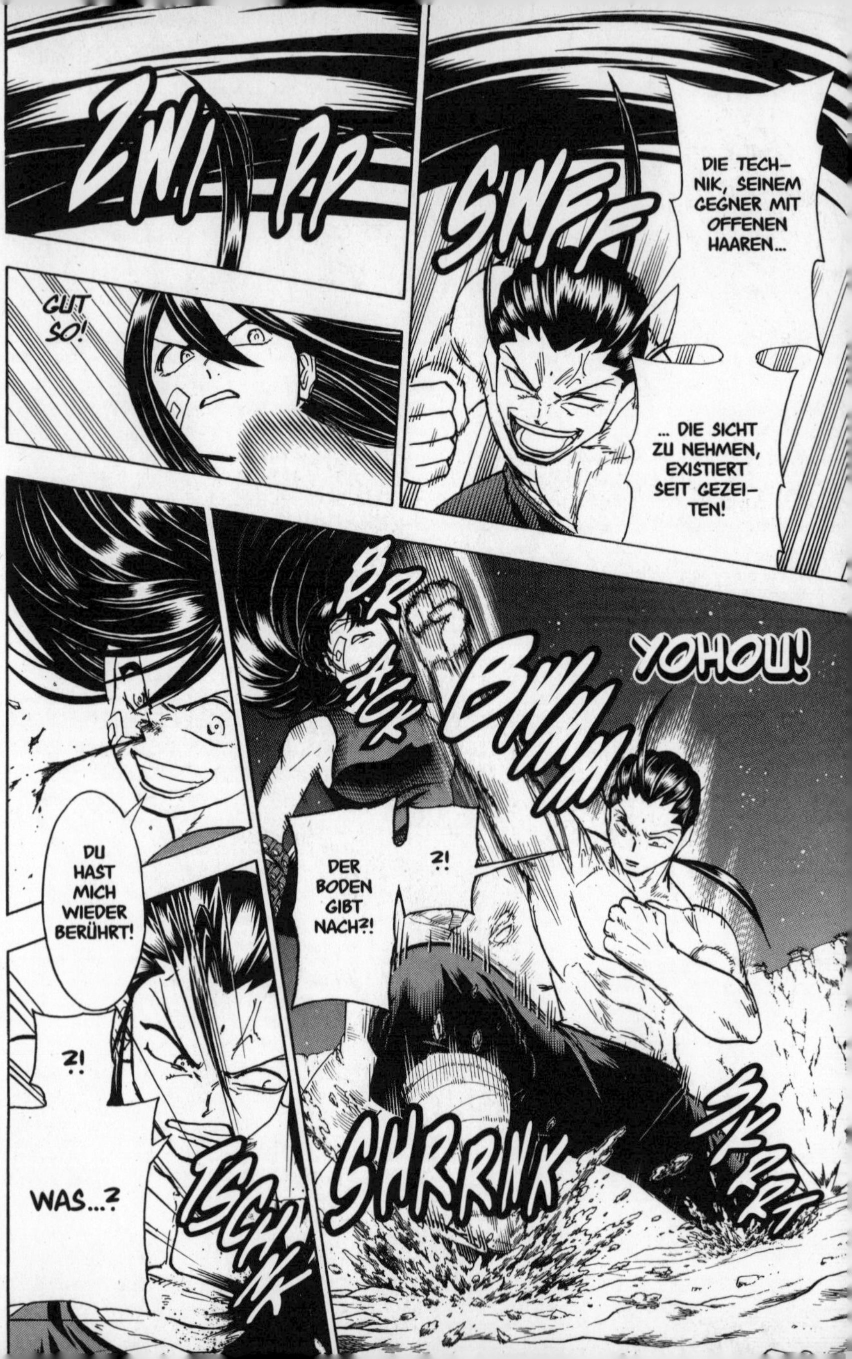
SWFF
DIE TECHNIK, SEINEM GEGNER MIT OFFENEN HAAREN...
ZWIPP
... DIE SICHT ZU NEHMEN, EXISTIERT SEIT GEZEITEN!
GUT SO!
YOHOU!
?!
DER BODEN GIBT NACH?!
SHRRNK
DU HAST MICH WIEDER BERÜHRT!
?!
WAS...?
TSCHNK

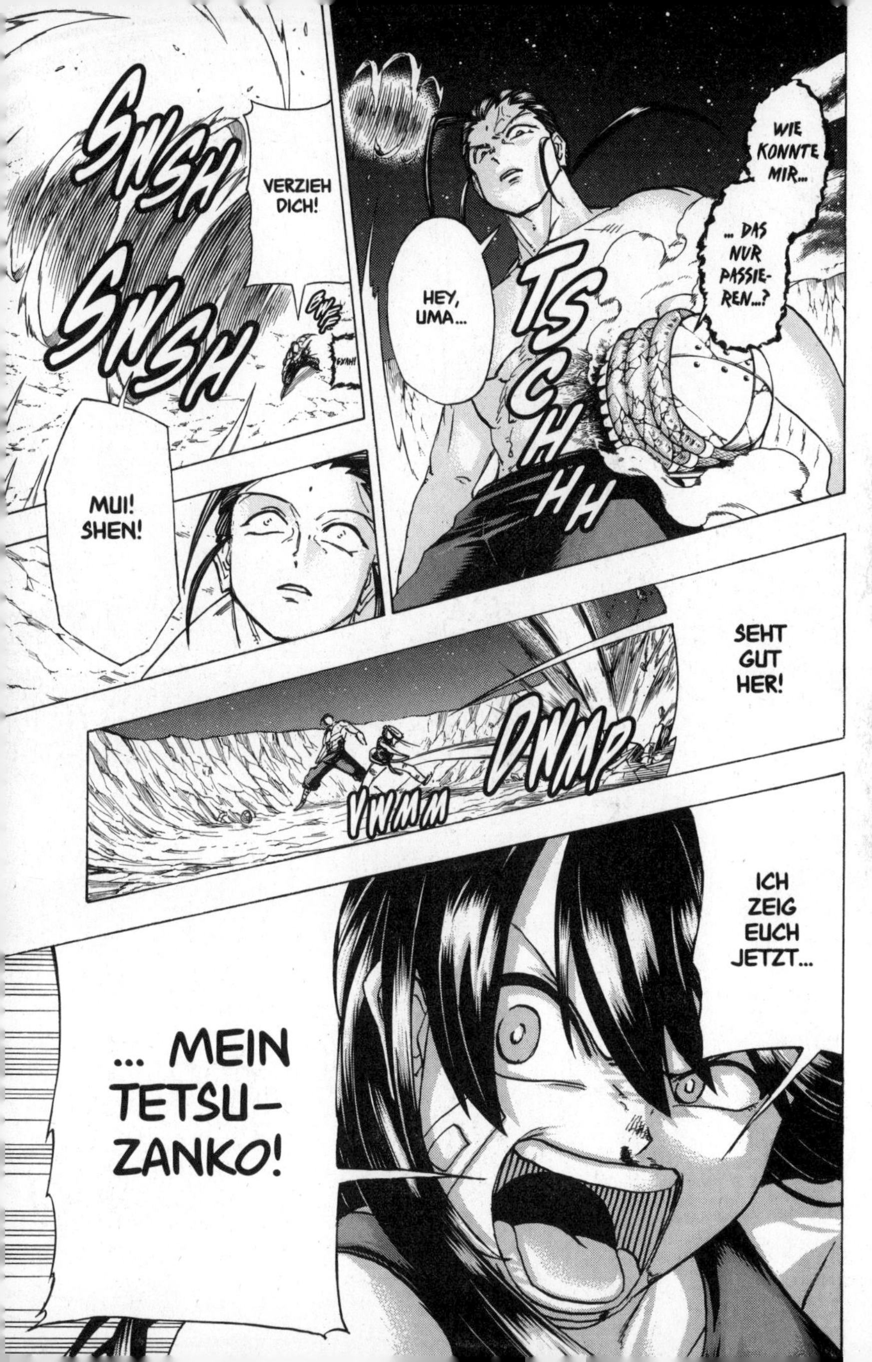
WIE KONNTE MIR...
... DAS NUR PASSIEREN...?
HEY, UMA...
TSCHHH
VERZIEH DICH!
SWSH SWSH
MUI! SHEN!
SEHT GUT HER!
DWMP
VWMM
ICH ZEIG EUCH JETZT...
... MEIN TETSU-ZANKO!

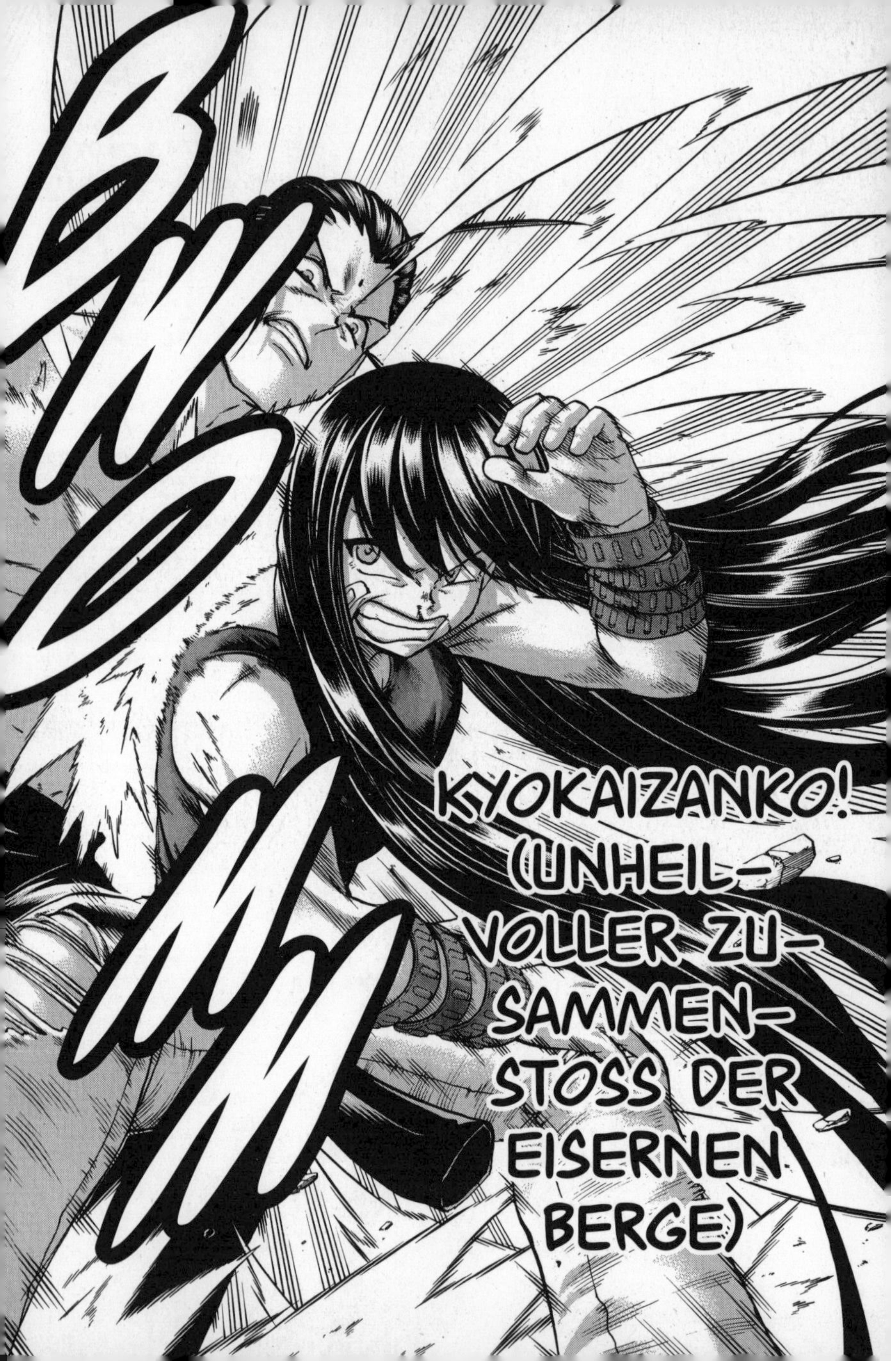
KYOKAIZANKO! (UNHEIL-VOLLER ZU-SAMMEN-STOSS DER EISERNEN BERGE)

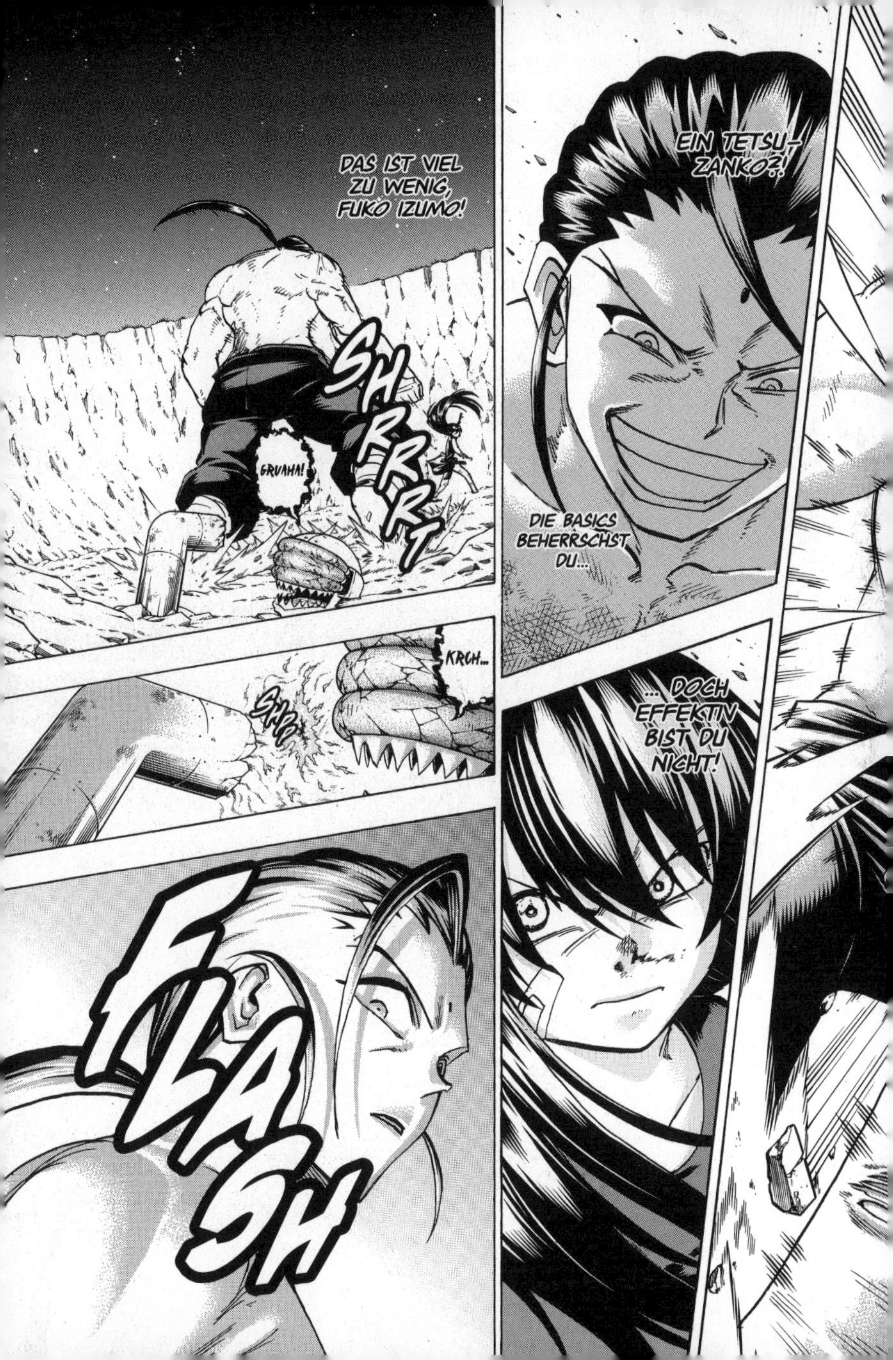

DAS IST VIEL ZU WENIG, FUKO IZUMO!
GRUAHA!
SHRRRT
KRCH...
SHR
FLASH
EIN TETSU-ZANKO?!
DIE BASICS BEHERRSCHST DU...
... DOCH EFFEKTIV BIST DU NICHT!

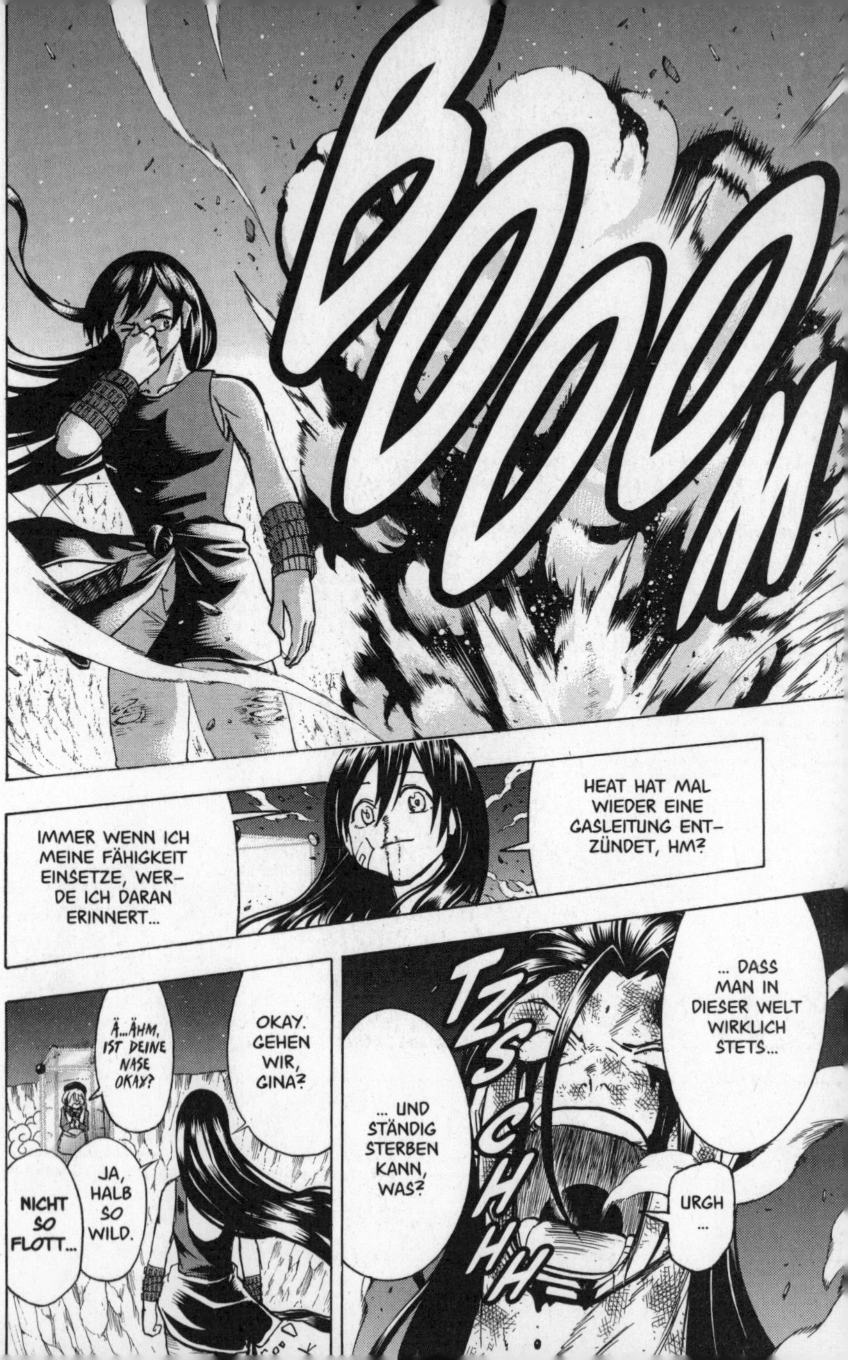
HEAT HAT MAL WIEDER EINE GASLEITUNG ENT-ZÜNDET, HM?
IMMER WENN ICH MEINE FÄHIGKEIT EINSETZE, WER-DE ICH DARAN ERINNERT...
... DASS MAN IN DIESER WELT WIRKLICH STETS...
TZSCHHHH
... UND STÄNDIG STERBEN KANN, WAS?
URGH ...
OKAY. GEHEN WIR, GINA?
Ä...ÄHM, IST DEINE NASE OKAY?
JA, HALB SO WILD.
NICHT SO FLOTT...

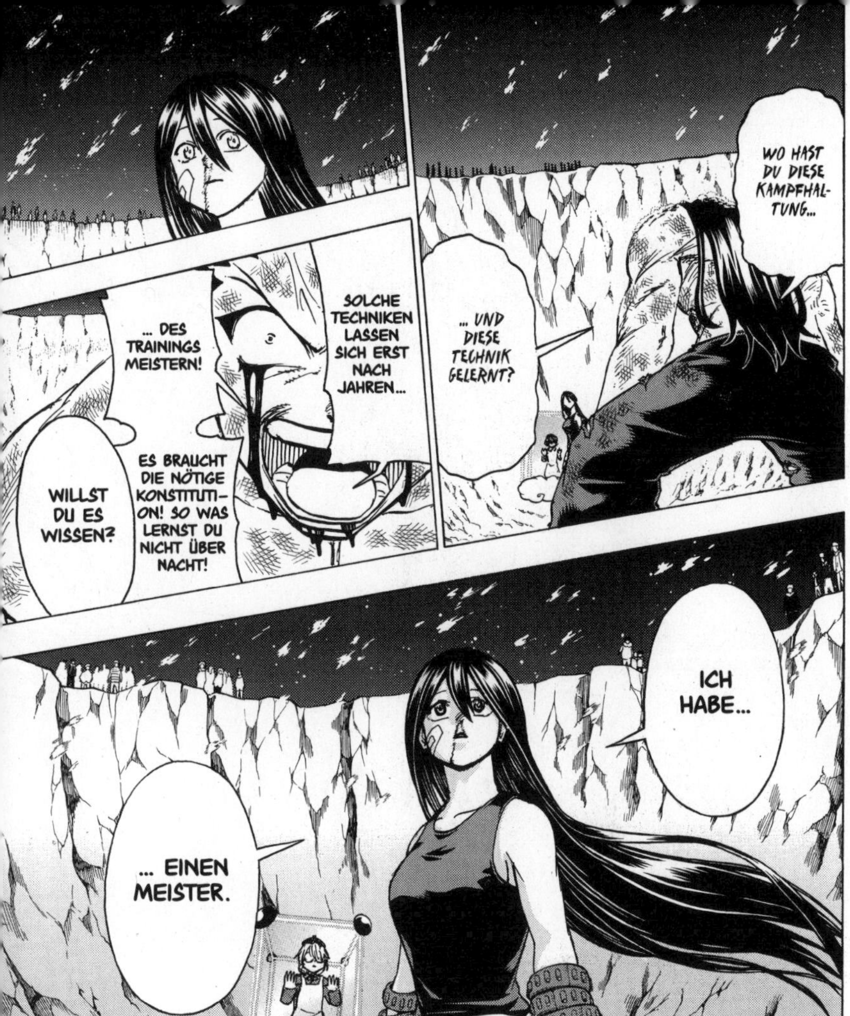
WO HAST DU DIESE KAMPFHAL-TUNG...
... UND DIESE TECHNIK GELERNT?
SOLCHE TECHNIKEN LASSEN SICH ERST NACH JAHREN...
... DES TRAININGS MEISTERN!
ES BRAUCHT DIE NÖTIGE KONSTITUTI-ON! SO WAS LERNST DU NICHT ÜBER NACHT!
WILLST DU ES WISSEN?
ICH HABE...
... EINEN MEISTER.
DU WIRST IHN EINES TAGES KEN-NENLERNEN...
... UND IHN SCHULEN.

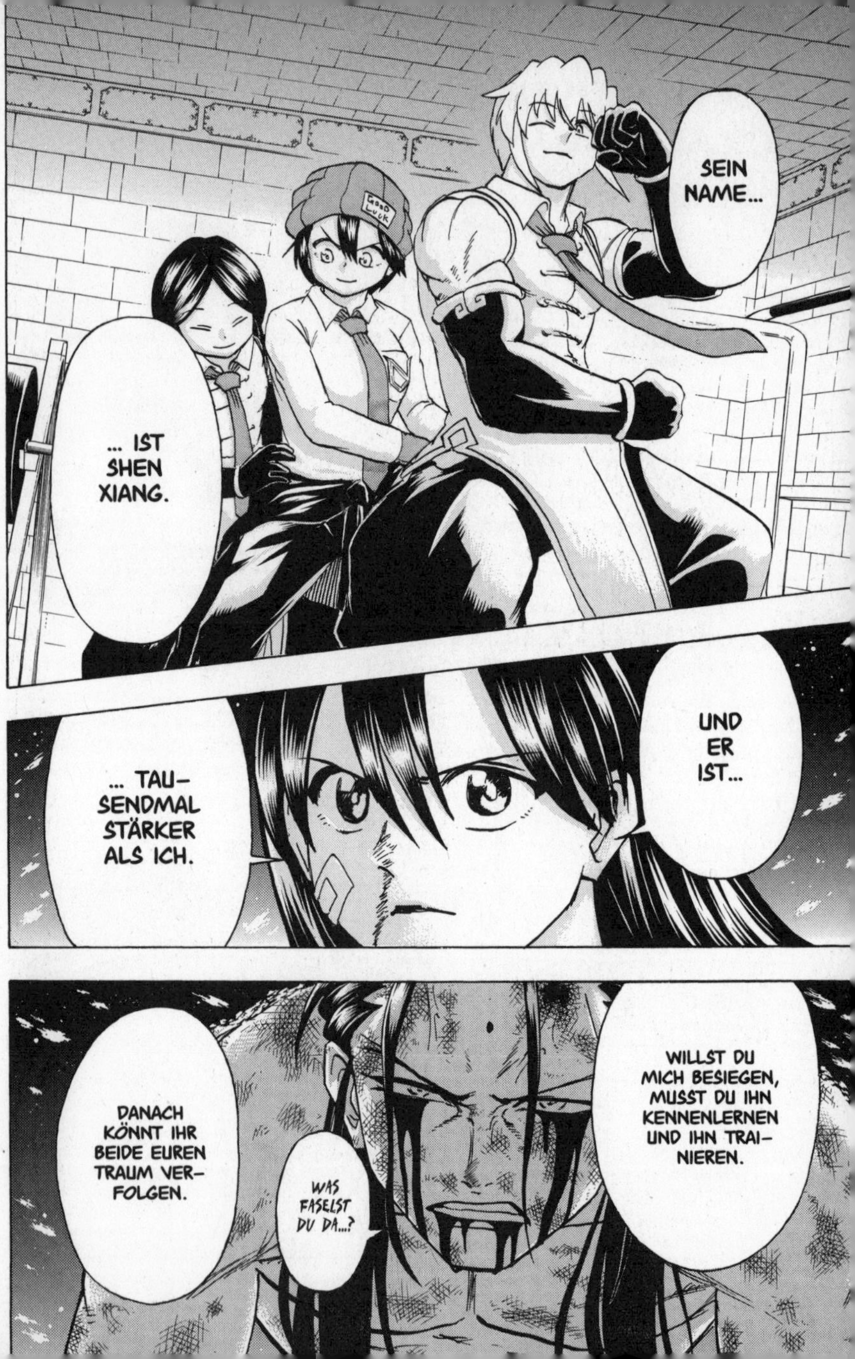
SEIN NAME…
… IST SHEN XIANG.
UND ER IST…
… TAUSENDMAL STÄRKER ALS ICH.
WILLST DU MICH BESIEGEN, MUSST DU IHN KENNENLERNEN UND IHN TRAINIEREN.
WAS FASELST DU DA…?
DANACH KÖNNT IHR BEIDE EUREN TRAUM VERFOLGEN.

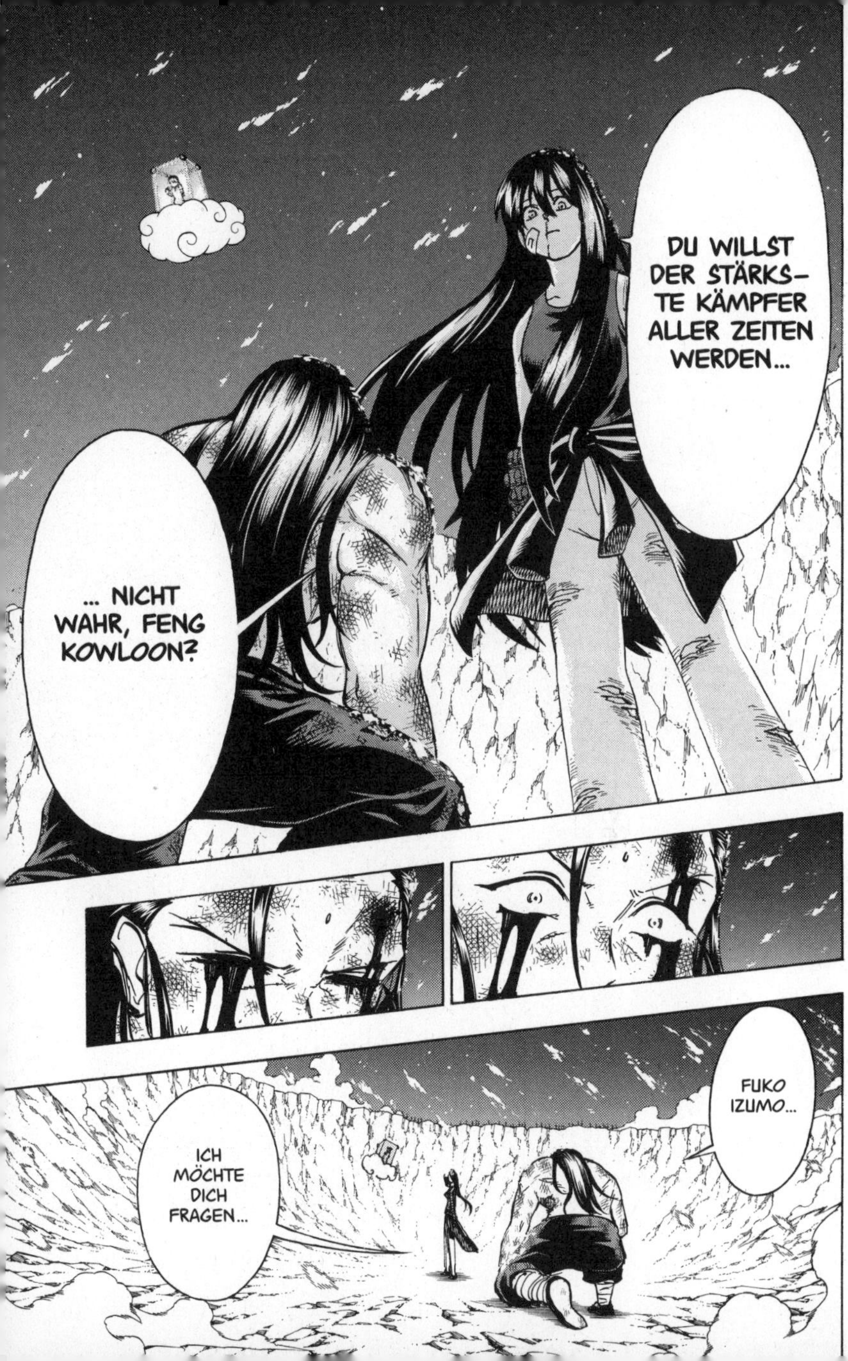
DU WILLST DER STÄRKS-TE KÄMPFER ALLER ZEITEN WERDEN...
... NICHT WAHR, FENG KOWLOON?
FUKO IZUMO...
ICH MÖCHTE DICH FRAGEN...

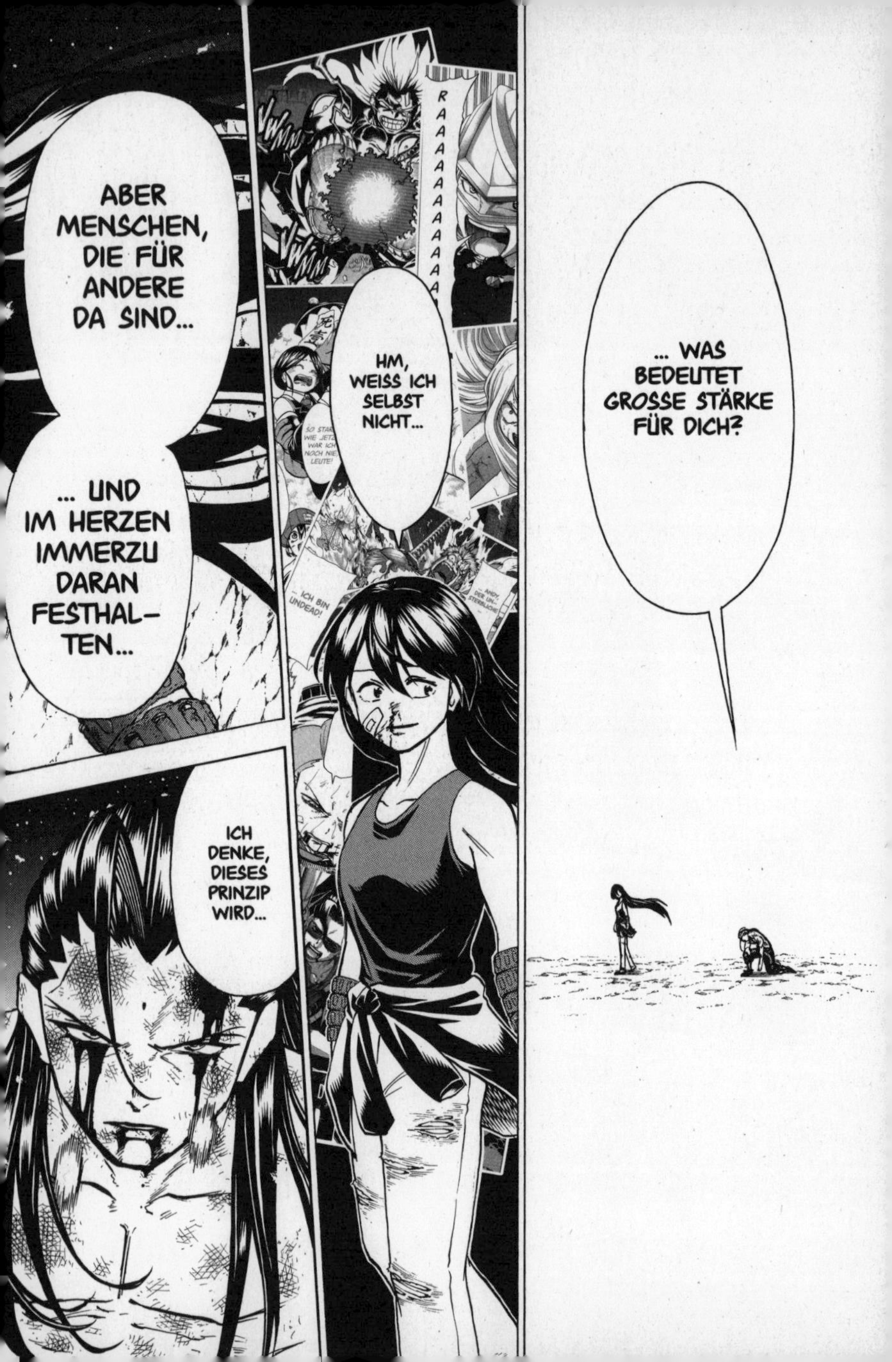
... WAS BEDEUTET GROSSE STÄRKE FÜR DICH?
RAAAAAAAAAAA
HM, WEISS ICH SELBST NICHT...
... ANDY, DER UN-STERBLICHE
... ICH BIN UNDEAD!
ABER MENSCHEN, DIE FÜR ANDERE DA SIND...
... UND IM HERZEN IMMERZU DARAN FESTHAL-TEN...
ICH DENKE, DIESES PRINZIP WIRD...

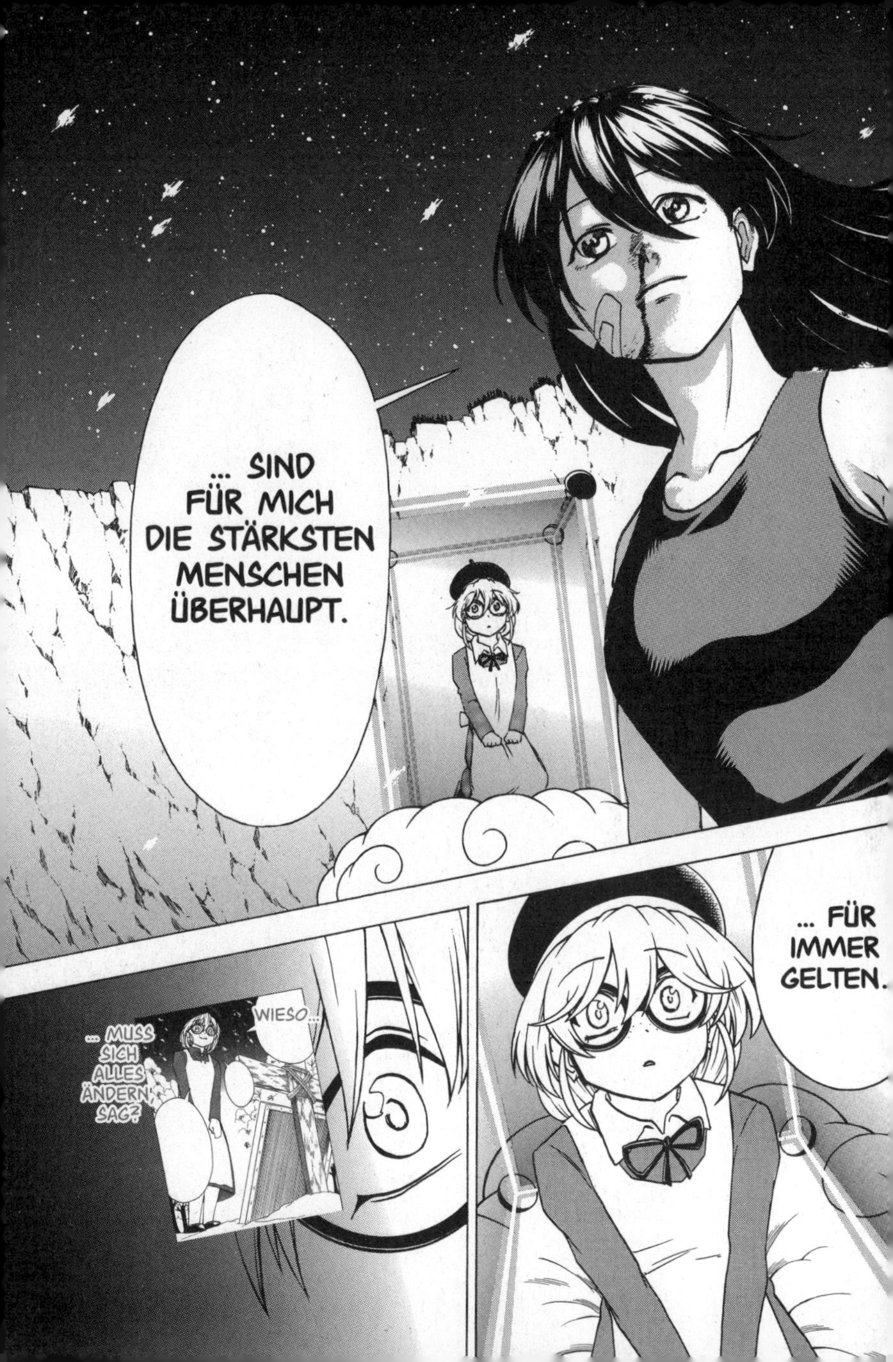
... SIND FÜR MICH DIE STÄRKSTEN MENSCHEN ÜBERHAUPT.
... FÜR IMMER GELTEN.
WIESO ...
... MUSS SICH ALLES ÄNDERN, SAG?

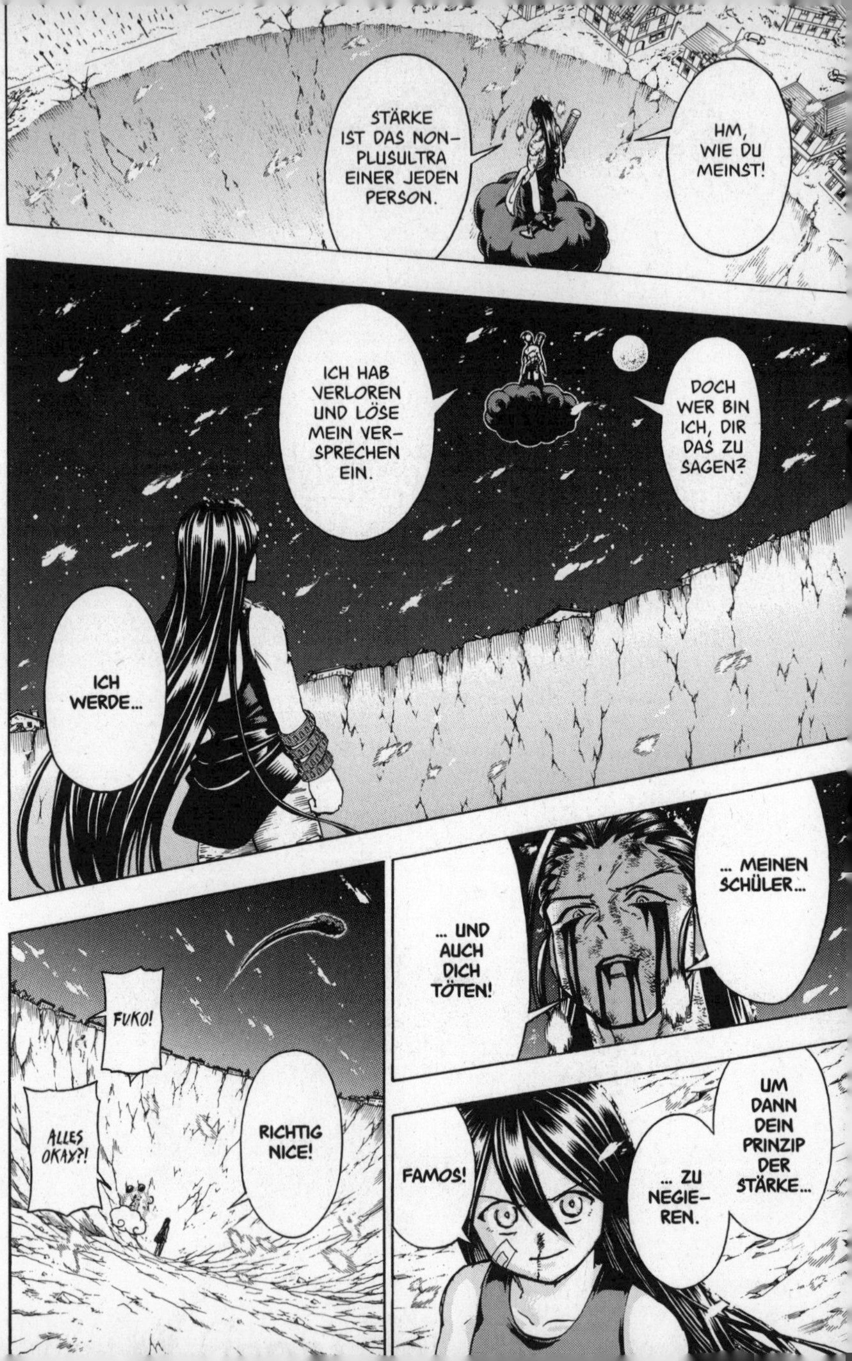
HM, WIE DU MEINST!
STÄRKE IST DAS NON-PLUSULTRA EINER JEDEN PERSON.
DOCH WER BIN ICH, DIR DAS ZU SAGEN?
ICH HAB VERLOREN UND LÖSE MEIN VER-SPRECHEN EIN.
ICH WERDE...
... MEINEN SCHÜLER...
... UND AUCH DICH TÖTEN!
UM DANN DEIN PRINZIP DER STÄRKE...
... ZU NEGIE-REN.
FAMOS!
RICHTIG NICE!
FUKO!
ALLES OKAY?!

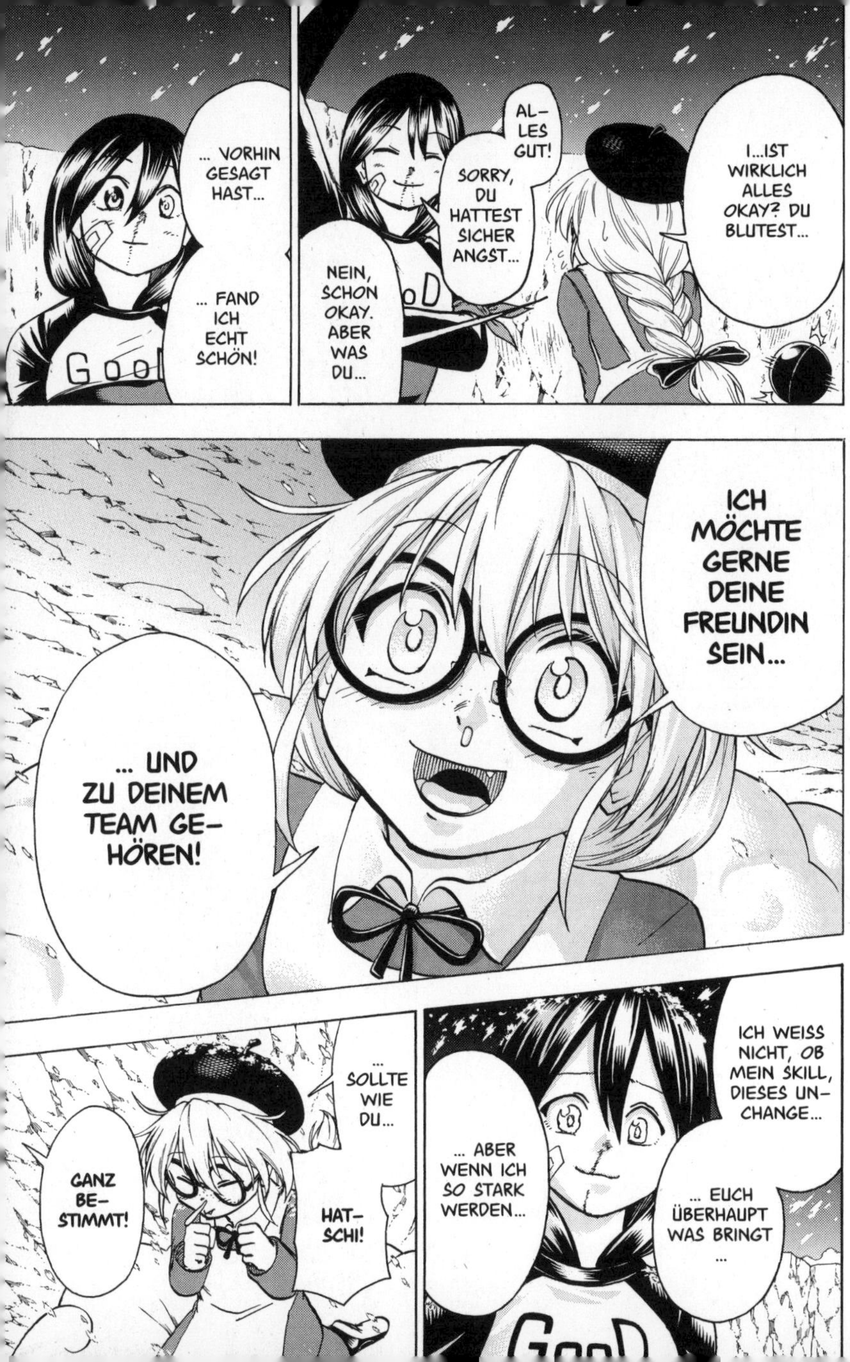
I...IST WIRKLICH ALLES OKAY? DU BLUTEST...
ALLES GUT!
SORRY, DU HATTEST SICHER ANGST...
NEIN, SCHON OKAY. ABER WAS DU...
... VORHIN GESAGT HAST...
... FAND ICH ECHT SCHÖN!
ICH MÖCHTE GERNE DEINE FREUNDIN SEIN...
... UND ZU DEINEM TEAM GEHÖREN!
ICH WEISS NICHT, OB MEIN SKILL, DIESES UNCHANGE...
... EUCH ÜBERHAUPT WAS BRINGT ...
... ABER WENN ICH SO STARK WERDEN...
... SOLLTE WIE DU...
HATSCHI!
GANZ BESTIMMT!

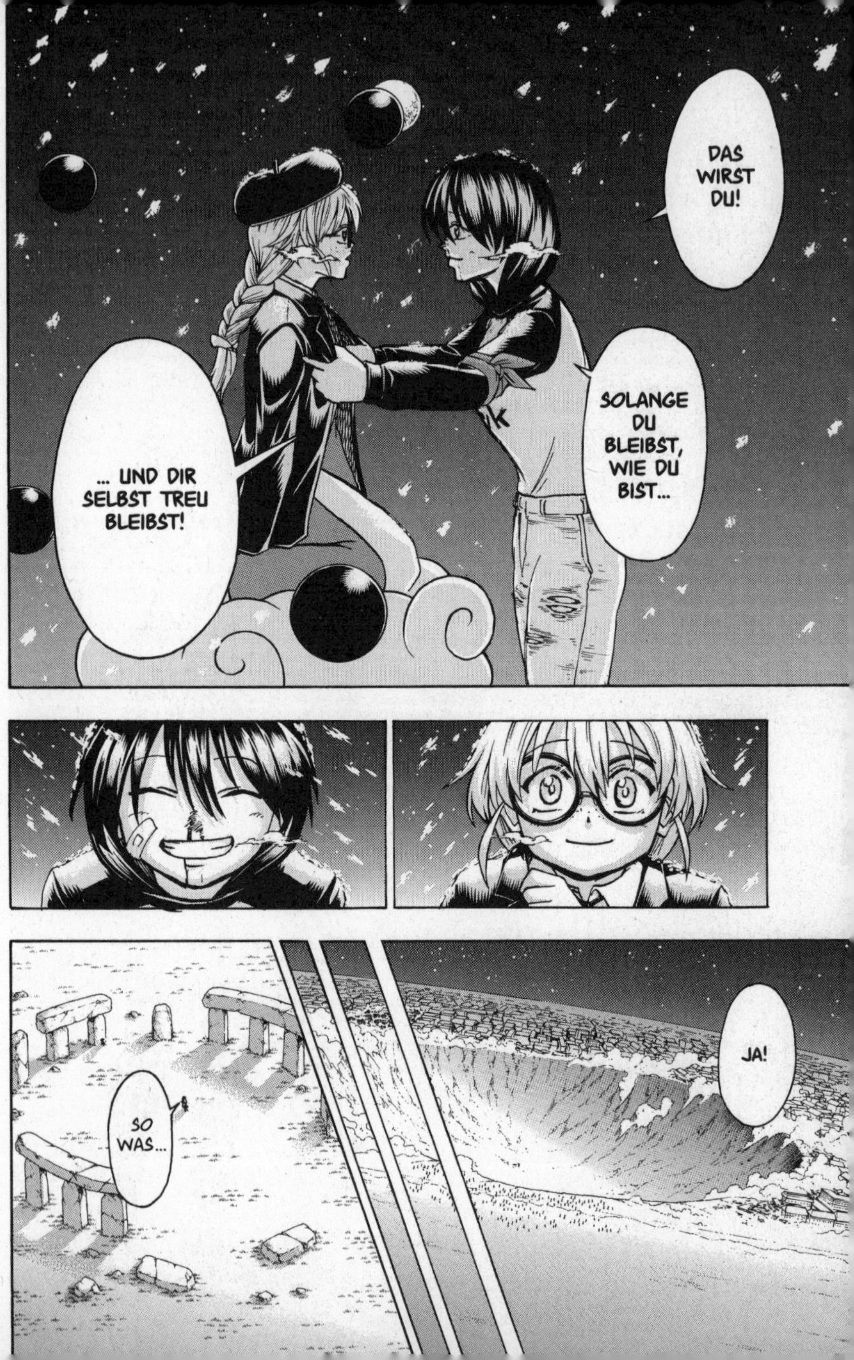

DAS WIRST DU!
SOLANGE DU BLEIBST, WIE DU BIST...
... UND DIR SELBST TREU BLEIBST!
JA!
SO WAS...

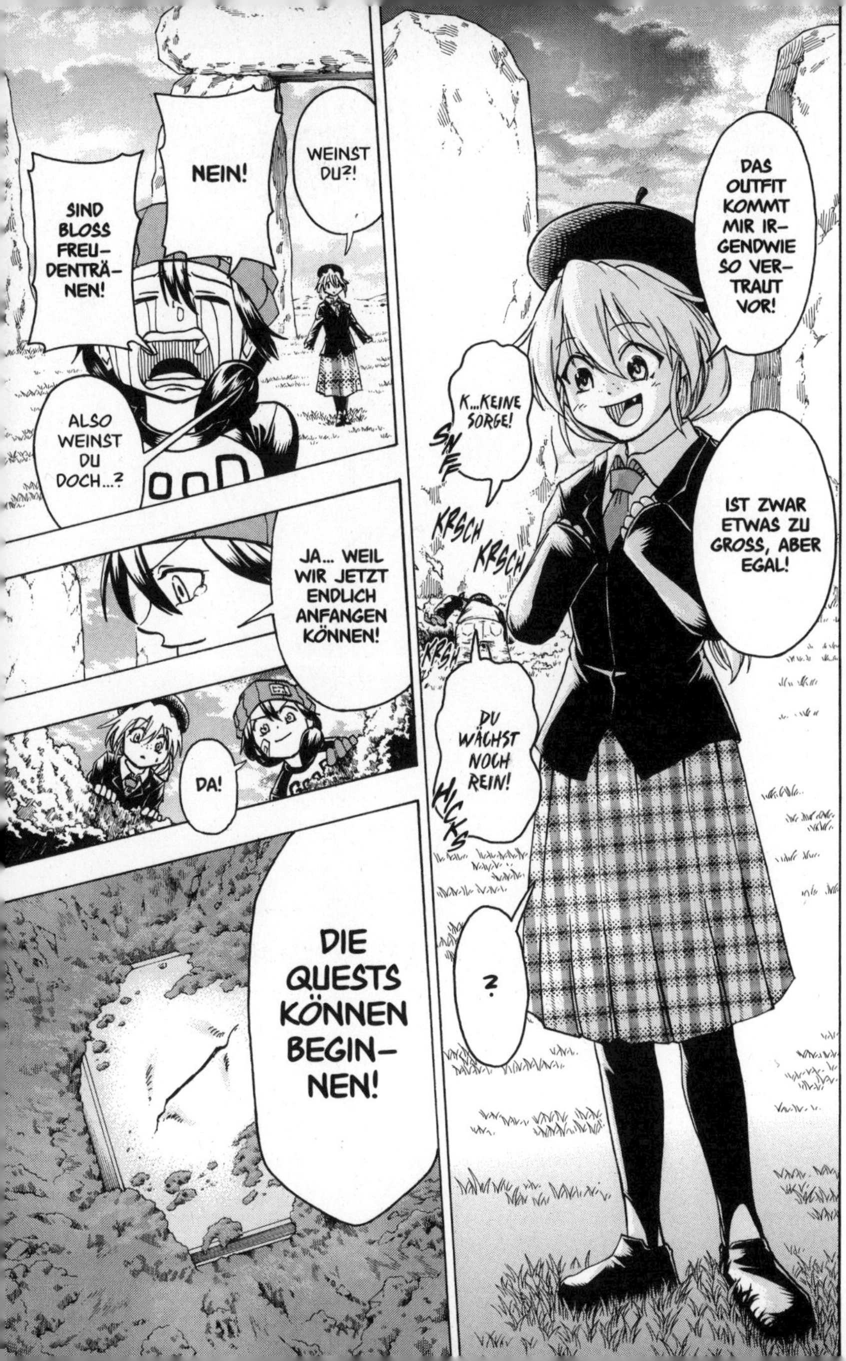
DAS OUTFIT KOMMT MIR IRGENDWIE SO VERTRAUT VOR!
IST ZWAR ETWAS ZU GROSS, ABER EGAL!
K...KEINE SORGE!
SNFF
KRSCH KRSCH
KRSCH
DU WÄCHST NOCH REIN!
HICKS
?
WEINST DU?!
NEIN!
SIND BLOSS FREUDENTRÄNEN!
ALSO WEINST DU DOCH...?
JA... WEIL WIR JETZT ENDLICH ANFANGEN KÖNNEN!
DA!
DIE QUESTS KÖNNEN BEGINNEN!

UNDEAD UNLUCK – BEFORE & AFTER

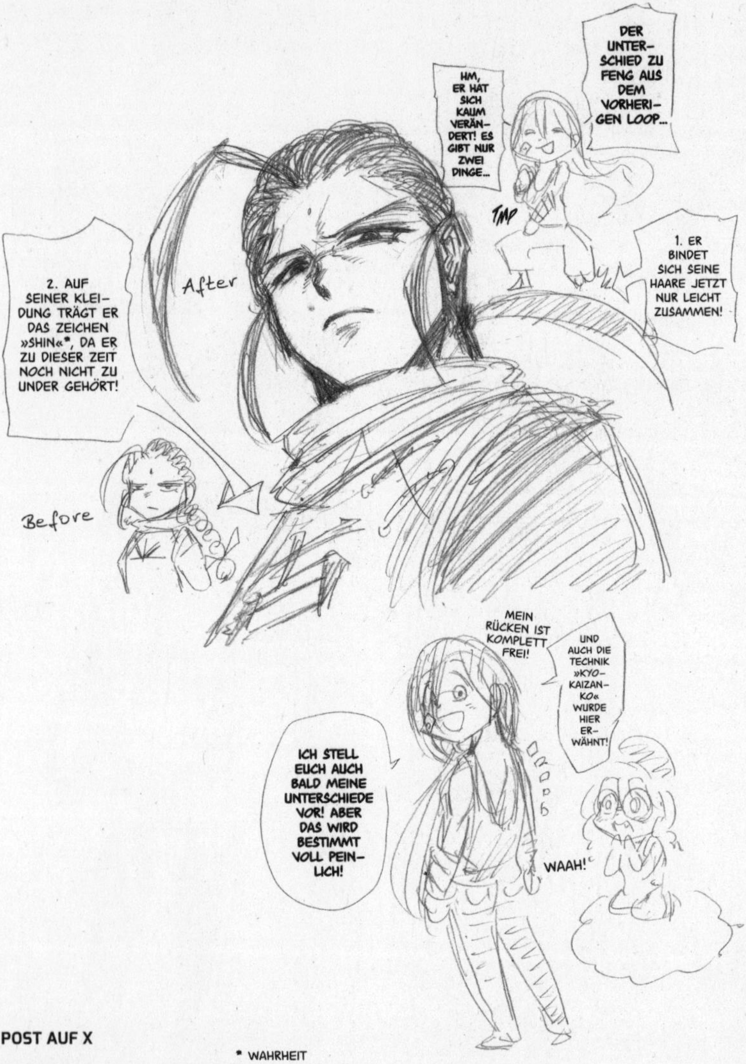

POST AUF X

* WAHRHEIT

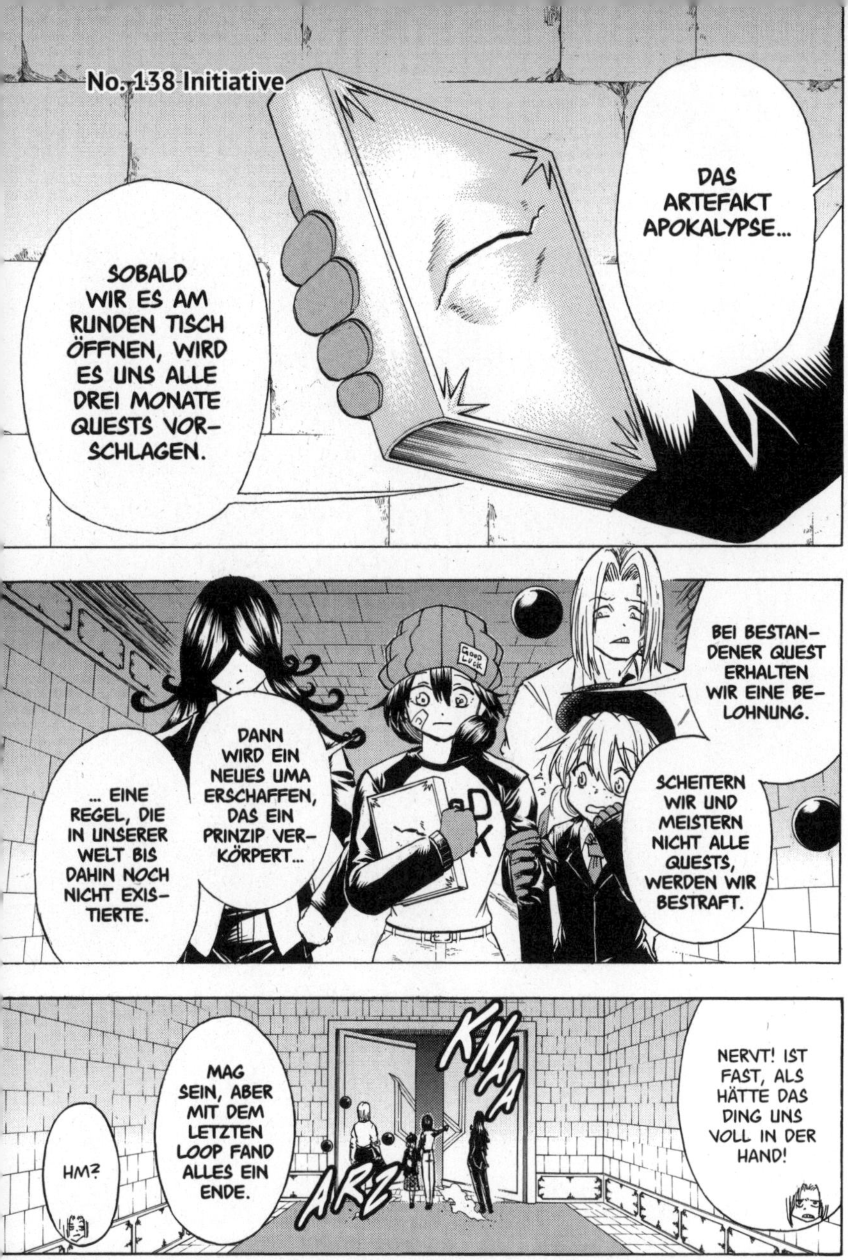
No. 138 Initiative
DAS ARTEFAKT APOKALYPSE...
SOBALD WIR ES AM RUNDEN TISCH ÖFFNEN, WIRD ES UNS ALLE DREI MONATE QUESTS VOR-SCHLAGEN.
BEI BESTAN-DENER QUEST ERHALTEN WIR EINE BE-LOHNUNG.
SCHEITERN WIR UND MEISTERN NICHT ALLE QUESTS, WERDEN WIR BESTRAFT.
DANN WIRD EIN NEUES UMA ERSCHAFFEN, DAS EIN PRINZIP VER-KÖRPERT...
... EINE REGEL, DIE IN UNSERER WELT BIS DAHIN NOCH NICHT EXIS-TIERTE.
NERVT! IST FAST, ALS HÄTTE DAS DING UNS VOLL IN DER HAND!
KNAAARZ
MAG SEIN, ABER MIT DEM LETZTEN LOOP FAND ALLES EIN ENDE.
HM?

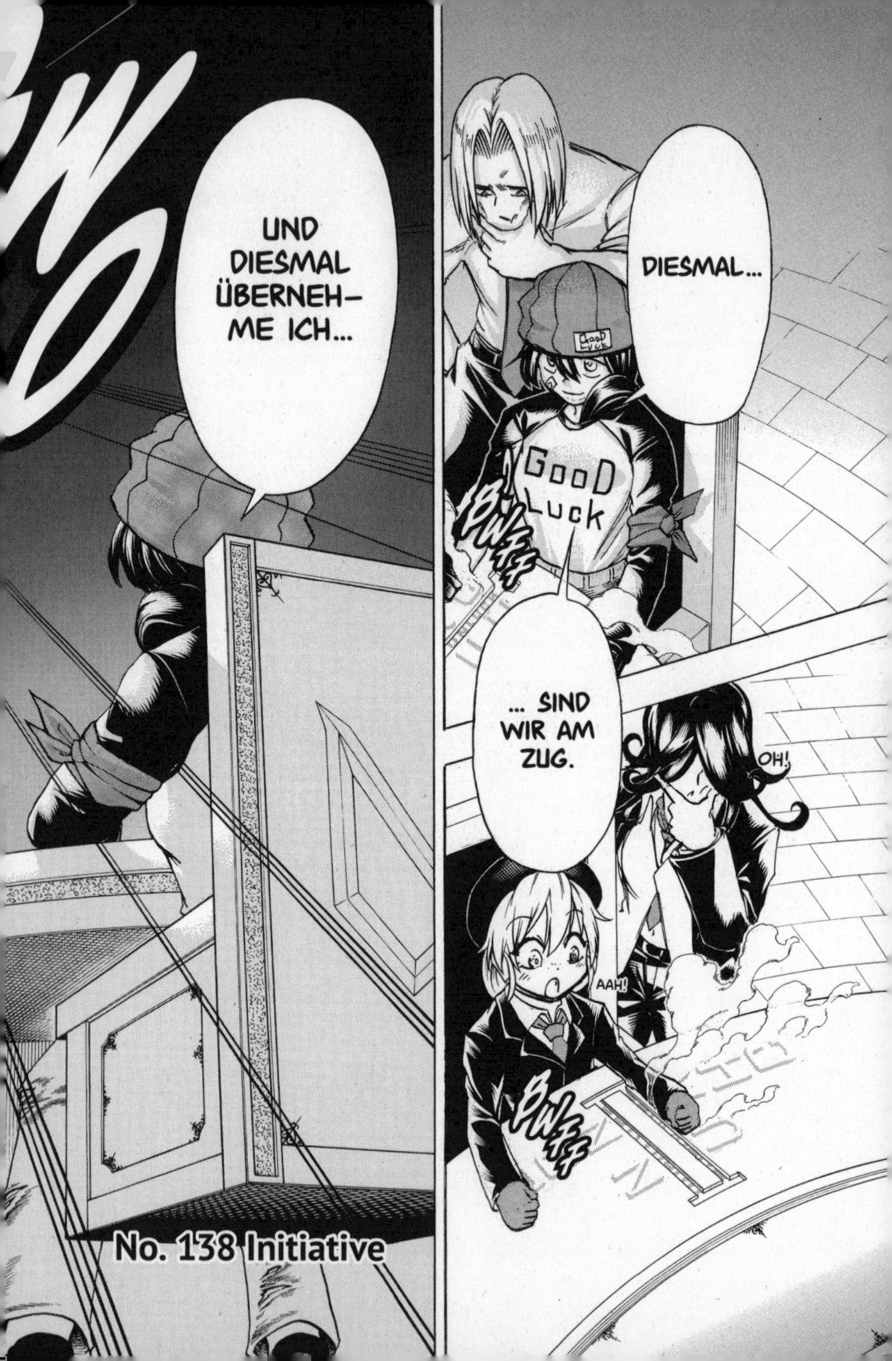

No. 138 Initiative

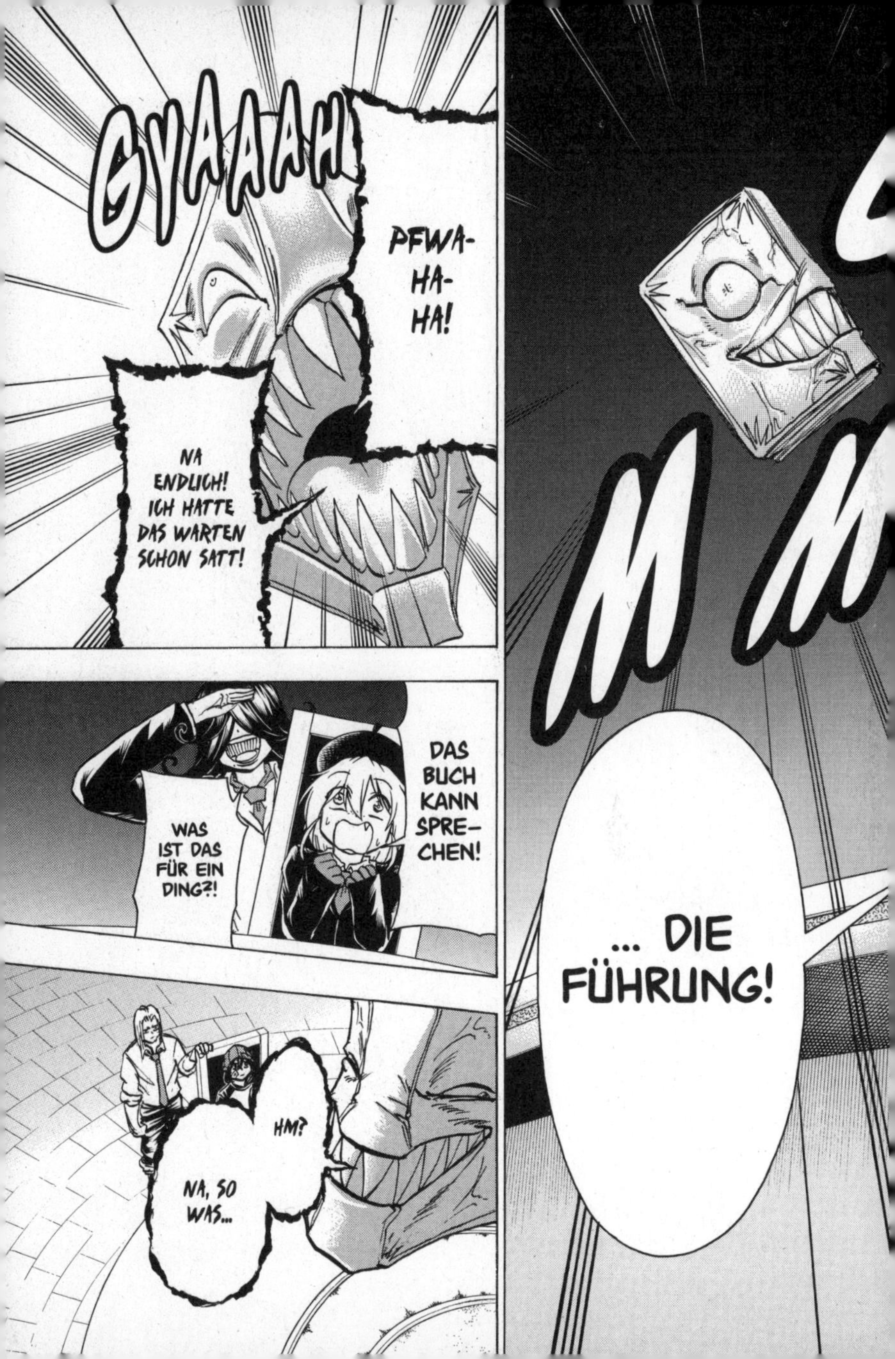

... DIE FÜHRUNG!
PFWA-HA-HA!
GYAAAH
NA ENDLICH! ICH HATTE DAS WARTEN SCHON SATT!
DAS BUCH KANN SPRE-CHEN!
WAS IST DAS FÜR EIN DING?!
HM?
NA, SO WAS...

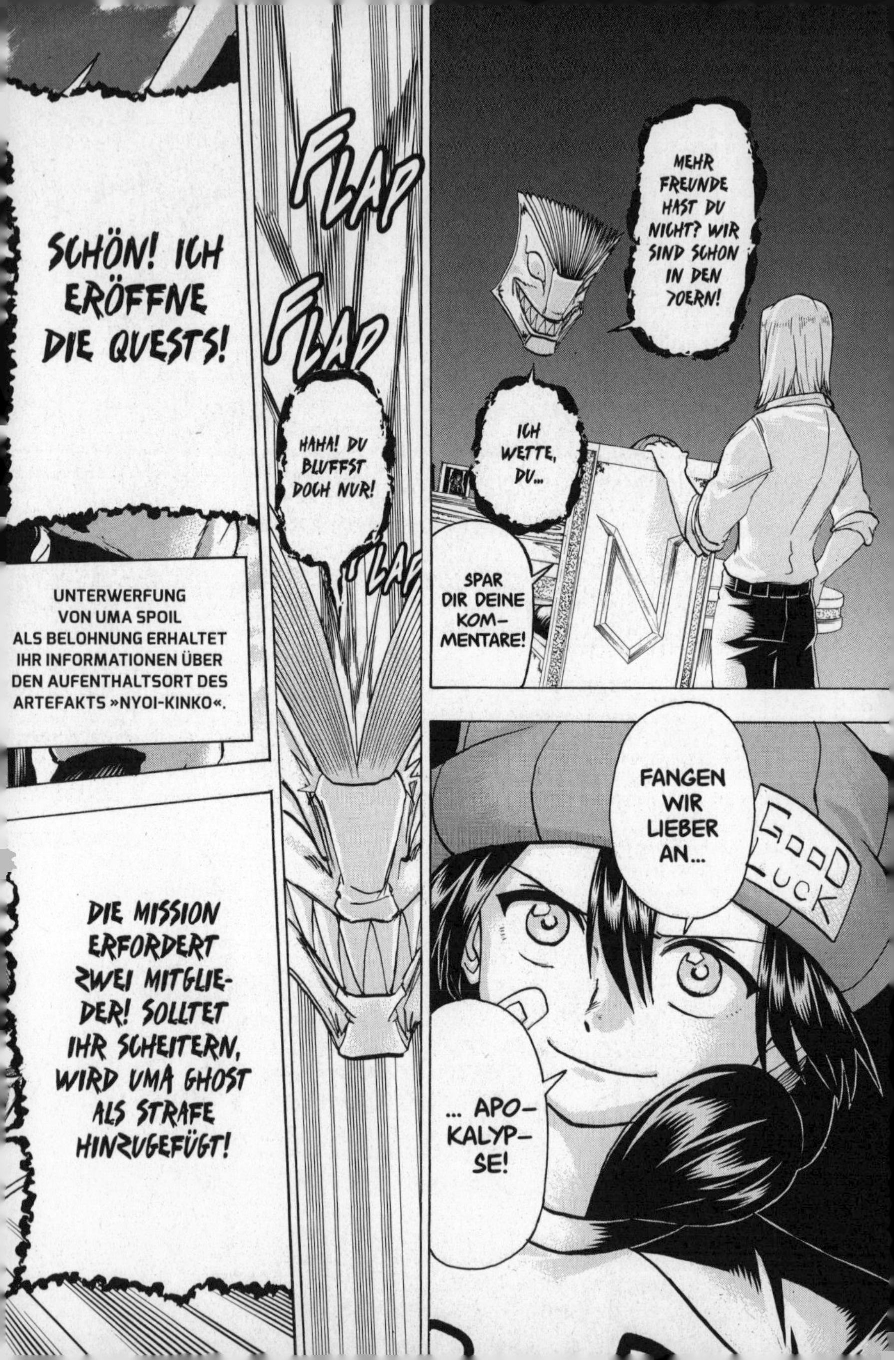
MEHR FREUNDE HAST DU NICHT? WIR SIND SCHON IN DEN 70ERN!
ICH WETTE, DU...
SPAR DIR DEINE KOM-MENTARE!
FANGEN WIR LIEBER AN...
GOOD LUCK
... APO-KALYP-SE!
FLAP
FLAP
HAHA! DU BLUFFST DOCH NUR!
FLAP
SCHÖN! ICH ERÖFFNE DIE QUESTS!
UNTERWERFUNG VON UMA SPOIL
ALS BELOHNUNG ERHALTET IHR INFORMATIONEN ÜBER DEN AUFENTHALTSORT DES ARTEFAKTS »NYOI-KINKO«.
DIE MISSION ERFORDERT ZWEI MITGLIE-DER! SOLLTET IHR SCHEITERN, WIRD UMA GHOST ALS STRAFE HINZUGEFÜGT!

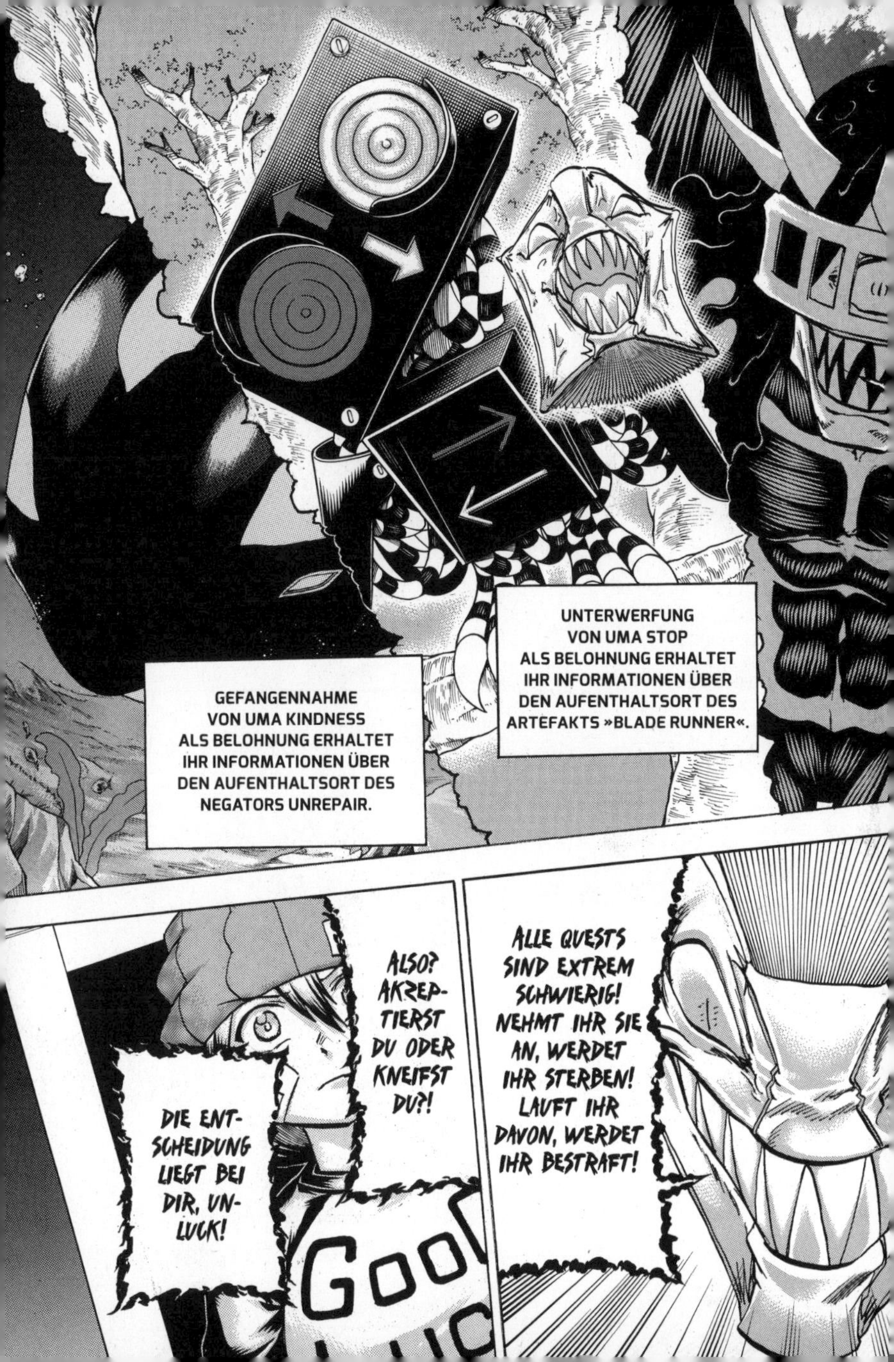
UNTERWERFUNG VON UMA STOP ALS BELOHNUNG ERHALTET IHR INFORMATIONEN ÜBER DEN AUFENTHALTSORT DES ARTEFAKTS »BLADE RUNNER«.
GEFANGENNAHME VON UMA KINDNESS ALS BELOHNUNG ERHALTET IHR INFORMATIONEN ÜBER DEN AUFENTHALTSORT DES NEGATORS UNREPAIR.
ALLE QUESTS SIND EXTREM SCHWIERIG! NEHMT IHR SIE AN, WERDET IHR STERBEN! LAUFT IHR DAVON, WERDET IHR BESTRAFT!
ALSO? AKZEPTIERST DU ODER KNEIFST DU?!
DIE ENTSCHEIDUNG LIEGT BEI DIR, UNLUCK!

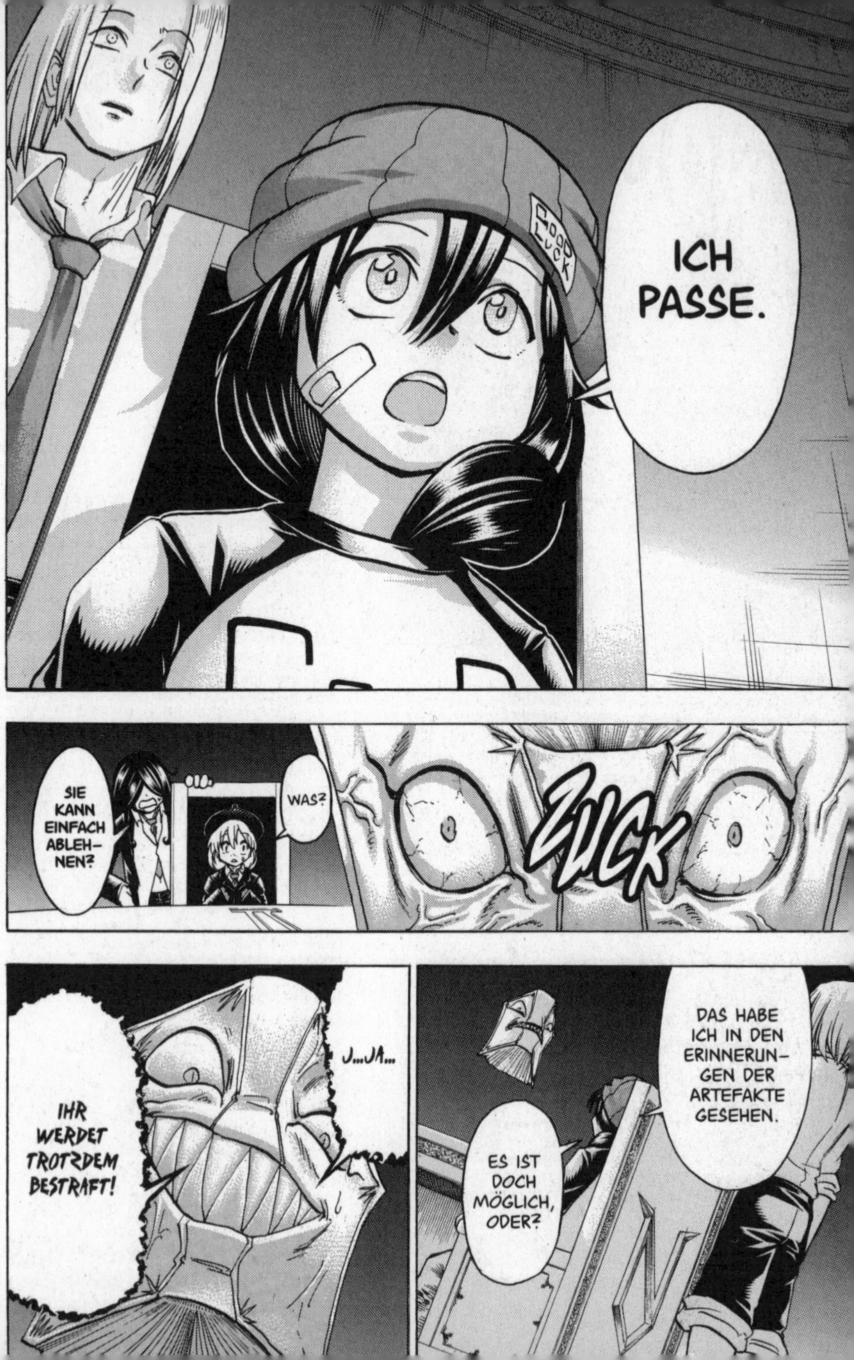
ICH PASSE.
ZUCK
WAS?
SIE KANN EINFACH ABLEH-NEN?
DAS HABE ICH IN DEN ERINNERUN-GEN DER ARTEFAKTE GESEHEN.
ES IST DOCH MÖGLICH, ODER?
J...JA...
IHR WERDET TROTZDEM BESTRAFT!

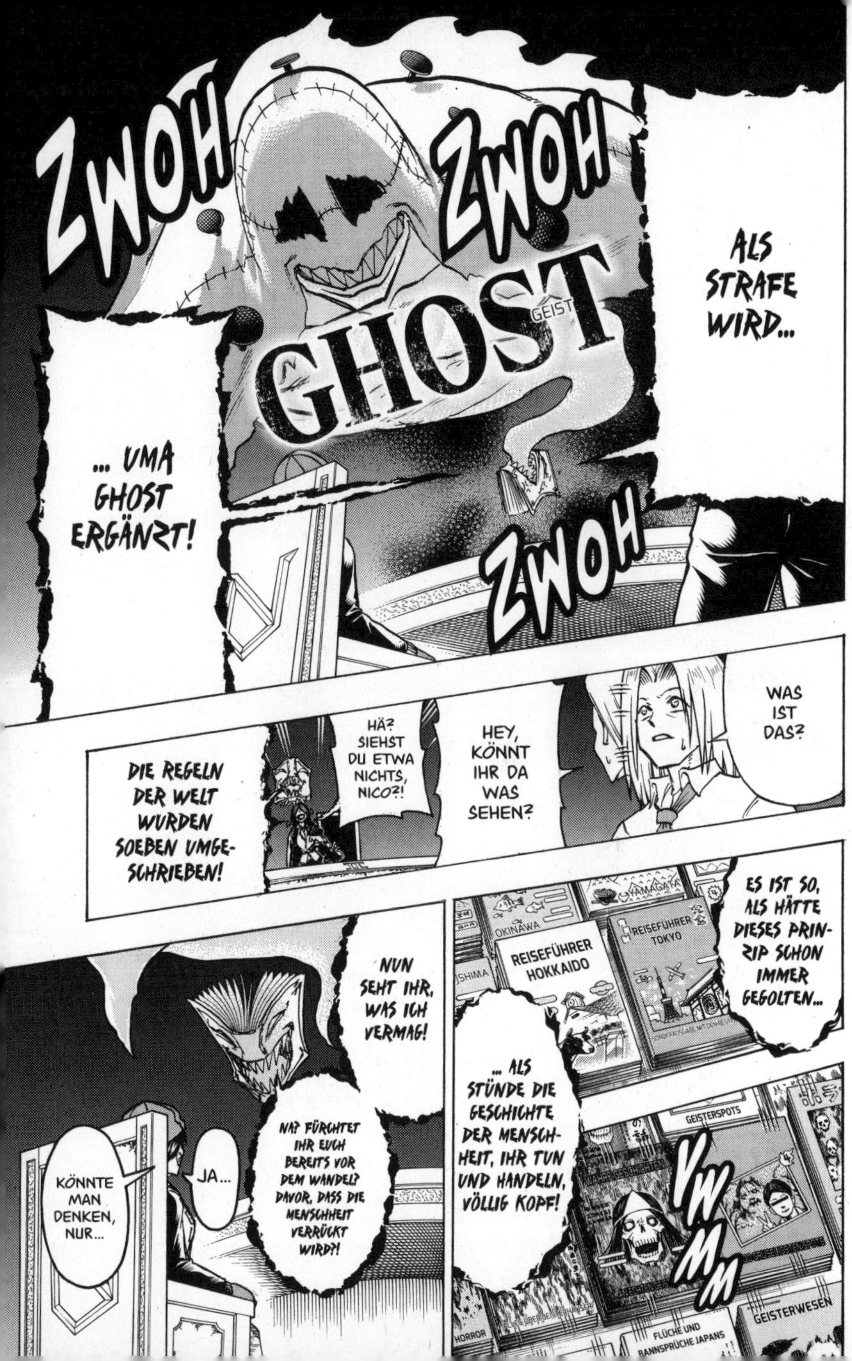
ZWOH
ZWOH
GHOST
GEIST
ALS STRAFE WIRD...
... UMA GHOST ERGÄNZT!
ZWOH
WAS IST DAS?
HEY, KÖNNT IHR DA WAS SEHEN?
HÄ? SIEHST DU ETWA NICHTS, NICO?!
DIE REGELN DER WELT WURDEN SOEBEN UMGESCHRIEBEN!
YAMAGATA
OKINAWA
REISEFÜHRER TOKYO
REISEFÜHRER HOKKAIDO
ES IST SO, ALS HÄTTE DIESES PRINZIP SCHON IMMER GEGOLTEN...
... ALS STÜNDE DIE GESCHICHTE DER MENSCHHEIT, IHR TUN UND HANDELN, VÖLLIG KOPF!
GEISTERSPOTS
VWMM
GEISTERWESEN
FLÜCHE UND BANNSPRÜCHE JAPANS
HORROR
NUN SEHT IHR, WAS ICH VERMAG!
NA? FÜRCHTET IHR EUCH BEREITS VOR DEM WANDEL? DAVOR, DASS DIE MENSCHHEIT VERRÜCKT WIRD?!
JA...
KÖNNTE MAN DENKEN, NUR...

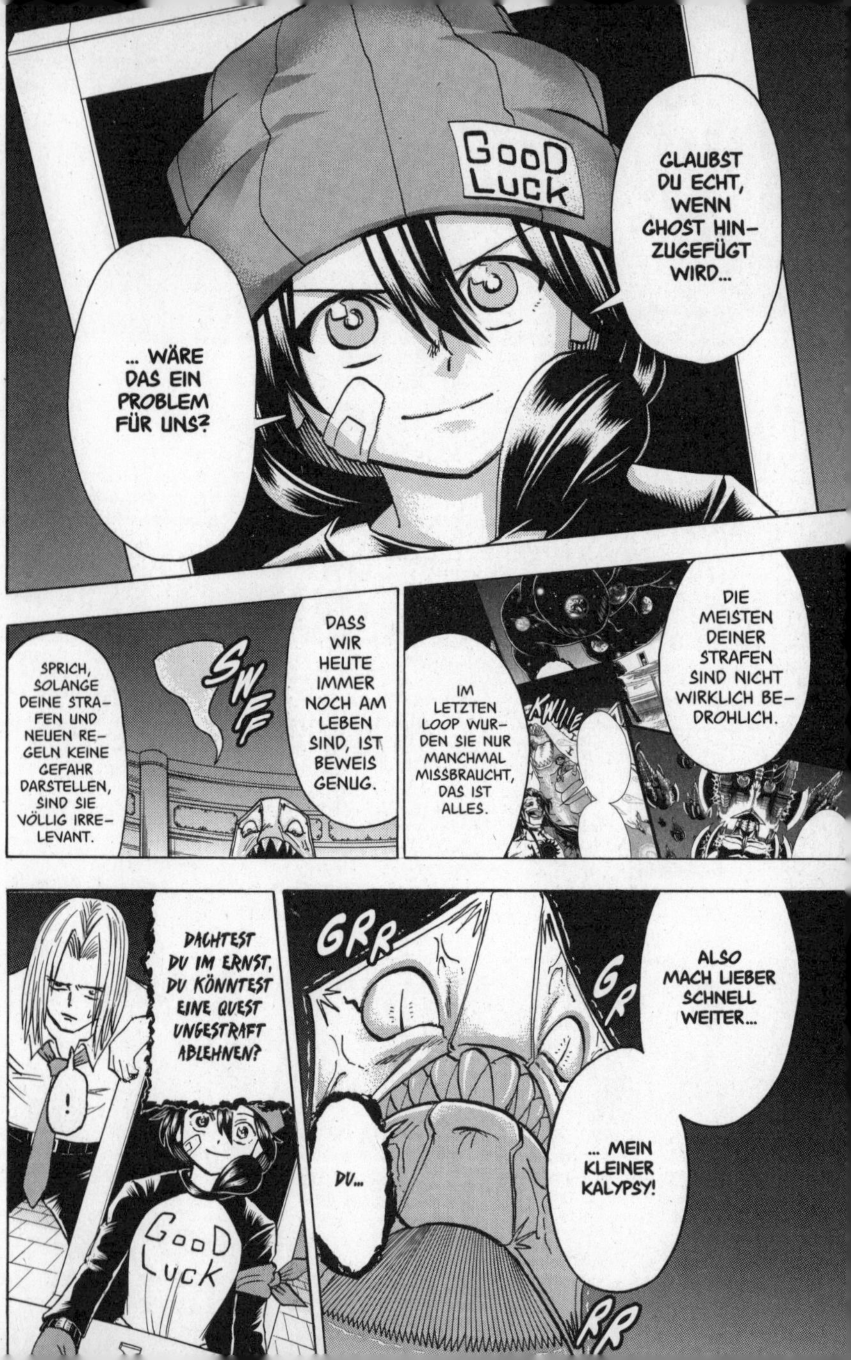
GOOD LUCK
GLAUBST DU ECHT, WENN GHOST HINZUGEFÜGT WIRD...
... WÄRE DAS EIN PROBLEM FÜR UNS?
DIE MEISTEN DEINER STRAFEN SIND NICHT WIRKLICH BEDROHLICH.
IM LETZTEN LOOP WURDEN SIE NUR MANCHMAL MISSBRAUCHT, DAS IST ALLES.
DASS WIR HEUTE IMMER NOCH AM LEBEN SIND, IST BEWEIS GENUG.
SWFF
SPRICH, SOLANGE DEINE STRAFEN UND NEUEN REGELN KEINE GEFAHR DARSTELLEN, SIND SIE VÖLLIG IRRELEVANT.
ALSO MACH LIEBER SCHNELL WEITER...
... MEIN KLEINER KALYPSY!
GRR
GR
RR
DU...
DACHTEST DU IM ERNST, DU KÖNNTEST EINE QUEST UNGESTRAFT ABLEHNEN?
!
GOOD LUCK

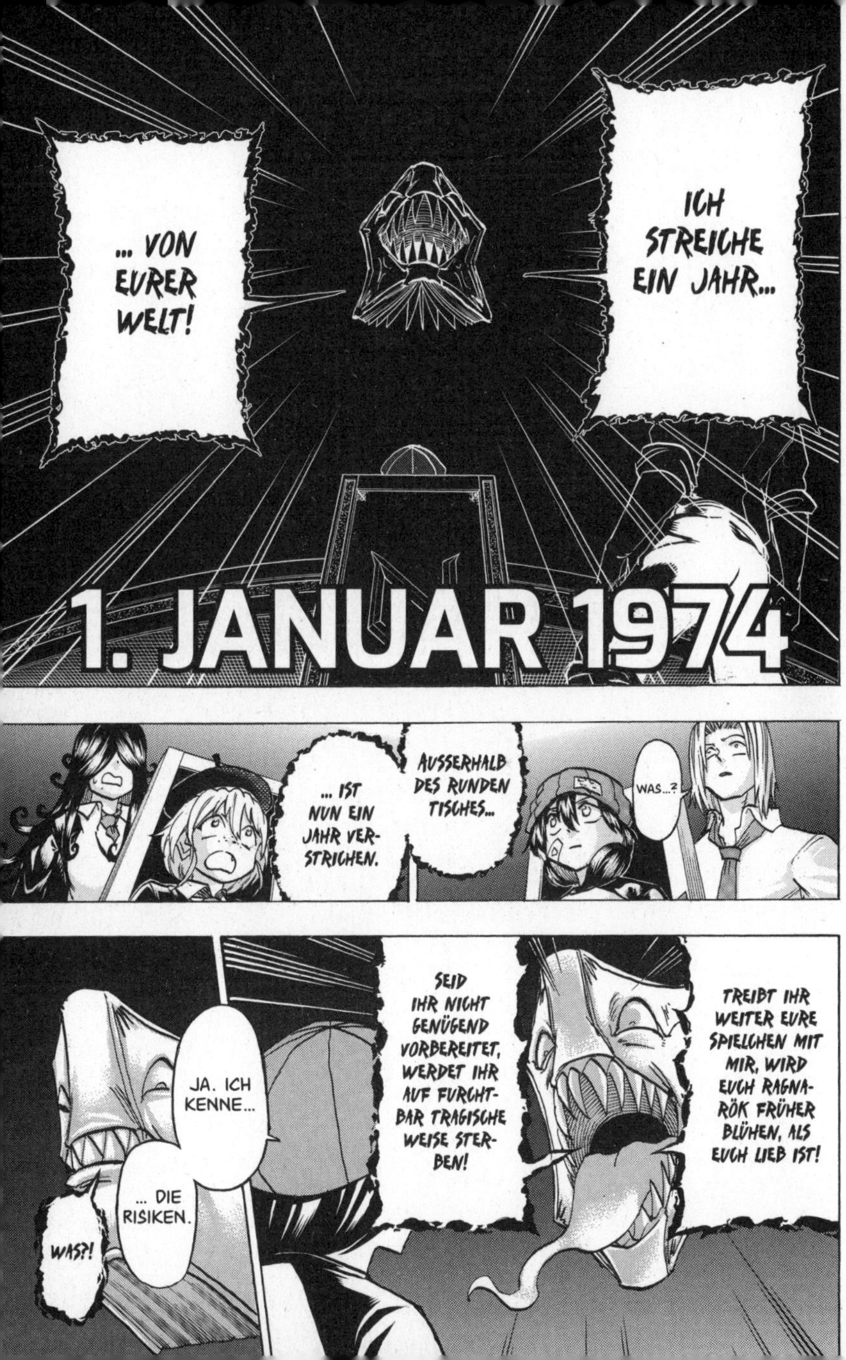
ICH STREICHE EIN JAHR...
... VON EURER WELT!
1. JANUAR 1974
WAS...?
AUSSERHALB DES RUNDEN TISCHES...
... IST NUN EIN JAHR VER-STRICHEN.
TREIBT IHR WEITER EURE SPIELCHEN MIT MIR, WIRD EUCH RAGNA-RÖK FRÜHER BLÜHEN, ALS EUCH LIEB IST!
SEID IHR NICHT GENÜGEND VORBEREITET, WERDET IHR AUF FURCHT-BAR TRAGISCHE WEISE STER-BEN!
JA. ICH KENNE...
... DIE RISIKEN.
WAS?!

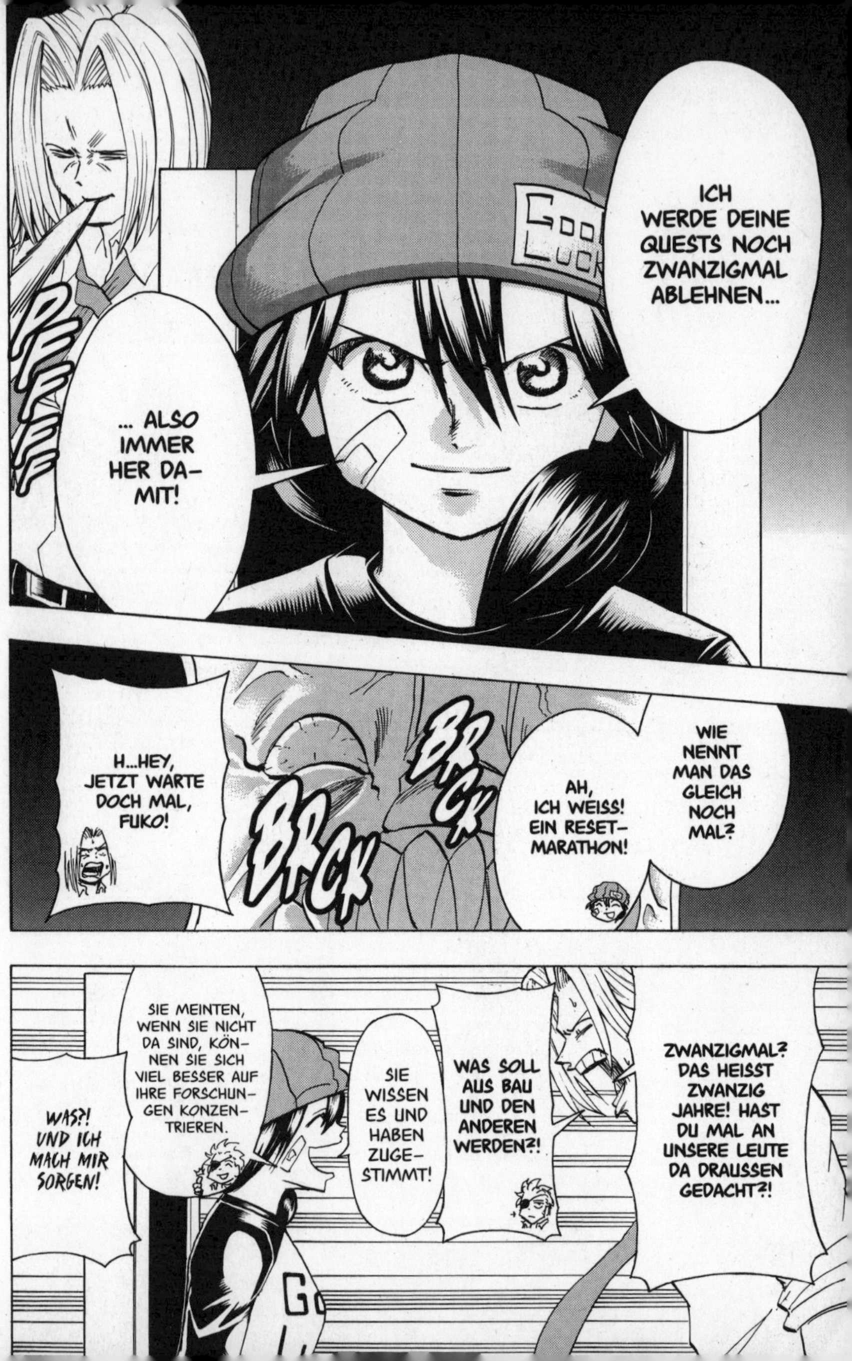

ICH WERDE DEINE QUESTS NOCH ZWANZIGMAL ABLEHNEN...
... ALSO IMMER HER DAMIT!
WIE NENNT MAN DAS GLEICH NOCH MAL?
AH, ICH WEISS! EIN RESET-MARATHON!
BRCK
BRCK
H...HEY, JETZT WARTE DOCH MAL, FUKO!
ZWANZIGMAL? DAS HEISST ZWANZIG JAHRE! HAST DU MAL AN UNSERE LEUTE DA DRAUSSEN GEDACHT?!
WAS SOLL AUS BAU UND DEN ANDEREN WERDEN?!
SIE WISSEN ES UND HABEN ZUGESTIMMT!
SIE MEINTEN, WENN SIE NICHT DA SIND, KÖNNEN SIE SICH VIEL BESSER AUF IHRE FORSCHUNGEN KONZENTRIEREN.
WAS?! UND ICH MACH MIR SORGEN!

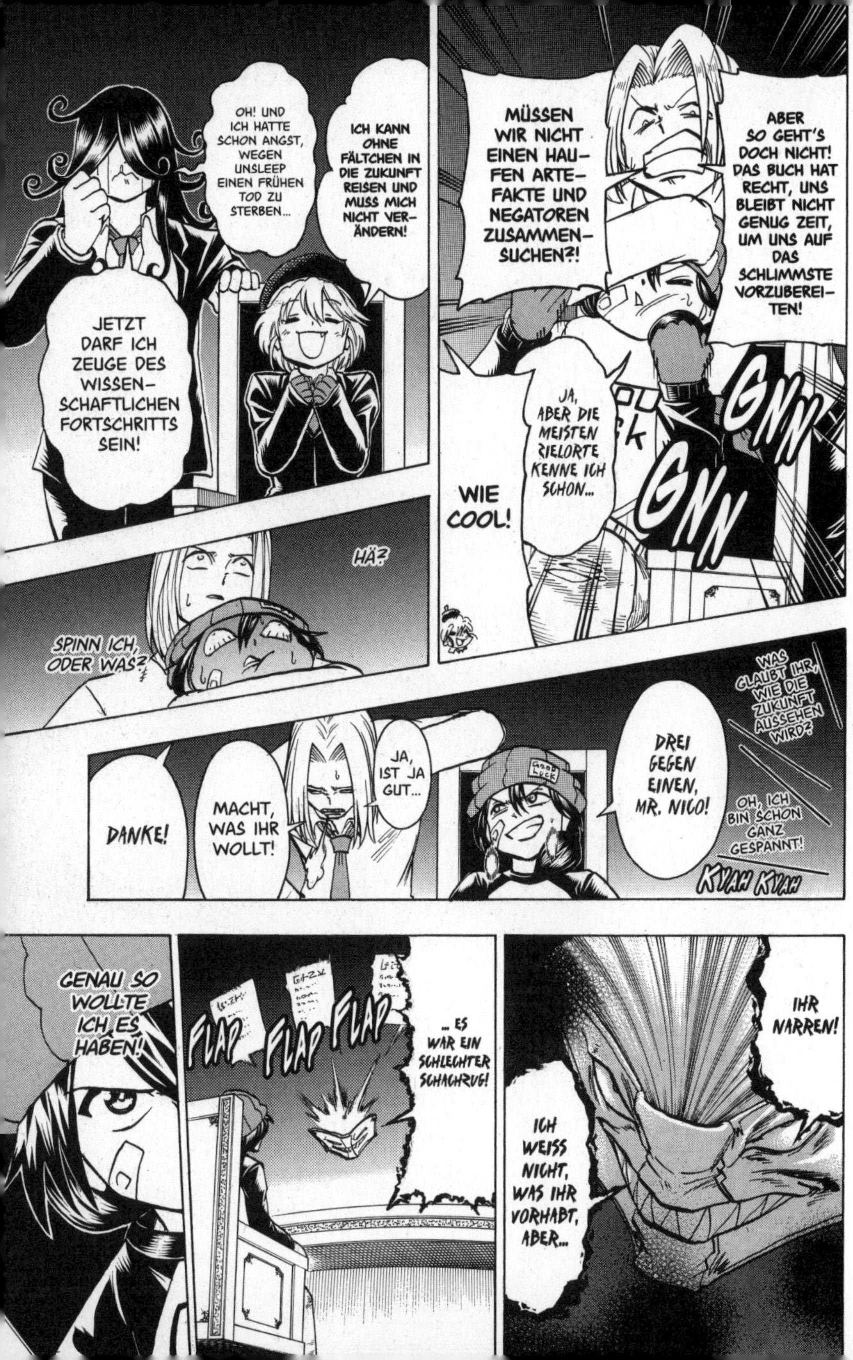

ABER SO GEHT'S DOCH NICHT! DAS BUCH HAT RECHT, UNS BLEIBT NICHT GENUG ZEIT, UM UNS AUF DAS SCHLIMMSTE VORZUBEREITEN!
MÜSSEN WIR NICHT EINEN HAUFEN ARTEFAKTE UND NEGATOREN ZUSAMMENSUCHEN?!
GNN GNN
JA, ABER DIE MEISTEN ZIELORTE KENNE ICH SCHON...
WIE COOL!
ICH KANN OHNE FÄLTCHEN IN DIE ZUKUNFT REISEN UND MUSS MICH NICHT VERÄNDERN!
OH! UND ICH HATTE SCHON ANGST, WEGEN UNSLEEP EINEN FRÜHEN TOD ZU STERBEN...
JETZT DARF ICH ZEUGE DES WISSENSCHAFTLICHEN FORTSCHRITTS SEIN!
HÄ?
SPINN ICH, ODER WAS?
WAS GLAUBT IHR, WIE DIE ZUKUNFT AUSSEHEN WIRD?
OH, ICH BIN SCHON GANZ GESPANNT!
KYAH KYAH
DREI GEGEN EINEN, MR. NICO!
JA, IST JA GUT...
MACHT, WAS IHR WOLLT!
DANKE!
IHR NARREN!
ICH WEISS NICHT, WAS IHR VORHABT, ABER...
... ES WAR EIN SCHLECHTER SCHACHZUG!
FLAP FLAP FLAP
GENAU SO WOLLTE ICH ES HABEN!

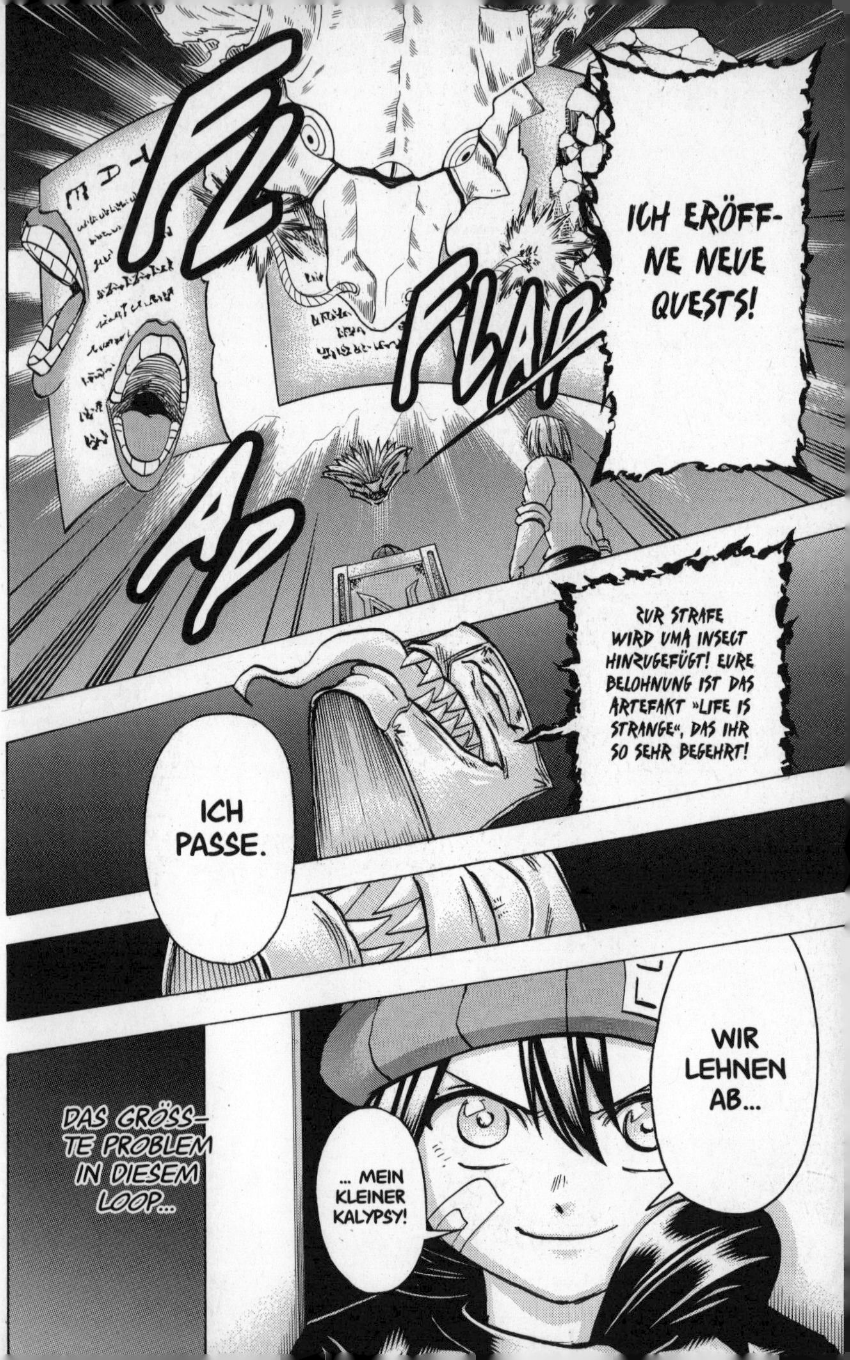

ICH ERÖFF-NE NEUE QUESTS!
FLAP
FZ
AP
ZUR STRAFE WIRD UMA INSECT HINZUGEFÜGT! EURE BELOHNUNG IST DAS ARTEFAKT »LIFE IS STRANGE«, DAS IHR SO SEHR BEGEHRT!
ICH PASSE.
WIR LEHNEN AB...
... MEIN KLEINER KALYPSY!
DAS GRÖSS-TE PROBLEM IN DIESEM LOOP...

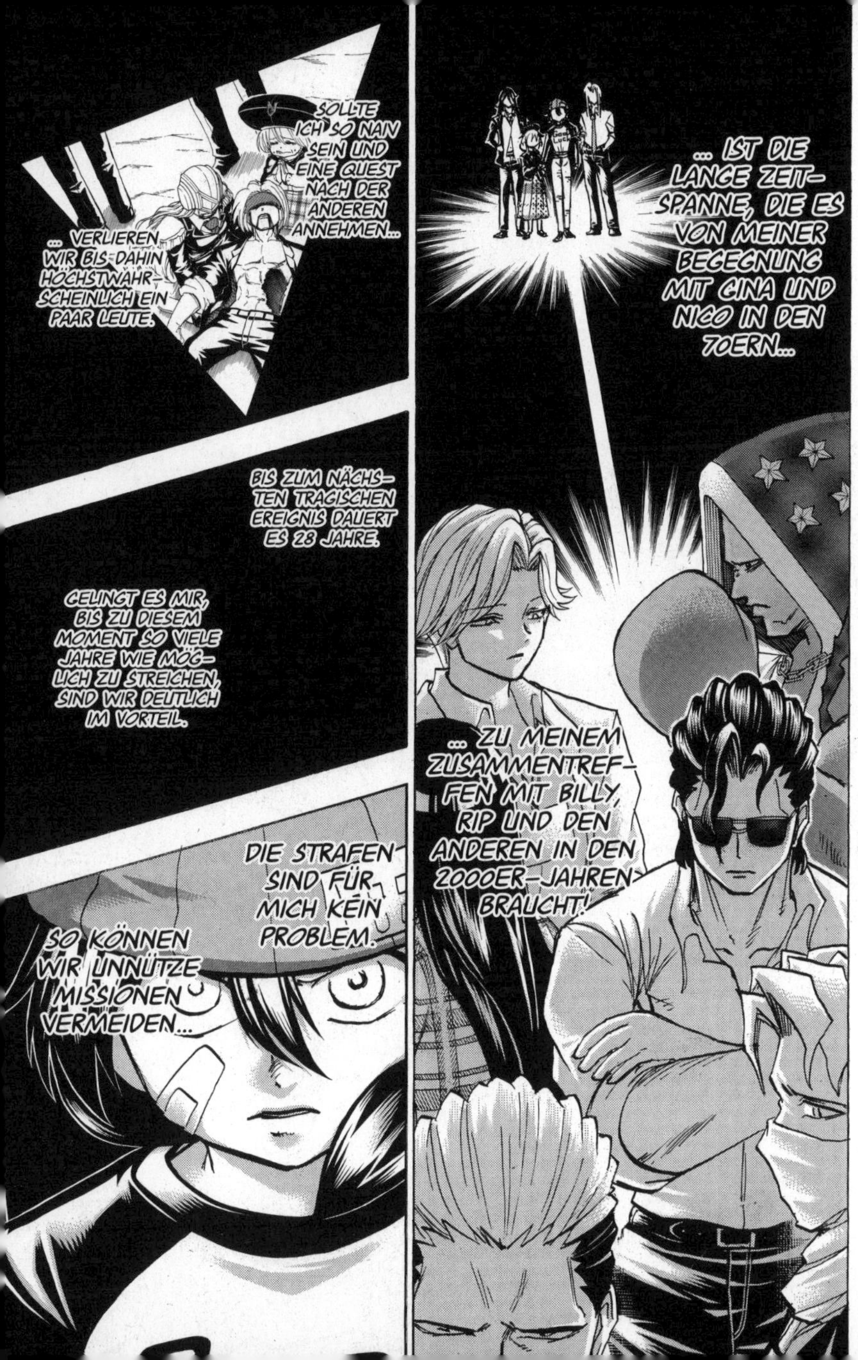

... IST DIE LANGE ZEIT-SPANNE, DIE ES VON MEINER BEGEGNUNG MIT GINA UND NICO IN DEN 70ERN...
... ZU MEINEM ZUSAMMENTREFFEN MIT BILLY, RIP UND DEN ANDEREN IN DEN 2000ER-JAHREN BRAUCHT!
SOLLTE ICH SO NAIV SEIN UND EINE QUEST NACH DER ANDEREN ANNEHMEN...
... VERLIEREN WIR BIS DAHIN HÖCHSTWAHRSCHEINLICH EIN PAAR LEUTE.
BIS ZUM NÄCHSTEN TRAGISCHEN EREIGNIS DAUERT ES 28 JAHRE.
GELINGT ES MIR, BIS ZU DIESEM MOMENT SO VIELE JAHRE WIE MÖGLICH ZU STREICHEN, SIND WIR DEUTLICH IM VORTEIL.
DIE STRAFEN SIND FÜR MICH KEIN PROBLEM.
SO KÖNNEN WIR UNNÜTZE MISSIONEN VERMEIDEN...

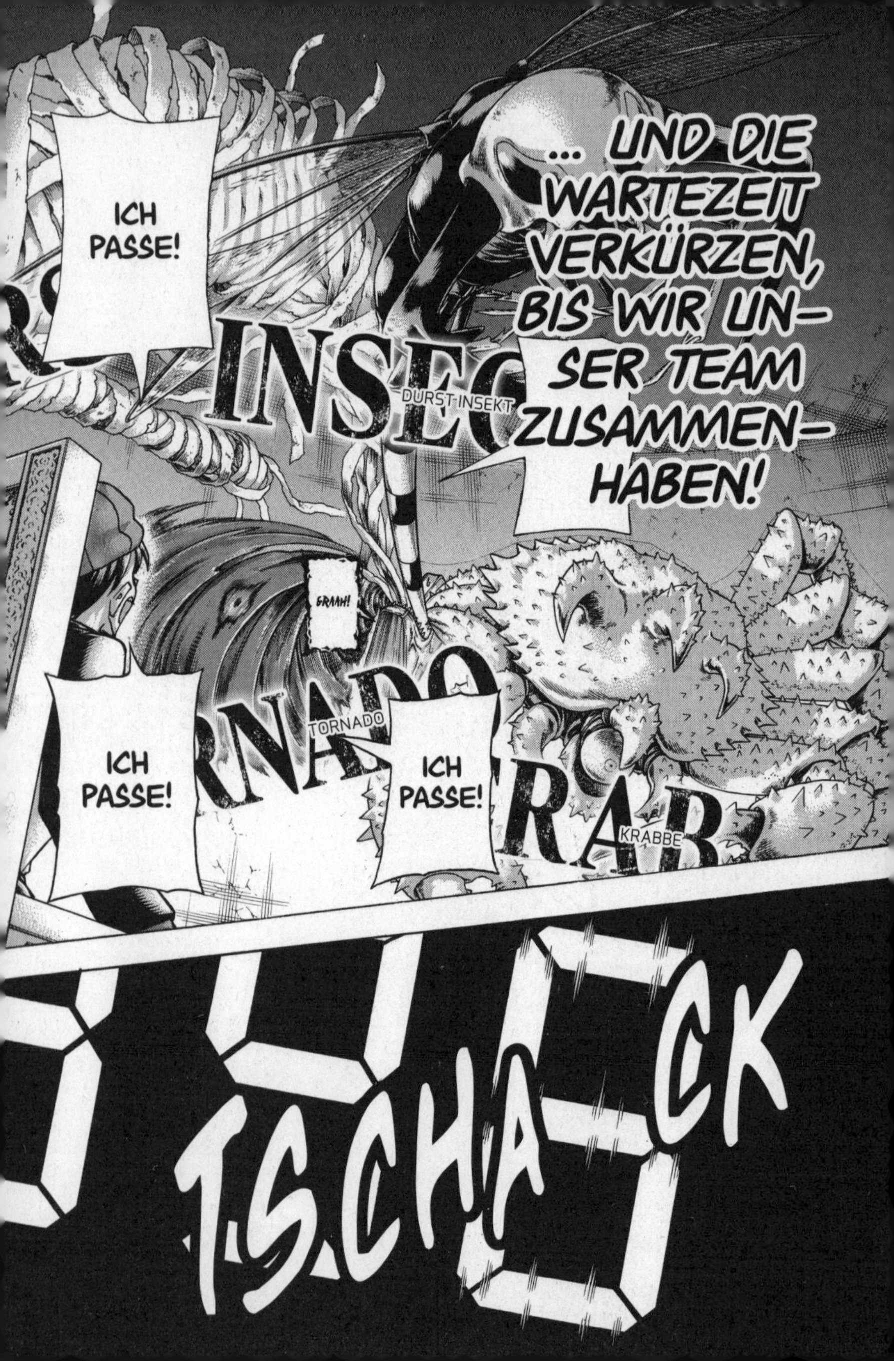
... UND DIE WARTEZEIT VERKÜRZEN, BIS WIR UNSER TEAM ZUSAMMENHABEN!
ICH PASSE!
DURST-INSEKT
GRAAH!
ICH PASSE!
KRABBE
TORNADO
ICH PASSE!
TSCHACK

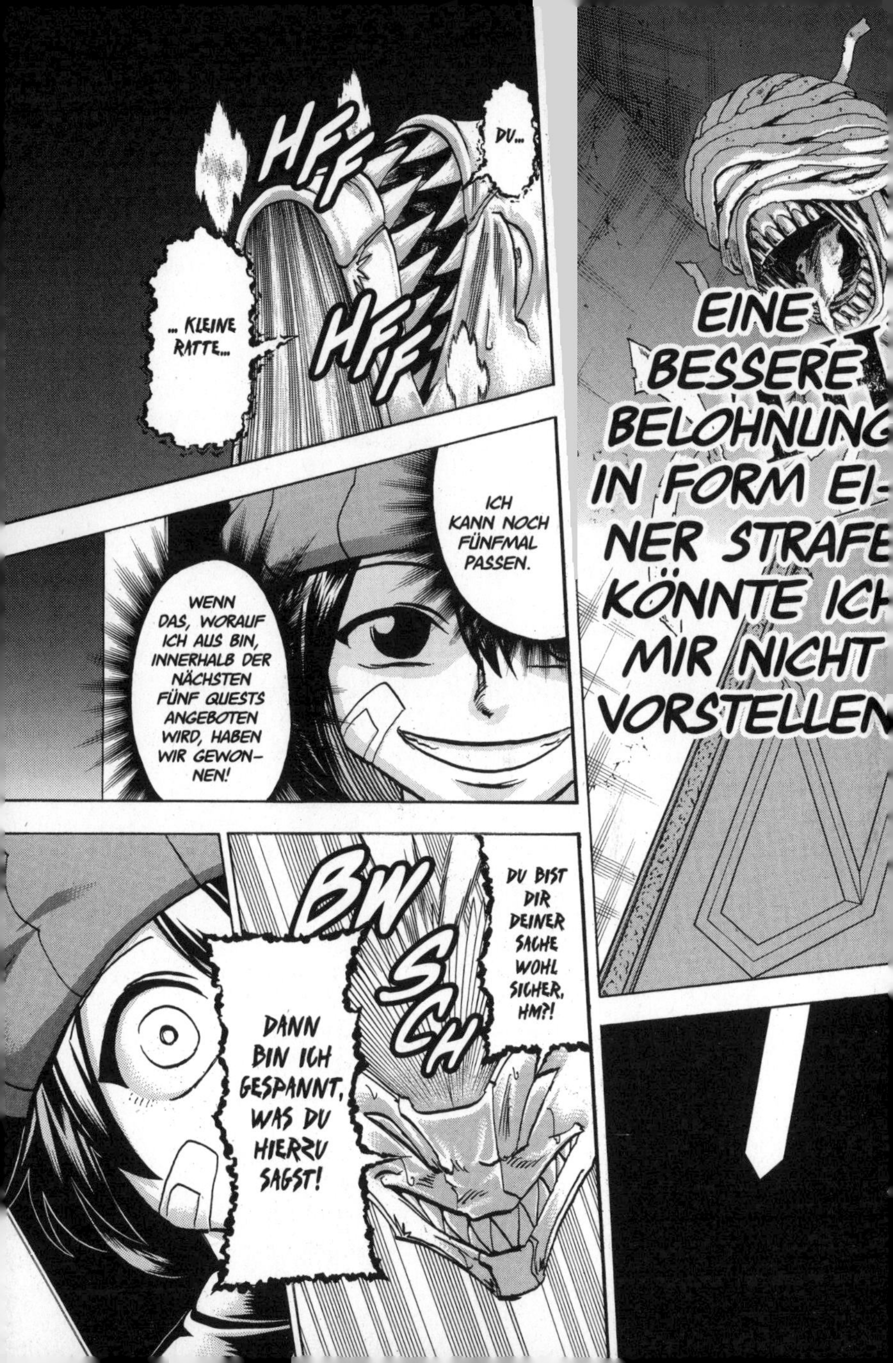
EINE BESSERE BELOHNUNG IN FORM EI-NER STRAFE KÖNNTE ICH MIR NICHT VORSTELLEN
DU...
HFF
HFF
... KLEINE RATTE...
ICH KANN NOCH FÜNFMAL PASSEN.
WENN DAS, WORAUF ICH AUS BIN, INNERHALB DER NÄCHSTEN FÜNF QUESTS ANGEBOTEN WIRD, HABEN WIR GEWON-NEN!
DU BIST DIR DEINER SACHE WOHL SICHER, HM?!
BWSCH
DANN BIN ICH GESPANNT, WAS DU HIERZU SAGST!

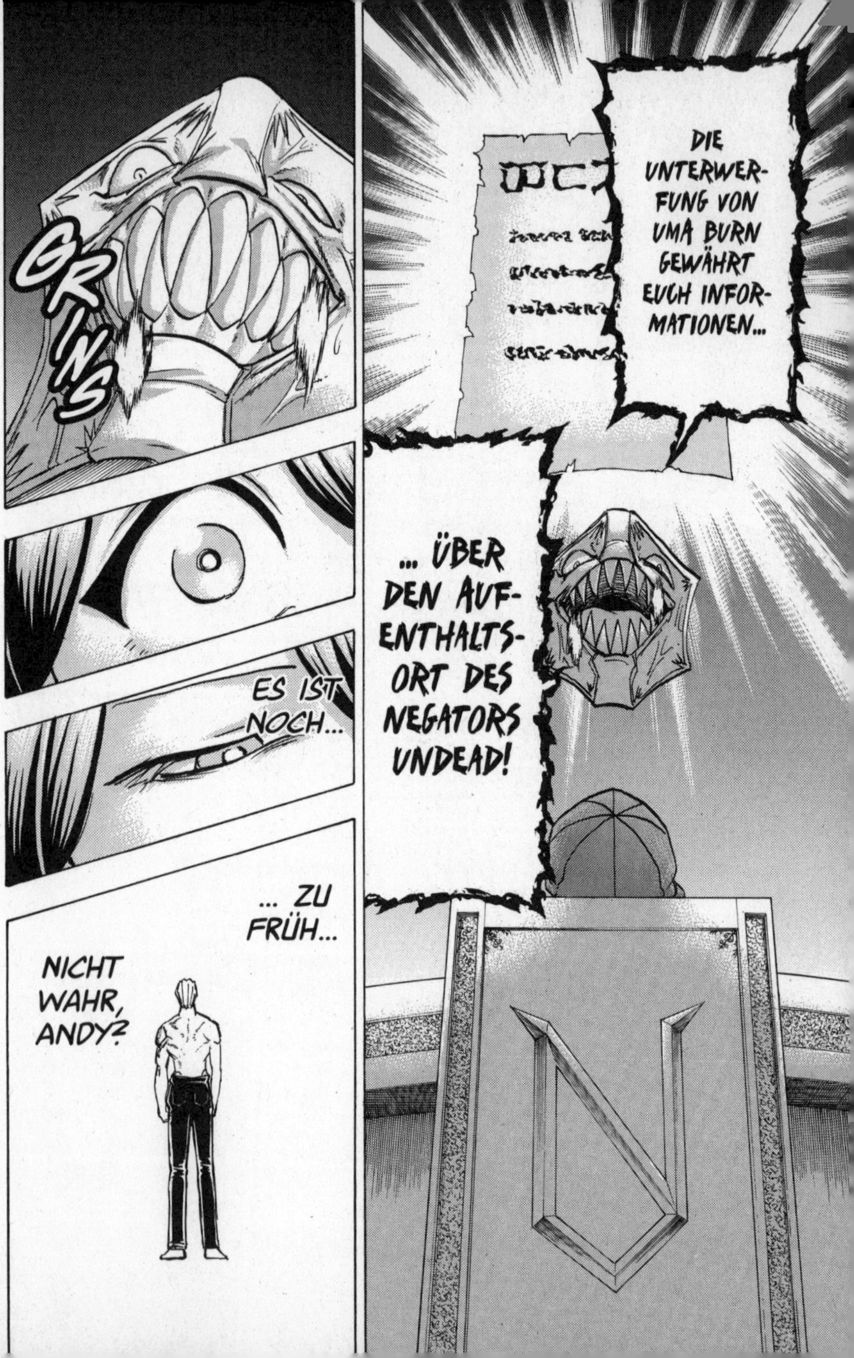
DIE UNTERWERFUNG VON UMA BURN GEWÄHRT EUCH INFORMATIONEN...
... ÜBER DEN AUFENTHALTSORT DES NEGATORS UNDEAD!
GRINS
ES IST NOCH...
... ZU FRÜH...
NICHT WAHR, ANDY?

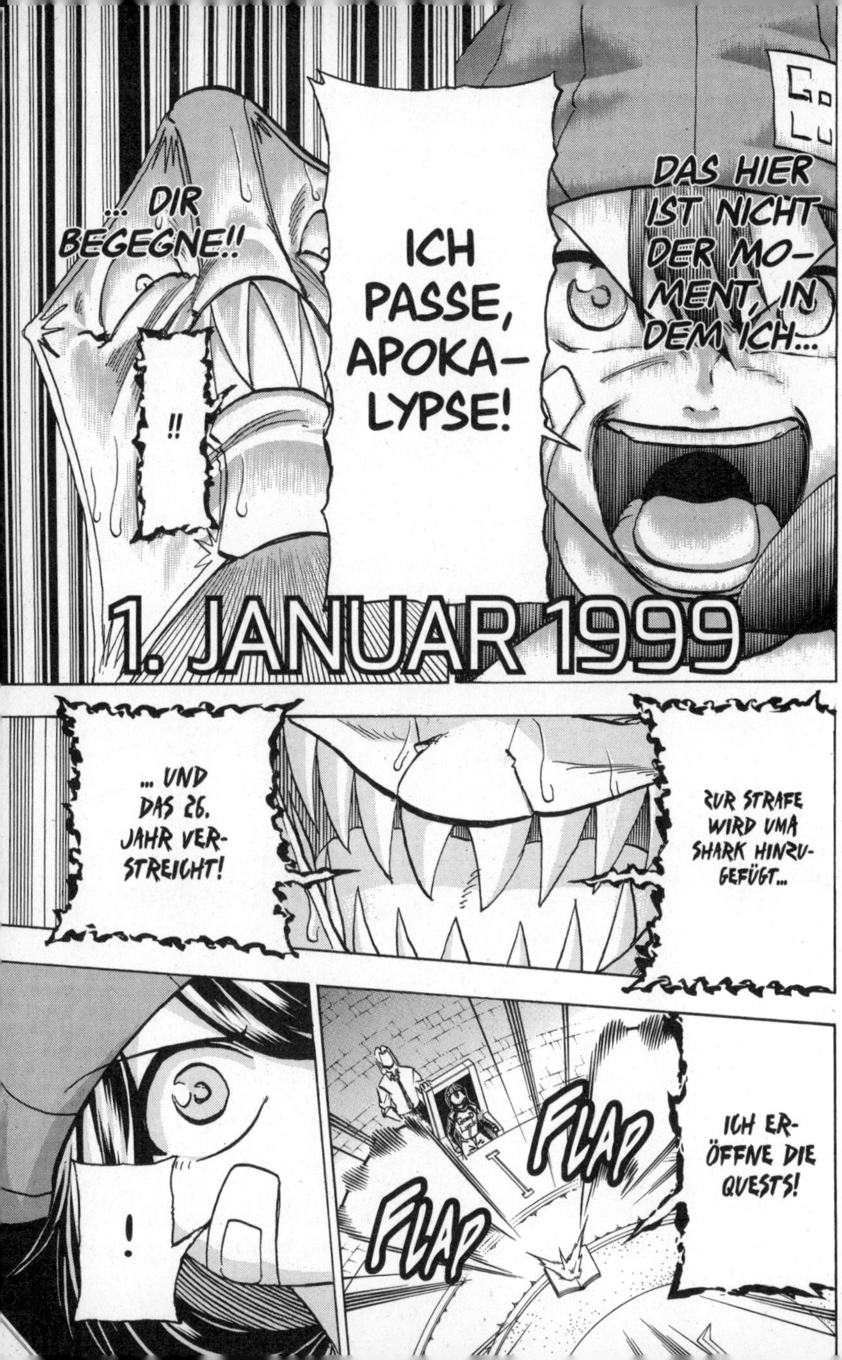
DAS HIER IST NICHT DER MOMENT, IN DEM ICH...
ICH PASSE, APOKALYPSE!
... DIR BEGEGNE!!
!!
1. JANUAR 1999
ZUR STRAFE WIRD UMA SHARK HINZUGEFÜGT...
... UND DAS 26. JAHR VERSTREICHT!
ICH ERÖFFNE DIE QUESTS!
FLAP
FLAP
!

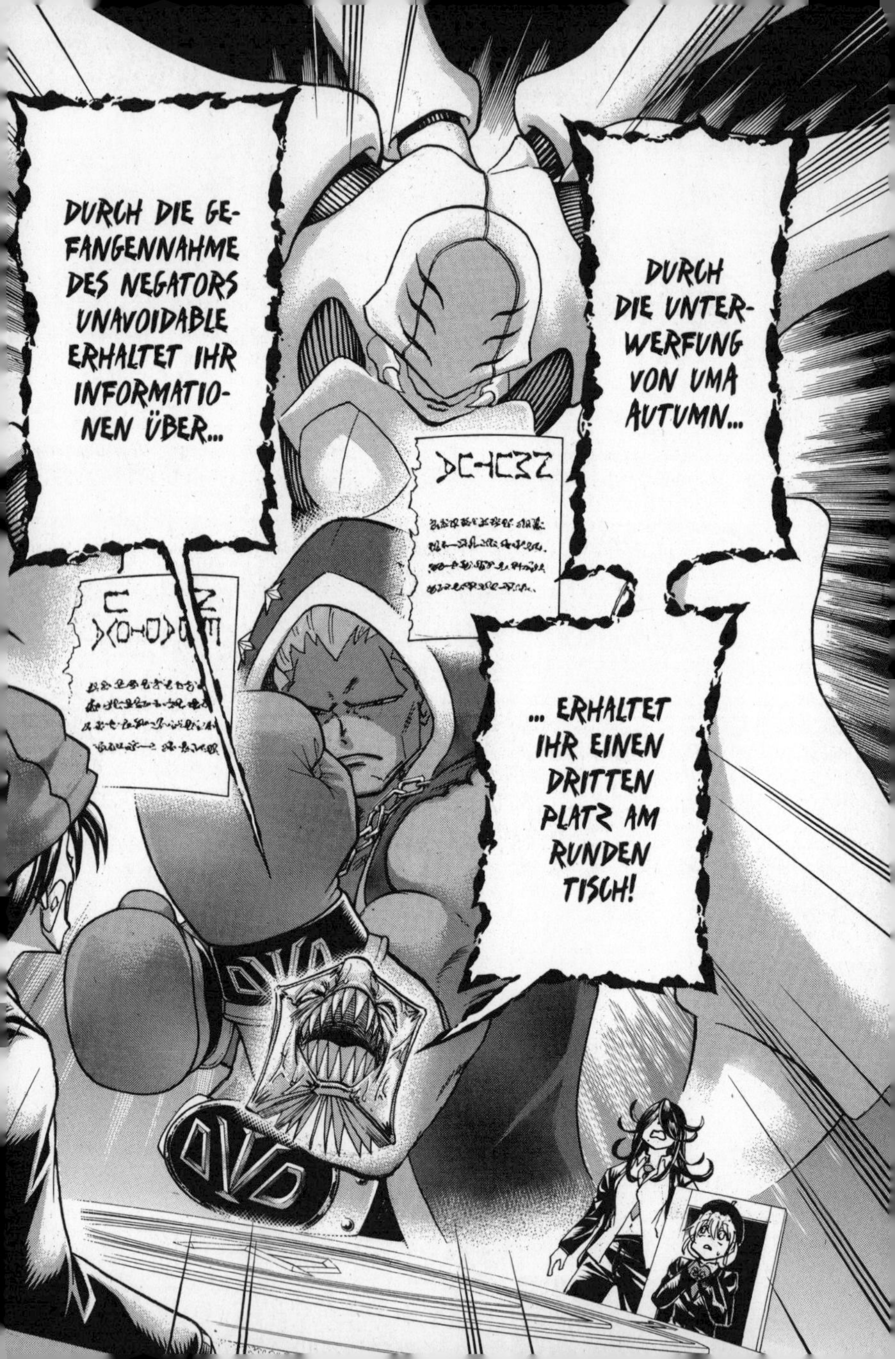
DURCH DIE GEFANGENNAHME DES NEGATORS UNAVOIDABLE ERHALTET IHR INFORMATIONEN ÜBER...
DURCH DIE UNTERWERFUNG VON UMA AUTUMN...
... ERHALTET IHR EINEN DRITTEN PLATZ AM RUNDEN TISCH!

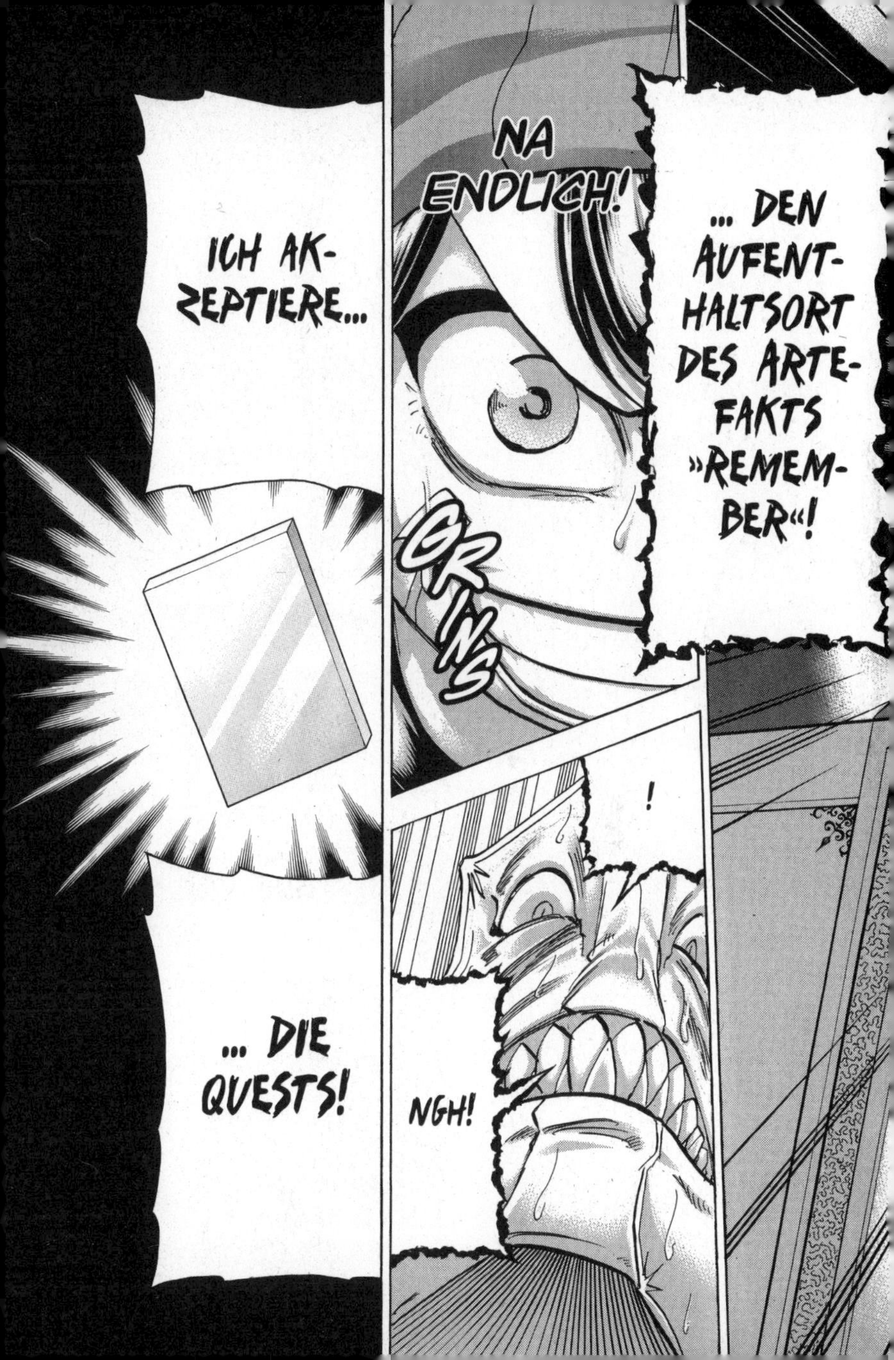
... DEN AUFENT-HALTSORT DES ARTE-FAKTS »REMEM-BER«!
NA ENDLICH!
GRINS
!
NGH!
ICH AK-ZEPTIERE...
... DIE QUESTS!

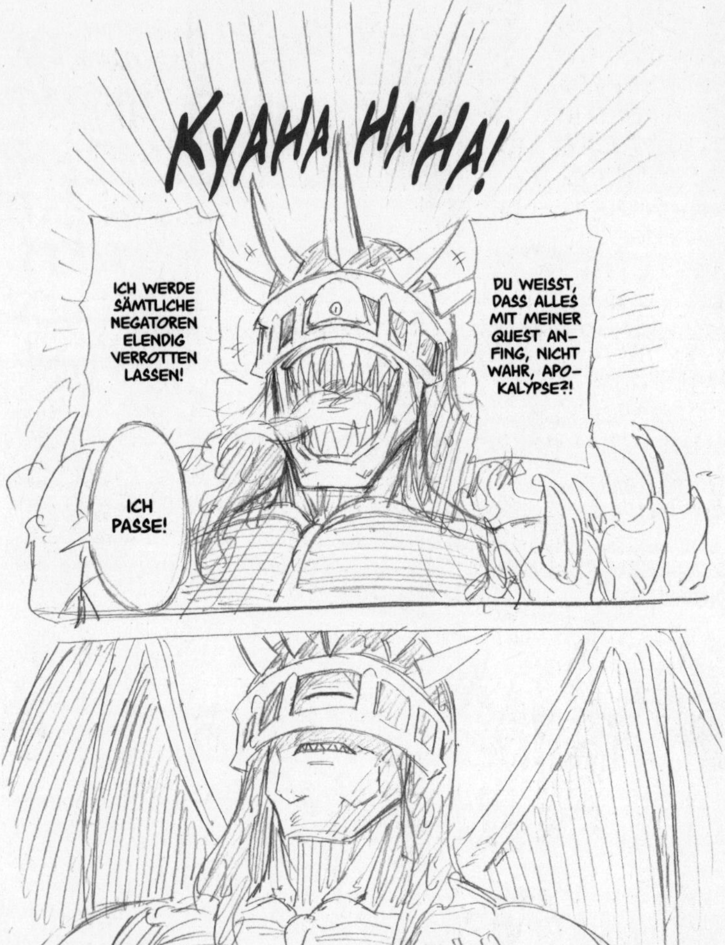

TWITTER-POST

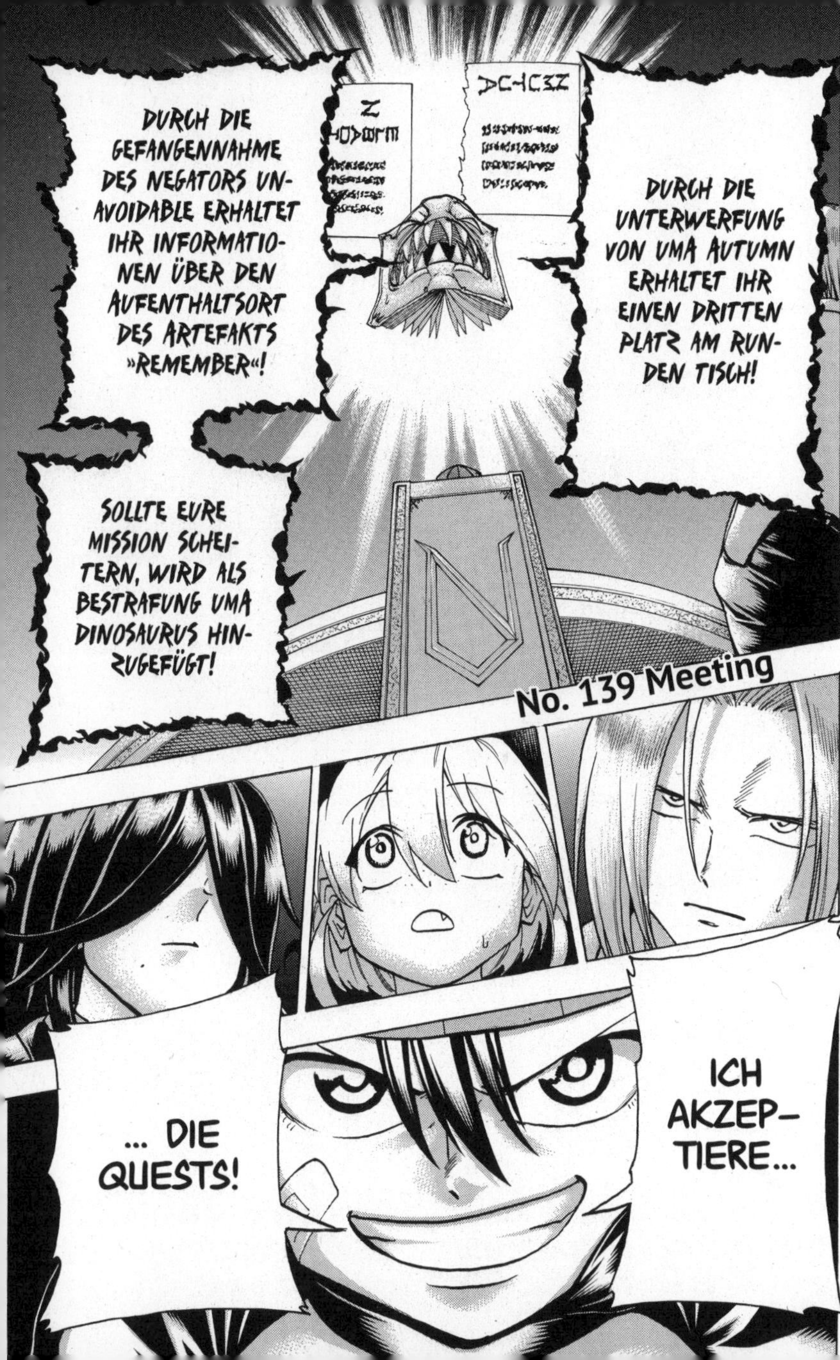

Durch die Unterwerfung von Uma Autumn erhaltet ihr einen dritten Platz am runden Tisch!
Durch die Gefangennahme des Negators Unavoidable erhaltet ihr Informationen über den Aufenthaltsort des Artefakts »Remember«!
Sollte eure Mission scheitern, wird als Bestrafung Uma Dinosaurus hinzugefügt!
No. 139 Meeting
Ich akzeptiere...
... die Quests!

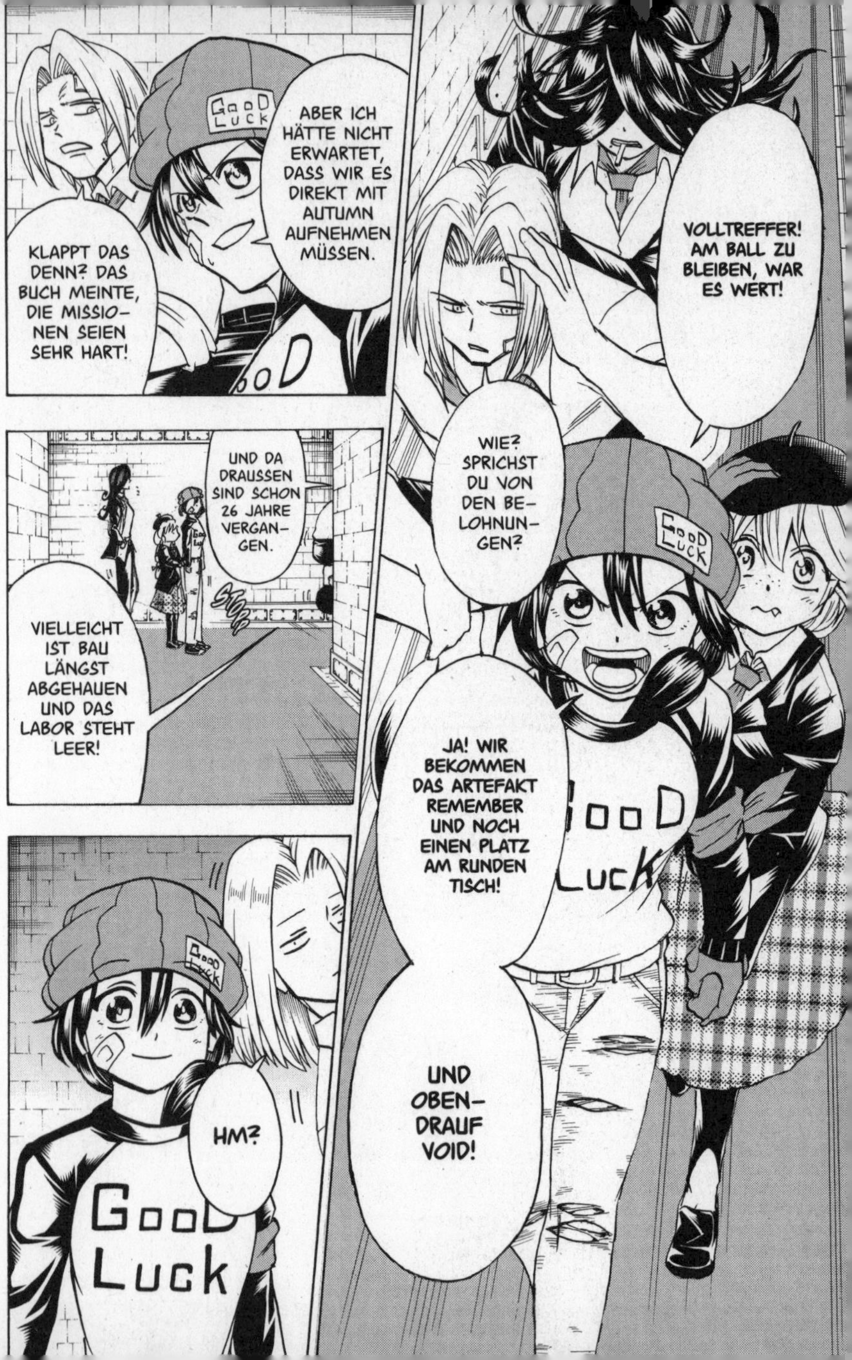
VOLLTREFFER! AM BALL ZU BLEIBEN, WAR ES WERT!
WIE? SPRICHST DU VON DEN BELOHNUNGEN?
JA! WIR BEKOMMEN DAS ARTEFAKT REMEMBER UND NOCH EINEN PLATZ AM RUNDEN TISCH!
UND OBENDRAUF VOID!
ABER ICH HÄTTE NICHT ERWARTET, DASS WIR ES DIREKT MIT AUTUMN AUFNEHMEN MÜSSEN.
KLAPPT DAS DENN? DAS BUCH MEINTE, DIE MISSIONEN SEIEN SEHR HART!
UND DA DRAUSSEN SIND SCHON 26 JAHRE VERGANGEN.
VIELLEICHT IST BAU LÄNGST ABGEHAUEN UND DAS LABOR STEHT LEER!
HM?

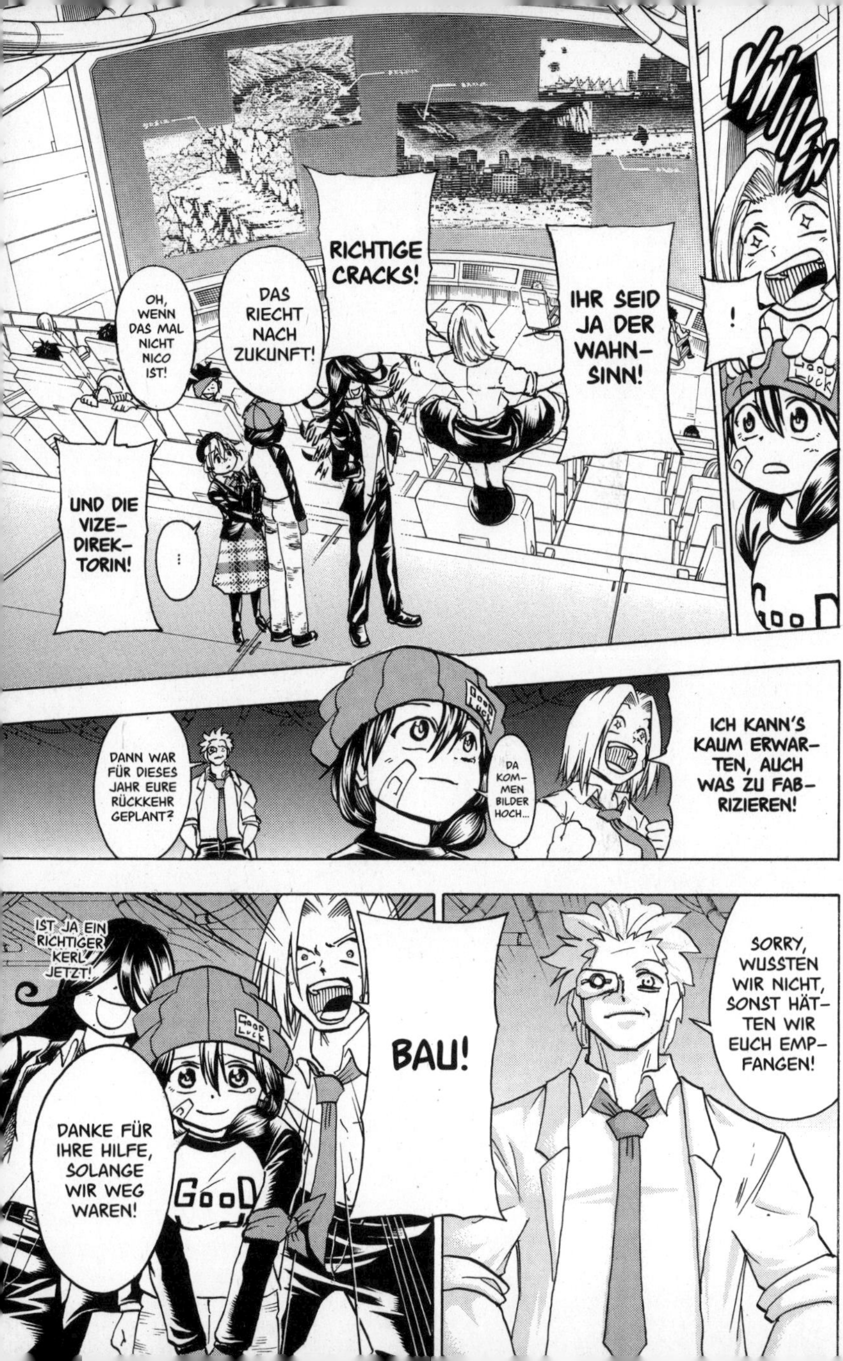
!
IHR SEID JA DER WAHNSINN!
RICHTIGE CRACKS!
DAS RIECHT NACH ZUKUNFT!
OH, WENN DAS MAL NICHT NICO IST!
UND DIE VIZEDIREKTORIN!
...
ICH KANN'S KAUM ERWARTEN, AUCH WAS ZU FABRIZIEREN!
DA KOMMEN BILDER HOCH...
DANN WAR FÜR DIESES JAHR EURE RÜCKKEHR GEPLANT?
SORRY, WUSSTEN WIR NICHT, SONST HÄTTEN WIR EUCH EMPFANGEN!
BAU!
IST JA EIN RICHTIGER KERL JETZT!
DANKE FÜR IHRE HILFE, SOLANGE WIR WEG WAREN!

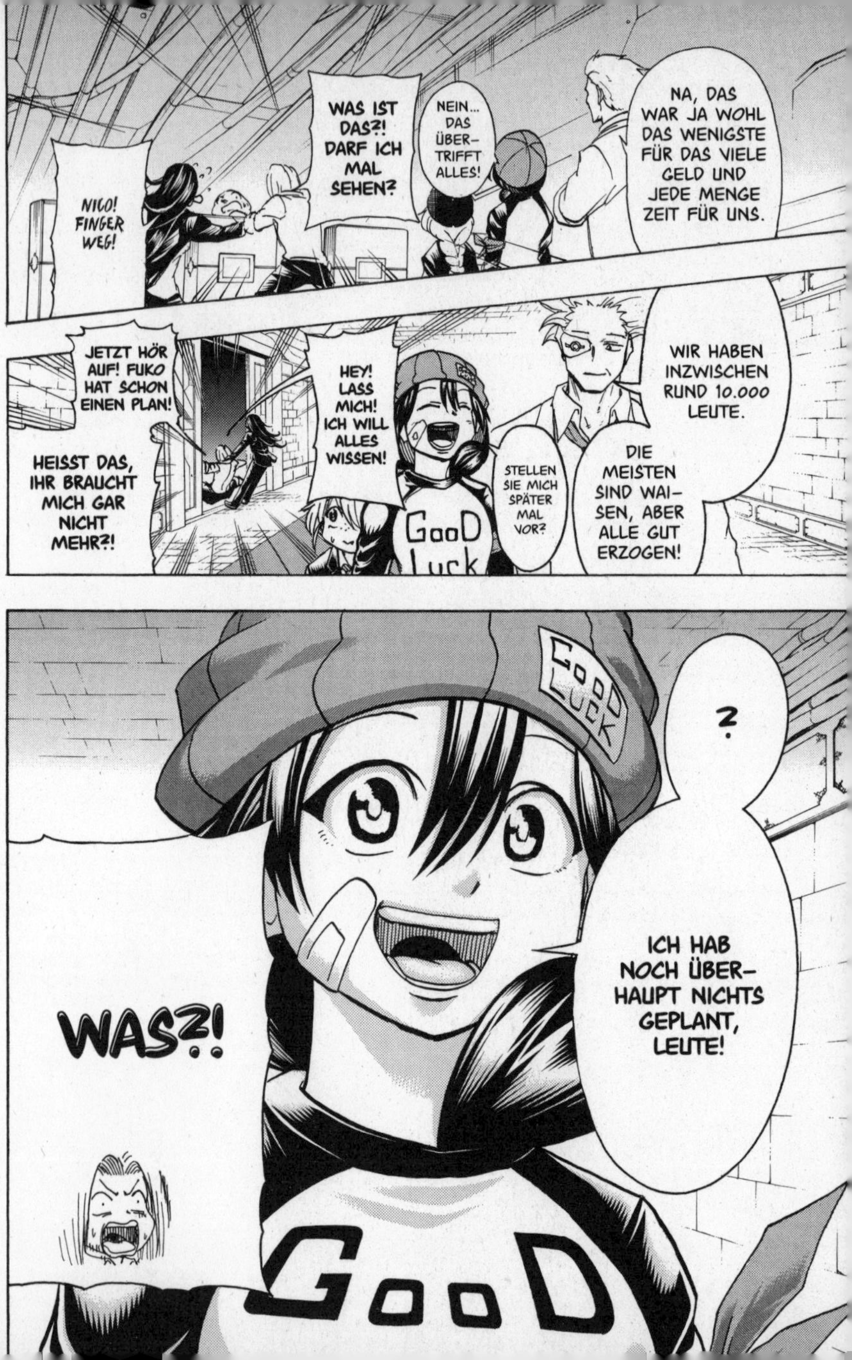
NA, DAS WAR JA WOHL DAS WENIGSTE FÜR DAS VIELE GELD UND JEDE MENGE ZEIT FÜR UNS.
NEIN... DAS ÜBER-TRIFFT ALLES!
WAS IST DAS?! DARF ICH MAL SEHEN?
NICO! FINGER WEG!
WIR HABEN INZWISCHEN RUND 10.000 LEUTE.
DIE MEISTEN SIND WAI-SEN, ABER ALLE GUT ERZOGEN!
STELLEN SIE MICH SPÄTER MAL VOR?
HEY! LASS MICH! ICH WILL ALLES WISSEN!
JETZT HÖR AUF! FUKO HAT SCHON EINEN PLAN!
HEISST DAS, IHR BRAUCHT MICH GAR NICHT MEHR?!
GooD LUCK
?
ICH HAB NOCH ÜBER-HAUPT NICHTS GEPLANT, LEUTE!
WAS?!
GooD

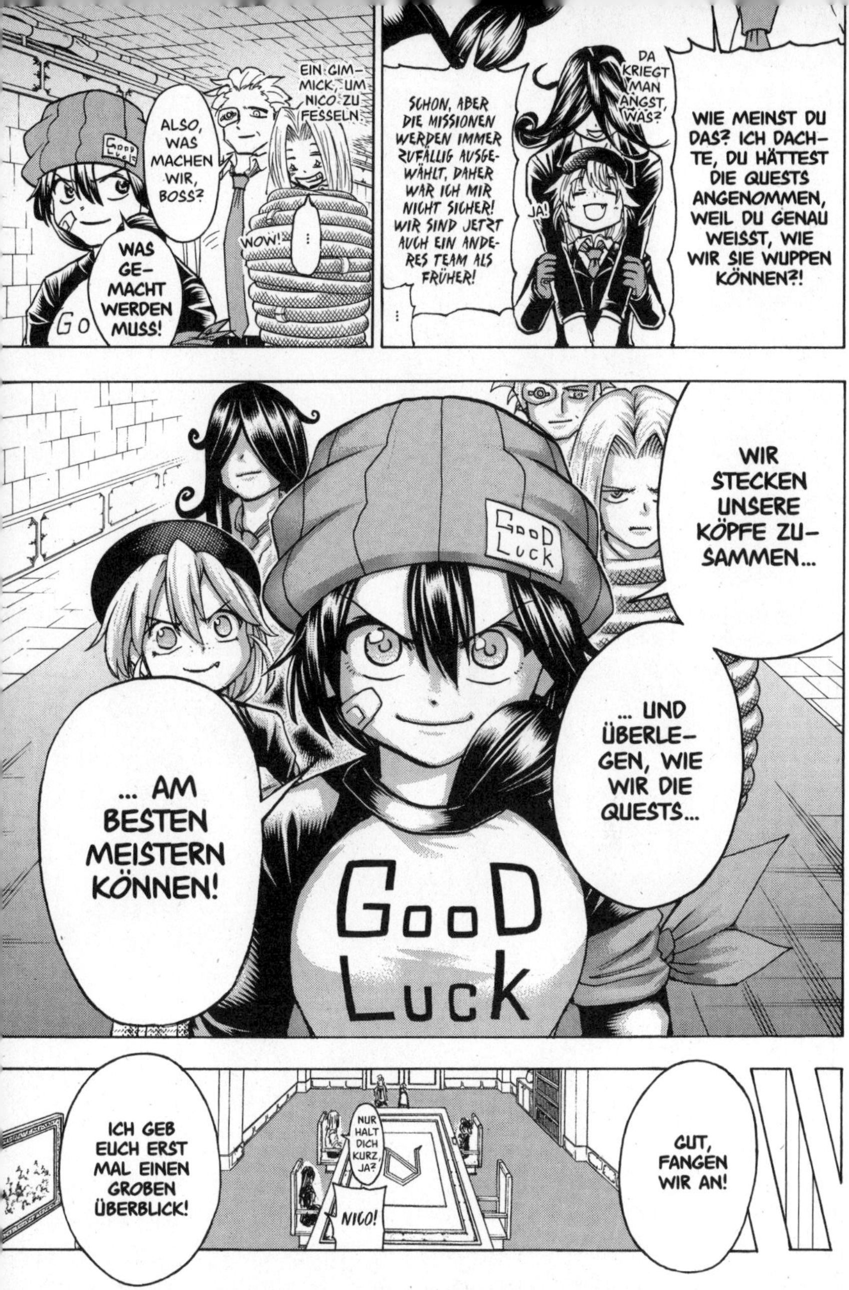
WIE MEINST DU DAS? ICH DACHTE, DU HÄTTEST DIE QUESTS ANGENOMMEN, WEIL DU GENAU WEISST, WIE WIR SIE WUPPEN KÖNNEN?!
DA KRIEGT MAN ANGST, WAS?
JA!
SCHON, ABER DIE MISSIONEN WERDEN IMMER ZUFÄLLIG AUSGEWÄHLT, DAHER WAR ICH MIR NICHT SICHER! WIR SIND JETZT AUCH EIN ANDERES TEAM ALS FRÜHER!
...
EIN GIMMICK, UM NICO ZU FESSELN.
...
WOW!
ALSO, WAS MACHEN WIR, BOSS?
WAS GEMACHT WERDEN MUSS!
WIR STECKEN UNSERE KÖPFE ZUSAMMEN...
... UND ÜBERLEGEN, WIE WIR DIE QUESTS...
... AM BESTEN MEISTERN KÖNNEN!
GOOD LUCK
GUT, FANGEN WIR AN!
NUR HALT DICH KURZ, JA?
NICO!
ICH GEB EUCH ERST MAL EINEN GROBEN ÜBERBLICK!

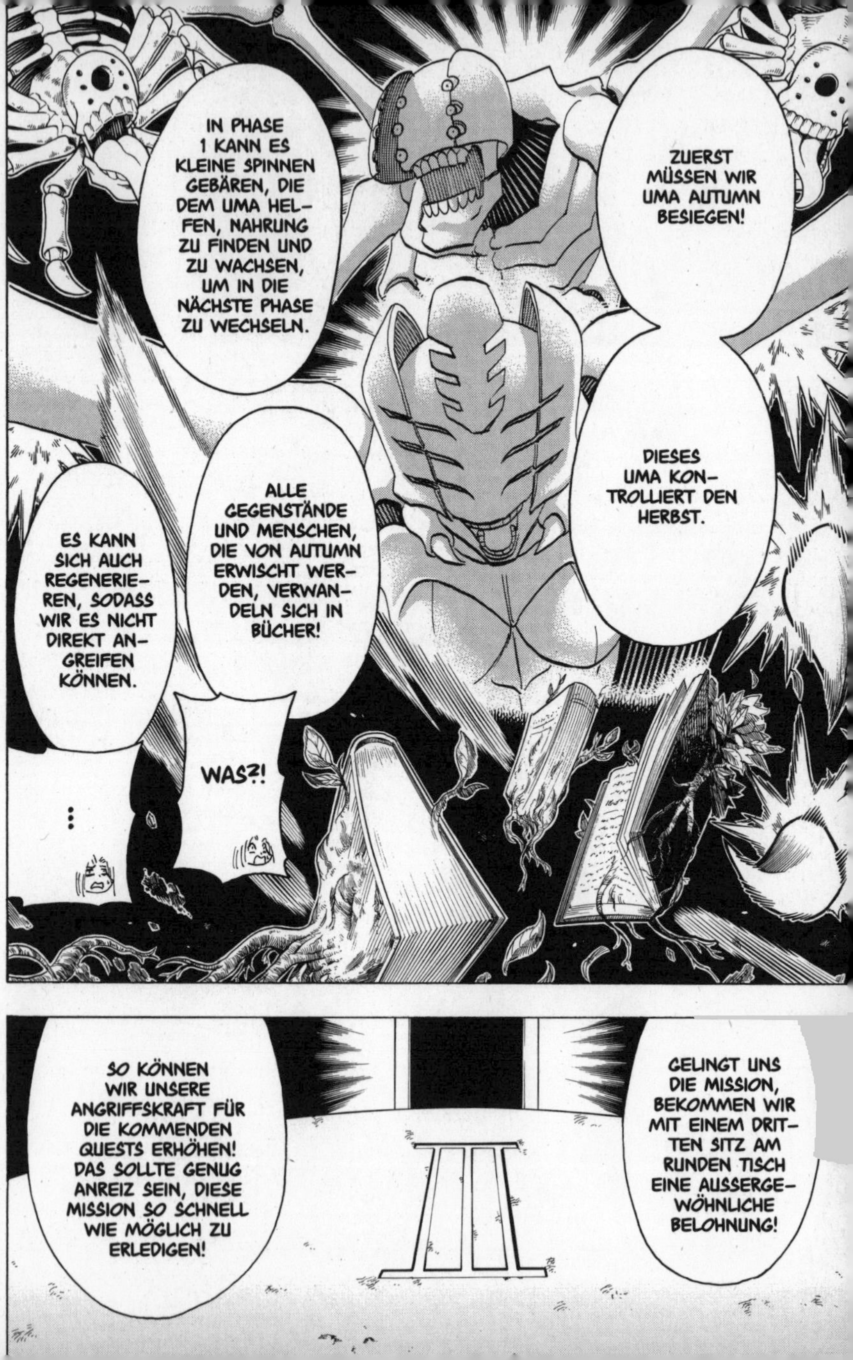
ZUERST MÜSSEN WIR UMA AUTUMN BESIEGEN!
DIESES UMA KONTROLLIERT DEN HERBST.
IN PHASE 1 KANN ES KLEINE SPINNEN GEBÄREN, DIE DEM UMA HELFEN, NAHRUNG ZU FINDEN UND ZU WACHSEN, UM IN DIE NÄCHSTE PHASE ZU WECHSELN.
ALLE GEGENSTÄNDE UND MENSCHEN, DIE VON AUTUMN ERWISCHT WERDEN, VERWANDELN SICH IN BÜCHER!
ES KANN SICH AUCH REGENERIEREN, SODASS WIR ES NICHT DIREKT ANGREIFEN KÖNNEN.
WAS?!
...
GELINGT UNS DIE MISSION, BEKOMMEN WIR MIT EINEM DRITTEN SITZ AM RUNDEN TISCH EINE AUSSERGEWÖHNLICHE BELOHNUNG!
SO KÖNNEN WIR UNSERE ANGRIFFSKRAFT FÜR DIE KOMMENDEN QUESTS ERHÖHEN! DAS SOLLTE GENUG ANREIZ SEIN, DIESE MISSION SO SCHNELL WIE MÖGLICH ZU ERLEDIGEN!

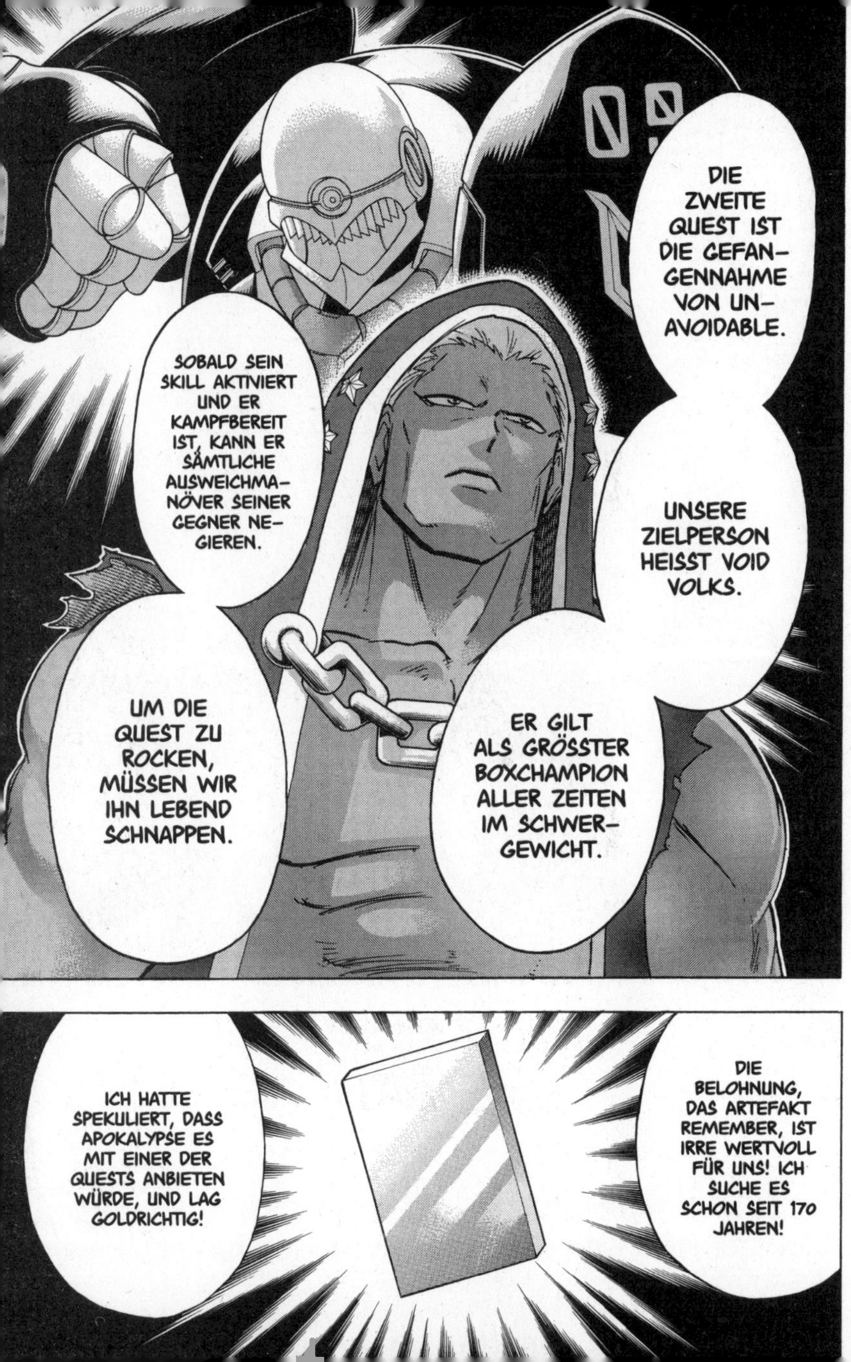
DIE ZWEITE QUEST IST DIE GEFANGENNAHME VON UNAVOIDABLE.
UNSERE ZIELPERSON HEISST VOID VOLKS.
ER GILT ALS GRÖSSTER BOXCHAMPION ALLER ZEITEN IM SCHWERGEWICHT.
SOBALD SEIN SKILL AKTIVIERT UND ER KAMPFBEREIT IST, KANN ER SÄMTLICHE AUSWEICHMANÖVER SEINER GEGNER NEGIEREN.
UM DIE QUEST ZU ROCKEN, MÜSSEN WIR IHN LEBEND SCHNAPPEN.
DIE BELOHNUNG, DAS ARTEFAKT REMEMBER, IST IRRE WERTVOLL FÜR UNS! ICH SUCHE ES SCHON SEIT 170 JAHREN!
ICH HATTE SPEKULIERT, DASS APOKALYPSE ES MIT EINER DER QUESTS ANBIETEN WÜRDE, UND LAG GOLDRICHTIG!

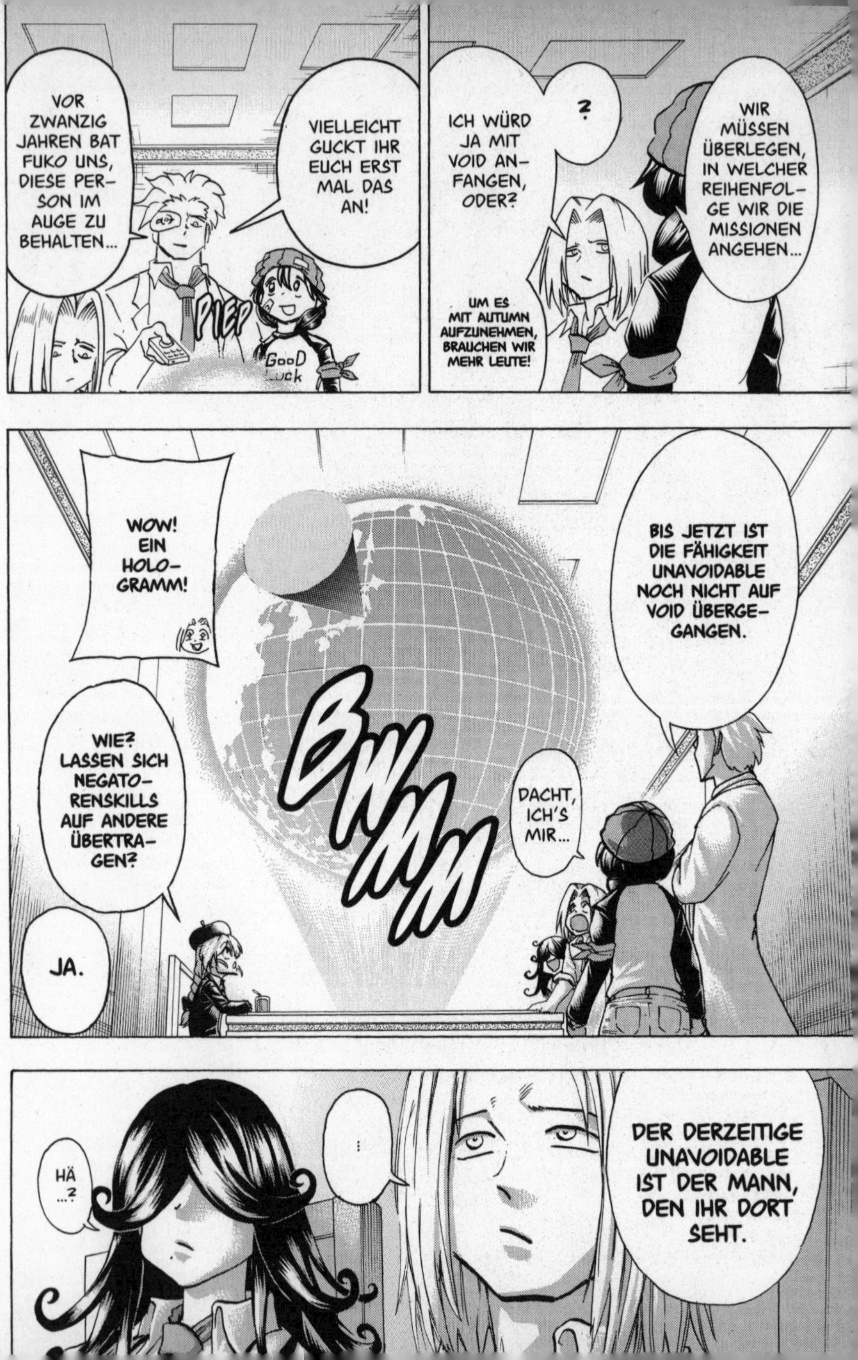
WIR MÜSSEN ÜBERLEGEN, IN WELCHER REIHENFOLGE WIR DIE MISSIONEN ANGEHEN...
?
ICH WÜRD JA MIT VOID ANFANGEN, ODER?
UM ES MIT AUTUMN AUFZUNEHMEN, BRAUCHEN WIR MEHR LEUTE!
VIELLEICHT GUCKT IHR EUCH ERST MAL DAS AN!
VOR ZWANZIG JAHREN BAT FUKO UNS, DIESE PERSON IM AUGE ZU BEHALTEN...
PIEP
GooD Luck
BIS JETZT IST DIE FÄHIGKEIT UNAVOIDABLE NOCH NICHT AUF VOID ÜBERGEGANGEN.
DACHT, ICH'S MIR...
BWMM
WOW! EIN HOLOGRAMM!
WIE? LASSEN SICH NEGATORENSKILLS AUF ANDERE ÜBERTRAGEN?
JA.
DER DERZEITIGE UNAVOIDABLE IST DER MANN, DEN IHR DORT SEHT.
...
HÄ ...?

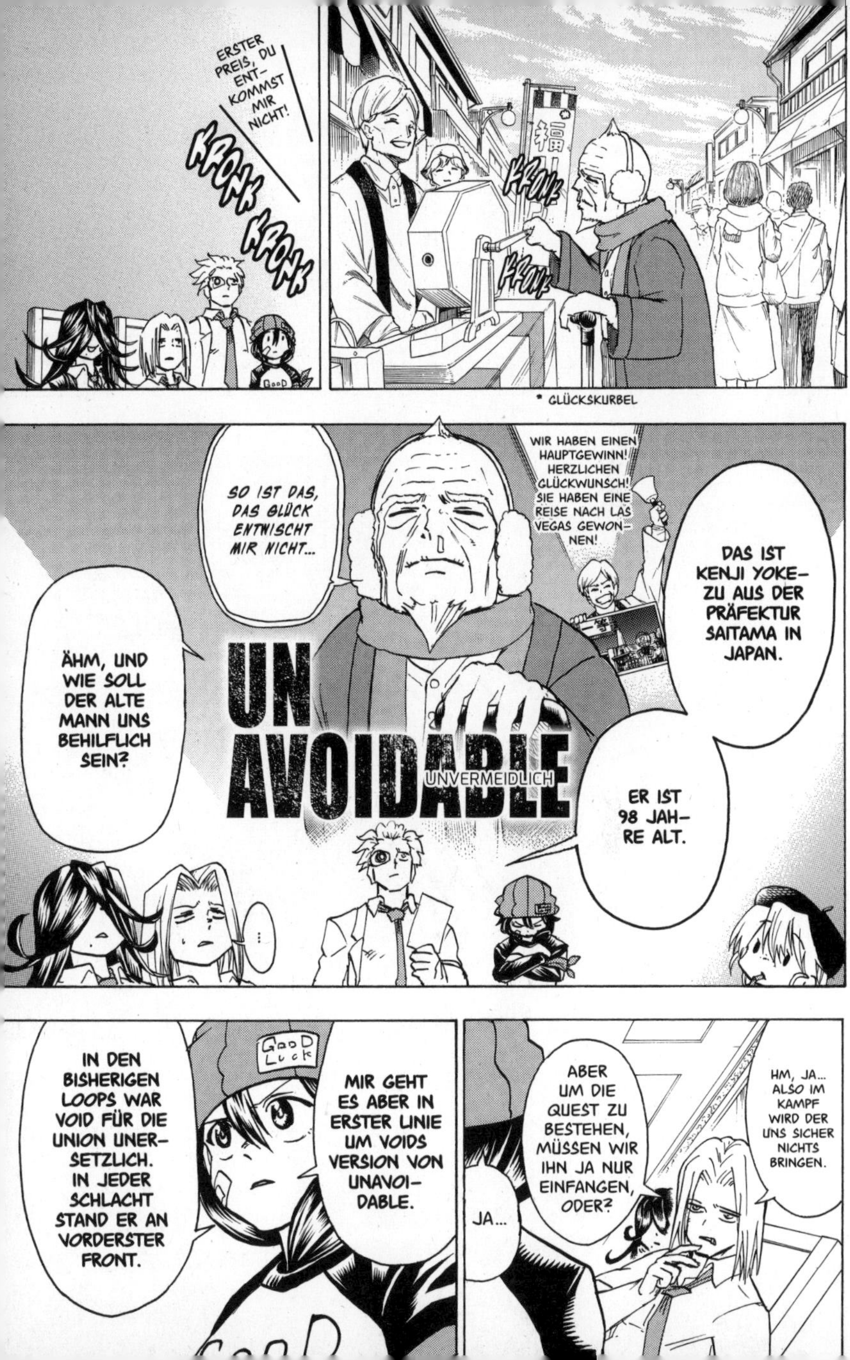

* GLÜCKSKURBEL

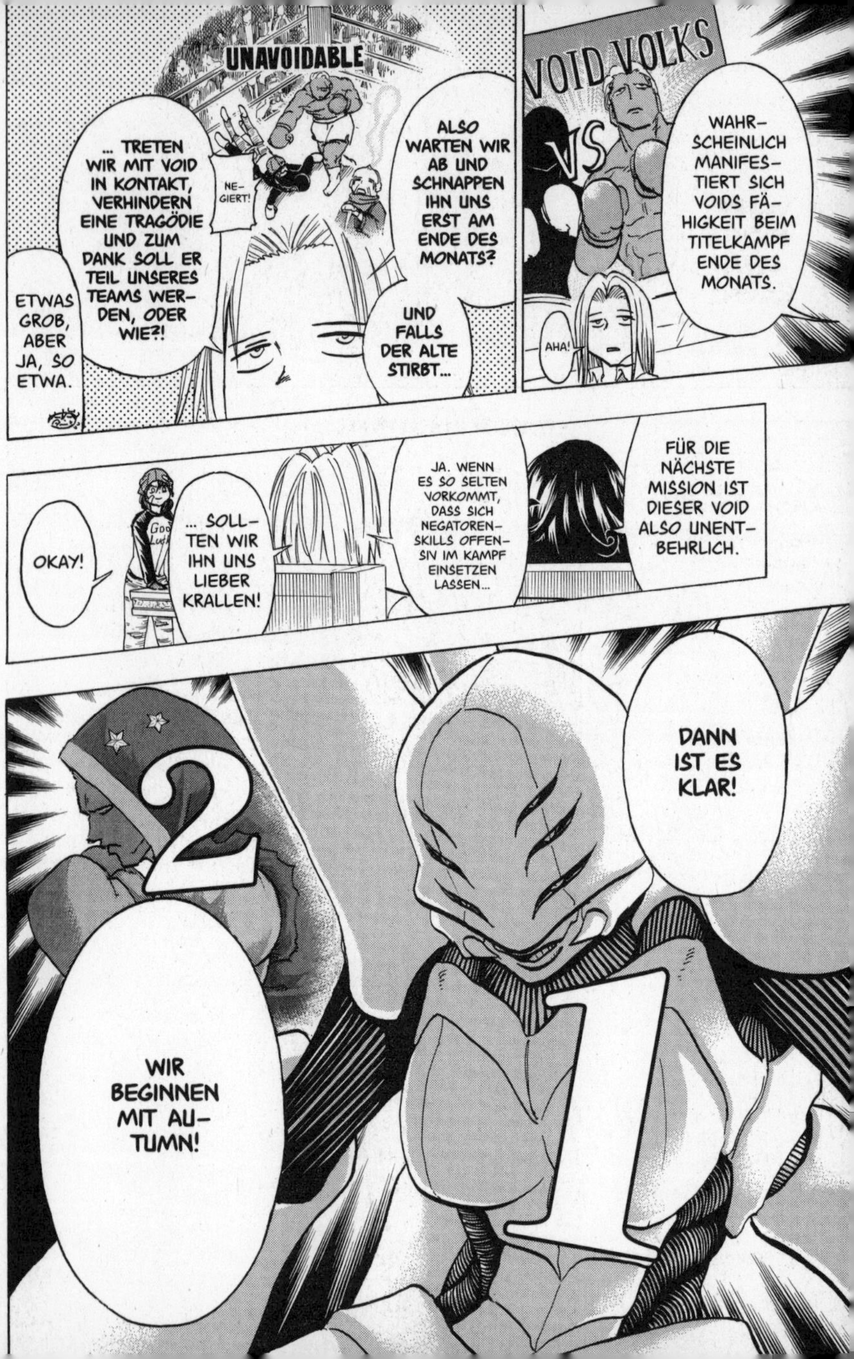
VOID VOLKS
VS
WAHRSCHEINLICH MANIFESTIERT SICH VOIDS FÄHIGKEIT BEIM TITELKAMPF ENDE DES MONATS.
AHA!
ALSO WARTEN WIR AB UND SCHNAPPEN IHN UNS ERST AM ENDE DES MONATS?
UND FALLS DER ALTE STIRBT...
UNAVOIDABLE
NEGIERT!
... TRETEN WIR MIT VOID IN KONTAKT, VERHINDERN EINE TRAGÖDIE UND ZUM DANK SOLL ER TEIL UNSERES TEAMS WERDEN, ODER WIE?!
ETWAS GROB, ABER JA, SO ETWA.
FÜR DIE NÄCHSTE MISSION IST DIESER VOID ALSO UNENTBEHRLICH.
JA. WENN ES SO SELTEN VORKOMMT, DASS SICH NEGATORENSKILLS OFFENSIV IM KAMPF EINSETZEN LASSEN...
... SOLLTEN WIR IHN UNS LIEBER KRALLEN!
OKAY!
DANN IST ES KLAR!
WIR BEGINNEN MIT AUTUMN!

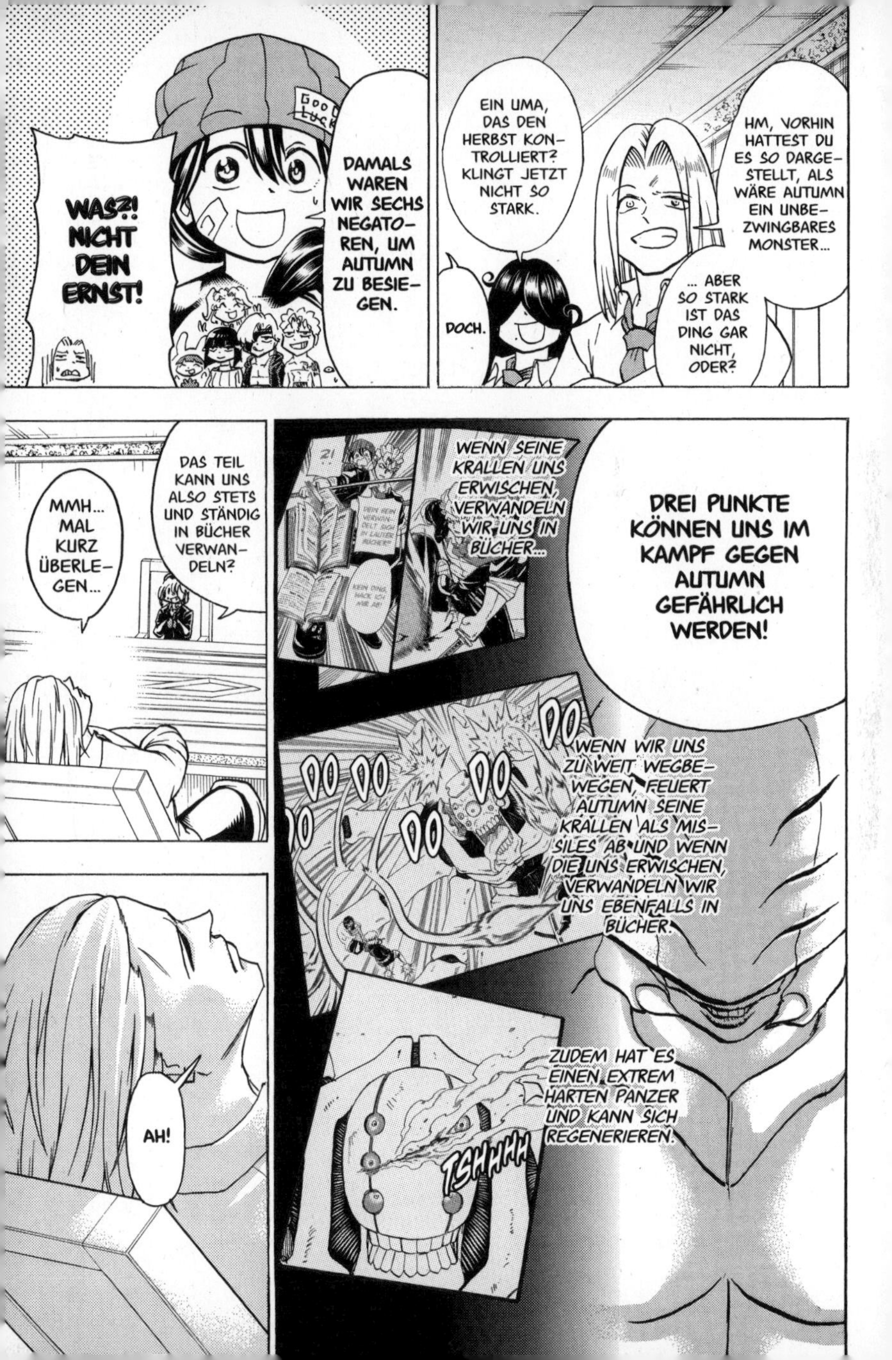
DAMALS WAREN WIR SECHS NEGATOREN, UM AUTUMN ZU BESIEGEN.
WAS?! NICHT DEIN ERNST!
HM, VORHIN HATTEST DU ES SO DARGESTELLT, ALS WÄRE AUTUMN EIN UNBEZWINGBARES MONSTER...
... ABER SO STARK IST DAS DING GAR NICHT, ODER?
EIN UMA, DAS DEN HERBST KONTROLLIERT? KLINGT JETZT NICHT SO STARK.
DOCH.
DREI PUNKTE KÖNNEN UNS IM KAMPF GEGEN AUTUMN GEFÄHRLICH WERDEN!
WENN SEINE KRALLEN UNS ERWISCHEN, VERWANDELN WIR UNS IN BÜCHER...
WENN WIR UNS ZU WEIT WEGBEWEGEN, FEUERT AUTUMN SEINE KRALLEN ALS MISSILES AB UND WENN DIE UNS ERWISCHEN, VERWANDELN WIR UNS EBENFALLS IN BÜCHER.
ZUDEM HAT ES EINEN EXTREM HARTEN PANZER UND KANN SICH REGENERIEREN.
TSHHHH
DAS TEIL KANN UNS ALSO STETS UND STÄNDIG IN BÜCHER VERWANDELN?
MMH... MAL KURZ ÜBERLEGEN...
AH!

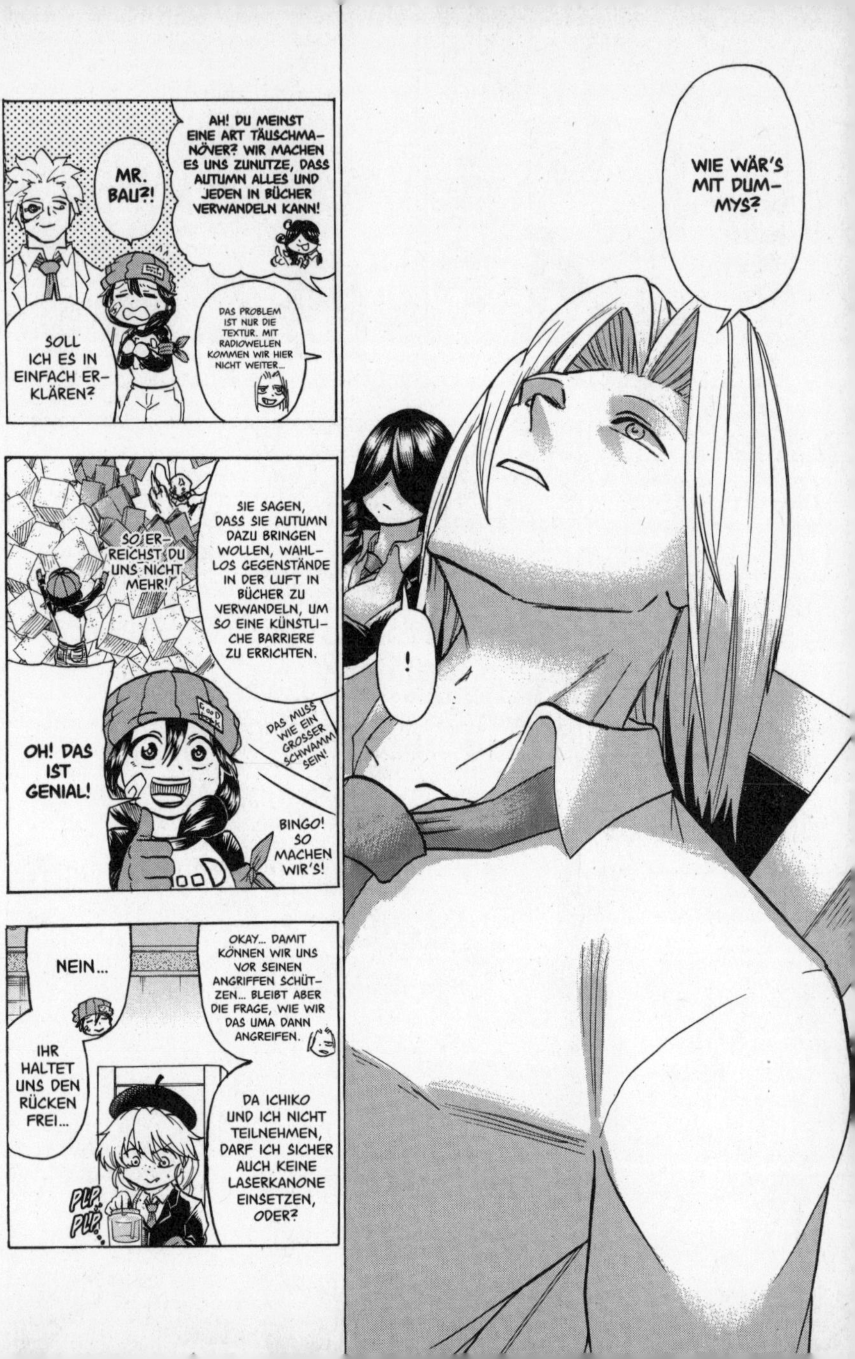
WIE WÄR'S MIT DUM-MYS?
!
AH! DU MEINST EINE ART TÄUSCHMA-NÖVER? WIR MACHEN ES UNS ZUNUTZE, DASS AUTUMN ALLES UND JEDEN IN BÜCHER VERWANDELN KANN!
MR. BAU?!
DAS PROBLEM IST NUR DIE TEXTUR. MIT RADIOWELLEN KOMMEN WIR HIER NICHT WEITER...
SOLL ICH ES IN EINFACH ER-KLÄREN?
SIE SAGEN, DASS SIE AUTUMN DAZU BRINGEN WOLLEN, WAHL-LOS GEGENSTÄNDE IN DER LUFT IN BÜCHER ZU VERWANDELN, UM SO EINE KÜNSTLI-CHE BARRIERE ZU ERRICHTEN.
SO ER-REICHST DU UNS NICHT MEHR!
DAS MUSS WIE EIN GROSSER SCHWAMM SEIN!
OH! DAS IST GENIAL!
BINGO! SO MACHEN WIR'S!
OKAY... DAMIT KÖNNEN WIR UNS VOR SEINEN ANGRIFFEN SCHÜT-ZEN... BLEIBT ABER DIE FRAGE, WIE WIR DAS UMA DANN ANGREIFEN.
NEIN...
IHR HALTET UNS DEN RÜCKEN FREI...
DA ICHIKO UND ICH NICHT TEILNEHMEN, DARF ICH SICHER AUCH KEINE LASERKANONE EINSETZEN, ODER?
PLIP. PLIP...

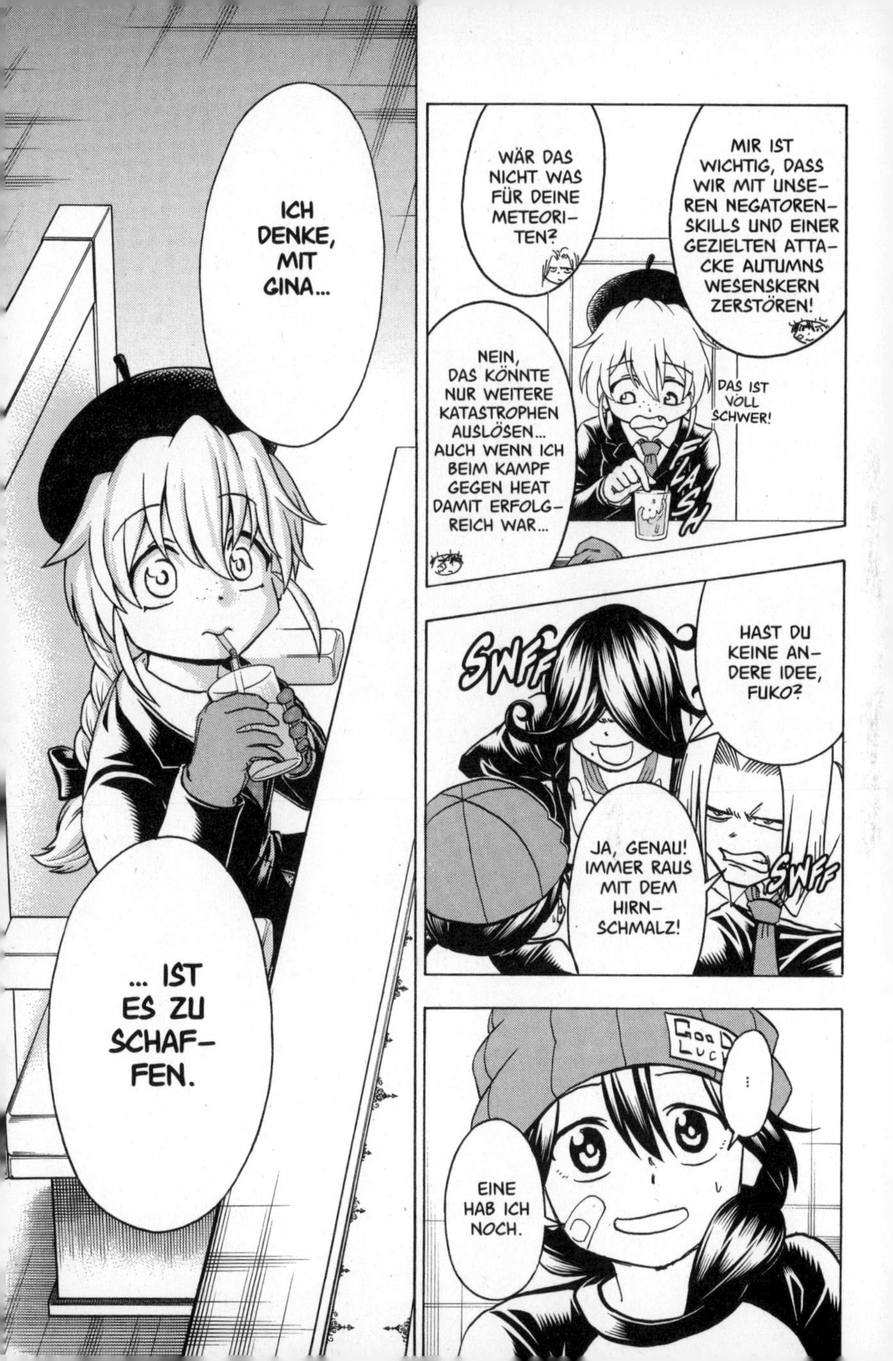
MIR IST WICHTIG, DASS WIR MIT UNSEREN NEGATOREN-SKILLS UND EINER GEZIELTEN ATTACKE AUTUMNS WESENSKERN ZERSTÖREN!
WÄR DAS NICHT WAS FÜR DEINE METEORITEN?
NEIN, DAS KÖNNTE NUR WEITERE KATASTROPHEN AUSLÖSEN... AUCH WENN ICH BEIM KAMPF GEGEN HEAT DAMIT ERFOLGREICH WAR...
DAS IST VOLL SCHWER!
FLASH
HAST DU KEINE ANDERE IDEE, FUKO?
SWFF
JA, GENAU! IMMER RAUS MIT DEM HIRNSCHMALZ!
SWFF
GOOD LUCK
...
EINE HAB ICH NOCH.
ICH DENKE, MIT GINA...
... IST ES ZU SCHAFFEN.

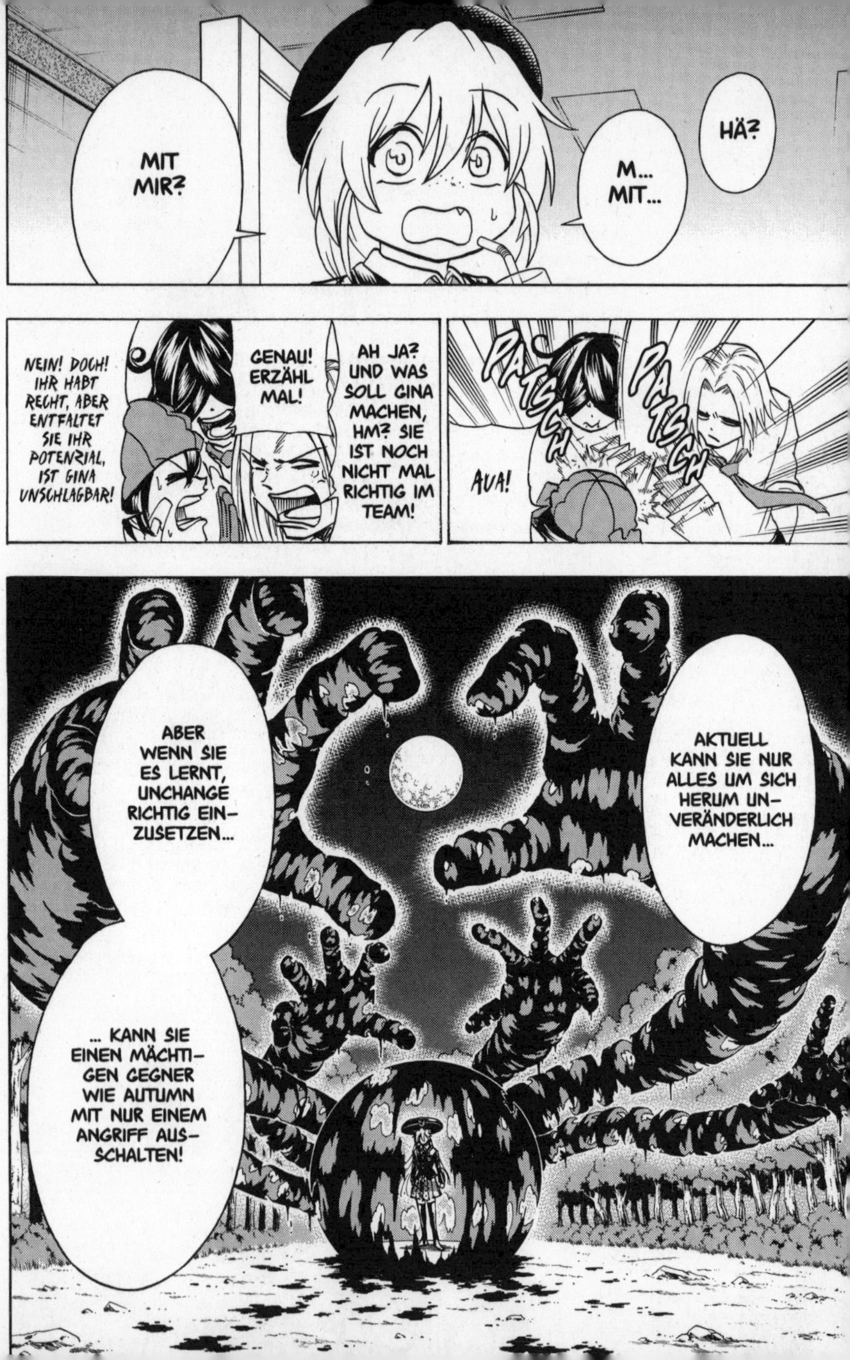

HÄ?
M... MIT...
MIT MIR?
AH JA? UND WAS SOLL GINA MACHEN, HM? SIE IST NOCH NICHT MAL RICHTIG IM TEAM!
GENAU! ERZÄHL MAL!
NEIN! DOCH! IHR HABT RECHT, ABER ENTFALTET SIE IHR POTENZIAL, IST GINA UNSCHLAGBAR!
PATSCH
PATSCH
AUA!
AKTUELL KANN SIE NUR ALLES UM SICH HERUM UN-VERÄNDERLICH MACHEN...
ABER WENN SIE ES LERNT, UNCHANGE RICHTIG EIN-ZUSETZEN...
... KANN SIE EINEN MÄCHTI-GEN GEGNER WIE AUTUMN MIT NUR EINEM ANGRIFF AUS-SCHALTEN!

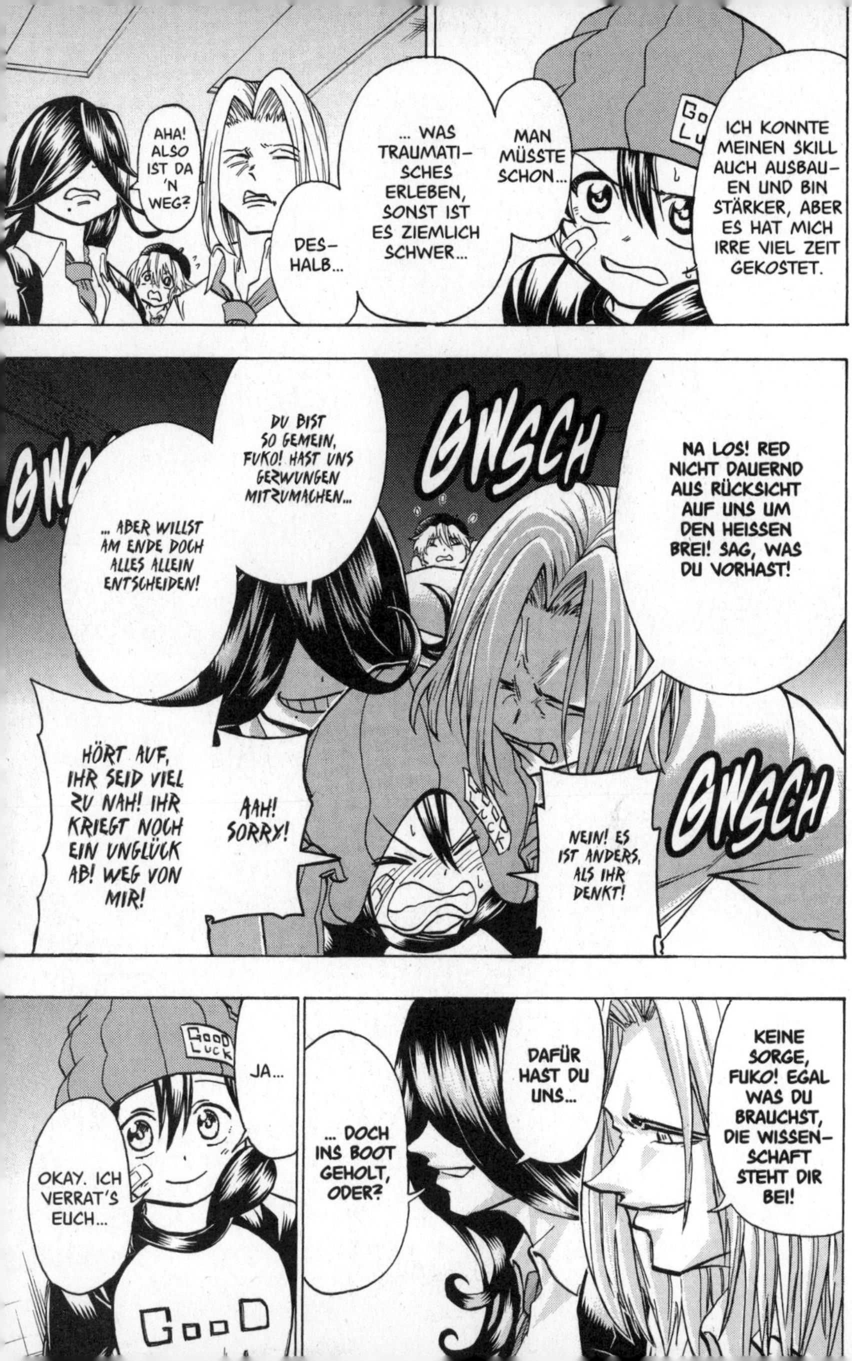
ICH KONNTE MEINEN SKILL AUCH AUSBAUEN UND BIN STÄRKER, ABER ES HAT MICH IRRE VIEL ZEIT GEKOSTET.
MAN MÜSSTE SCHON...
... WAS TRAUMATISCHES ERLEBEN, SONST IST ES ZIEMLICH SCHWER...
DESHALB...
AHA! ALSO IST DA 'N WEG?
NA LOS! RED NICHT DAUERND AUS RÜCKSICHT AUF UNS UM DEN HEISSEN BREI! SAG, WAS DU VORHAST!
GWSCH
DU BIST SO GEMEIN, FUKO! HAST UNS GEZWUNGEN MITZUMACHEN...
... ABER WILLST AM ENDE DOCH ALLES ALLEIN ENTSCHEIDEN!
GWSCH
NEIN! ES IST ANDERS, ALS IHR DENKT!
AAH! SORRY!
HÖRT AUF, IHR SEID VIEL ZU NAH! IHR KRIEGT NOCH EIN UNGLÜCK AB! WEG VON MIR!
KEINE SORGE, FUKO! EGAL WAS DU BRAUCHST, DIE WISSENSCHAFT STEHT DIR BEI!
DAFÜR HAST DU UNS...
... DOCH INS BOOT GEHOLT, ODER?
JA...
OKAY. ICH VERRAT'S EUCH...

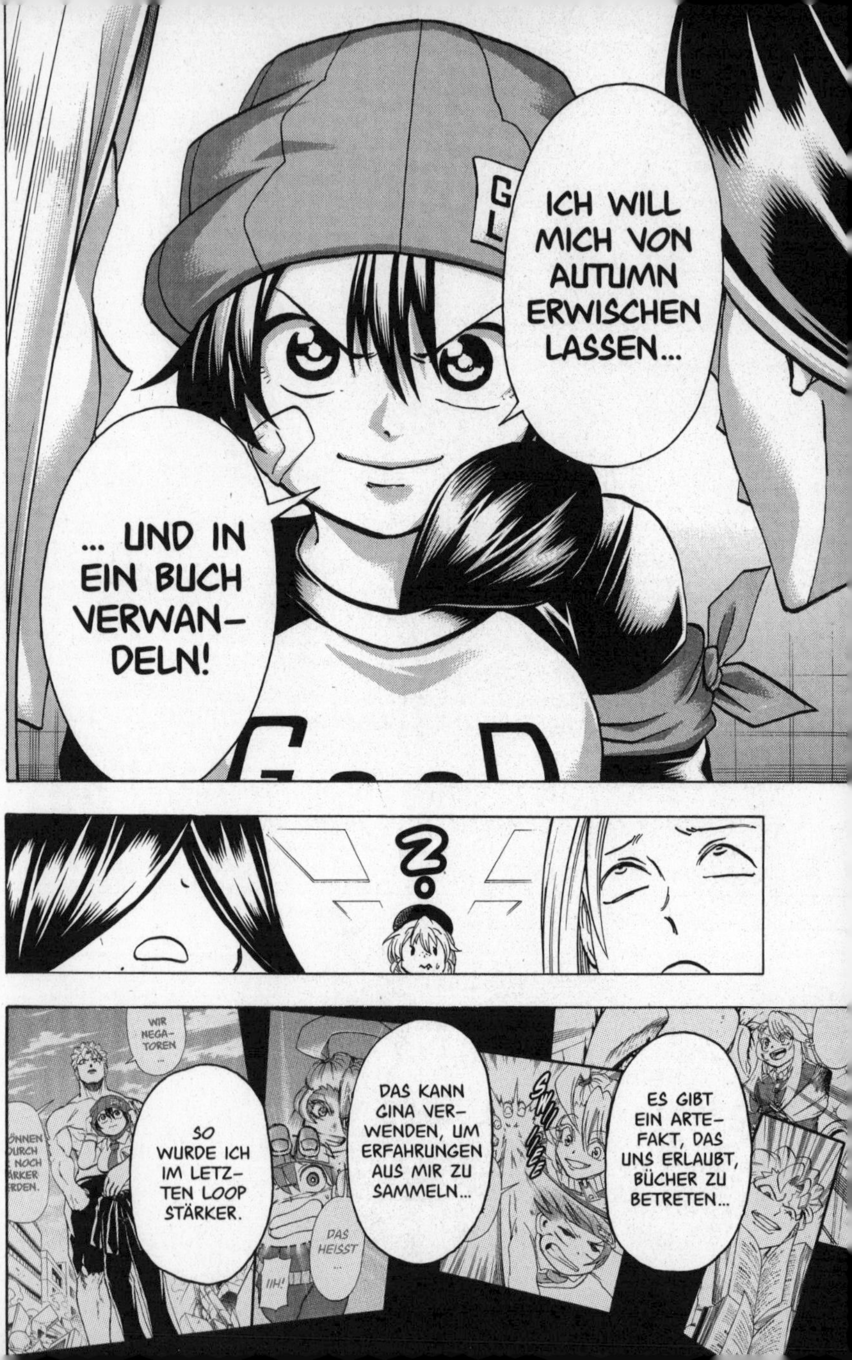
ICH WILL MICH VON AUTUMN ERWISCHEN LASSEN...
... UND IN EIN BUCH VERWANDELN!
?
ES GIBT EIN ARTE-FAKT, DAS UNS ERLAUBT, BÜCHER ZU BETRETEN...
DAS KANN GINA VER-WENDEN, UM ERFAHRUNGEN AUS MIR ZU SAMMELN...
DAS HEISST ...
IIH!
SO WURDE ICH IM LETZ-TEN LOOP STÄRKER.
WIR NEGA-TOREN ...

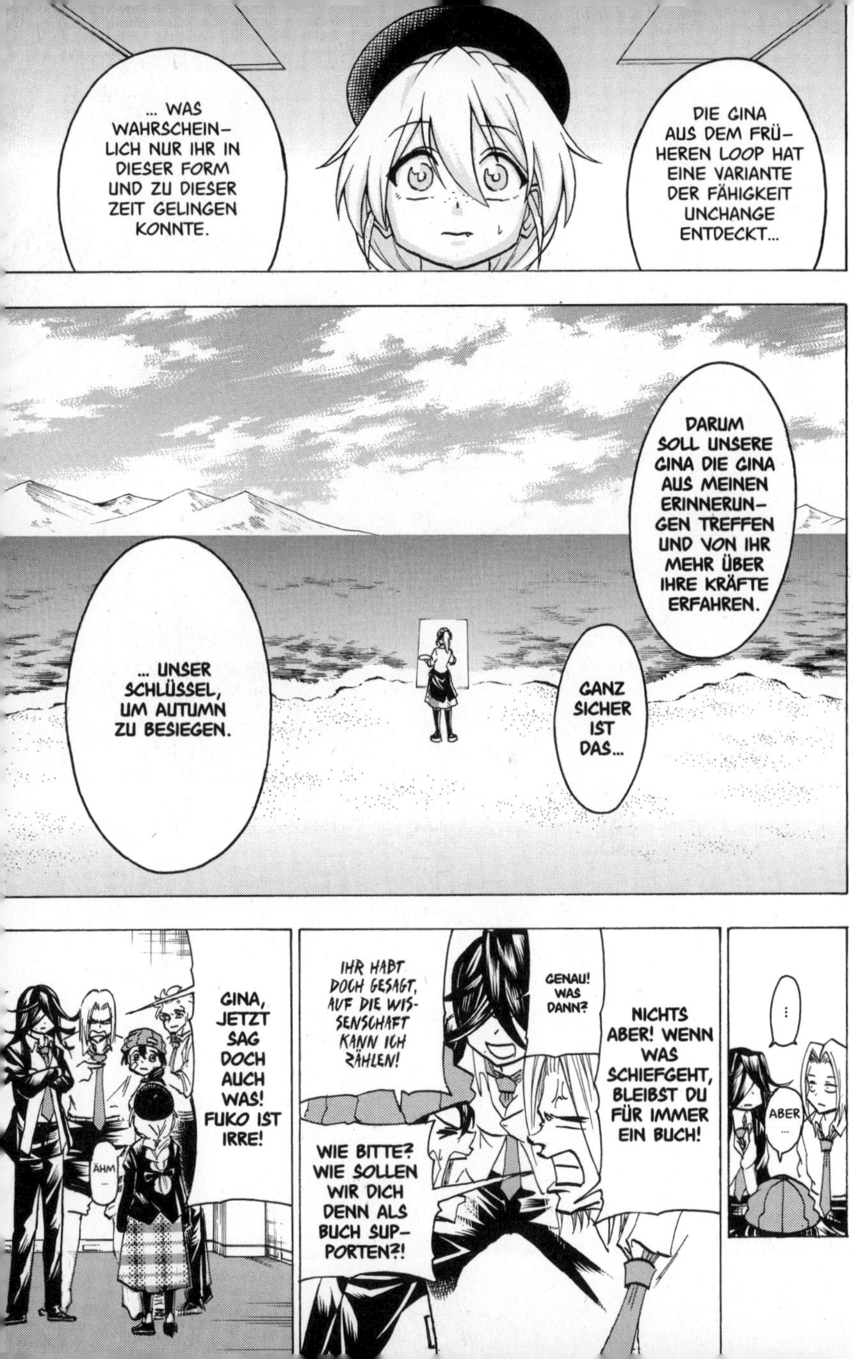
DIE GINA AUS DEM FRÜHEREN LOOP HAT EINE VARIANTE DER FÄHIGKEIT UNCHANGE ENTDECKT...
... WAS WAHRSCHEINLICH NUR IHR IN DIESER FORM UND ZU DIESER ZEIT GELINGEN KONNTE.
DARUM SOLL UNSERE GINA DIE GINA AUS MEINEN ERINNERUNGEN TREFFEN UND VON IHR MEHR ÜBER IHRE KRÄFTE ERFAHREN.
GANZ SICHER IST DAS...
... UNSER SCHLÜSSEL, UM AUTUMN ZU BESIEGEN.
...
ABER ...
NICHTS ABER! WENN WAS SCHIEFGEHT, BLEIBST DU FÜR IMMER EIN BUCH!
GENAU! WAS DANN?
IHR HABT DOCH GESAGT, AUF DIE WISSENSCHAFT KANN ICH ZÄHLEN!
WIE BITTE? WIE SOLLEN WIR DICH DENN ALS BUCH SUPPORTEN?!
GINA, JETZT SAG DOCH AUCH WAS! FUKO IST IRRE!
ÄHM ...

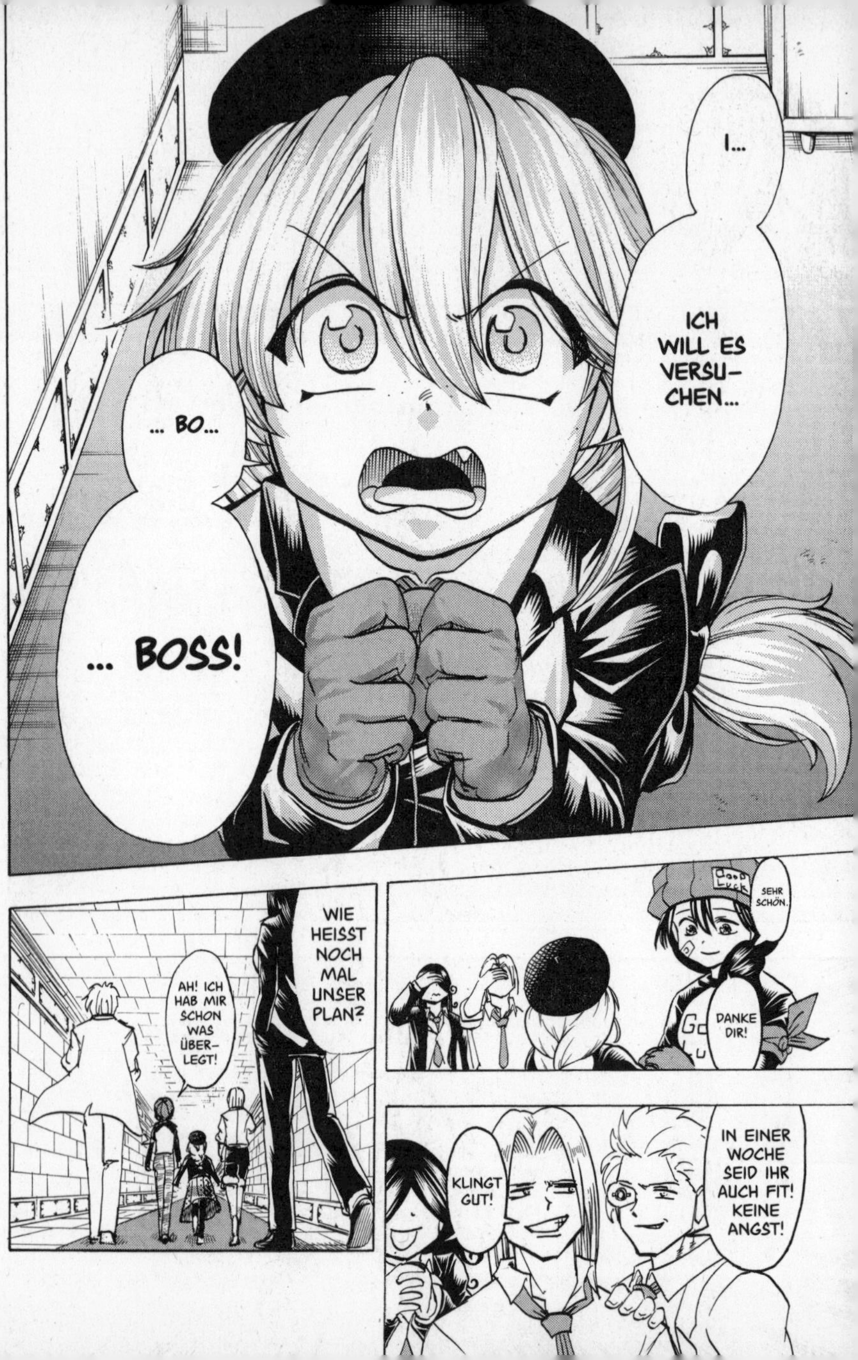
I...
ICH WILL ES VERSU-CHEN...
... BO...
... BOSS!
SEHR SCHÖN.
DANKE DIR!
IN EINER WOCHE SEID IHR AUCH FIT! KEINE ANGST!
KLINGT GUT!
WIE HEISST NOCH MAL UNSER PLAN?
AH! ICH HAB MIR SCHON WAS ÜBERLEGT!

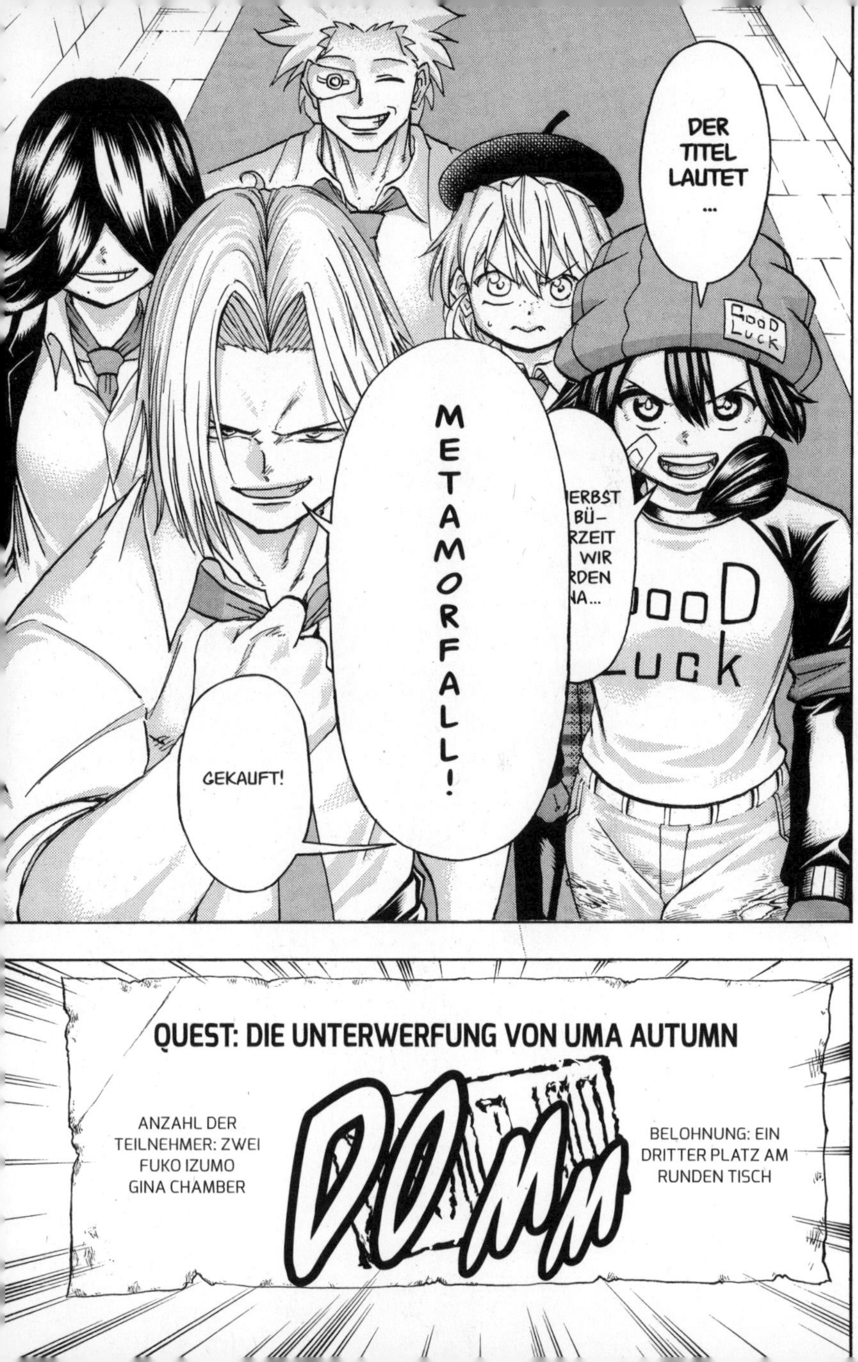

DER TITEL LAUTET ...
METAMORFALL!
GEKAUFT!
QUEST: DIE UNTERWERFUNG VON UMA AUTUMN
BELOHNUNG: EIN DRITTER PLATZ AM RUNDEN TISCH
DOMM
ANZAHL DER TEILNEHMER: ZWEI
FUKO IZUMO
GINA CHAMBER

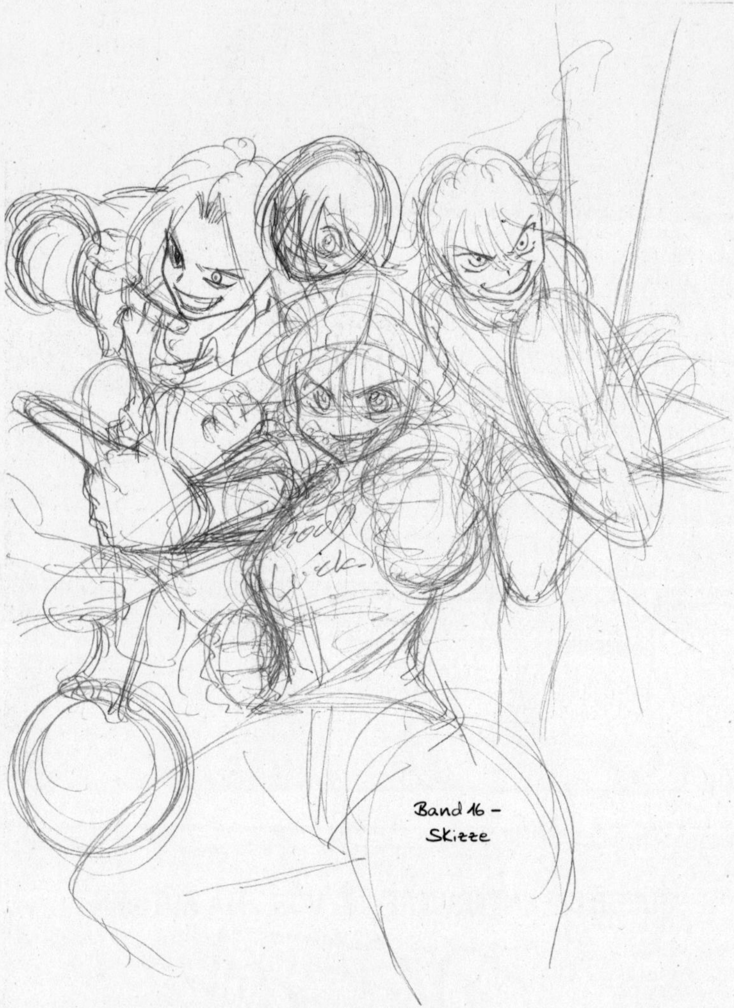

COVER-ENTWURF ZU BAND 16

No. 140 METAMORFALL

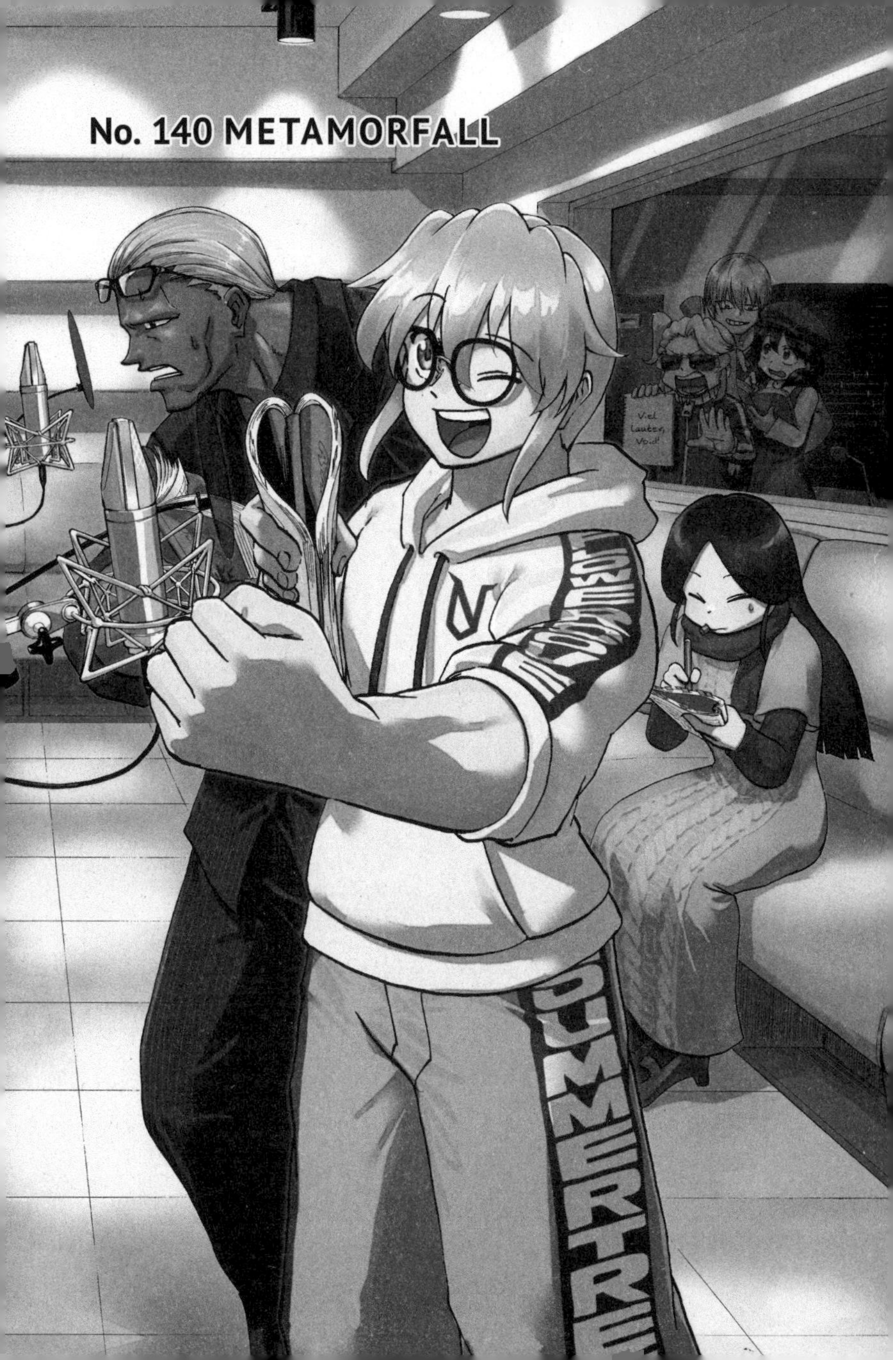

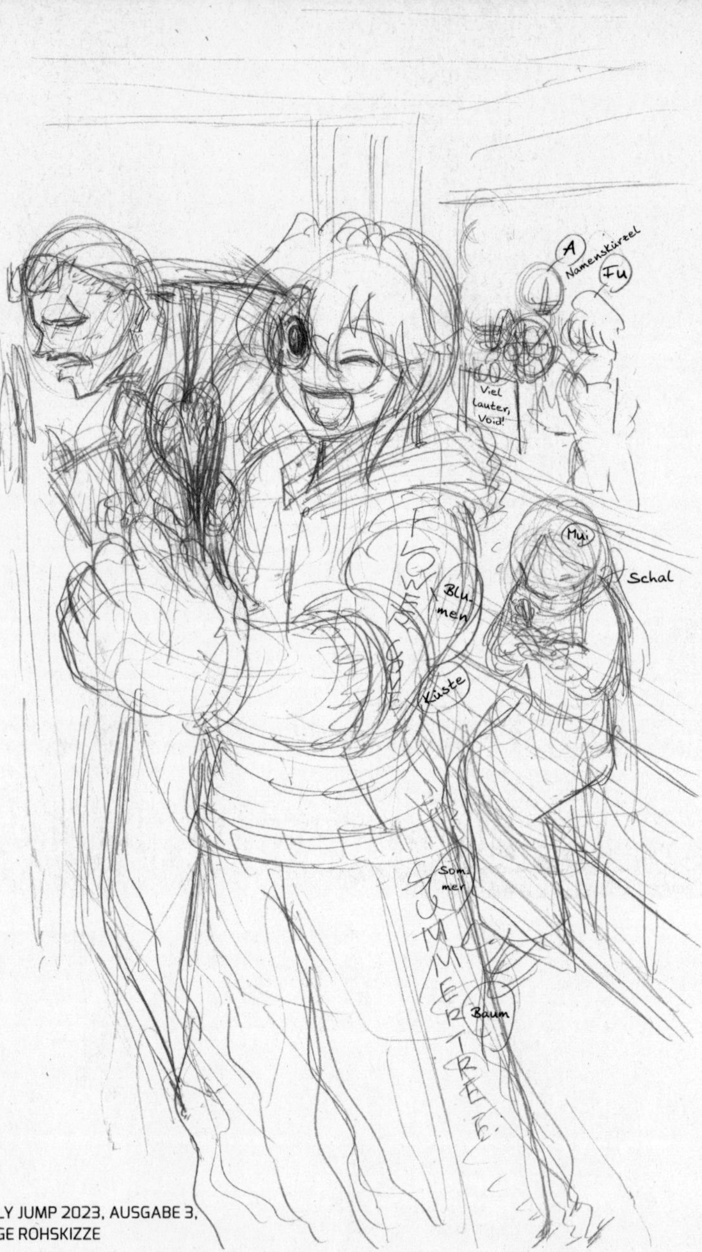

WEEKLY JUMP 2023, AUSGABE 3,
FARBIGE ROHSKIZZE

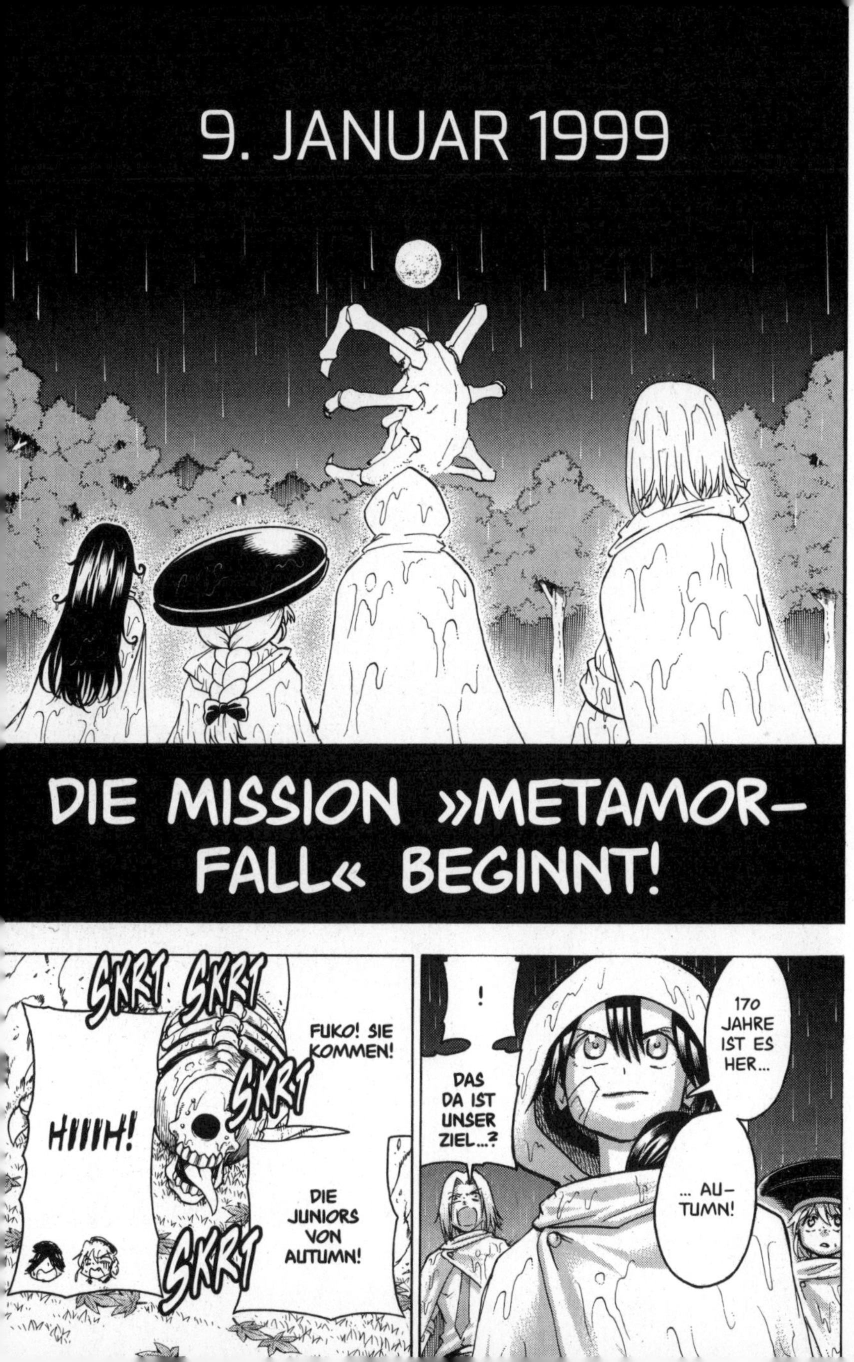
9. JANUAR 1999
DIE MISSION »METAMORFALL« BEGINNT!
170 JAHRE IST ES HER...
!
DAS DA IST UNSER ZIEL...?
... AUTUMN!
SKRT SKRT
FUKO! SIE KOMMEN!
SKRT
HIIIH!
DIE JUNIORS VON AUTUMN!
SKRT

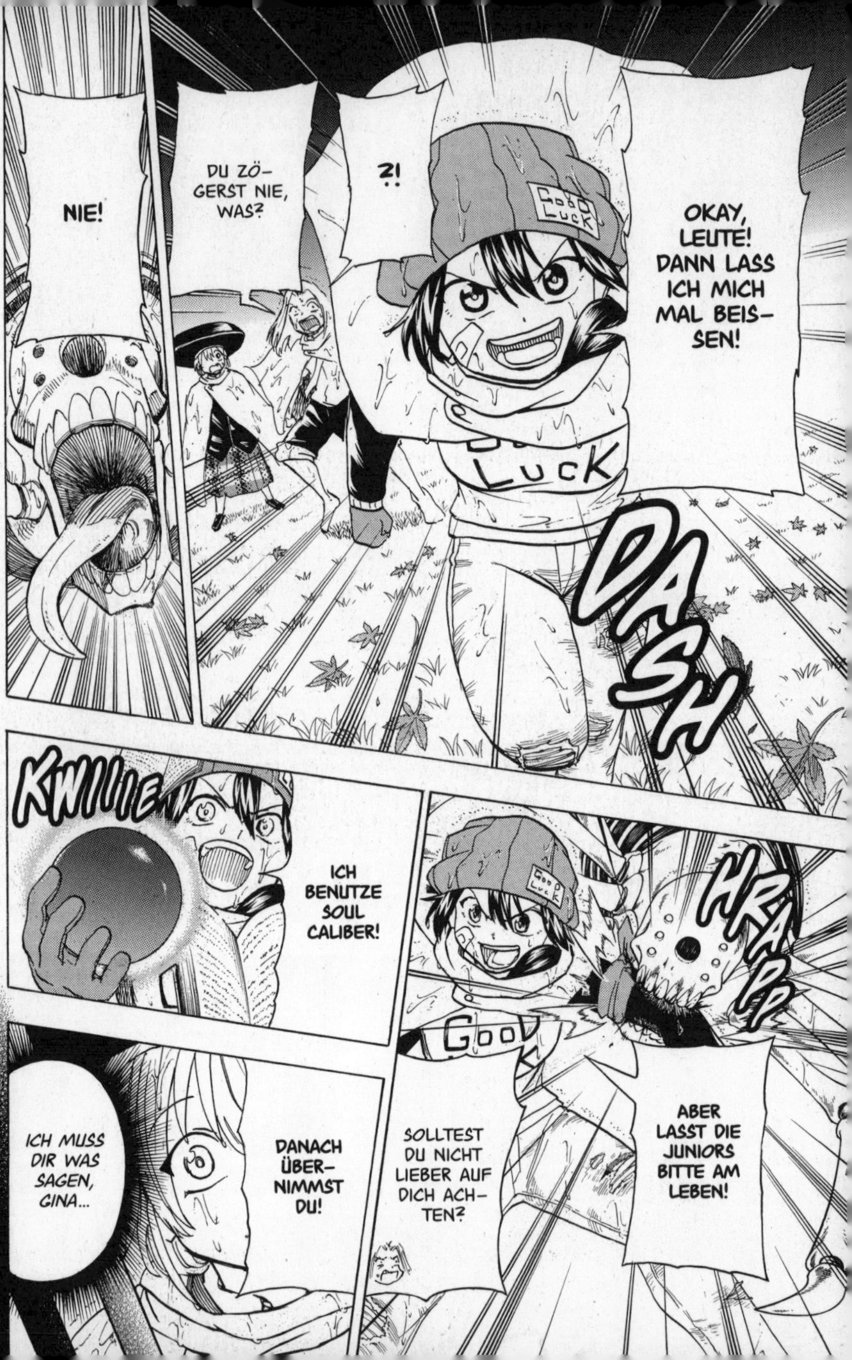

OKAY, LEUTE! DANN LASS ICH MICH MAL BEIS-SEN!
?!
DU ZÖ-GERST NIE, WAS?
NIE!
DASH
HRAPP
KWIIIE
ICH BENUTZE SOUL CALIBER!
ABER LASST DIE JUNIORS BITTE AM LEBEN!
SOLLTEST DU NICHT LIEBER AUF DICH ACH-TEN?
DANACH ÜBER-NIMMST DU!
ICH MUSS DIR WAS SAGEN, GINA...

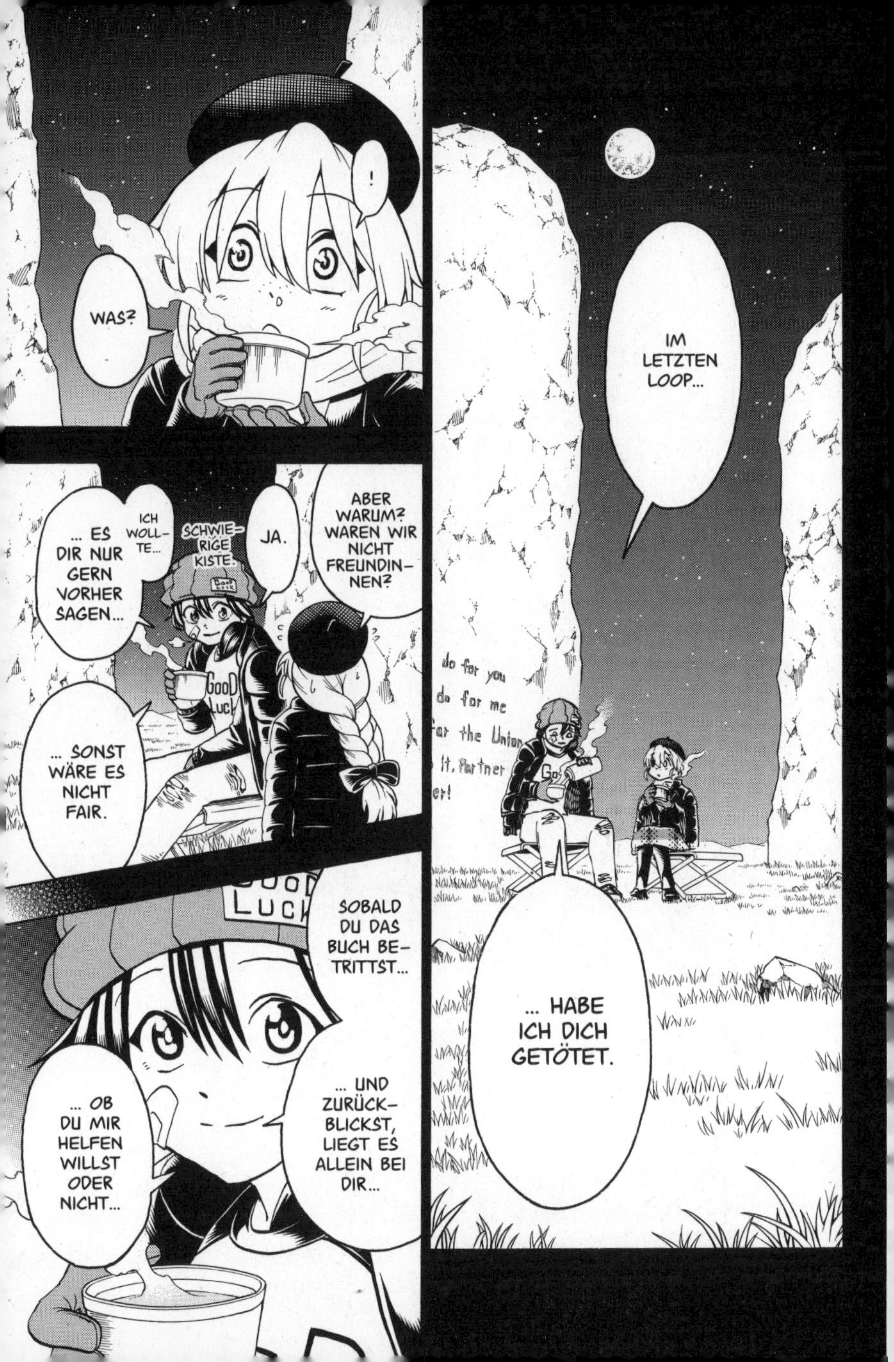
IM LETZTEN LOOP...
... HABE ICH DICH GETÖTET.
!
WAS?
ABER WARUM? WAREN WIR NICHT FREUNDINNEN?
JA.
SCHWIERIGE KISTE.
ICH WOLLTE...
... ES DIR NUR GERN VORHER SAGEN...
... SONST WÄRE ES NICHT FAIR.
SOBALD DU DAS BUCH BETRITTST...
... UND ZURÜCKBLICKST, LIEGT ES ALLEIN BEI DIR...
... OB DU MIR HELFEN WILLST ODER NICHT...

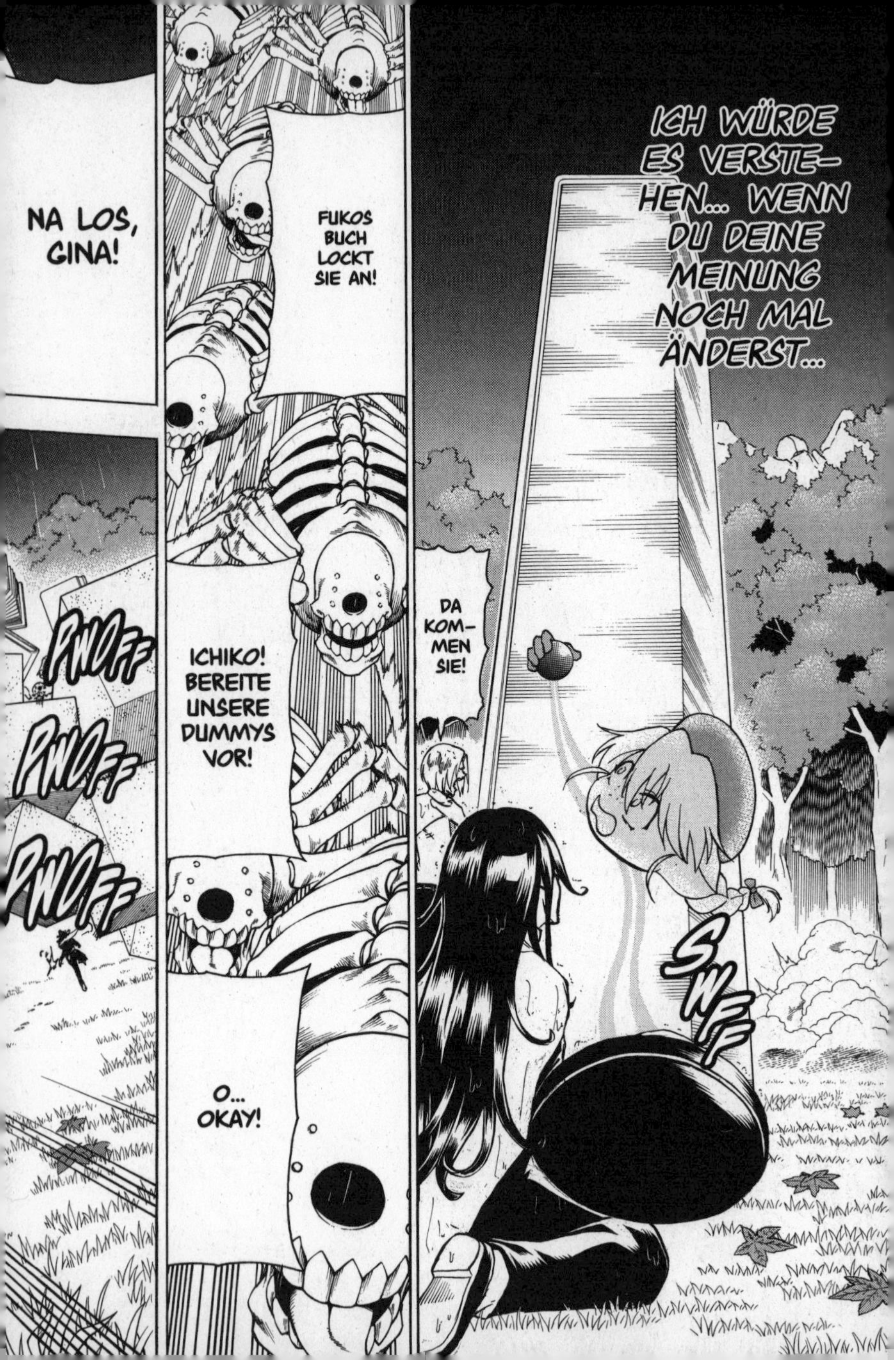
ICH WÜRDE ES VERSTE-HEN... WENN DU DEINE MEINUNG NOCH MAL ÄNDERST...
DA KOM-MEN SIE!
SWFF
FUKOS BUCH LOCKT SIE AN!
ICHIKO! BEREITE UNSERE DUMMYS VOR!
O... OKAY!
NA LOS, GINA!
PWOFF
PWOFF
PWOFF

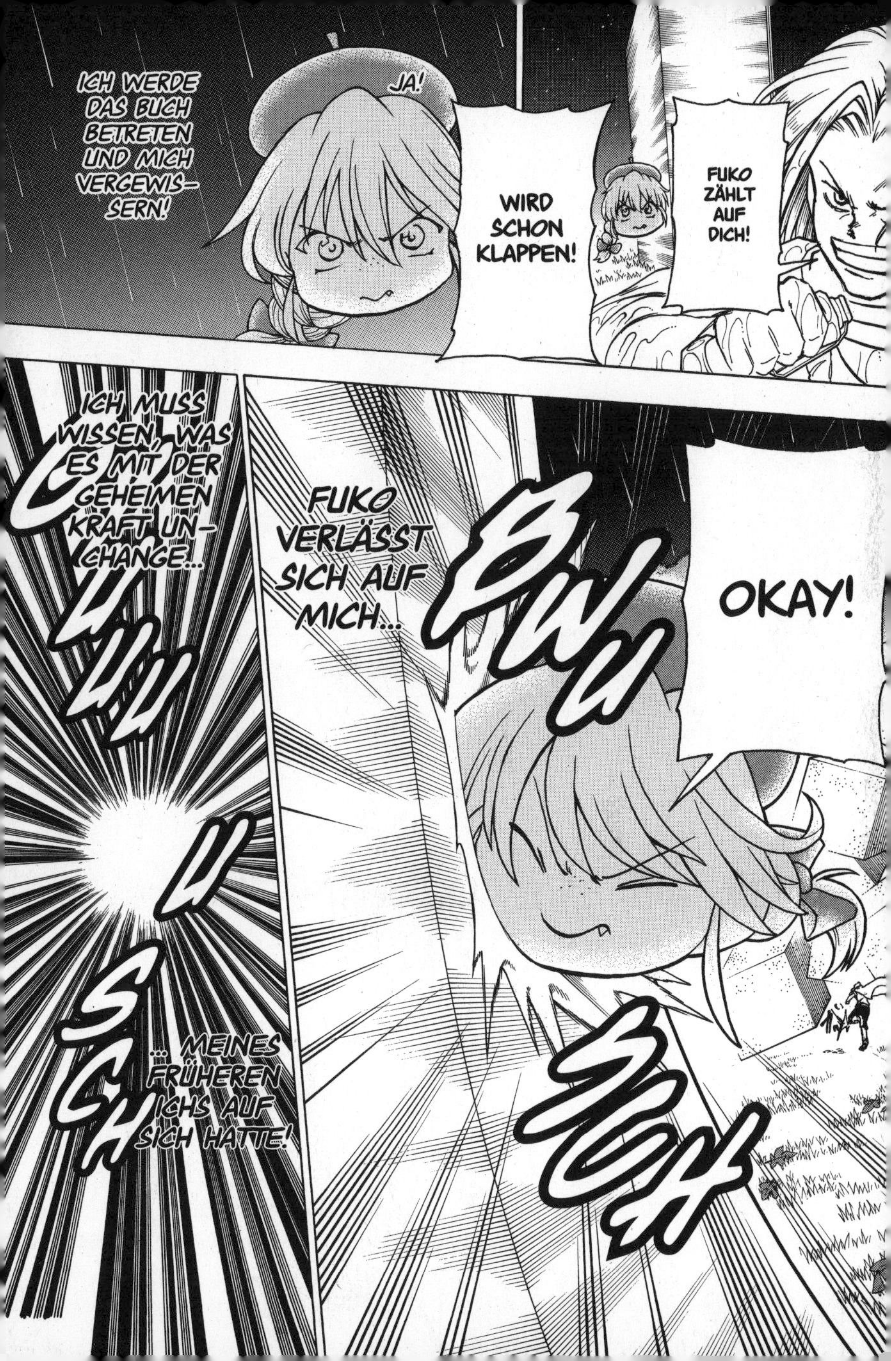
FUKO ZÄHLT AUF DICH!
WIRD SCHON KLAPPEN!
JA!
ICH WERDE DAS BUCH BETRETEN UND MICH VERGEWIS-SERN!
OKAY!
FUKO VERLÄSST SICH AUF MICH...
ICH MUSS WISSEN, WAS ES MIT DER GEHEIMEN KRAFT UN-CHANGE...
... MEINES FRÜHEREN ICHS AUF SICH HATTE!

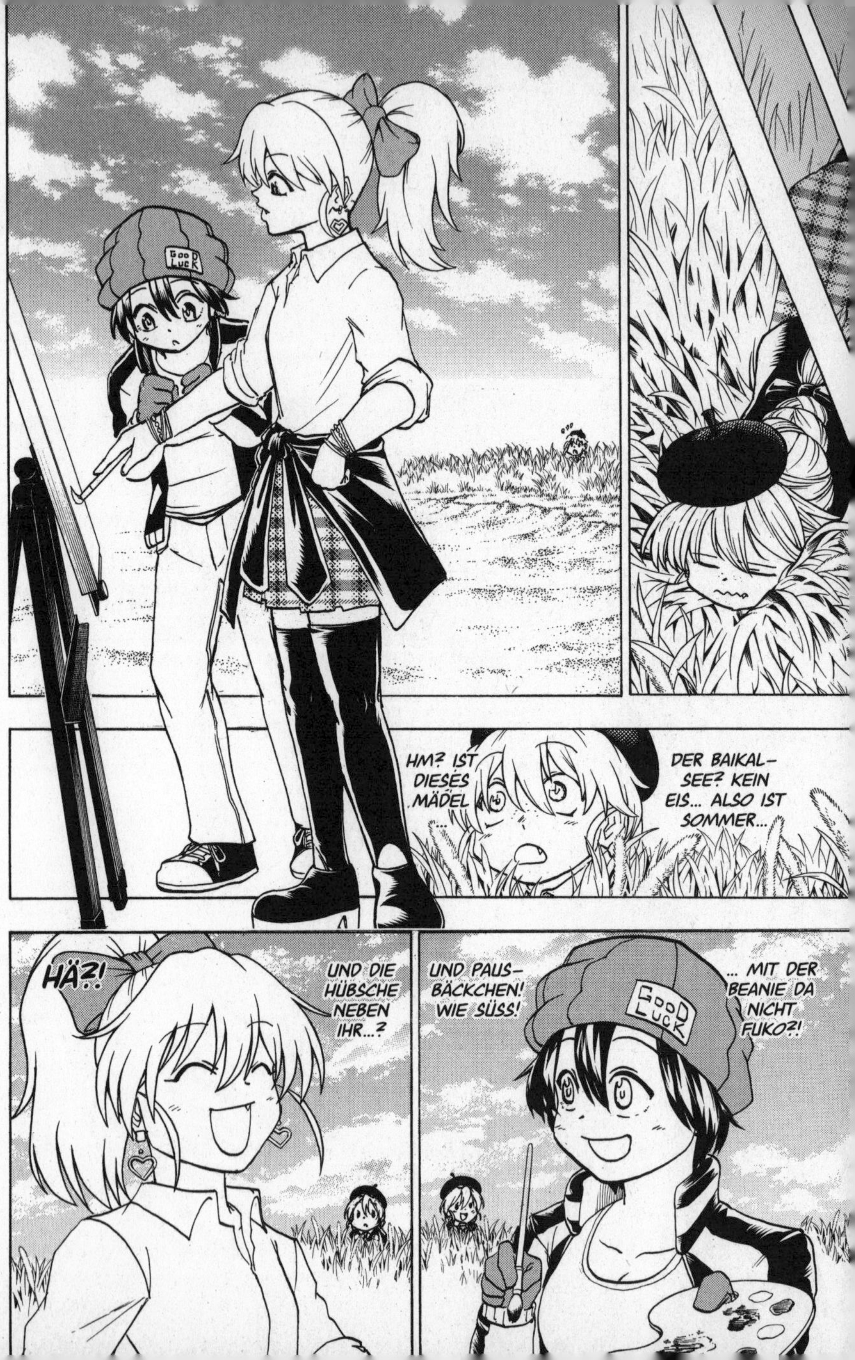
DER BAIKAL-SEE? KEIN EIS... ALSO IST SOMMER...
HM? IST DIESES MÄDEL ...
... MIT DER BEANIE DA NICHT FUKO?!
UND PAUS-BÄCKCHEN! WIE SÜSS!
UND DIE HÜBSCHE NEBEN IHR...?
HÄ?!

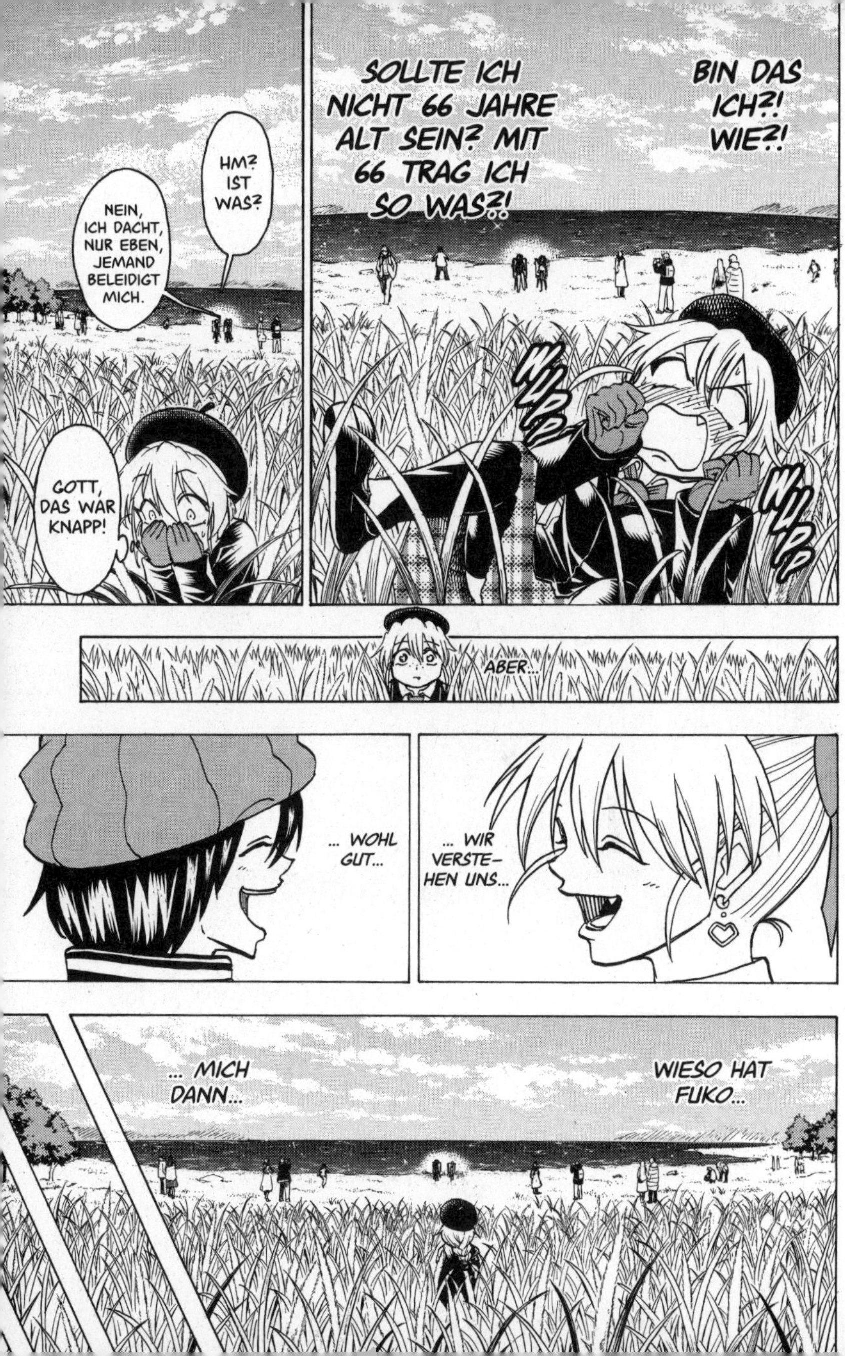
BIN DAS ICH?! WIE?!
SOLLTE ICH NICHT 66 JAHRE ALT SEIN? MIT 66 TRAG ICH SO WAS?!
WUPP
WUPP
HM? IST WAS?
NEIN, ICH DACHT, NUR EBEN, JEMAND BELEIDIGT MICH.
GOTT, DAS WAR KNAPP!
ABER...
... WIR VERSTE-HEN UNS...
... WOHL GUT...
WIESO HAT FUKO...
... MICH DANN...

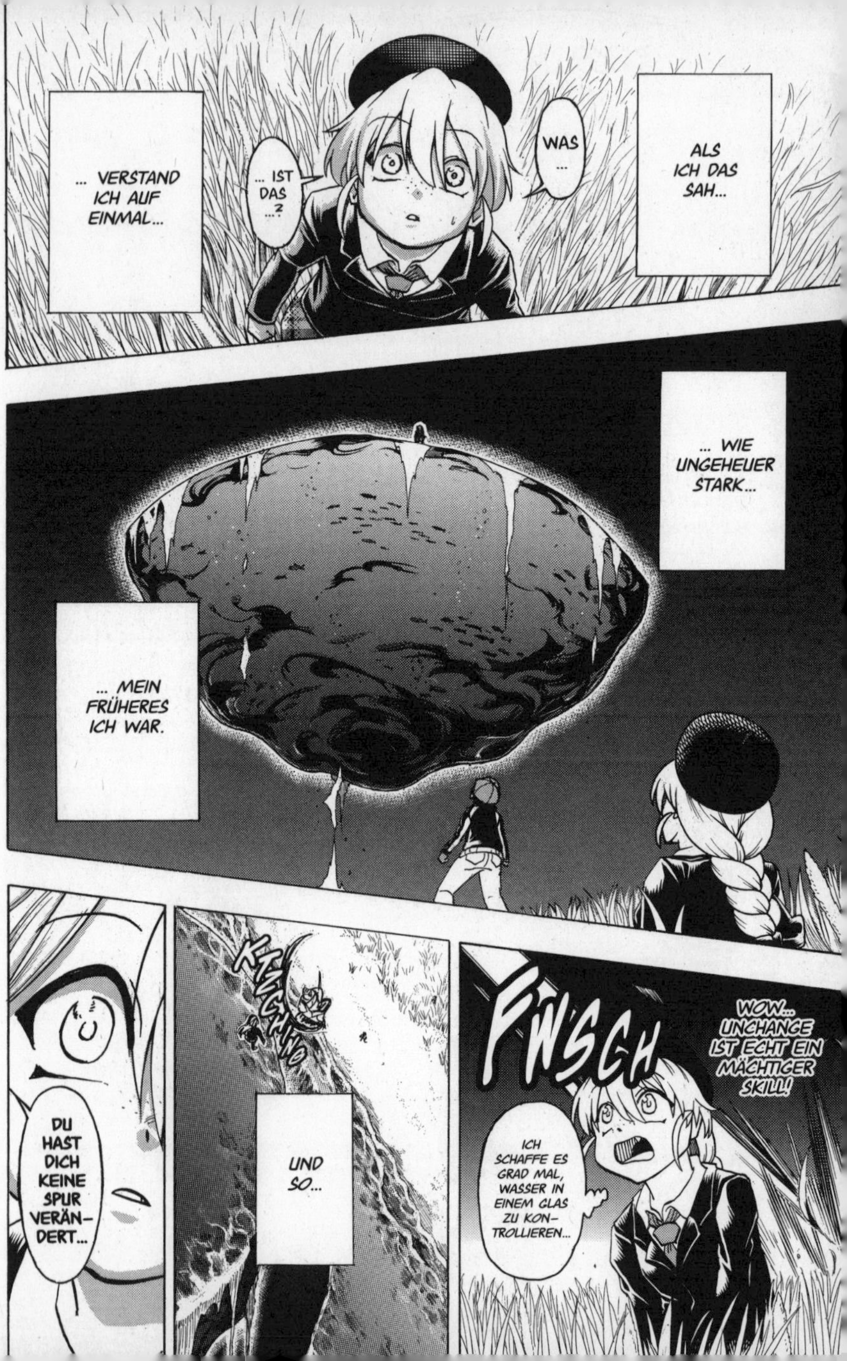
ALS ICH DAS SAH...
WAS ...
... IST DAS ...?
... VERSTAND ICH AUF EINMAL...
... WIE UNGEHEUER STARK...
... MEIN FRÜHERES ICH WAR.
FWSCH
WOW... UNCHANGE IST ECHT EIN MÄCHTIGER SKILL!
ICH SCHAFFE ES GRAD MAL, WASSER IN EINEM GLAS ZU KONTROLLIEREN...
UND SO...
DU HAST DICH KEINE SPUR VERÄNDERT...

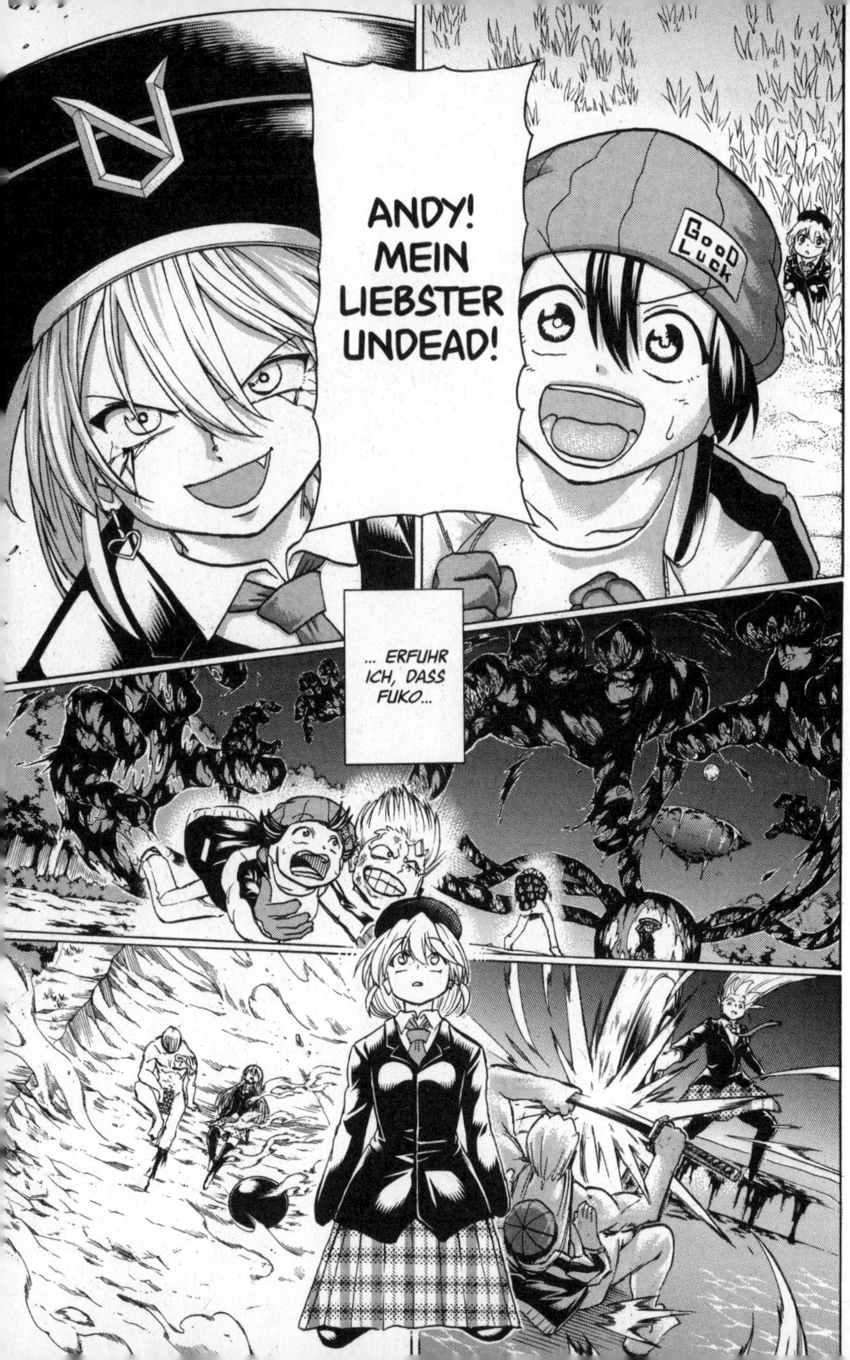
ANDY! MEIN LIEBSTER UNDEAD!
... ERFUHR ICH, DASS FUKO...
GOOD LUCK

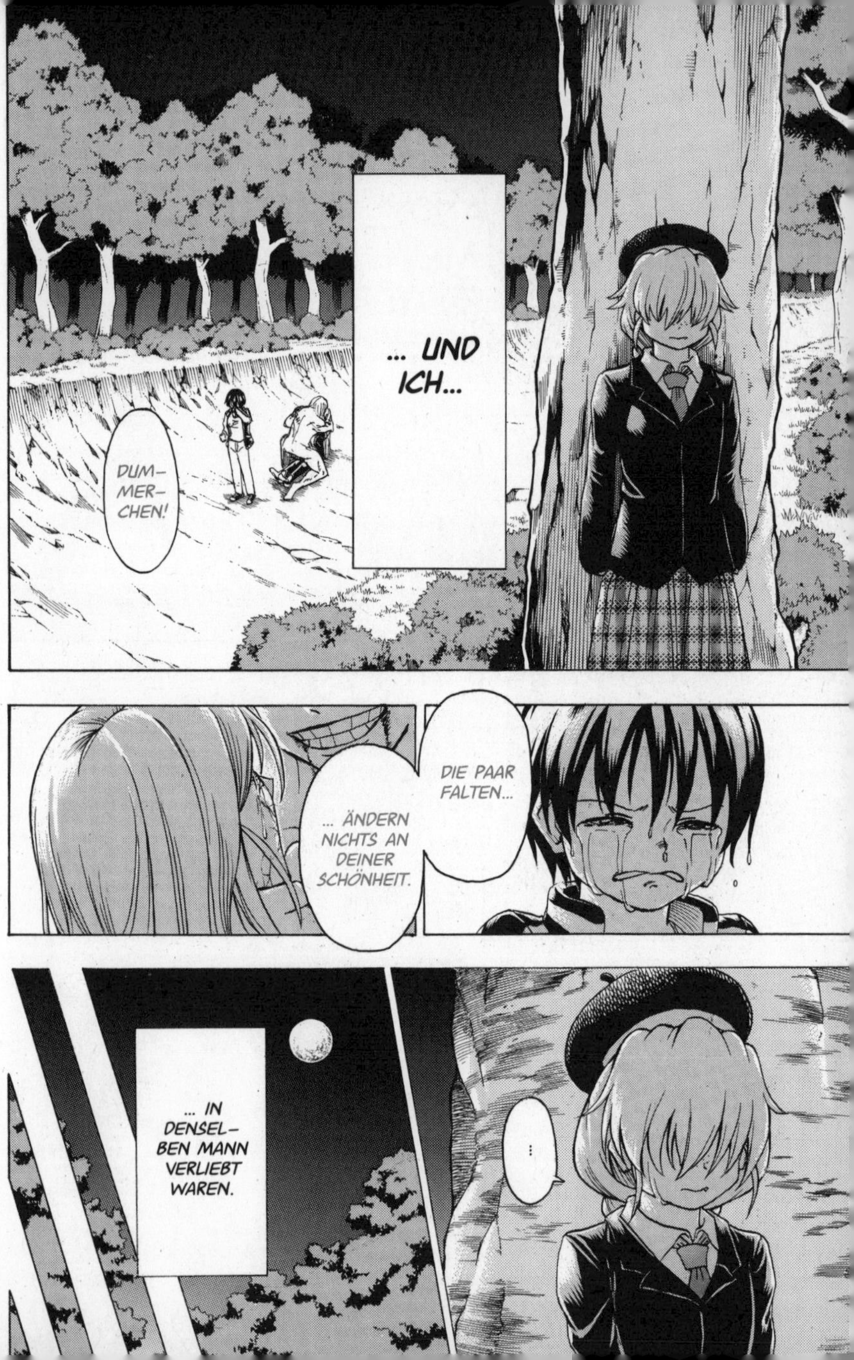
... UND ICH...
DUMMERCHEN!
DIE PAAR FALTEN...
... ÄNDERN NICHTS AN DEINER SCHÖNHEIT.
...
... IN DENSELBEN MANN VERLIEBT WAREN.

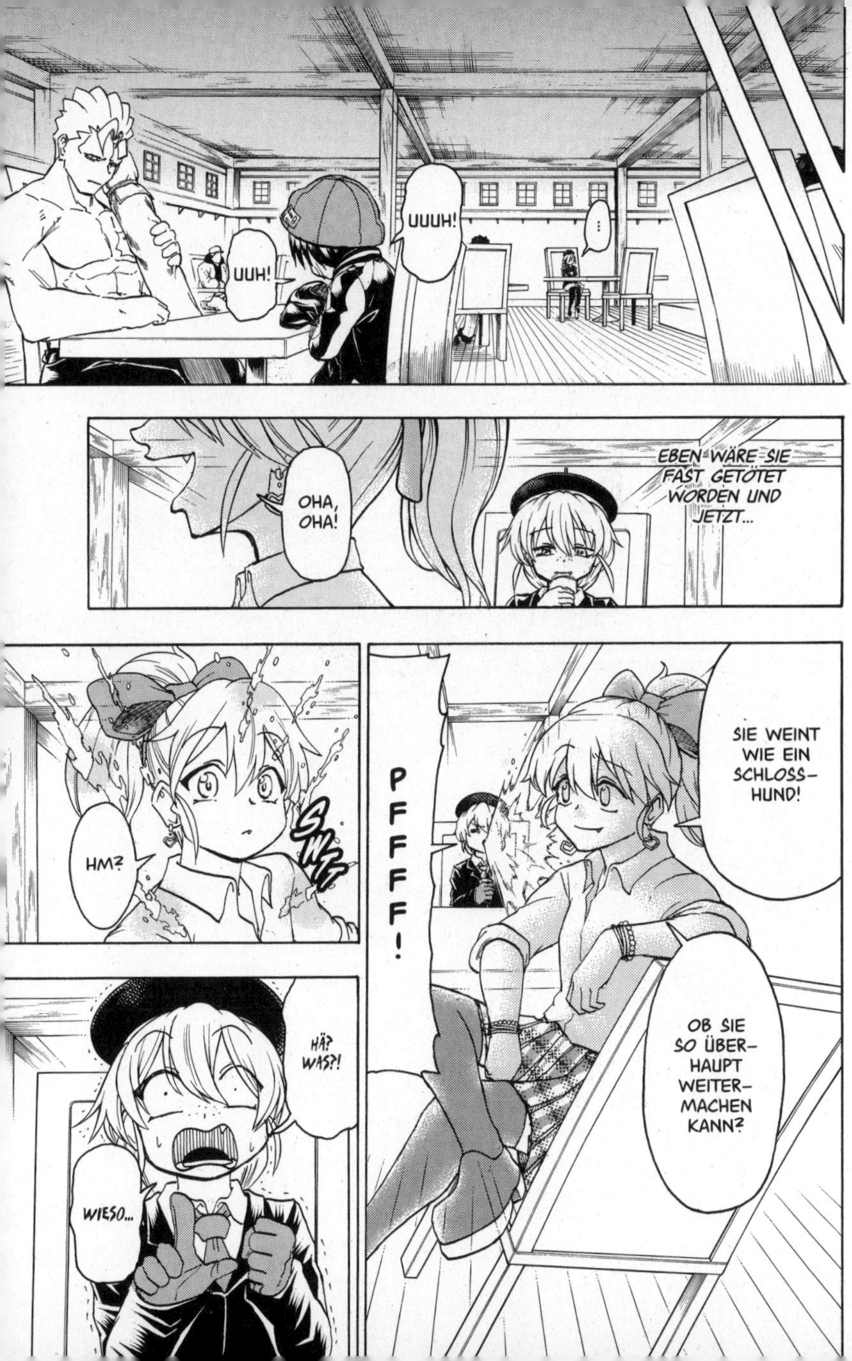

...
UUUH!
UUH!
EBEN WÄRE SIE FAST GETÖTET WORDEN UND JETZT...
OHA, OHA!
SIE WEINT WIE EIN SCHLOSS-HUND!
PFFFF!
SWK
HM?
OB SIE SO ÜBER-HAUPT WEITER-MACHEN KANN?
HÄ? WAS?!
WIESO...

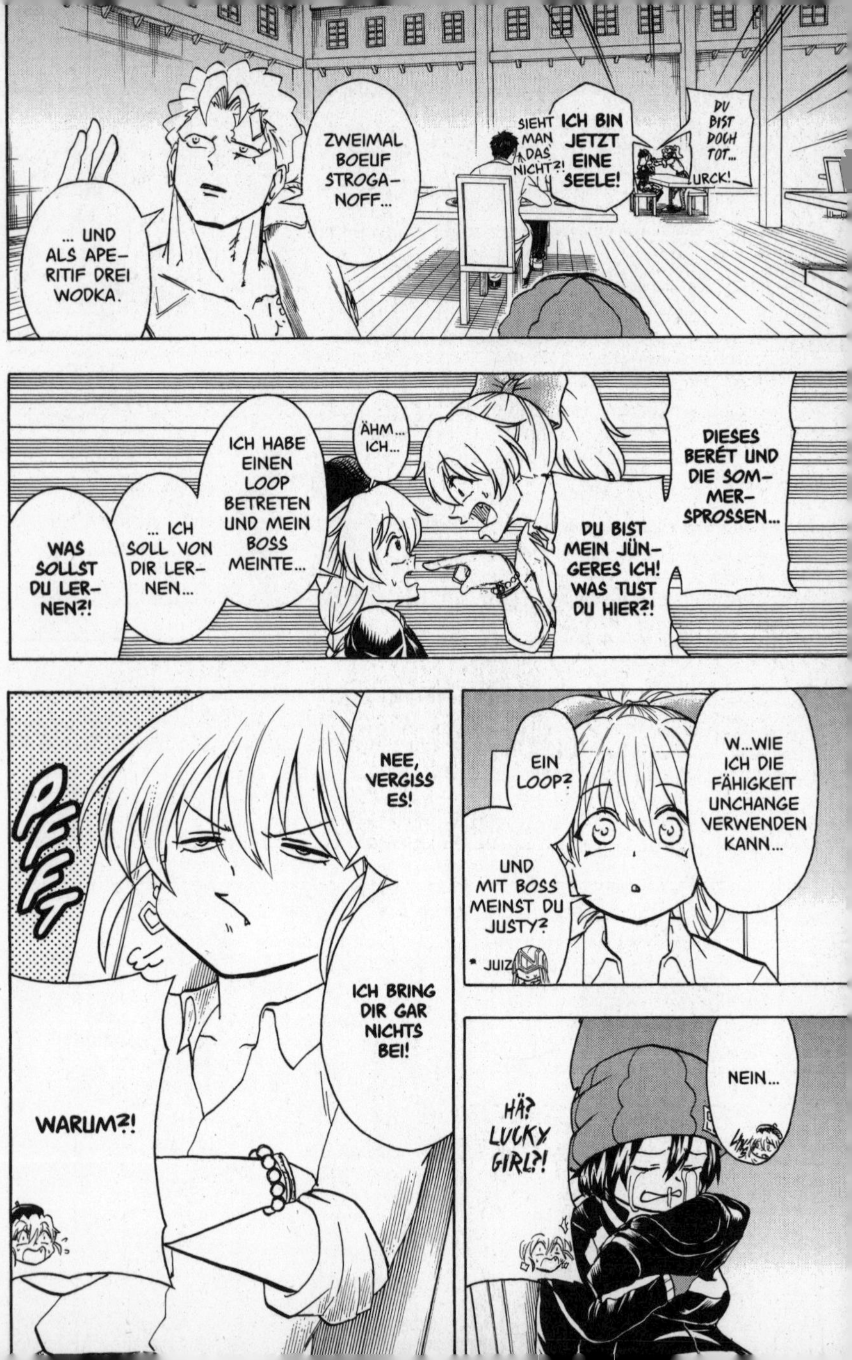
DU BIST DOCH TOT...
URCK!
ICH BIN JETZT EINE SEELE!
SIEHT MAN DAS NICHT?!
ZWEIMAL BOEUF STROGA-NOFF...
... UND ALS APE-RITIF DREI WODKA.
DIESES BERÉT UND DIE SOM-MER-SPROSSEN...
DU BIST MEIN JÜN-GERES ICH! WAS TUST DU HIER?!
ÄHM... ICH...
ICH HABE EINEN LOOP BETRETEN UND MEIN BOSS MEINTE...
... ICH SOLL VON DIR LER-NEN...
WAS SOLLST DU LER-NEN?!
W...WIE ICH DIE FÄHIGKEIT UNCHANGE VERWENDEN KANN...
EIN LOOP?
UND MIT BOSS MEINST DU JUSTY?
* JUIZ
NEE, VERGISS ES!
ICH BRING DIR GAR NICHTS BEI!
WARUM?!
NEIN...
HÄ? LUCKY GIRL?!

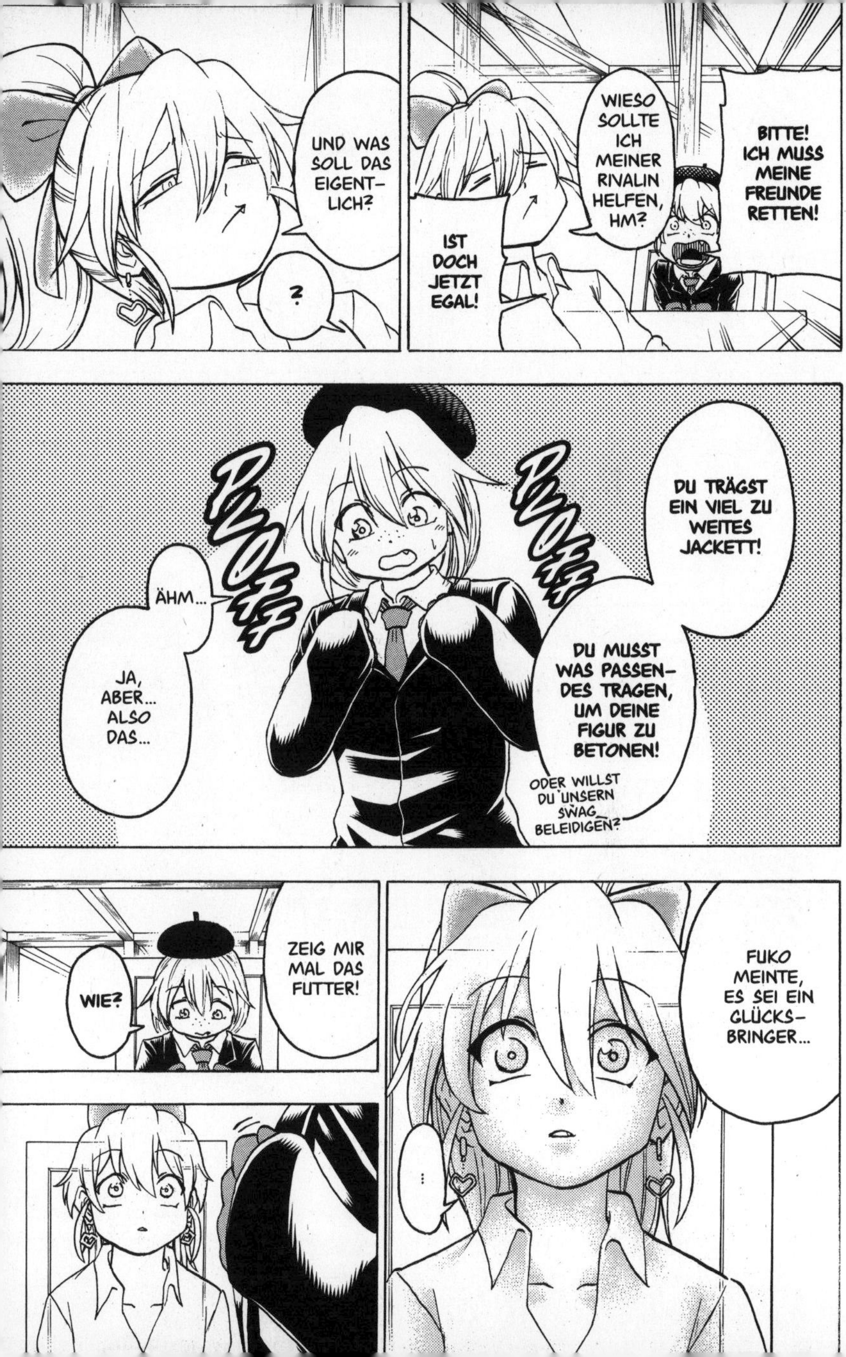
BITTE! ICH MUSS MEINE FREUNDE RETTEN!
WIESO SOLLTE ICH MEINER RIVALIN HELFEN, HM?
IST DOCH JETZT EGAL!
UND WAS SOLL DAS EIGENT-LICH?
?
DU TRÄGST EIN VIEL ZU WEITES JACKETT!
DU MUSST WAS PASSEN-DES TRAGEN, UM DEINE FIGUR ZU BETONEN!
ODER WILLST DU UNSERN SWAG BELEIDIGEN?
ÄHM...
JA, ABER... ALSO DAS...
FUKO MEINTE, ES SEI EIN GLÜCKS-BRINGER...
...
ZEIG MIR MAL DAS FUTTER!
WIE?

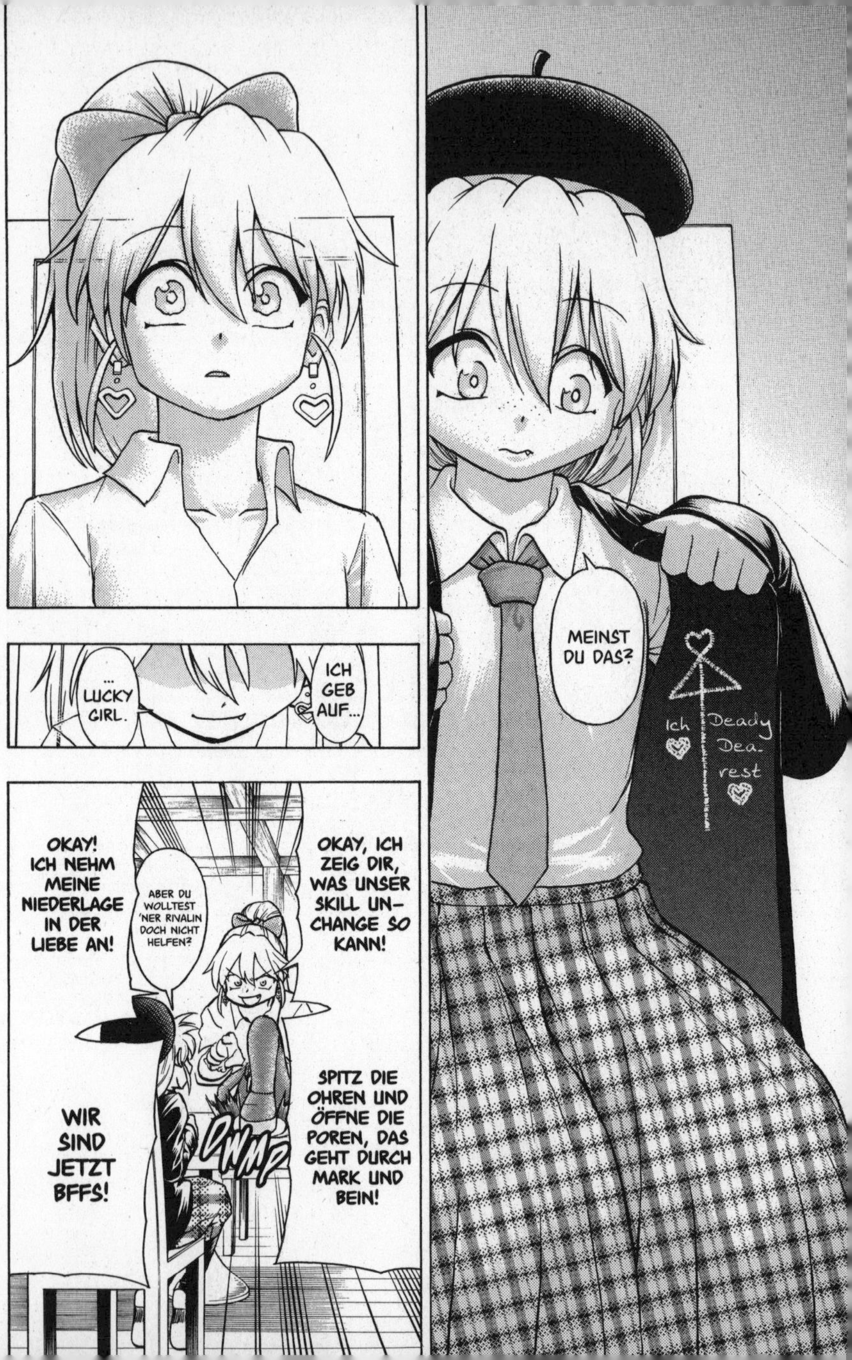
MEINST DU DAS?
Ich Deady Dea-rest
ICH GEB AUF...
... LUCKY GIRL.
OKAY, ICH ZEIG DIR, WAS UNSER SKILL UN-CHANGE SO KANN!
ABER DU WOLLTEST 'NER RIVALIN DOCH NICHT HELFEN?
OKAY! ICH NEHM MEINE NIEDERLAGE IN DER LIEBE AN!
SPITZ DIE OHREN UND ÖFFNE DIE POREN, DAS GEHT DURCH MARK UND BEIN!
WIR SIND JETZT BFFS!

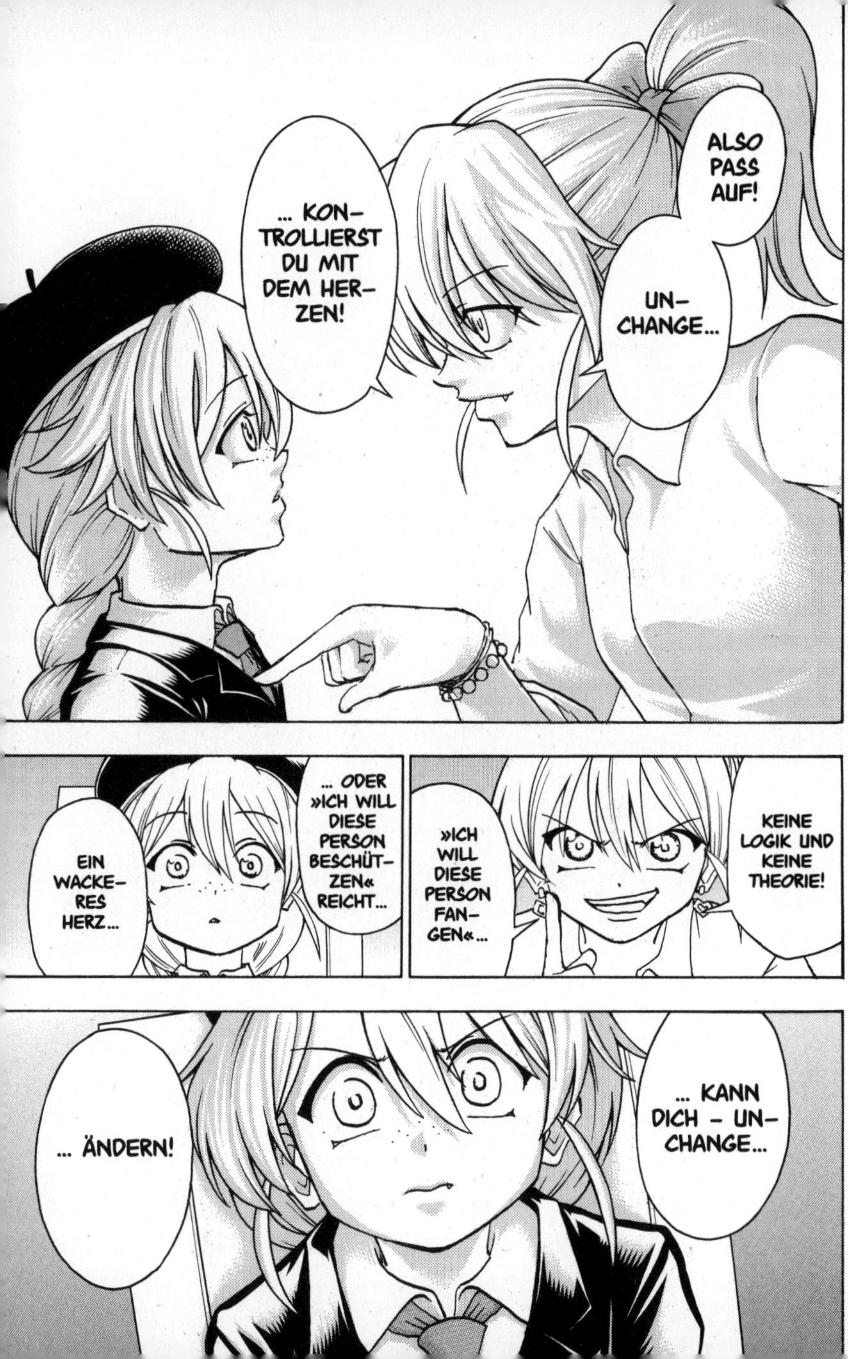
ALSO PASS AUF!
UN-CHANGE...
... KON-TROLLIERST DU MIT DEM HER-ZEN!
KEINE LOGIK UND KEINE THEORIE!
»ICH WILL DIESE PERSON FAN-GEN«...
... ODER »ICH WILL DIESE PERSON BESCHÜT-ZEN« REICHT...
EIN WACKE-RES HERZ...
... KANN DICH – UN-CHANGE...
... ÄNDERN!

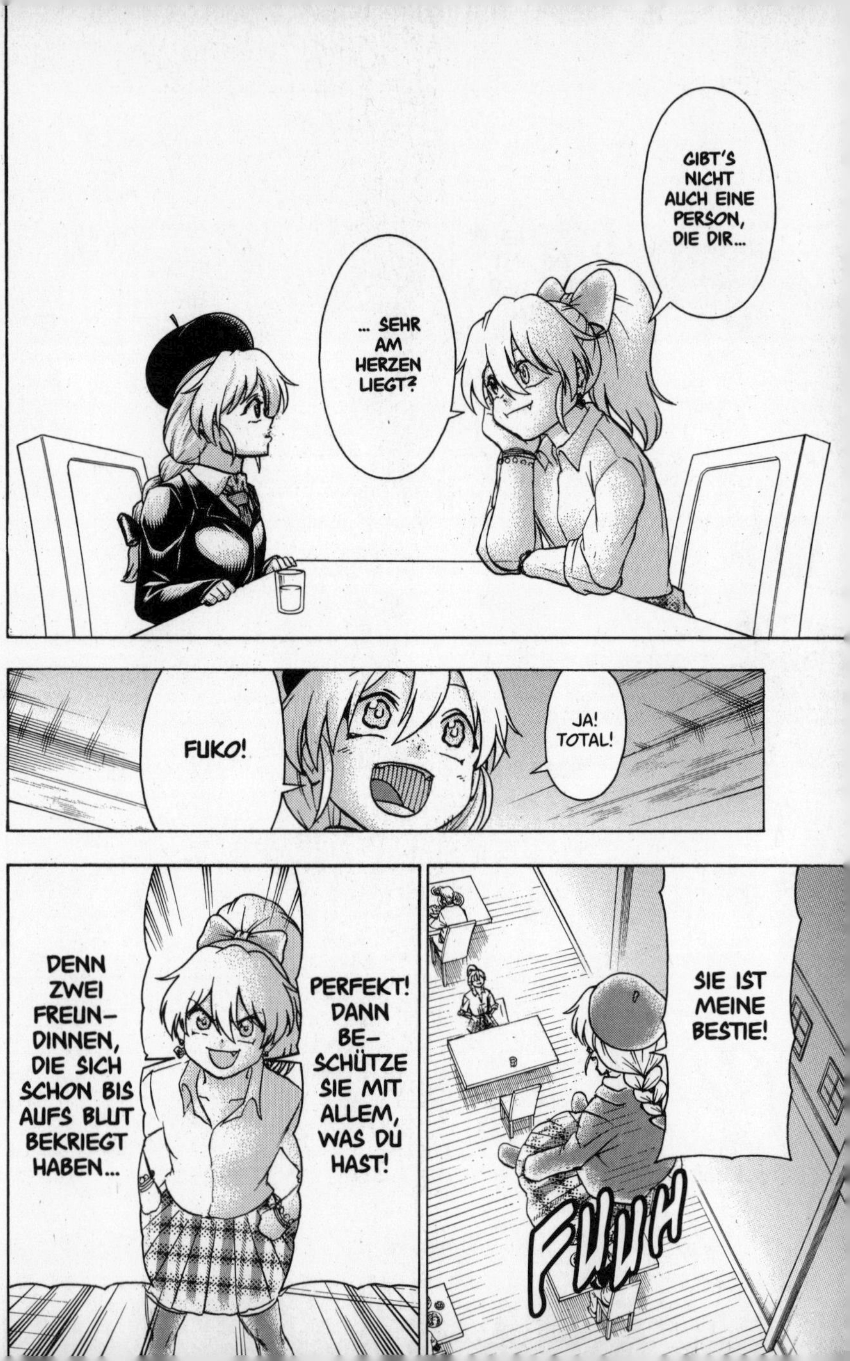
GIBT'S NICHT AUCH EINE PERSON, DIE DIR...
... SEHR AM HERZEN LIEGT?
JA! TOTAL!
FUKO!
SIE IST MEINE BESTIE!
FUUH
PERFEKT! DANN BE-SCHÜTZE SIE MIT ALLEM, WAS DU HAST!
DENN ZWEI FREUN-DINNEN, DIE SICH SCHON BIS AUFS BLUT BEKRIEGT HABEN...

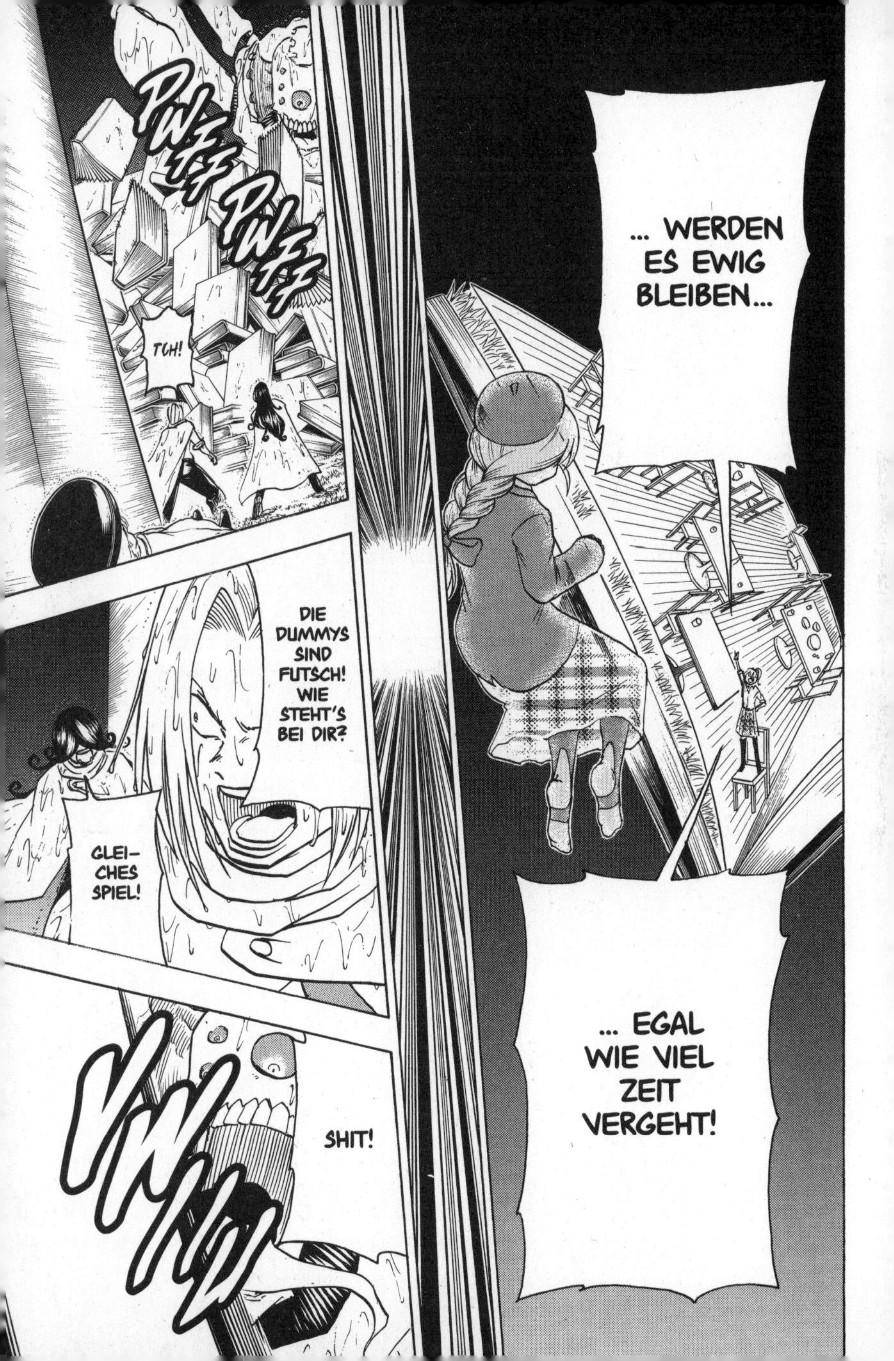
... WERDEN ES EWIG BLEIBEN...
... EGAL WIE VIEL ZEIT VERGEHT!
PWFF PWFF
TCH!
DIE DUMMYS SIND FUTSCH! WIE STEHT'S BEI DIR?
GLEI-CHES SPIEL!
SHIT!

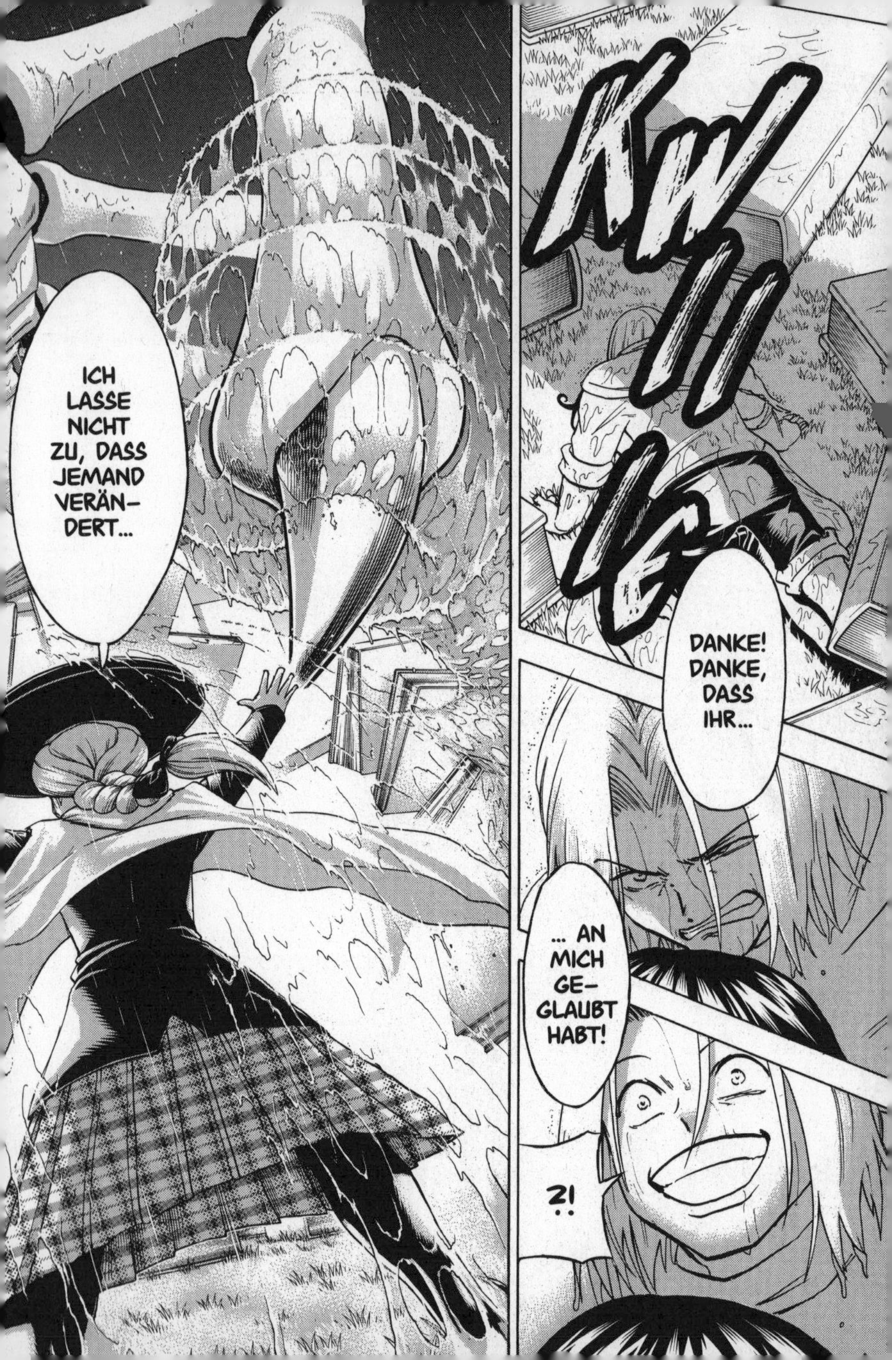
DANKE! DANKE, DASS IHR...
... AN MICH GE-GLAUBT HABT!
?!
ICH LASSE NICHT ZU, DASS JEMAND VERÄN-DERT...

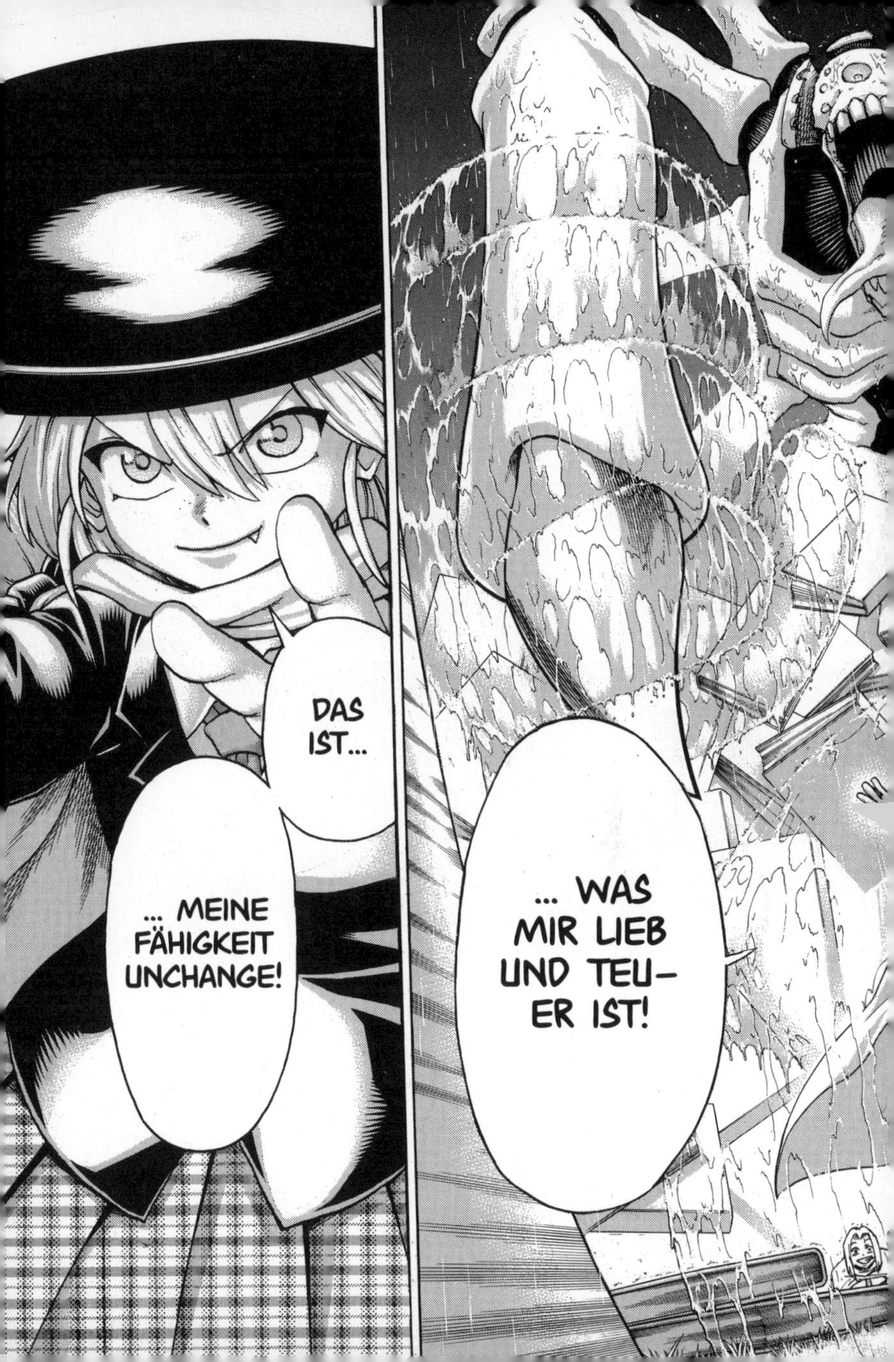
DAS IST...
... MEINE FÄHIGKEIT UNCHANGE!
... WAS MIR LIEB UND TEU-ER IST!

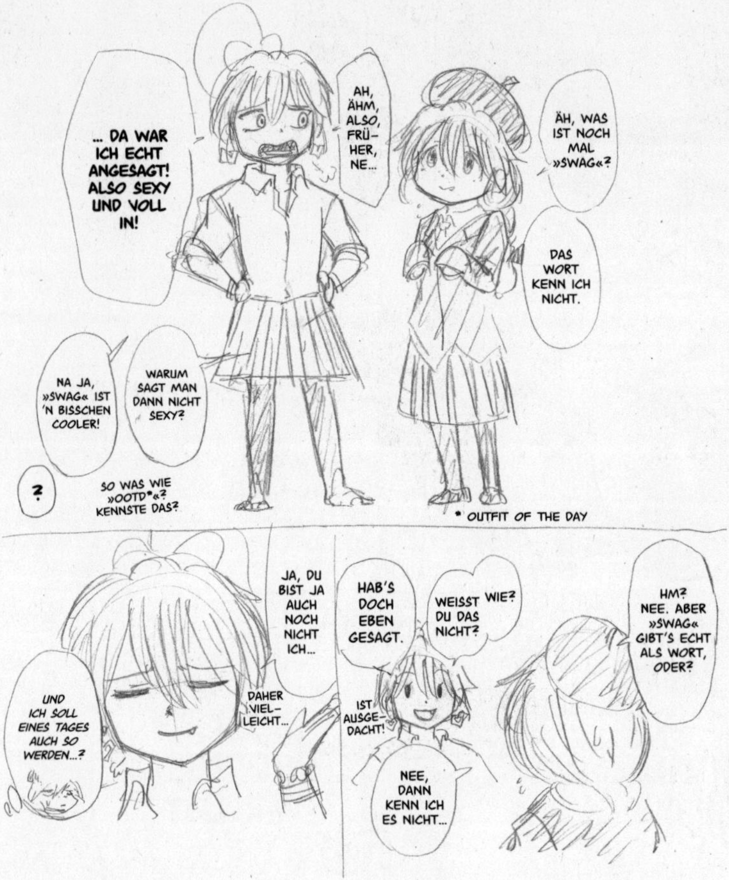

TWITTER-POST

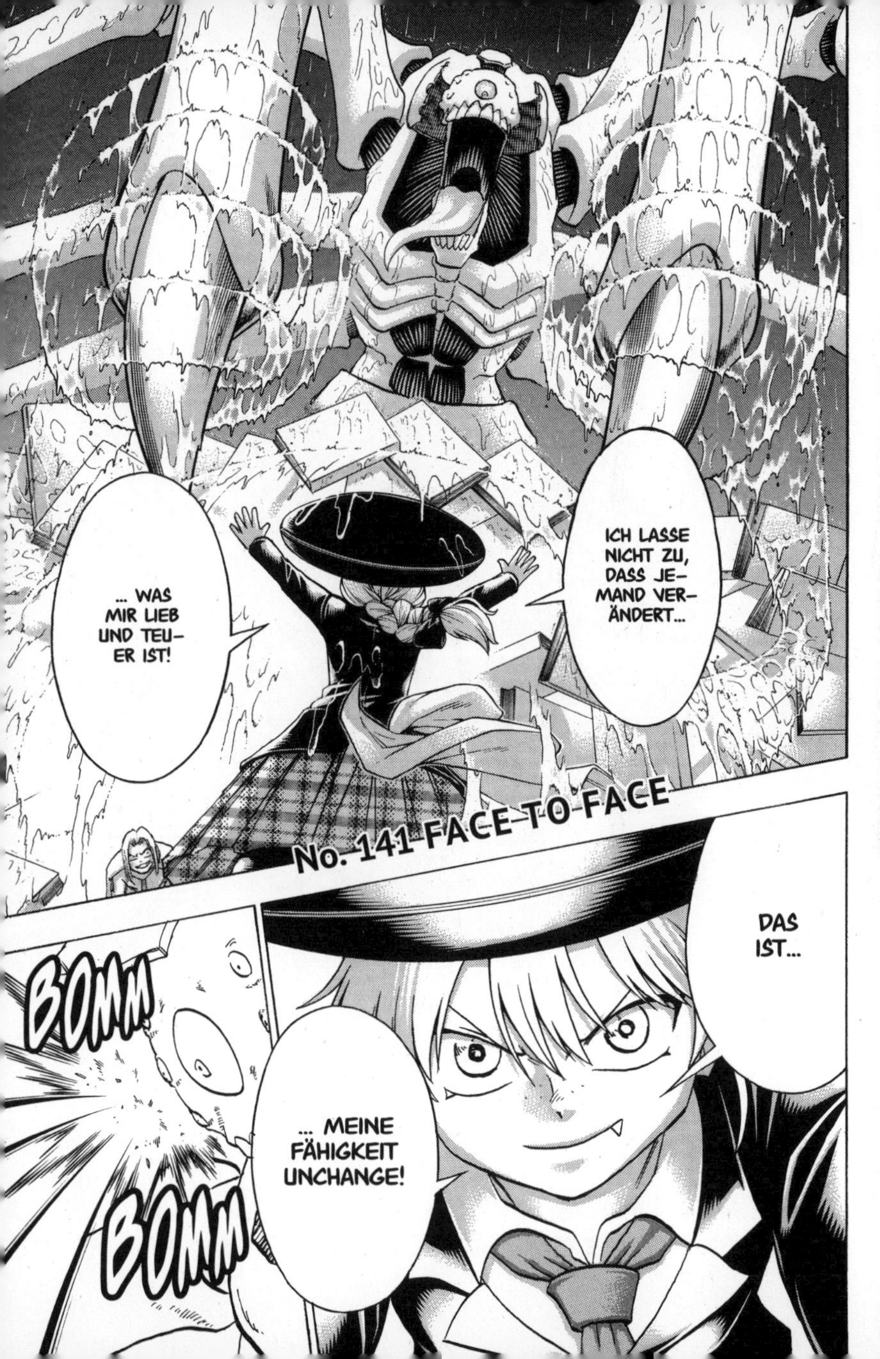
ICH LASSE NICHT ZU, DASS JEMAND VERÄNDERT...
... WAS MIR LIEB UND TEUER IST!
No. 141 FACE TO FACE
DAS IST...
... MEINE FÄHIGKEIT UNCHANGE!
BOMM
BOMM

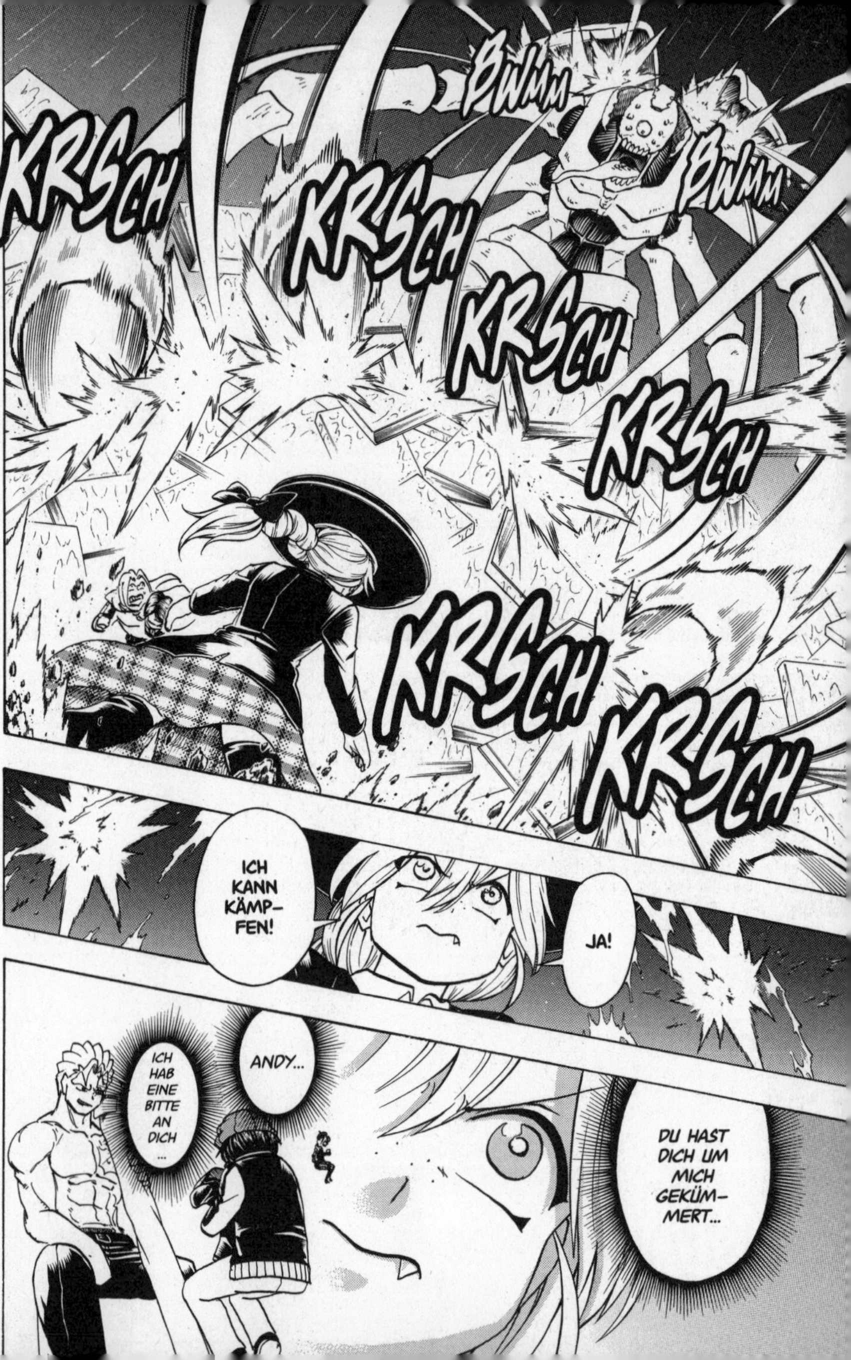
KRSCH
KRSCH
KRSCH
KRSCH
KRSCH
KRSCH
JA!
ICH KANN KÄMPFEN!
DU HAST DICH UM MICH GEKÜMMERT…
ANDY…
ICH HAB EINE BITTE AN DICH …

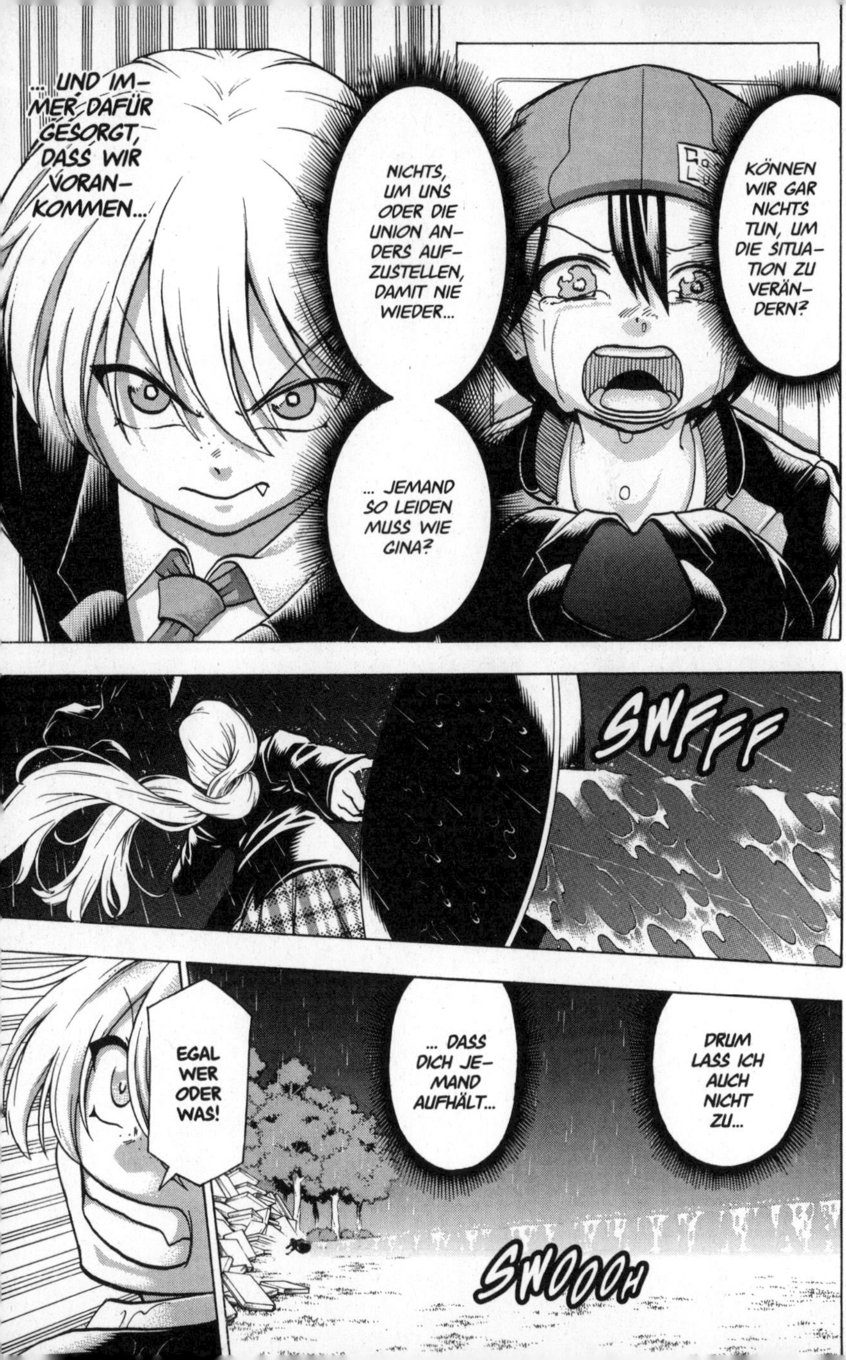
KÖNNEN WIR GAR NICHTS TUN, UM DIE SITUATION ZU VERÄNDERN?
NICHTS, UM UNS ODER DIE UNION ANDERS AUFZUSTELLEN, DAMIT NIE WIEDER...
... JEMAND SO LEIDEN MUSS WIE GINA?
... UND IMMER DAFÜR GESORGT, DASS WIR VORANKOMMEN...
SWFFF
DRUM LASS ICH AUCH NICHT ZU...
... DASS DICH JEMAND AUFHÄLT...
EGAL WER ODER WAS!
SWOOOH

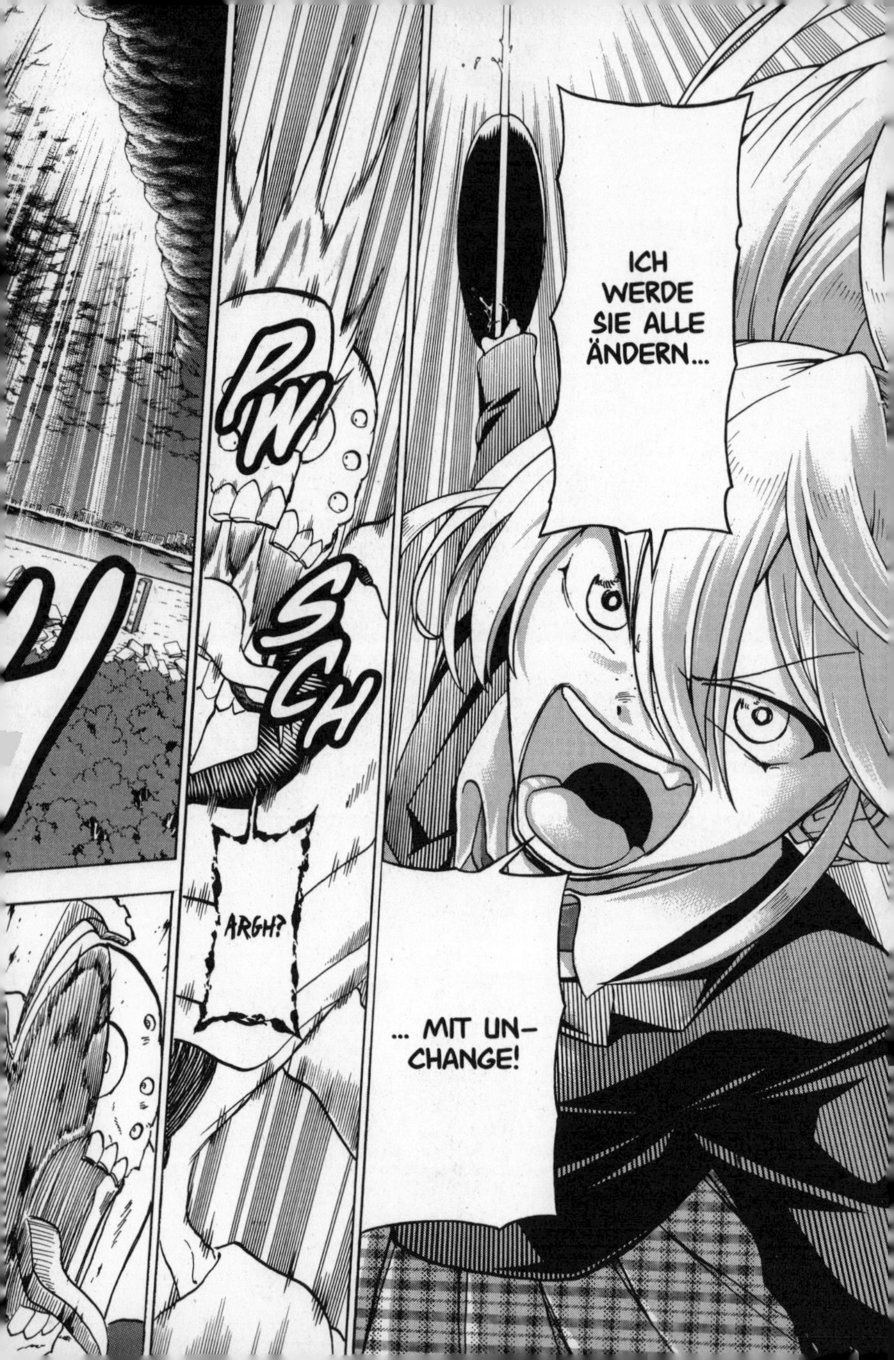
ICH WERDE SIE ALLE ÄNDERN...
PWSCH
... MIT UN-CHANGE!
ARGH?

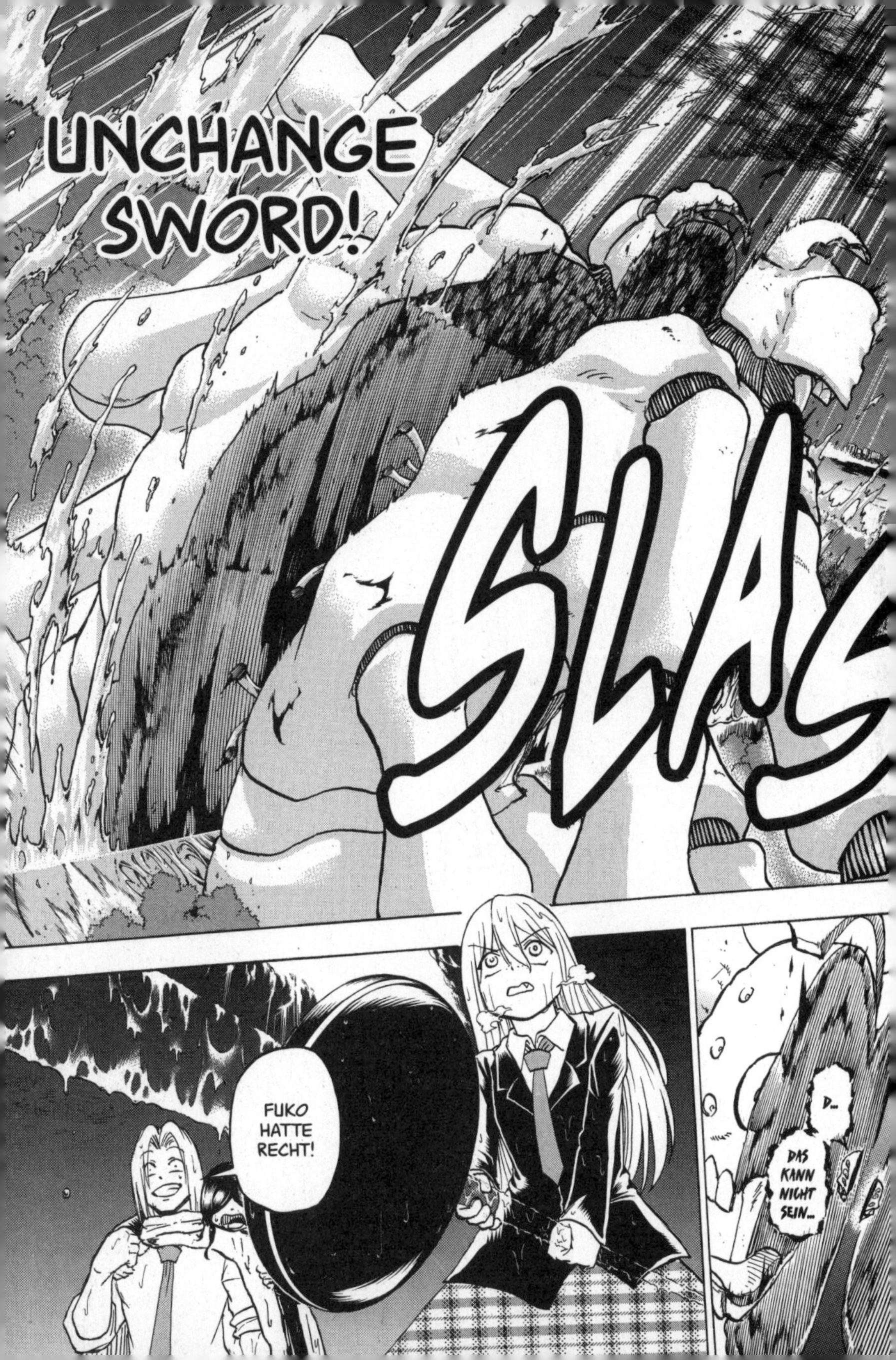
UNCHANGE SWORD!
SLAS
D...
DAS KANN NICHT SEIN...
FUKO HATTE RECHT!

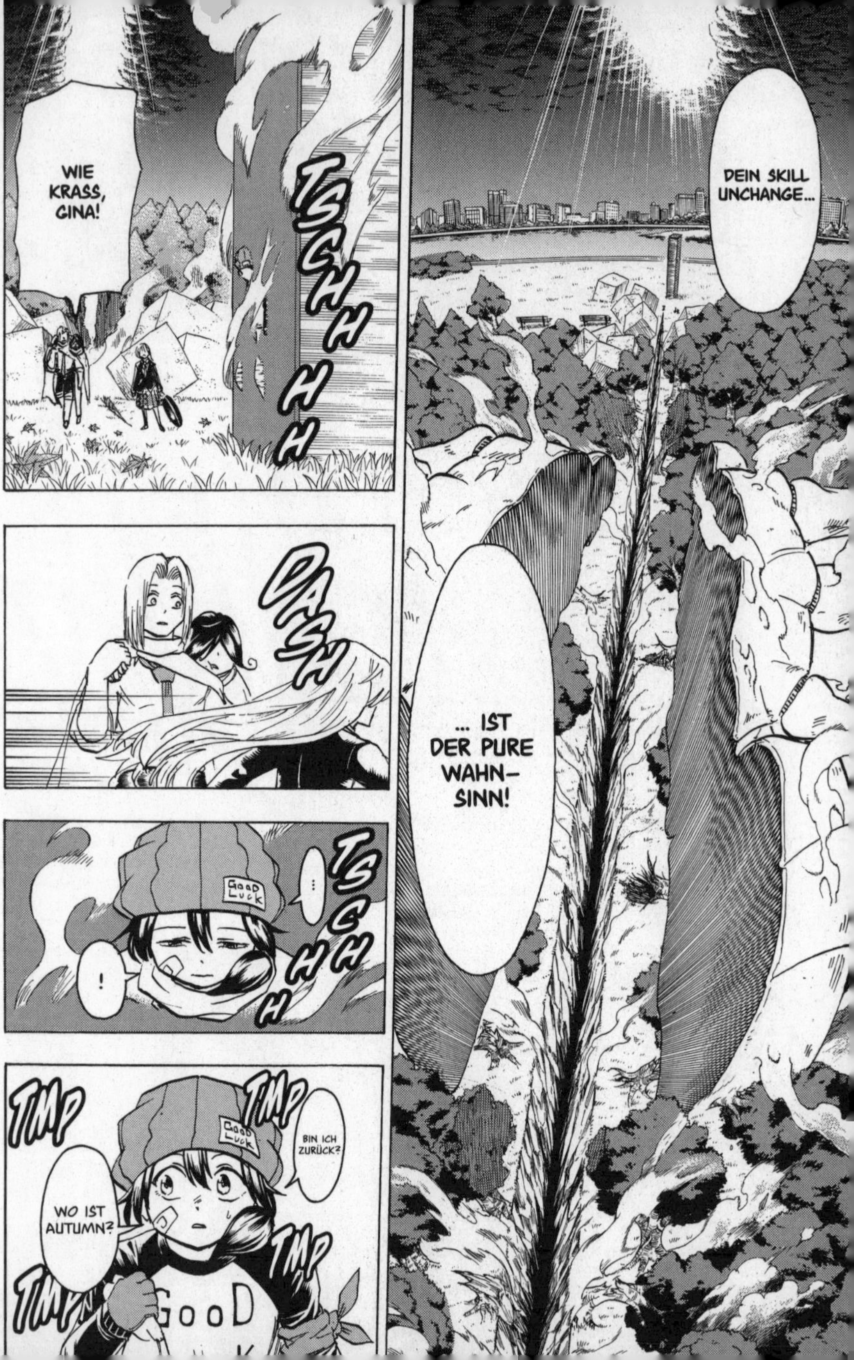
DEIN SKILL UNCHANGE...
... IST DER PURE WAHN-SINN!
TSCHHHHH
WIE KRASS, GINA!
DASH
...
!
TSCHHHH
TMP TMP TMP TMP
BIN ICH ZURÜCK?
WO IST AUTUMN?

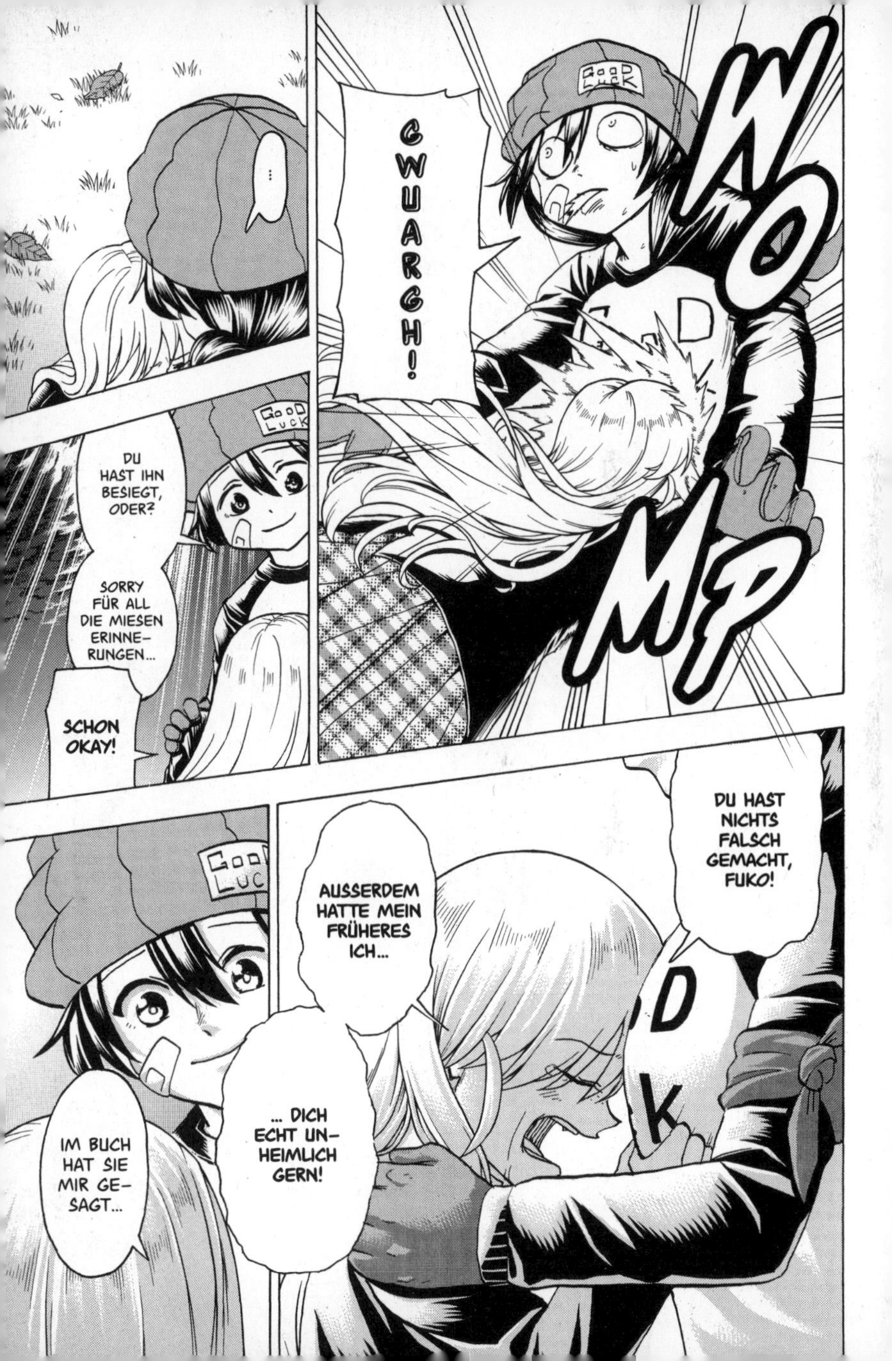
WOMP
GWUARGH!
...
DU HAST IHN BESIEGT, ODER?
SORRY FÜR ALL DIE MIESEN ERINNE-RUNGEN...
SCHON OKAY!
DU HAST NICHTS FALSCH GEMACHT, FUKO!
AUSSERDEM HATTE MEIN FRÜHERES ICH...
... DICH ECHT UN-HEIMLICH GERN!
IM BUCH HAT SIE MIR GE-SAGT...

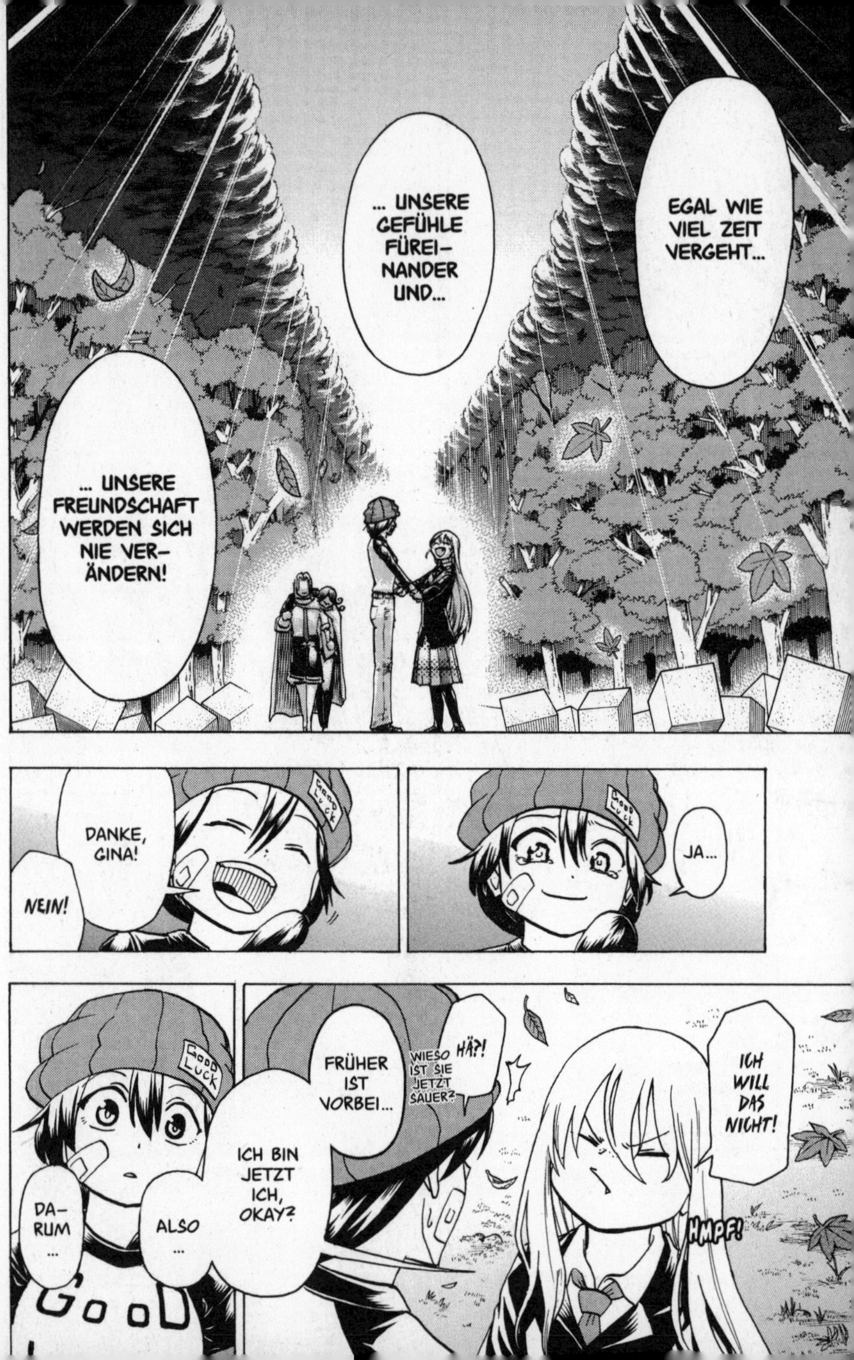
EGAL WIE VIEL ZEIT VERGEHT...
... UNSERE GEFÜHLE FÜREI-NANDER UND...
... UNSERE FREUNDSCHAFT WERDEN SICH NIE VER-ÄNDERN!
JA...
DANKE, GINA!
NEIN!
ICH WILL DAS NICHT!
HMPF!
HÄ?!
WIESO IST SIE JETZT SAUER?
FRÜHER IST VORBEI...
ICH BIN JETZT ICH, OKAY?
ALSO ...
DA-RUM ...

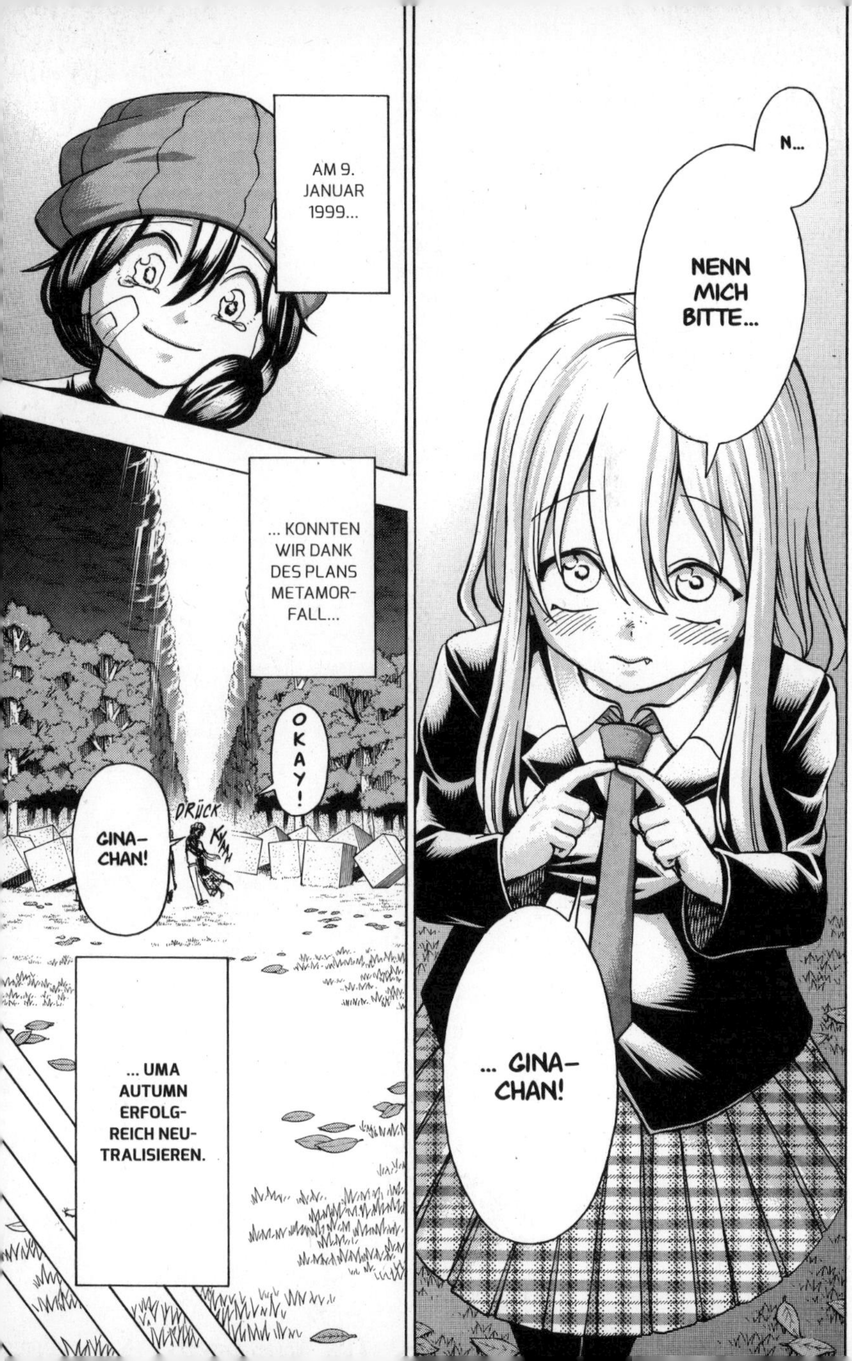
N...
NENN MICH BITTE...
... GINA-CHAN!
AM 9. JANUAR 1999...
... KONNTEN WIR DANK DES PLANS METAMOR-FALL...
OKAY!
GINA-CHAN!
DRÜCK
... UMA AUTUMN ERFOLG-REICH NEU-TRALISIEREN.

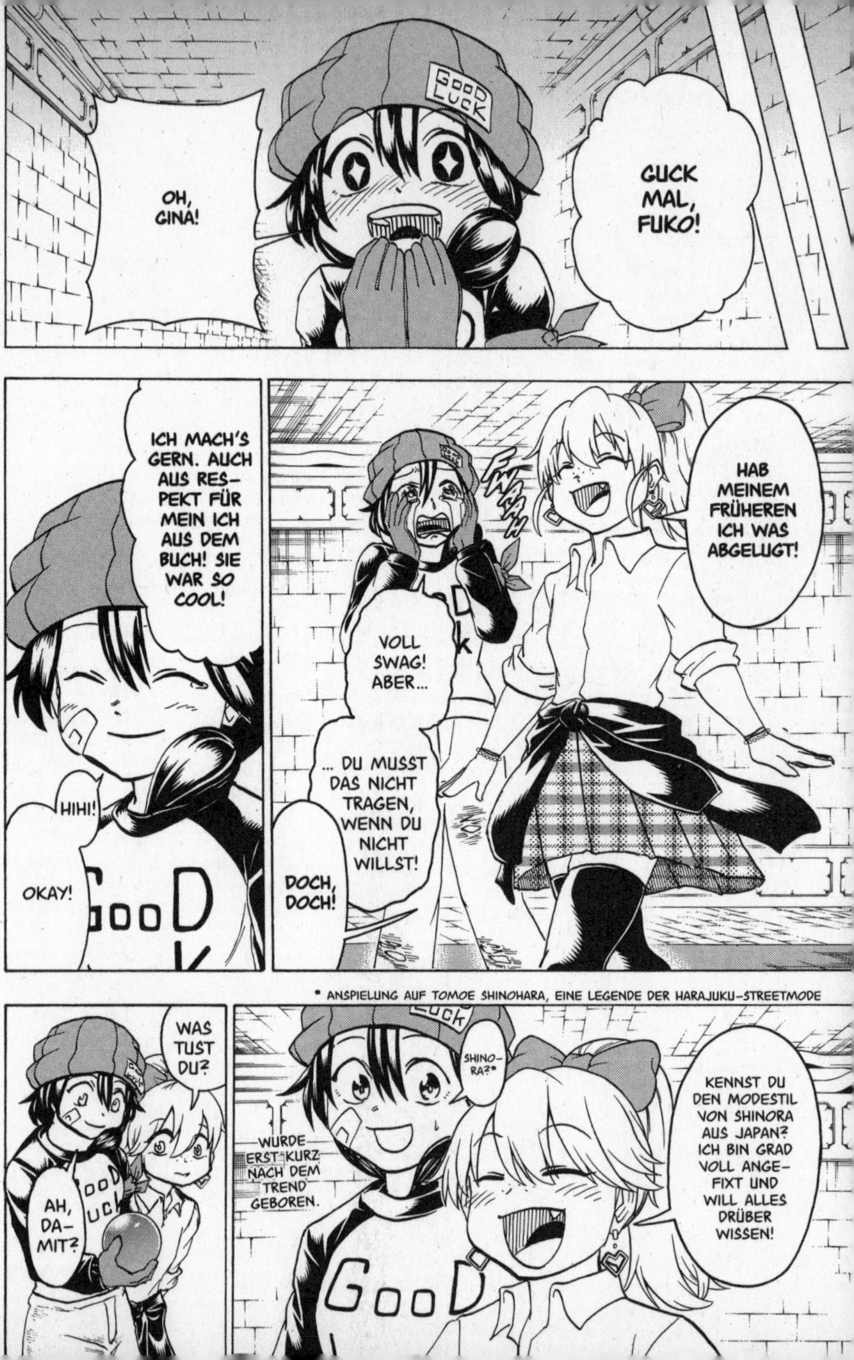

* ANSPIELUNG AUF TOMOE SHINOHARA, EINE LEGENDE DER HARAJUKU-STREETMODE

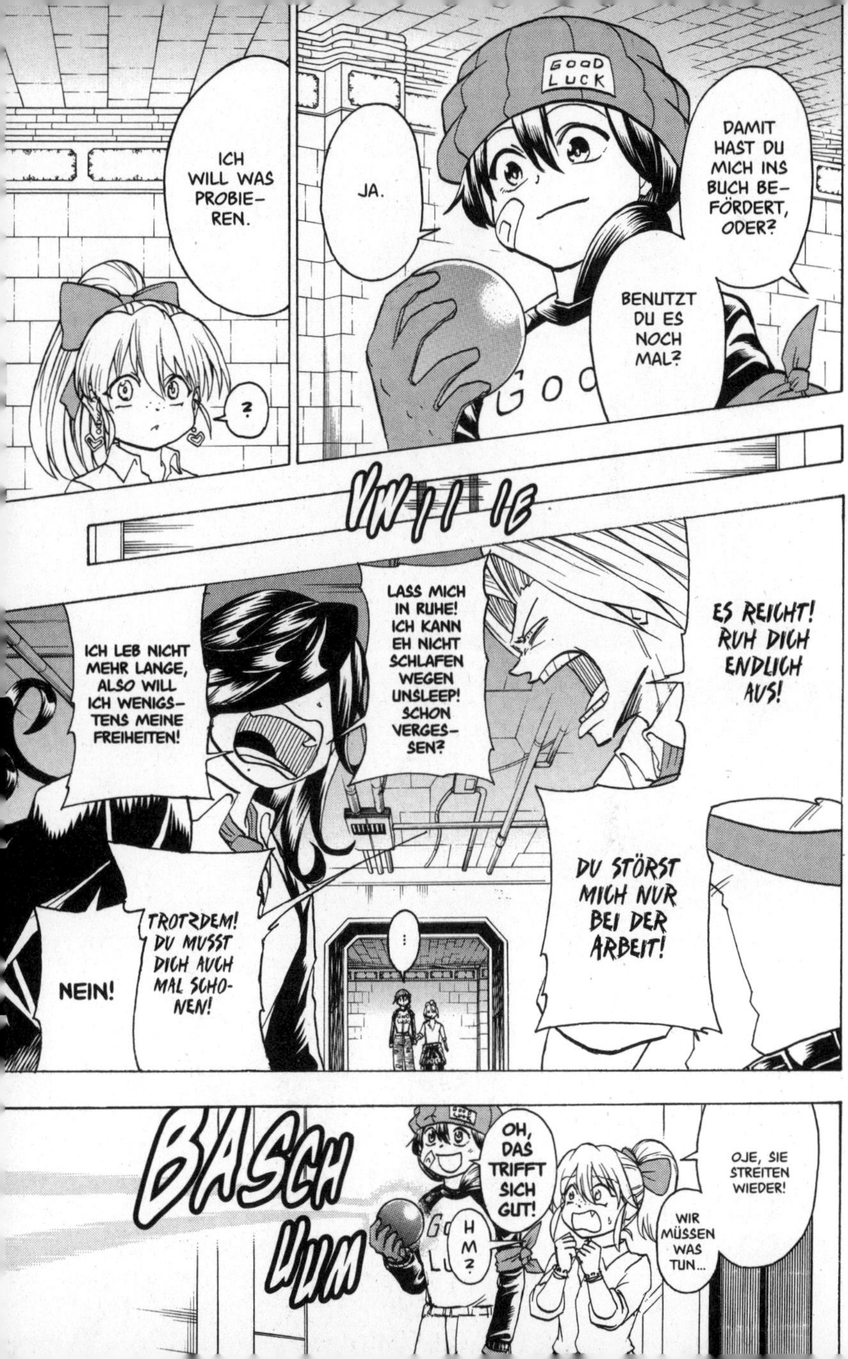
DAMIT HAST DU MICH INS BUCH BEFÖRDERT, ODER?
JA.
BENUTZT DU ES NOCH MAL?
ICH WILL WAS PROBIEREN.
?
VWIIIE
ES REICHT! RUH DICH ENDLICH AUS!
LASS MICH IN RUHE! ICH KANN EH NICHT SCHLAFEN WEGEN UNSLEEP! SCHON VERGESSEN?
ICH LEB NICHT MEHR LANGE, ALSO WILL ICH WENIGSTENS MEINE FREIHEITEN!
DU STÖRST MICH NUR BEI DER ARBEIT!
...
TROTZDEM! DU MUSST DICH AUCH MAL SCHONEN!
NEIN!
OJE, SIE STREITEN WIEDER!
WIR MÜSSEN WAS TUN...
OH, DAS TRIFFT SICH GUT!
HM?
BASCH
WUM

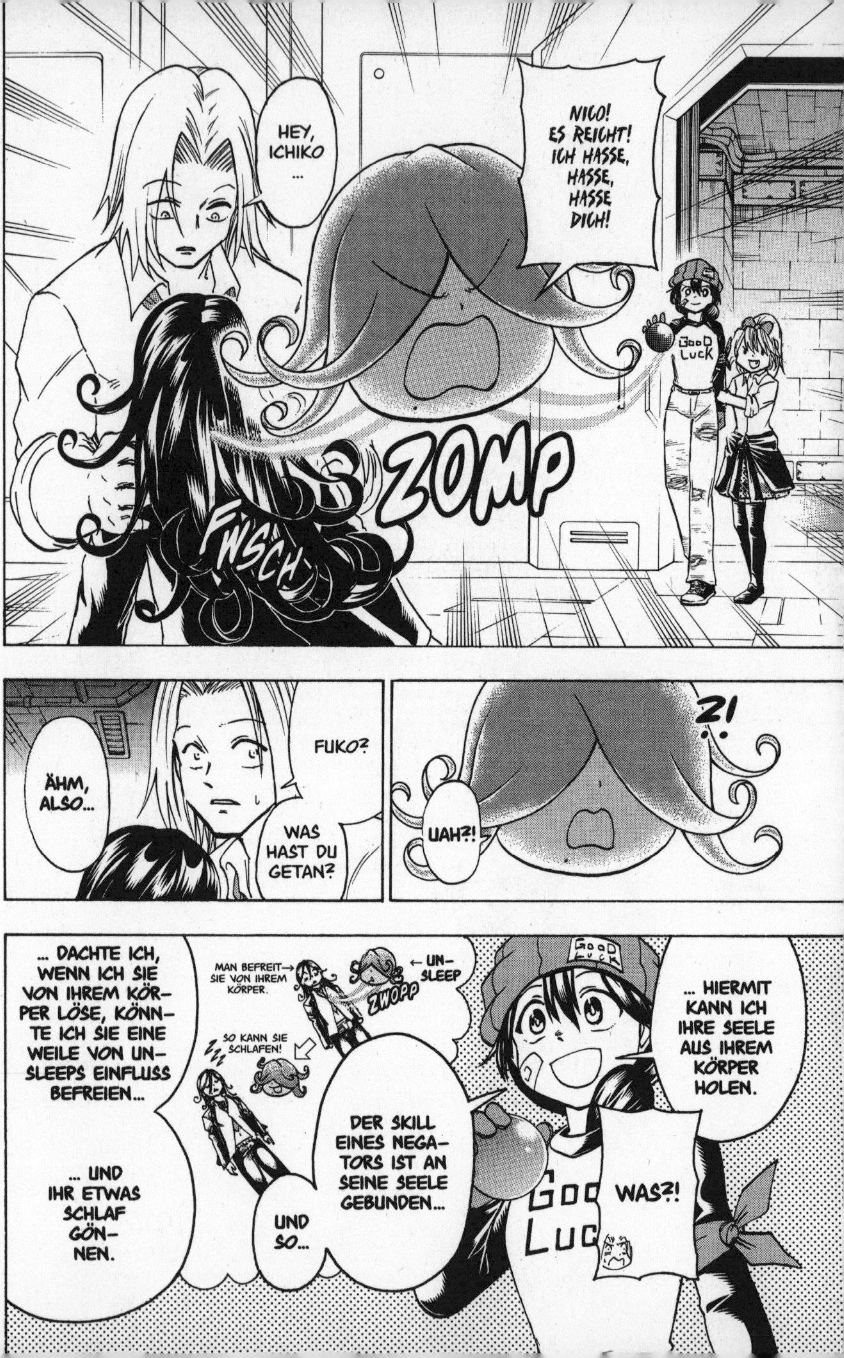
NICO! ES REICHT! ICH HASSE, HASSE, HASSE DICH!
HEY, ICHIKO ...
ZOMP
FWSCH
Z!
UAH?!
FUKO?
WAS HAST DU GETAN?
ÄHM, ALSO...
... HIERMIT KANN ICH IHRE SEELE AUS IHREM KÖRPER HOLEN.
WAS?!
DER SKILL EINES NEGATORS IST AN SEINE SEELE GEBUNDEN...
UND SO...
... DACHTE ICH, WENN ICH SIE VON IHREM KÖRPER LÖSE, KÖNNTE ICH SIE EINE WEILE VON UNSLEEPS EINFLUSS BEFREIEN...
... UND IHR ETWAS SCHLAF GÖNNEN.
MAN BEFREIT SIE VON IHREM KÖRPER.
UNSLEEP
ZWOPP
SO KANN SIE SCHLAFEN!
GOOD LUCK

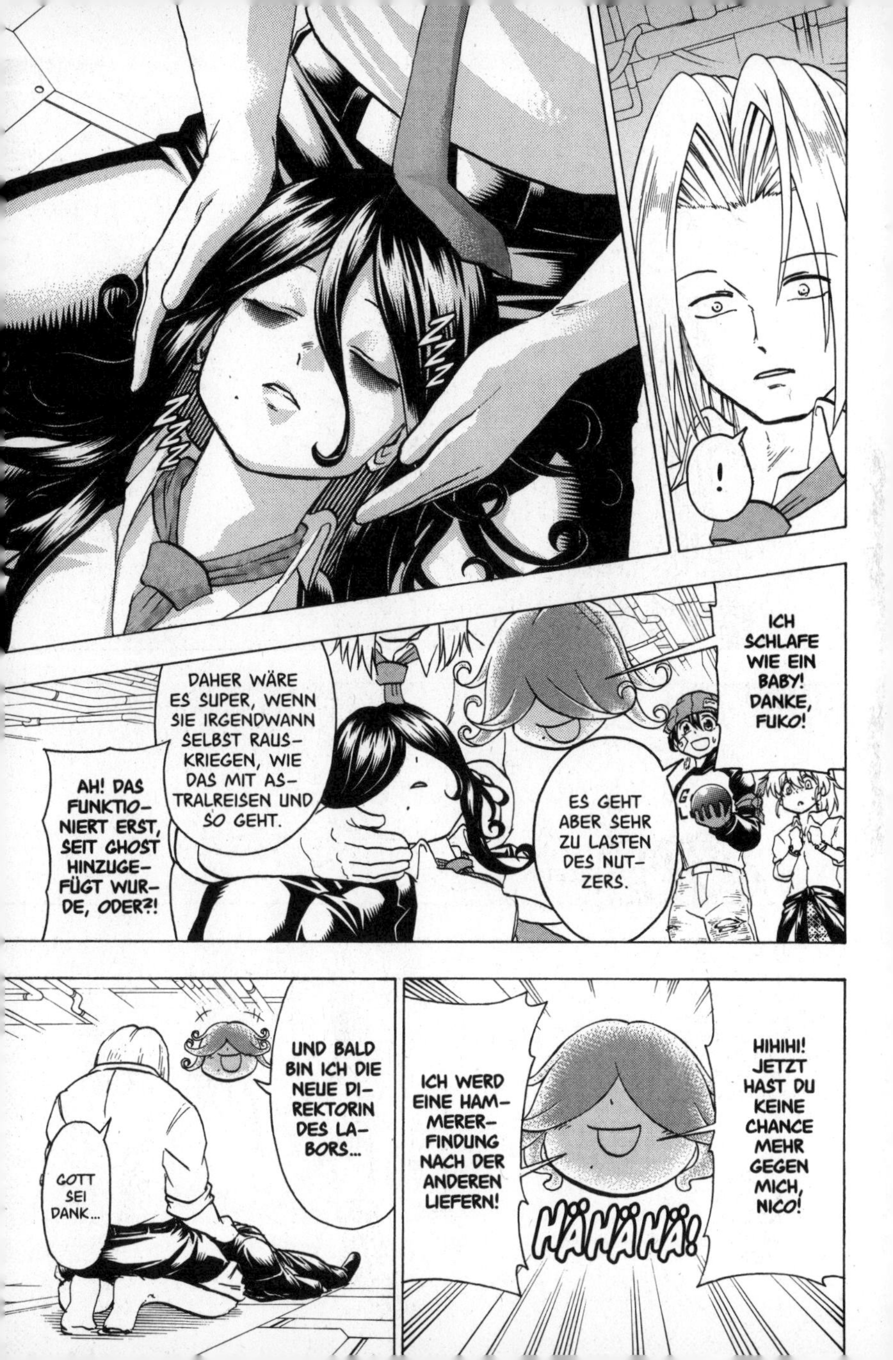
ZZZ
ZZZ
!
ICH SCHLAFE WIE EIN BABY! DANKE, FUKO!
ES GEHT ABER SEHR ZU LASTEN DES NUTZERS.
DAHER WÄRE ES SUPER, WENN SIE IRGENDWANN SELBST RAUSKRIEGEN, WIE DAS MIT ASTRALREISEN UND SO GEHT.
AH! DAS FUNKTIONIERT ERST, SEIT GHOST HINZUGEFÜGT WURDE, ODER?!
HIHIHI! JETZT HAST DU KEINE CHANCE MEHR GEGEN MICH, NICO!
ICH WERD EINE HAMMERERFINDUNG NACH DER ANDEREN LIEFERN!
HÄHÄHÄ!
UND BALD BIN ICH DIE NEUE DIREKTORIN DES LABORS...
GOTT SEI DANK...

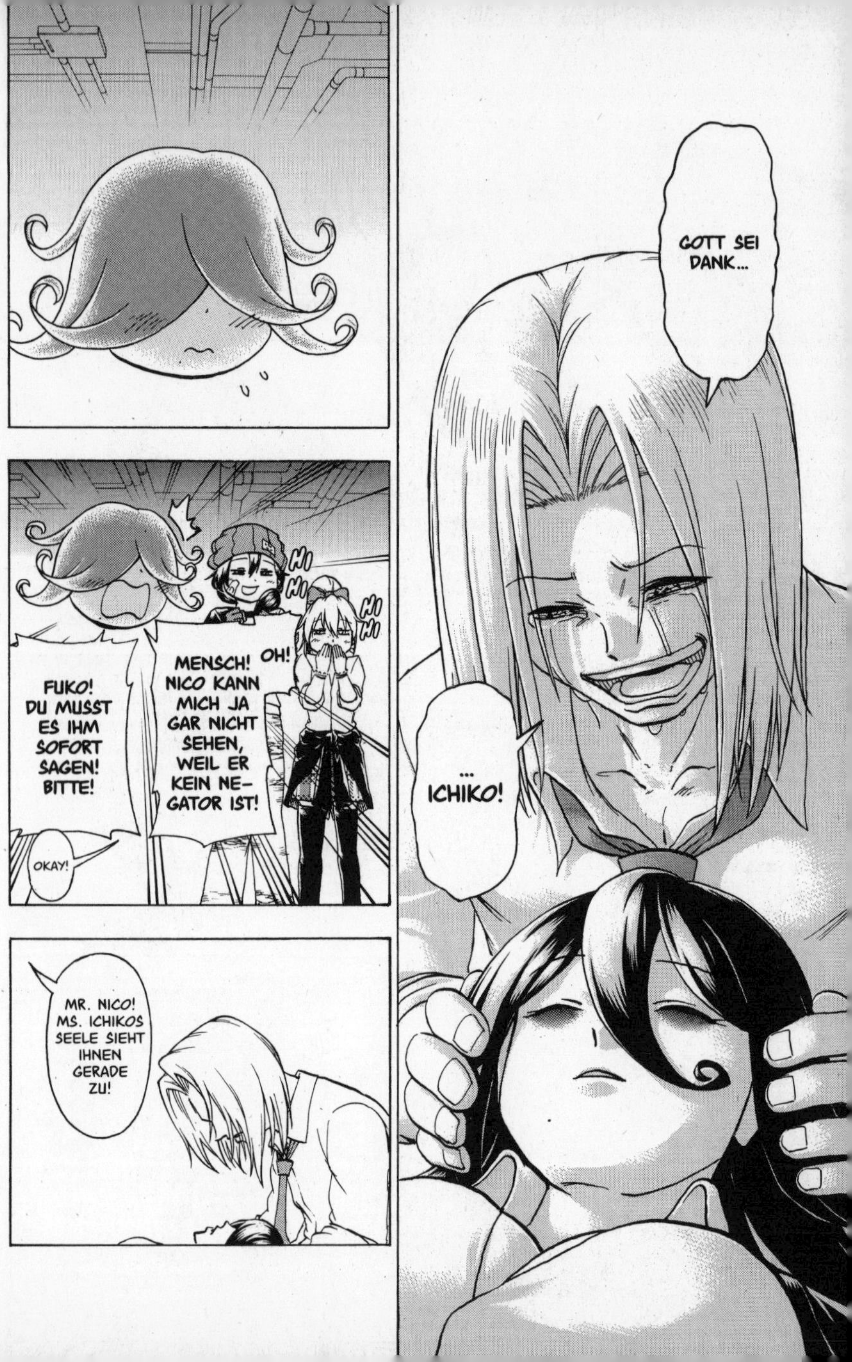
HI HI
HI HI
OH!
MENSCH! NICO KANN MICH JA GAR NICHT SEHEN, WEIL ER KEIN NEGATOR IST!
FUKO! DU MUSST ES IHM SOFORT SAGEN! BITTE!
OKAY!
MR. NICO! MS. ICHIKOS SEELE SIEHT IHNEN GERADE ZU!
GOTT SEI DANK...
... ICHIKO!

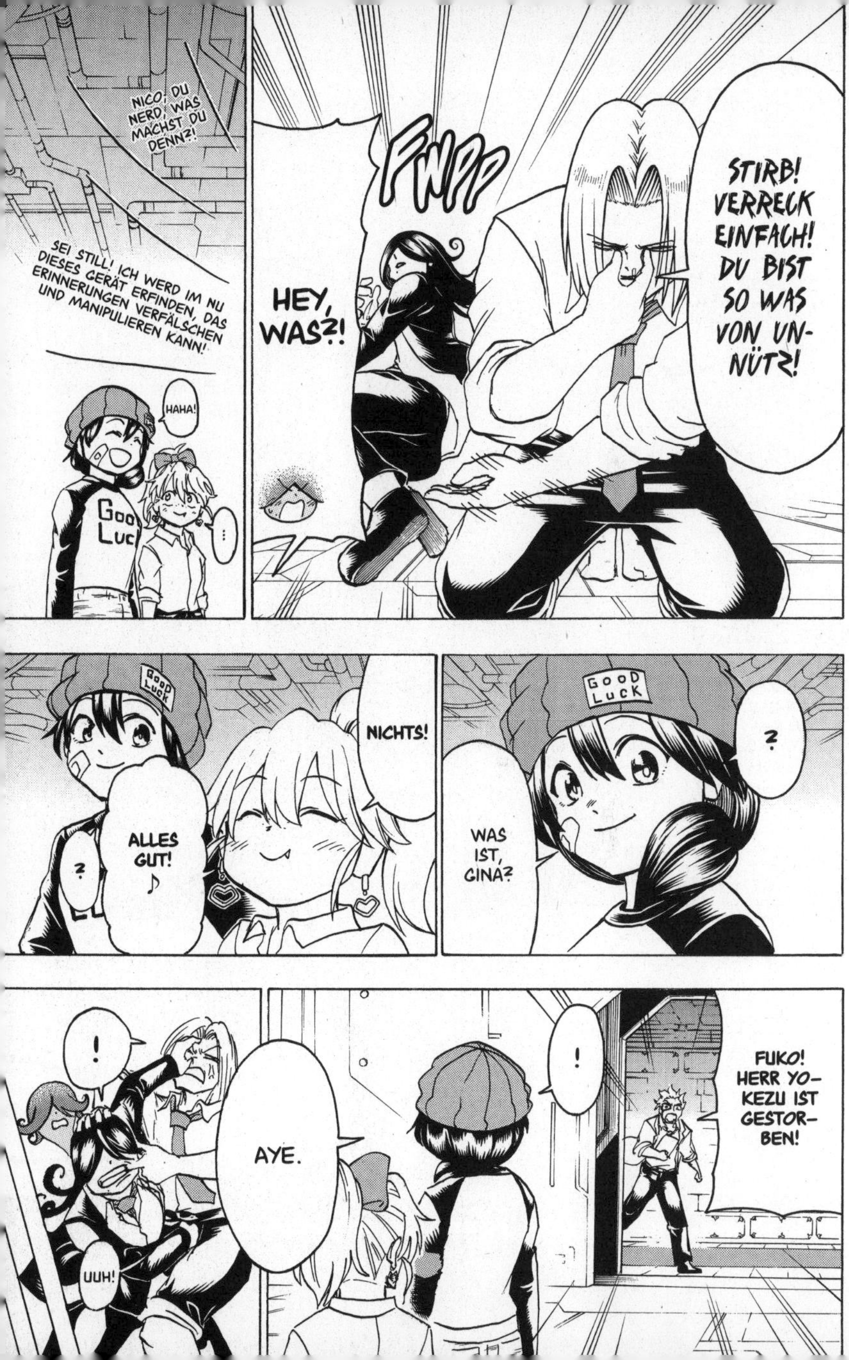
STIRB! VERRECK EINFACH! DU BIST SO WAS VON UN-NÜTZ?!
FWPP
HEY, WAS?!
NICO, DU NERD, WAS MACHST DU DENN?!
SEI STILL! ICH WERD IM NU DIESES GERÄT ERFINDEN, DAS ERINNERUNGEN VERFÄLSCHEN UND MANIPULIEREN KANN!
HAHA!
...
GOOD LUCK
?
WAS IST, GINA?
NICHTS!
ALLES GUT! ♪
?
FUKO! HERR YO-KEZU IST GESTOR-BEN!
!
AYE.
!
UUH!

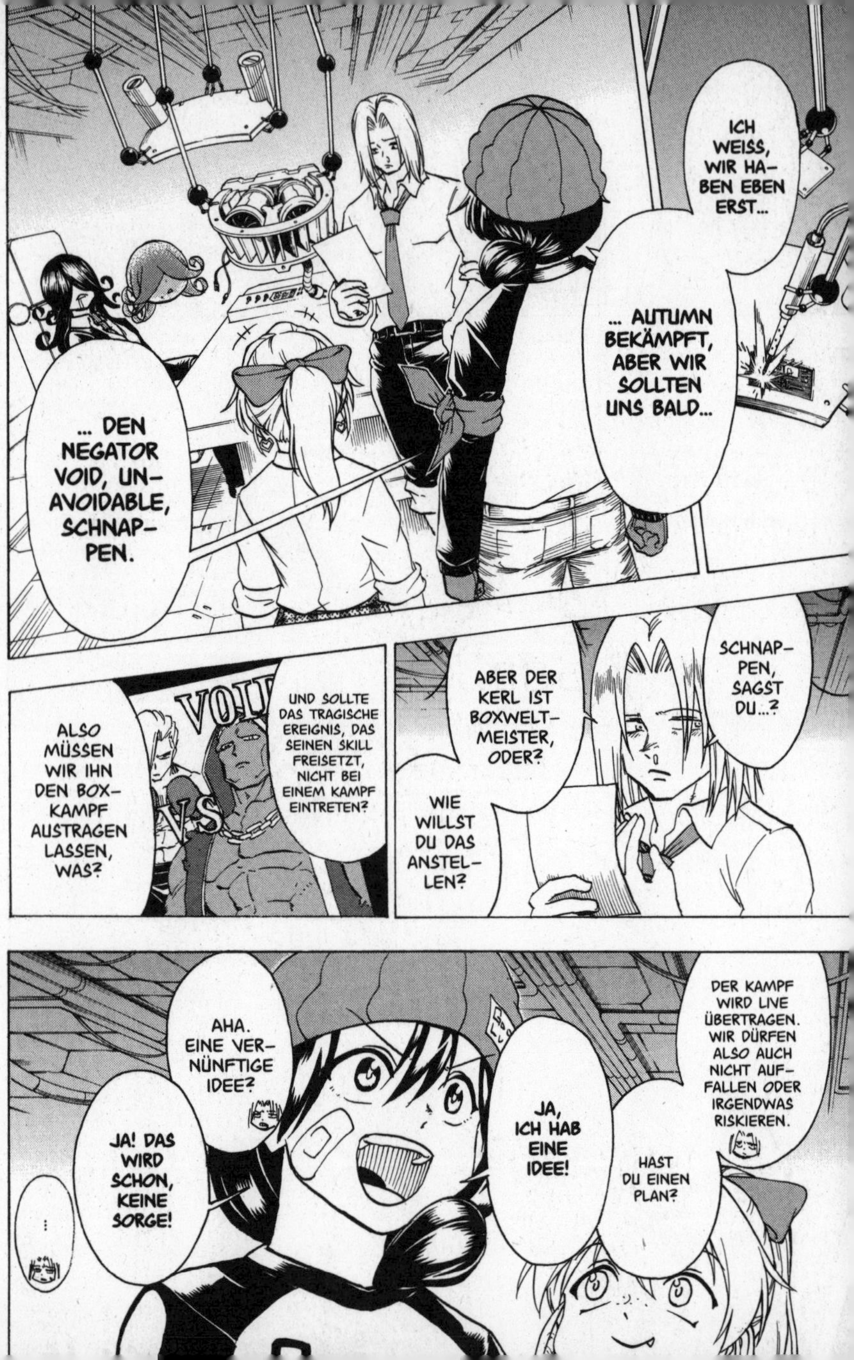
ICH WEISS, WIR HABEN EBEN ERST...
... AUTUMN BEKÄMPFT, ABER WIR SOLLTEN UNS BALD...
... DEN NEGATOR VOID, UNAVOIDABLE, SCHNAPPEN.
SCHNAPPEN, SAGST DU...?
ABER DER KERL IST BOXWELTMEISTER, ODER?
WIE WILLST DU DAS ANSTELLEN?
UND SOLLTE DAS TRAGISCHE EREIGNIS, DAS SEINEN SKILL FREISETZT, NICHT BEI EINEM KAMPF EINTRETEN?
VOID
VS
ALSO MÜSSEN WIR IHN DEN BOXKAMPF AUSTRAGEN LASSEN, WAS?
DER KAMPF WIRD LIVE ÜBERTRAGEN. WIR DÜRFEN ALSO AUCH NICHT AUFFALLEN ODER IRGENDWAS RISKIEREN.
HAST DU EINEN PLAN?
JA, ICH HAB EINE IDEE!
AHA. EINE VERNÜNFTIGE IDEE?
JA! DAS WIRD SCHON, KEINE SORGE!
...

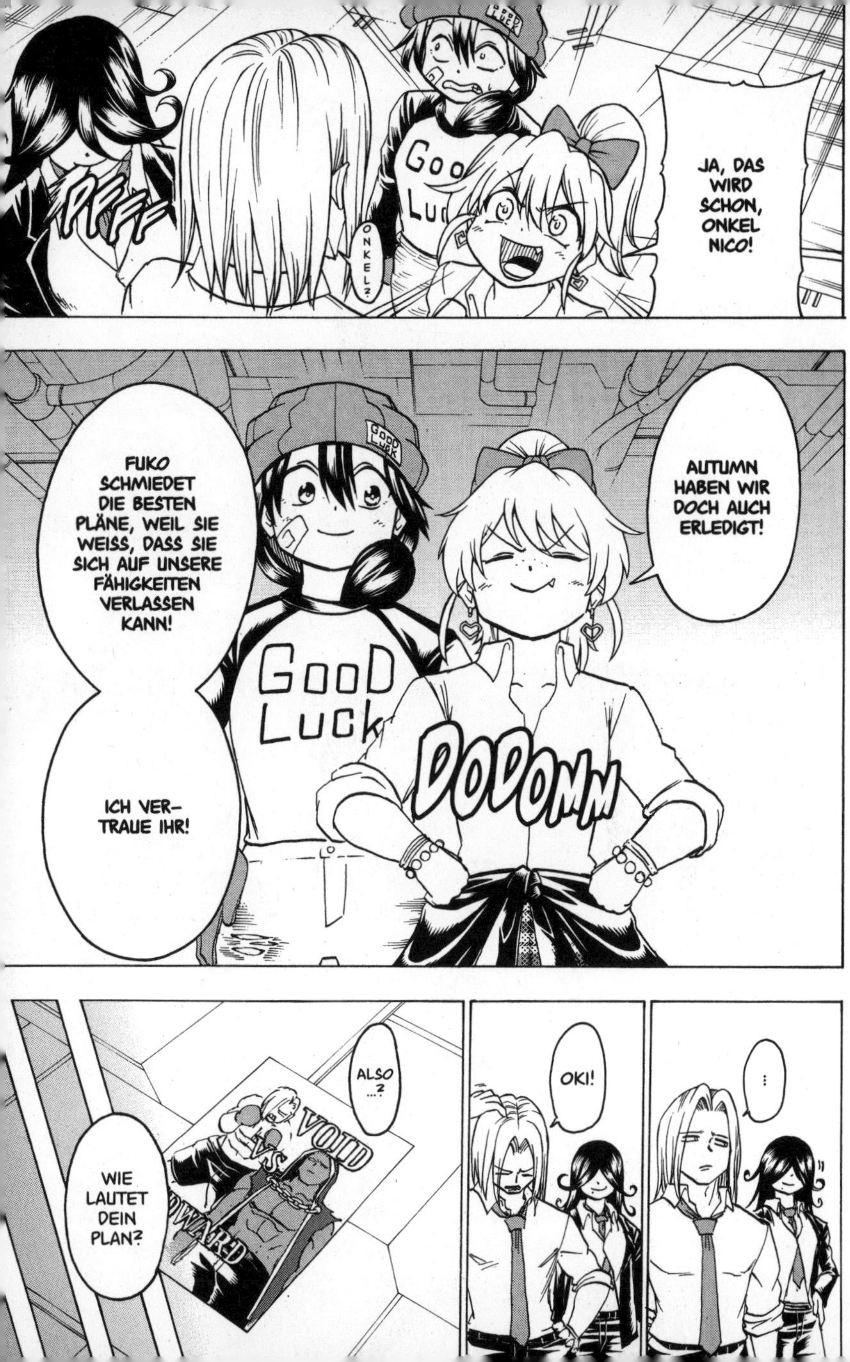
JA, DAS WIRD SCHON, ONKEL NICO!
ONKEL?
PFFF
AUTUMN HABEN WIR DOCH AUCH ERLEDIGT!
FUKO SCHMIEDET DIE BESTEN PLÄNE, WEIL SIE WEISS, DASS SIE SICH AUF UNSERE FÄHIGKEITEN VERLASSEN KANN!
ICH VER-TRAUE IHR!
DODOMM
GOOD LUCK
...
OKI!
ALSO ...?
WIE LAUTET DEIN PLAN?

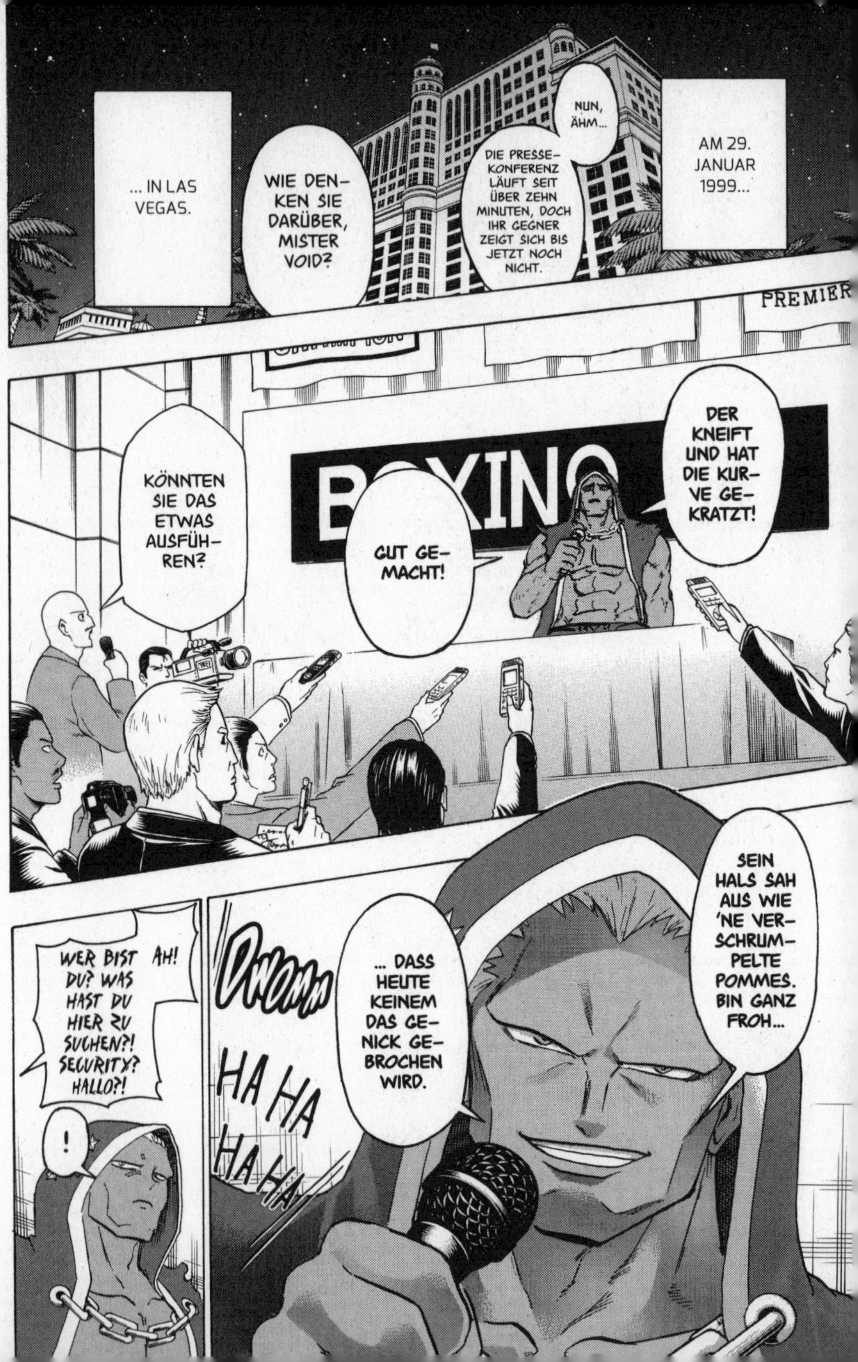
AM 29. JANUAR 1999...
NUN, ÄHM...
DIE PRESSE-KONFERENZ LÄUFT SEIT ÜBER ZEHN MINUTEN, DOCH IHR GEGNER ZEIGT SICH BIS JETZT NOCH NICHT.
WIE DEN-KEN SIE DARÜBER, MISTER VOID?
... IN LAS VEGAS.
PREMIER
BOXING
DER KNEIFT UND HAT DIE KUR-VE GE-KRATZT!
GUT GE-MACHT!
KÖNNTEN SIE DAS ETWAS AUSFÜH-REN?
SEIN HALS SAH AUS WIE 'NE VER-SCHRUM-PELTE POMMES. BIN GANZ FROH...
... DASS HEUTE KEINEM DAS GE-NICK GE-BROCHEN WIRD.
HA HA HA HA
AH!
WER BIST DU? WAS HAST DU HIER ZU SUCHEN?! SECURITY? HALLO?!
!

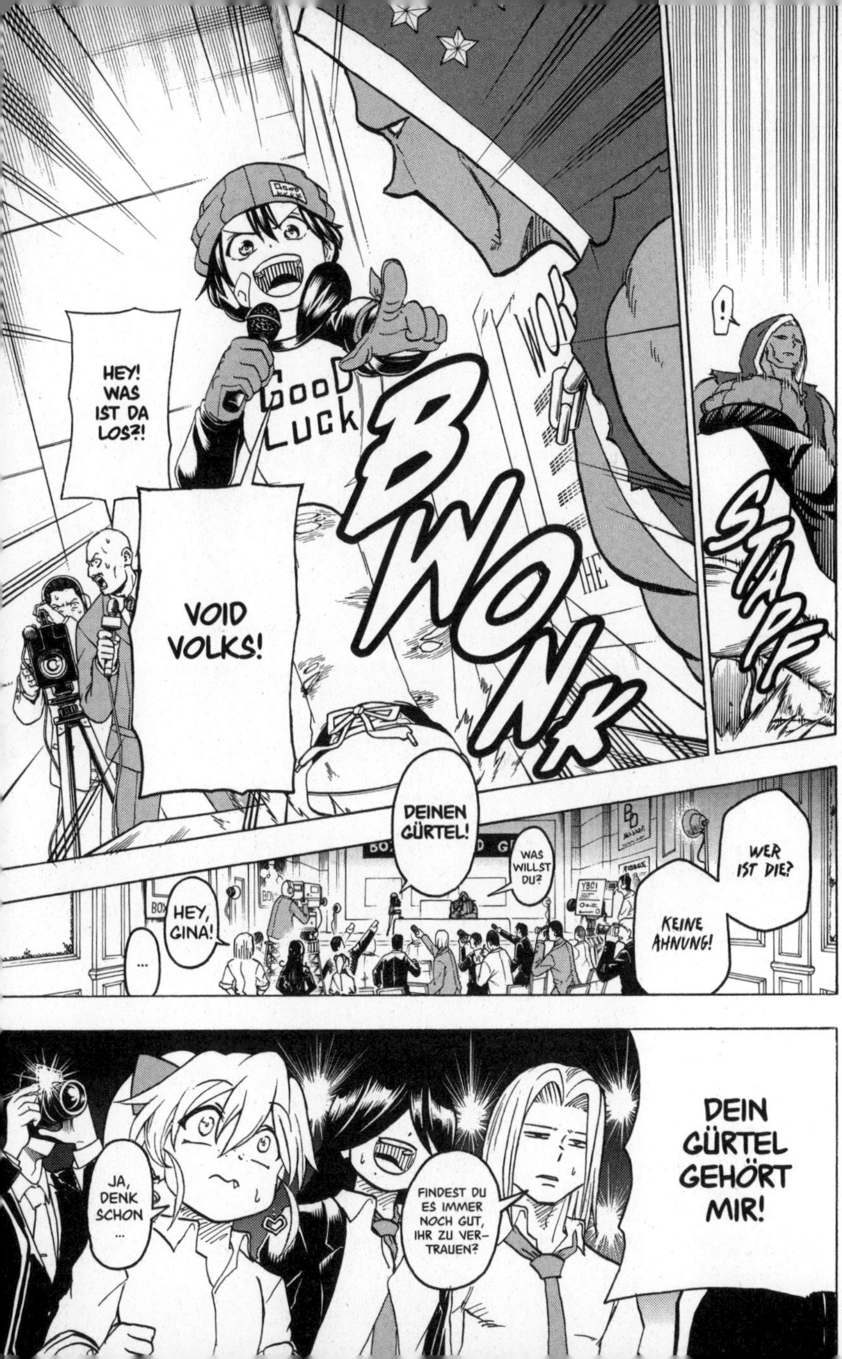

!
HEY! WAS IST DA LOS?!
VOID VOLKS!
BWONK
STAPF
WER IST DIE?
KEINE AHNUNG!
WAS WILLST DU?
DEINEN GÜRTEL!
HEY, GINA!
...
DEIN GÜRTEL GEHÖRT MIR!
FINDEST DU ES IMMER NOCH GUT, IHR ZU VERTRAUEN?
JA, DENK SCHON ...

UNDEAD UNLUCK BEFORE & AFTER

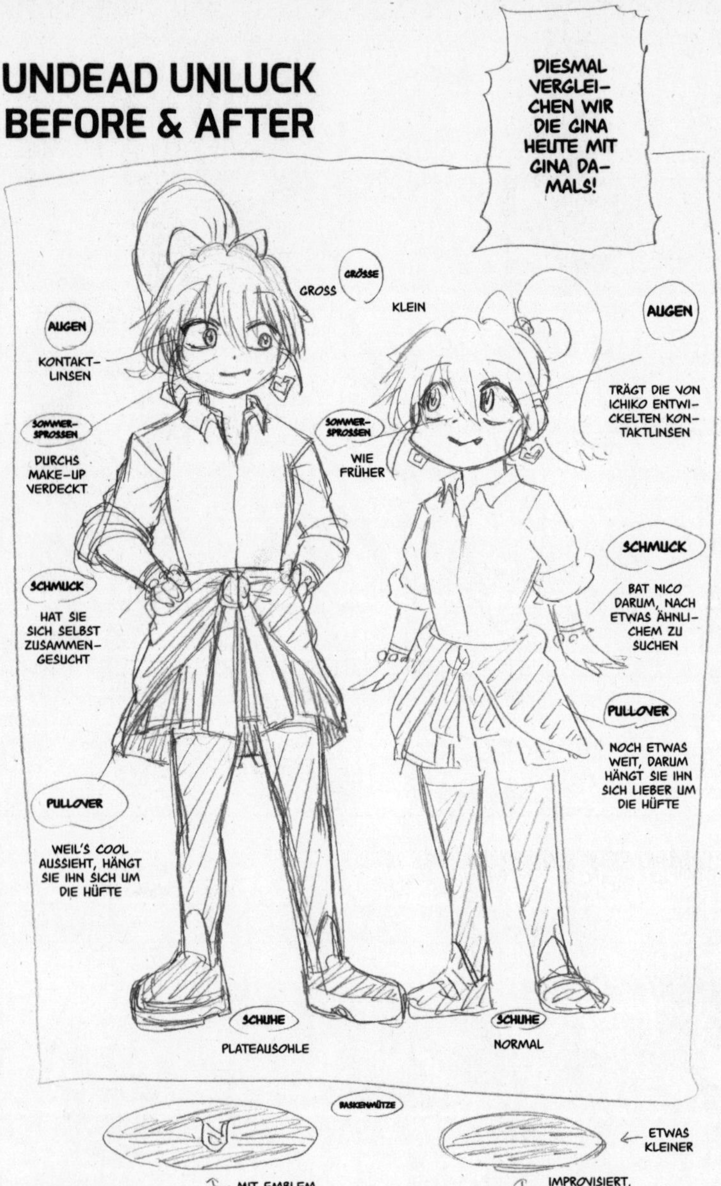

TWITTER-POST

No. 142 FACE OFF

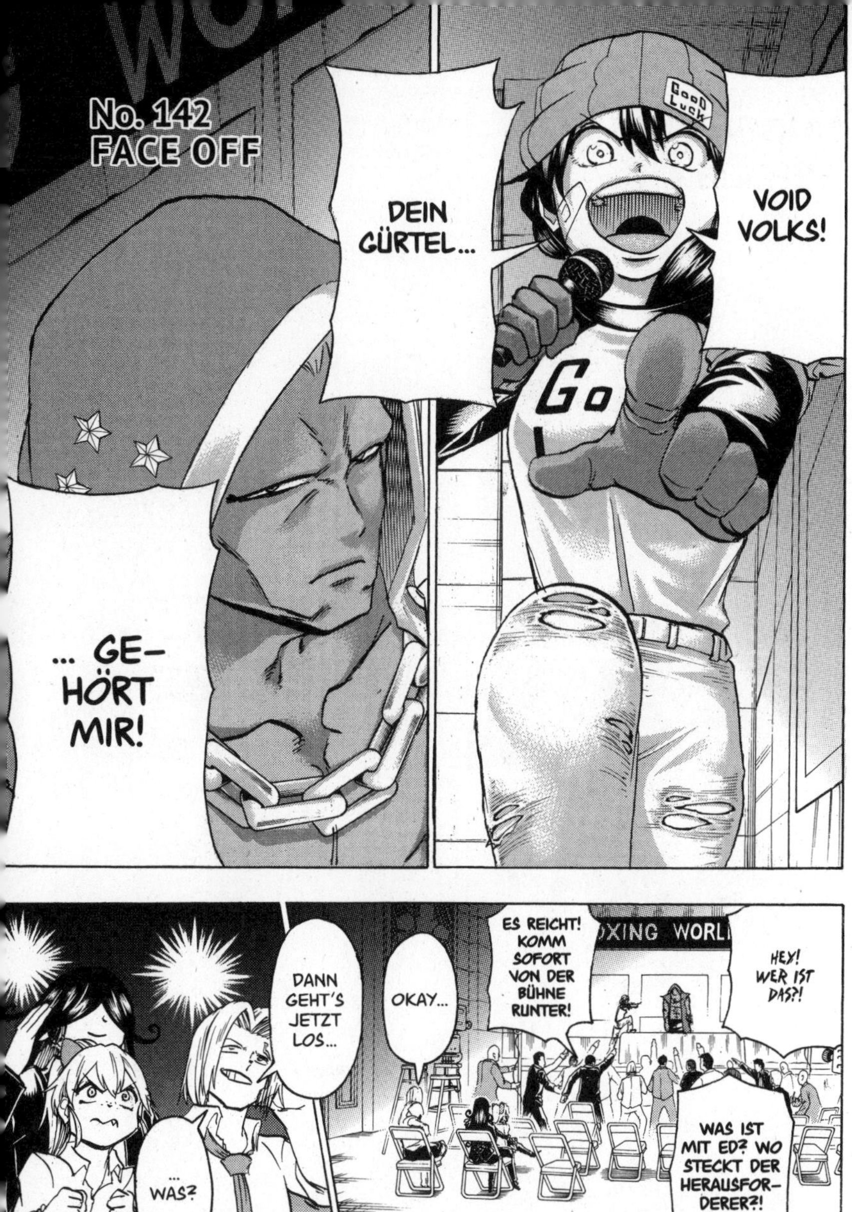

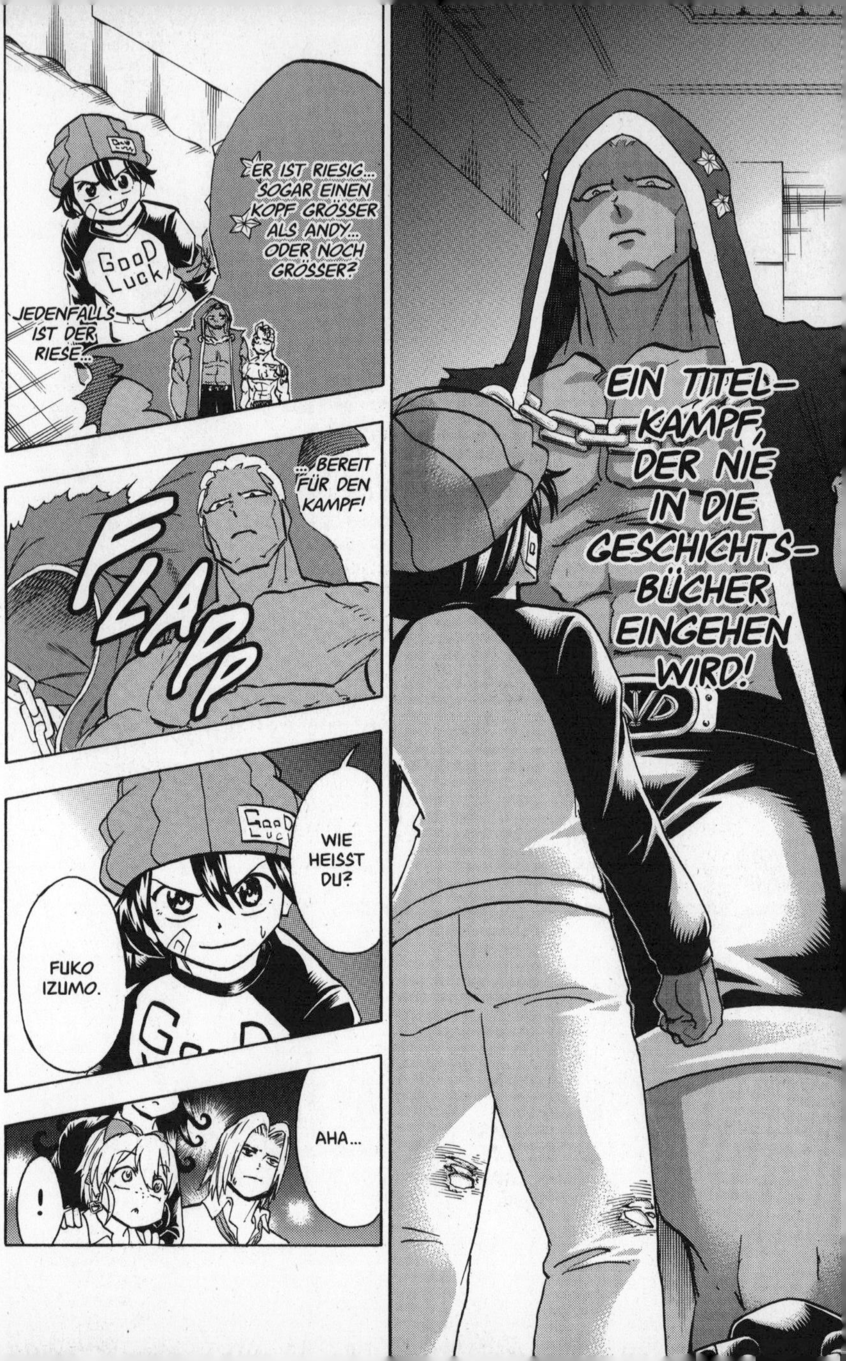
ER IST RIESIG... SOGAR EINEN KOPF GRÖSSER ALS ANDY... ODER NOCH GRÖSSER?
JEDENFALLS IST DER RIESE...
... BEREIT FÜR DEN KAMPF!
FLAPP
WIE HEISST DU?
FUKO IZUMO.
AHA...
!
EIN TITELKAMPF, DER NIE IN DIE GESCHICHTSBÜCHER EINGEHEN WIRD!

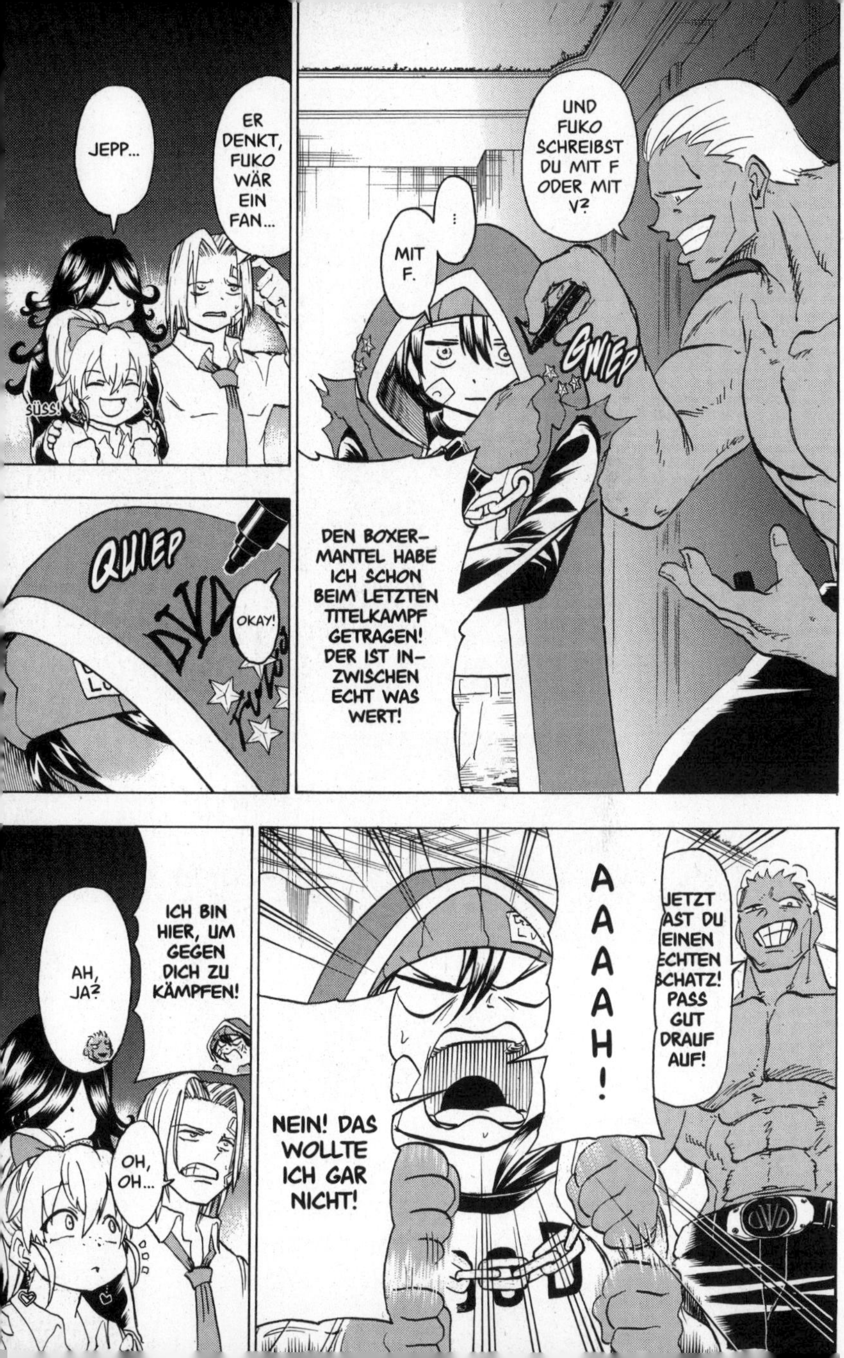
UND FUKO SCHREIBST DU MIT F ODER MIT V?
...
MIT F.
GWIEP
DEN BOXERMANTEL HABE ICH SCHON BEIM LETZTEN TITELKAMPF GETRAGEN! DER IST INZWISCHEN ECHT WAS WERT!
ER DENKT, FUKO WÄR EIN FAN...
JEPP...
SÜSS!
QUIEP
DVD
OKAY!
JETZT HAST DU EINEN ECHTEN SCHATZ! PASS GUT DRAUF AUF!
AAAAAH!
NEIN! DAS WOLLTE ICH GAR NICHT!
ICH BIN HIER, UM GEGEN DICH ZU KÄMPFEN!
AH, JA?
OH, OH...

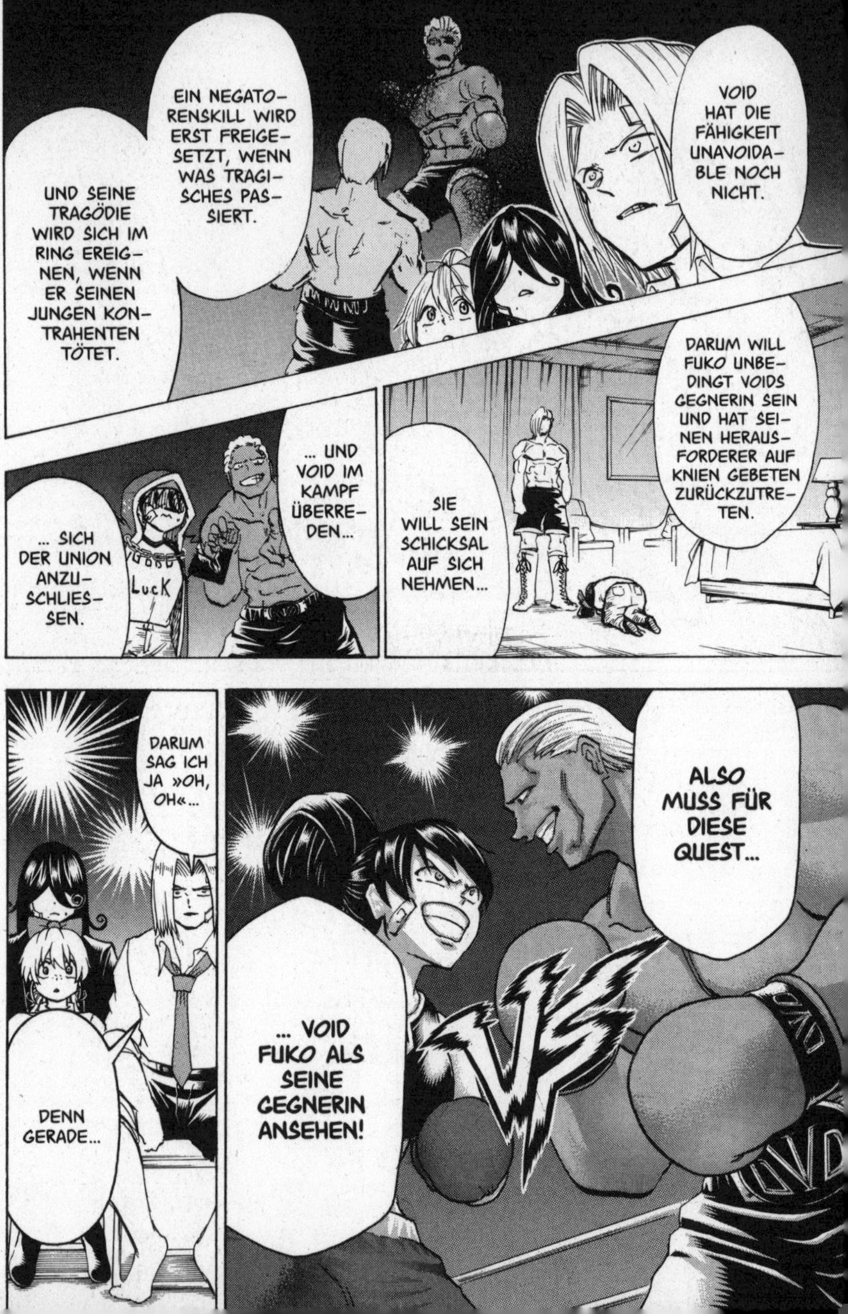
VOID HAT DIE FÄHIGKEIT UNAVOIDABLE NOCH NICHT.
EIN NEGATORENSKILL WIRD ERST FREIGESETZT, WENN WAS TRAGISCHES PASSIERT.
UND SEINE TRAGÖDIE WIRD SICH IM RING EREIGNEN, WENN ER SEINEN JUNGEN KONTRAHENTEN TÖTET.
DARUM WILL FUKO UNBEDINGT VOIDS GEGNERIN SEIN UND HAT SEINEN HERAUSFORDERER AUF KNIEN GEBETEN ZURÜCKZUTRETEN.
SIE WILL SEIN SCHICKSAL AUF SICH NEHMEN...
... UND VOID IM KAMPF ÜBERREDEN...
... SICH DER UNION ANZUSCHLIESSEN.
ALSO MUSS FÜR DIESE QUEST...
... VOID FUKO ALS SEINE GEGNERIN ANSEHEN!
DARUM SAG ICH JA »OH, OH«...
DENN GERADE...

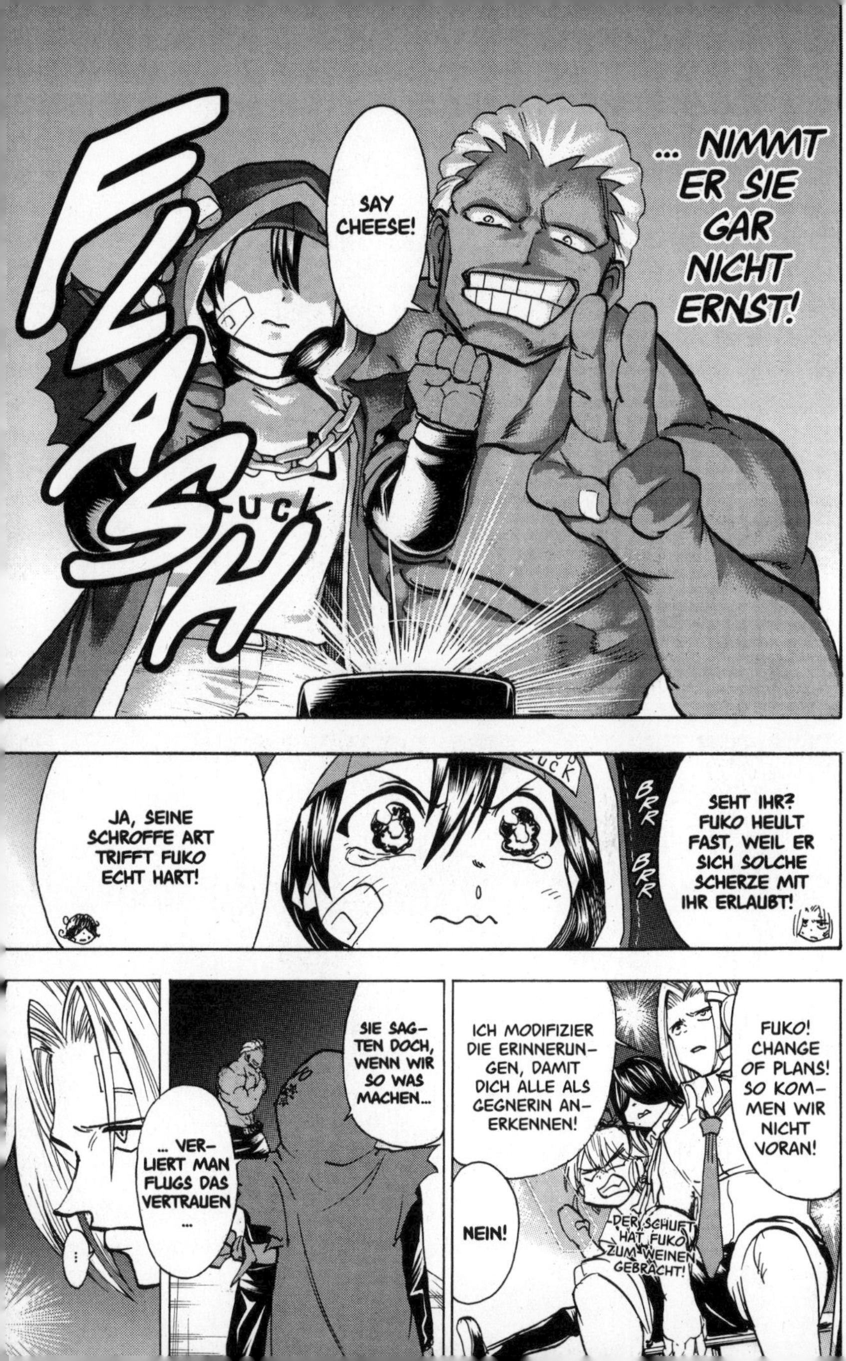

... NIMMT ER SIE GAR NICHT ERNST!
SAY CHEESE!
FLASH
SEHT IHR? FUKO HEULT FAST, WEIL ER SICH SOLCHE SCHERZE MIT IHR ERLAUBT!
BRR BRR
JA, SEINE SCHROFFE ART TRIFFT FUKO ECHT HART!
FUKO! CHANGE OF PLANS! SO KOMMEN WIR NICHT VORAN!
DER SCHUFT HAT FUKO ZUM WEINEN GEBRACHT!
ICH MODIFIZIER DIE ERINNERUNGEN, DAMIT DICH ALLE ALS GEGNERIN ANERKENNEN!
NEIN!
SIE SAGTEN DOCH, WENN WIR SO WAS MACHEN...
... VERLIERT MAN FLUGS DAS VERTRAUEN ...
...

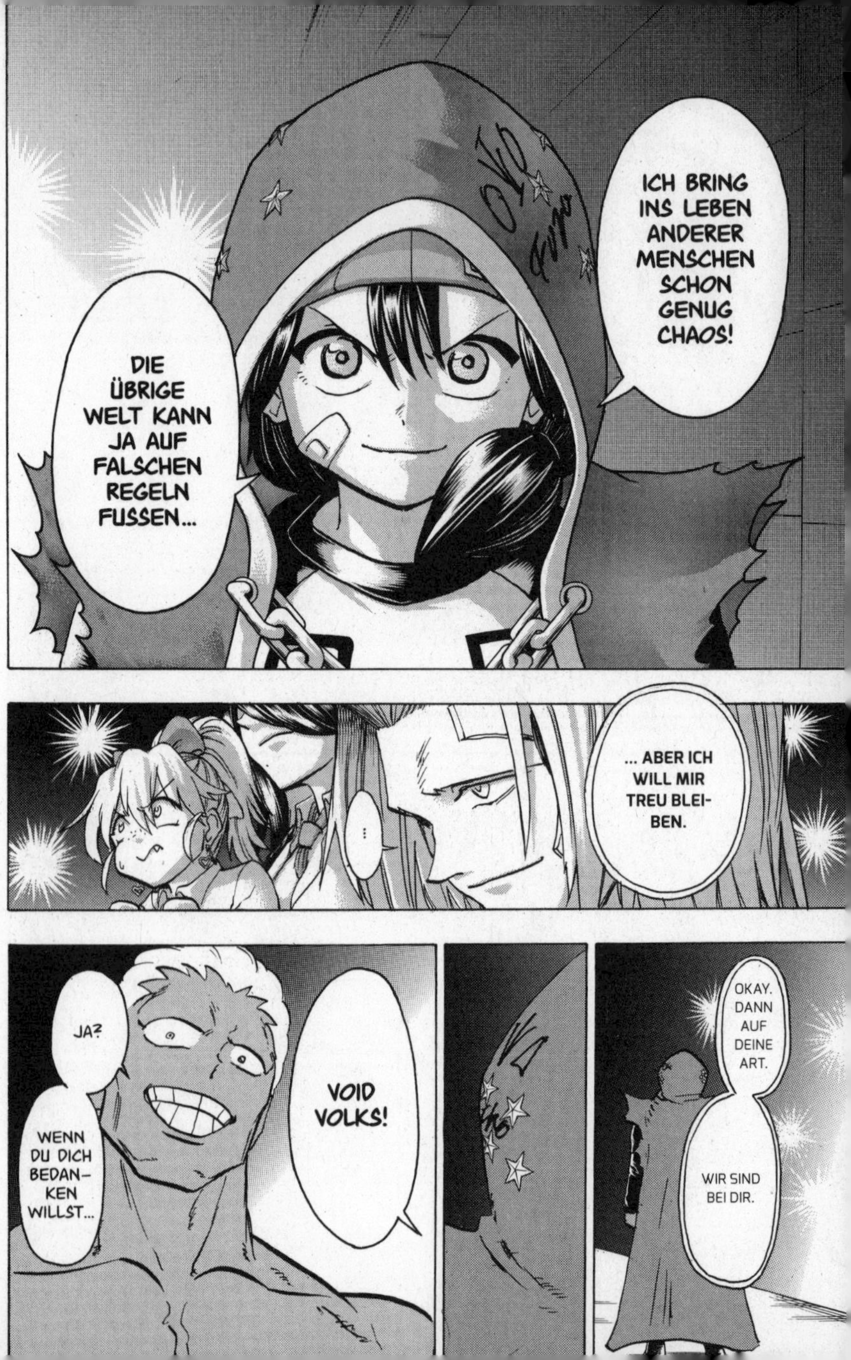
ICH BRING INS LEBEN ANDERER MENSCHEN SCHON GENUG CHAOS!
DIE ÜBRIGE WELT KANN JA AUF FALSCHEN REGELN FUSSEN...
... ABER ICH WILL MIR TREU BLEI-BEN.
...
OKAY. DANN AUF DEINE ART.
WIR SIND BEI DIR.
VOID VOLKS!
JA?
WENN DU DICH BEDAN-KEN WILLST...

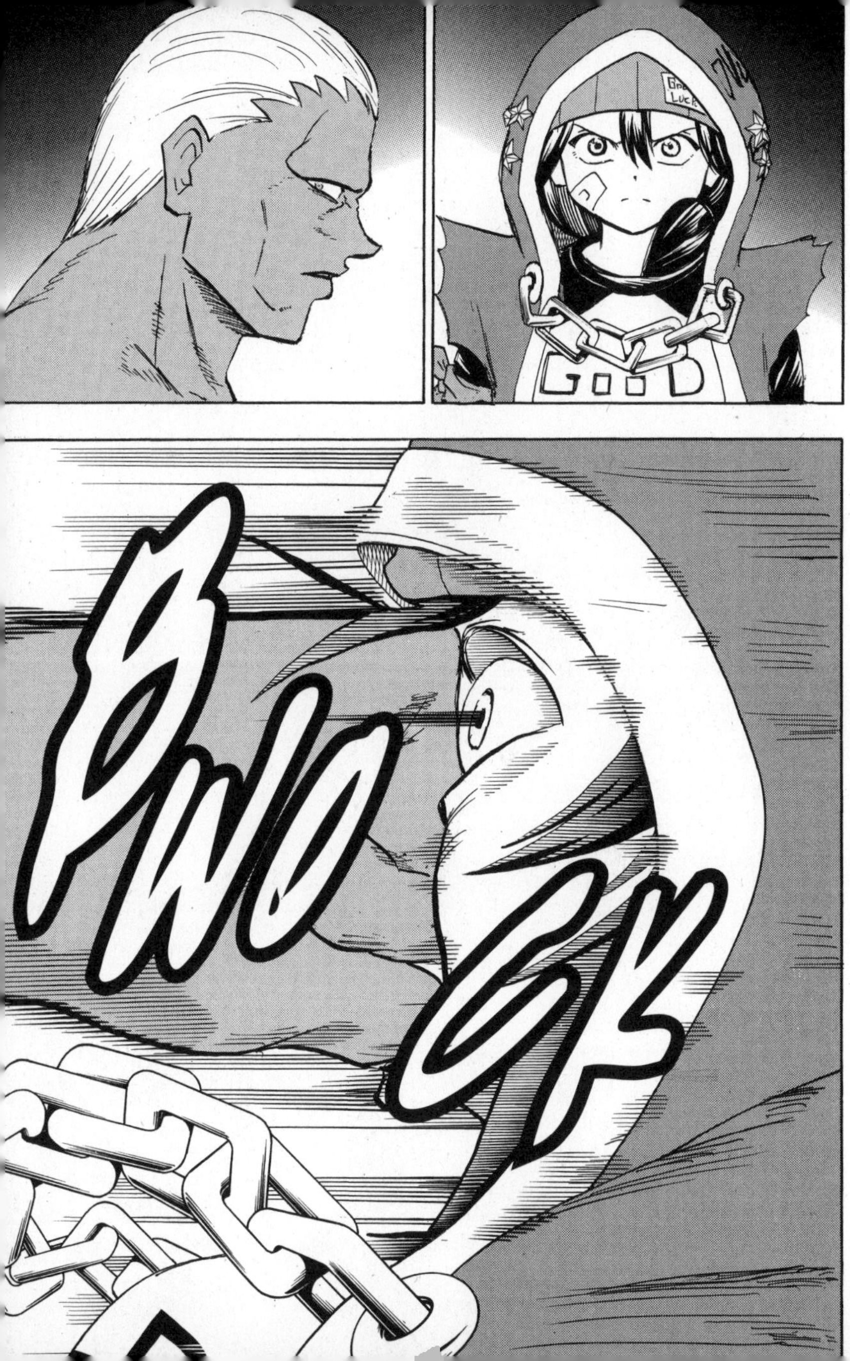
GOOD

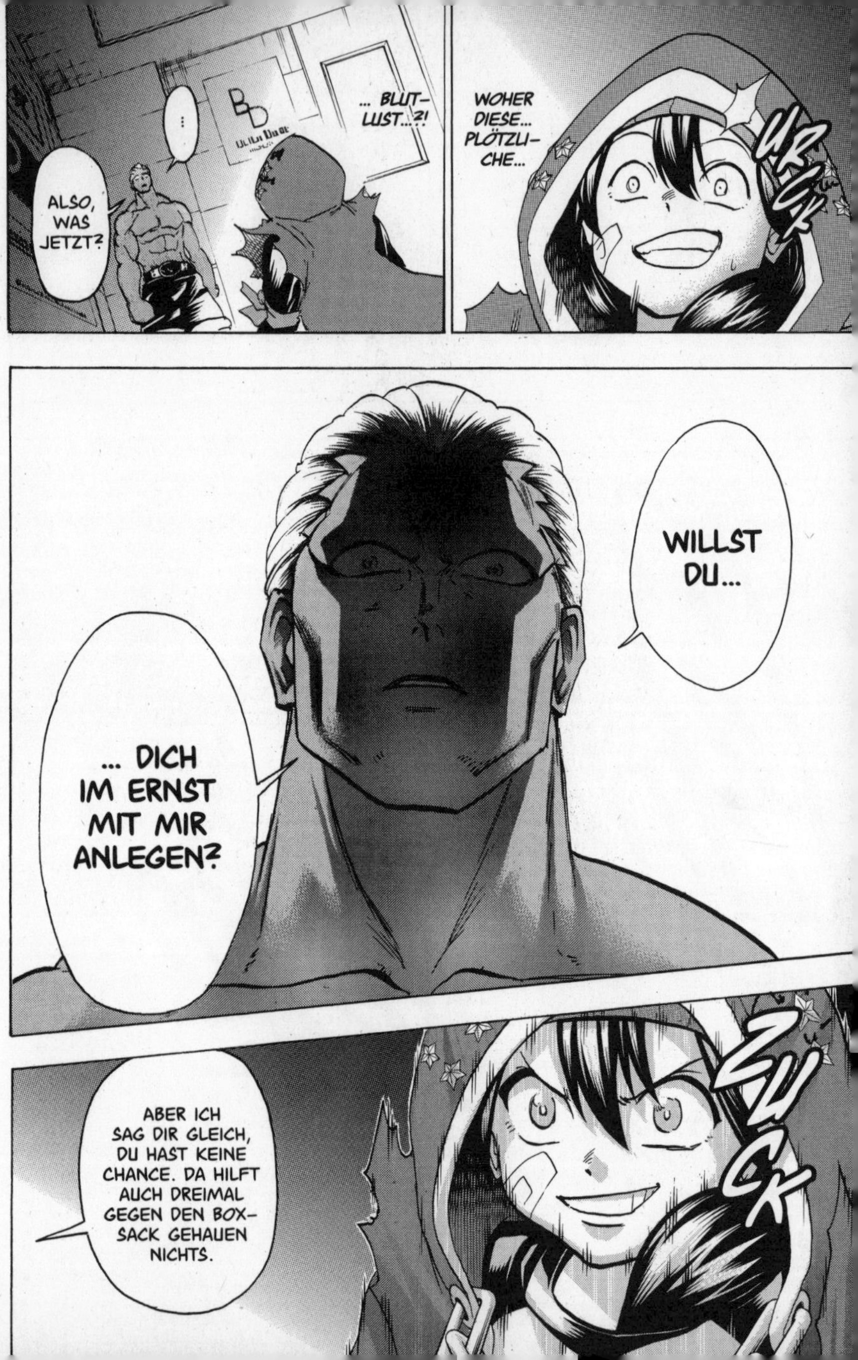
WOHER DIESE... PLÖTZLICHE...
... BLUT-LUST...?!
...
ALSO, WAS JETZT?
WILLST DU...
... DICH IM ERNST MIT MIR ANLEGEN?
ABER ICH SAG DIR GLEICH, DU HAST KEINE CHANCE. DA HILFT AUCH DREIMAL GEGEN DEN BOX-SACK GEHAUEN NICHTS.
ZUCK

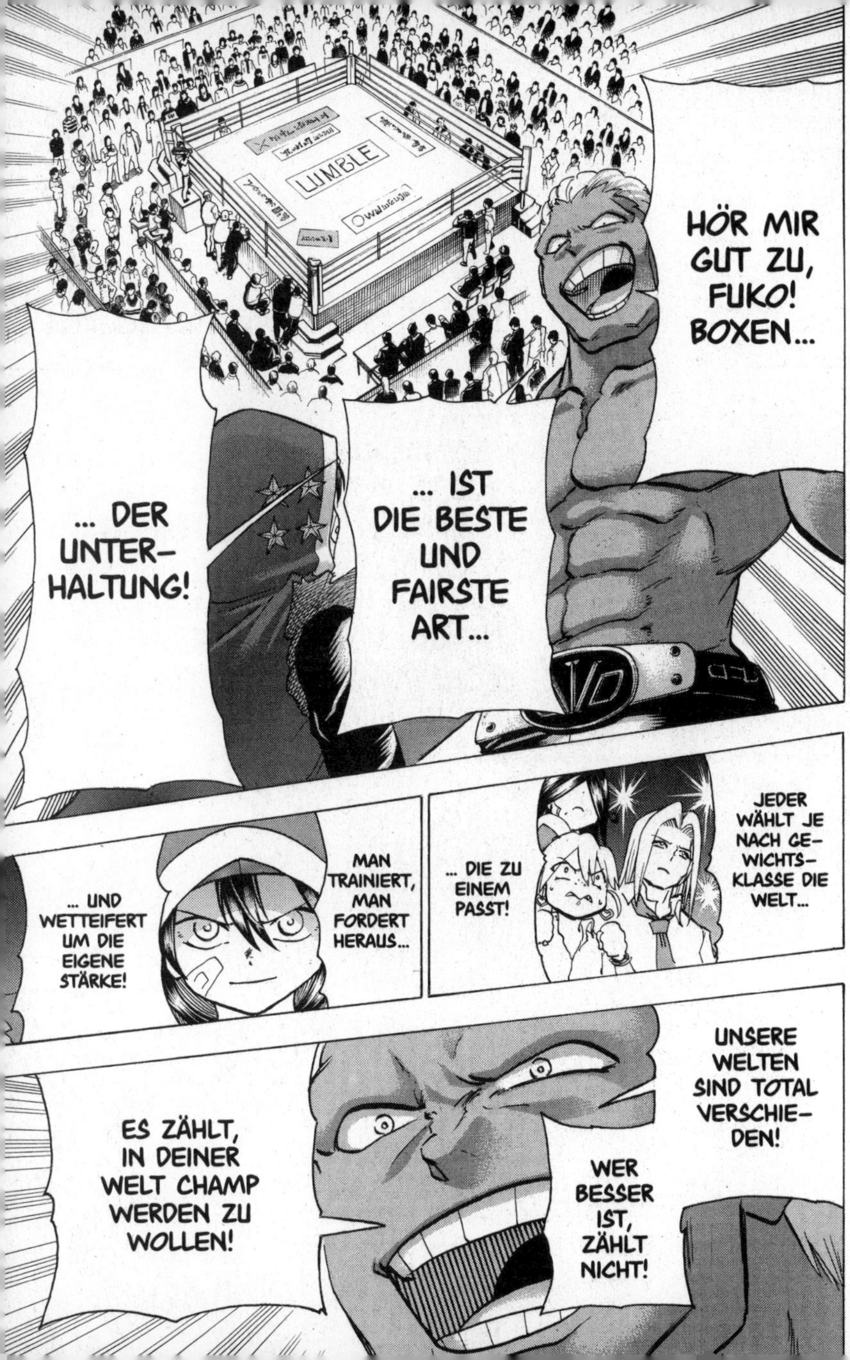

HÖR MIR GUT ZU, FUKO! BOXEN...
... IST DIE BESTE UND FAIRSTE ART...
... DER UNTER-HALTUNG!
JEDER WÄHLT JE NACH GE-WICHTS-KLASSE DIE WELT...
... DIE ZU EINEM PASST!
MAN TRAINIERT, MAN FORDERT HERAUS...
... UND WETTEIFERT UM DIE EIGENE STÄRKE!
UNSERE WELTEN SIND TOTAL VERSCHIE-DEN!
WER BESSER IST, ZÄHLT NICHT!
ES ZÄHLT, IN DEINER WELT CHAMP WERDEN ZU WOLLEN!

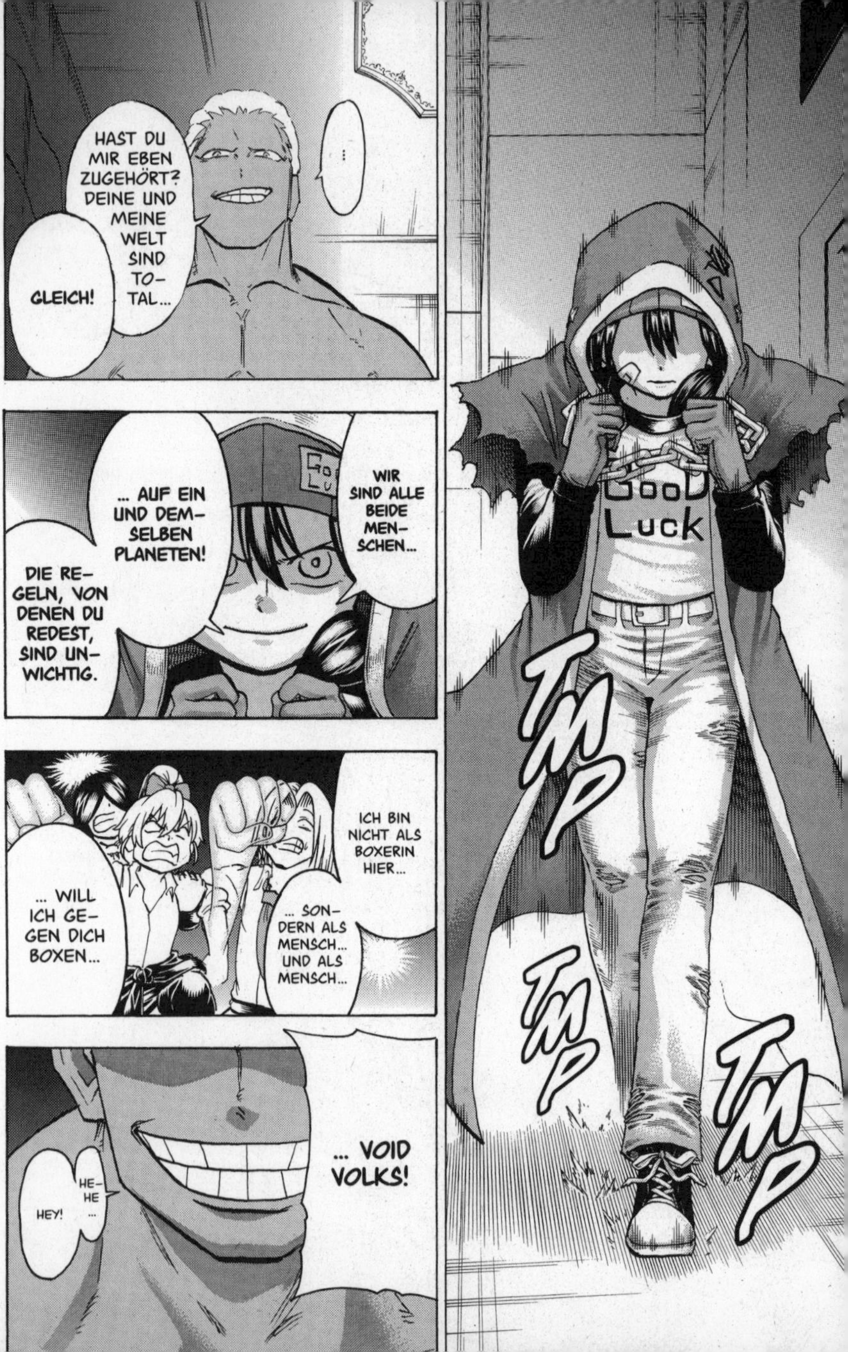

...
HAST DU MIR EBEN ZUGEHÖRT? DEINE UND MEINE WELT SIND TO-TAL...
GLEICH!
WIR SIND ALLE BEIDE MEN-SCHEN...
... AUF EIN UND DEM-SELBEN PLANETEN!
DIE RE-GELN, VON DENEN DU REDEST, SIND UN-WICHTIG.
ICH BIN NICHT ALS BOXERIN HIER...
... SON-DERN ALS MENSCH... UND ALS MENSCH...
... WILL ICH GE-GEN DICH BOXEN...
... VOID VOLKS!
HE-HE ...
HEY!
GooD Luck
TMP
TMP
TMP

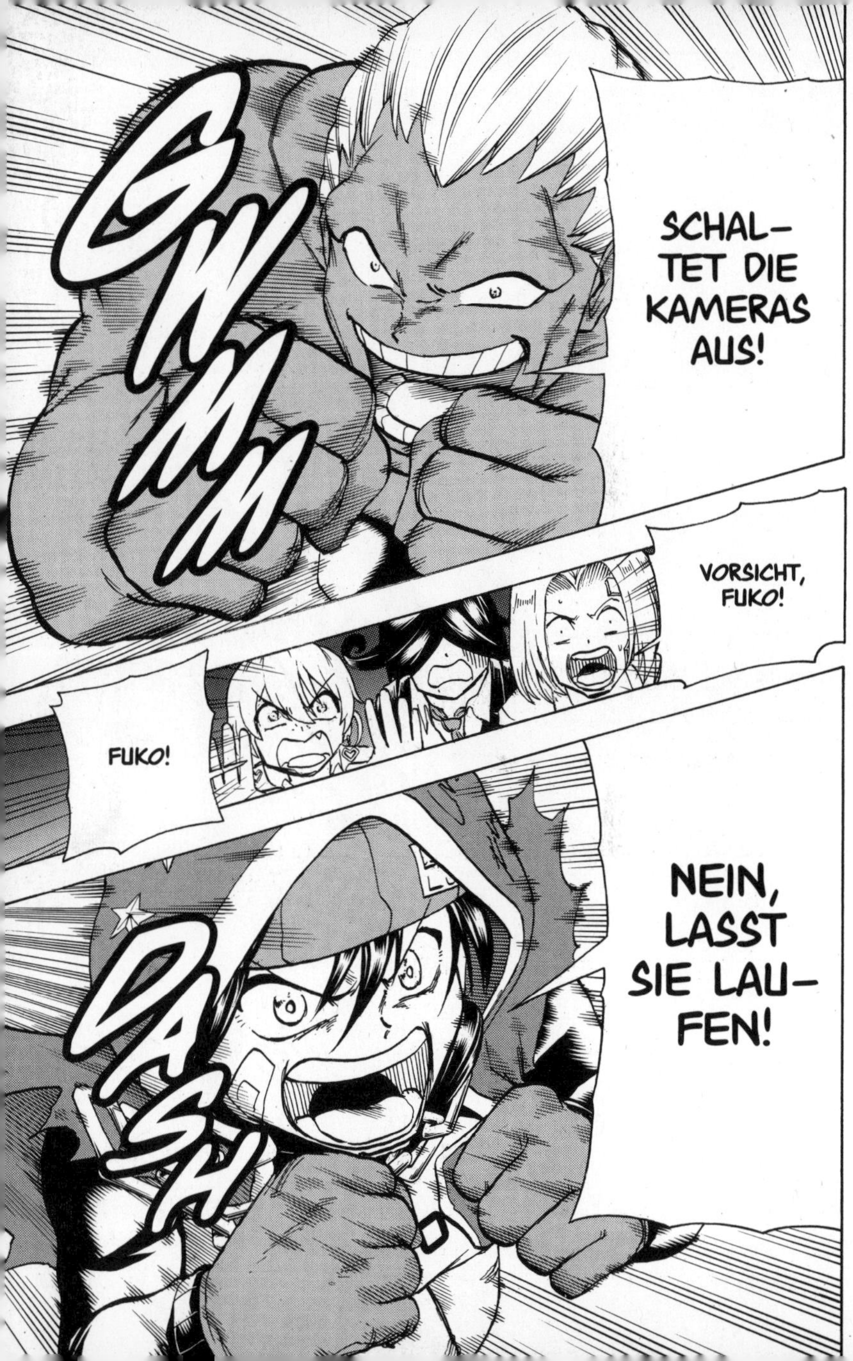
SCHALTET DIE KAMERAS AUS!
GNNN
VORSICHT, FUKO!
FUKO!
NEIN, LASST SIE LAUFEN!
DASH

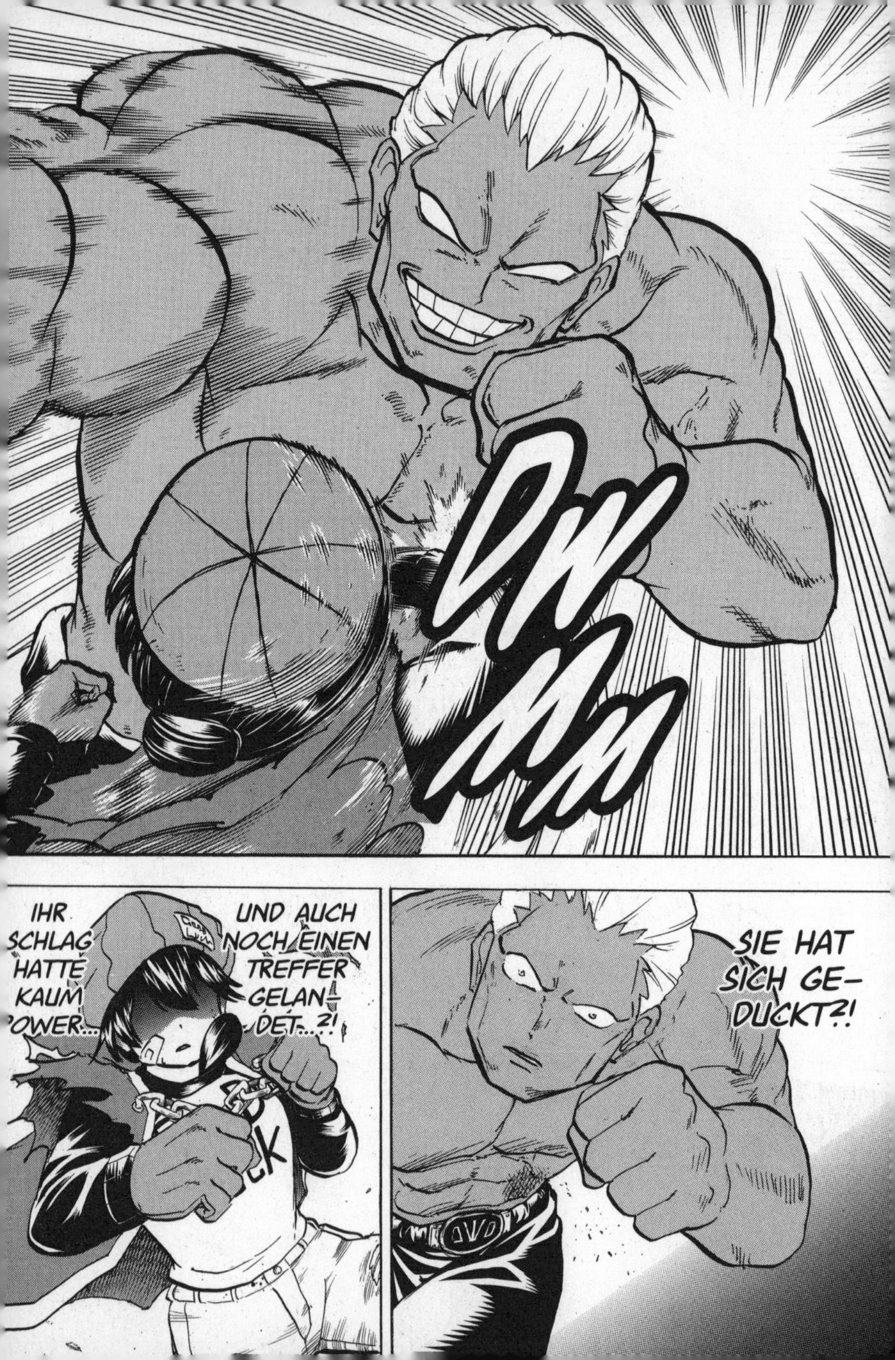
SIE HAT SICH GE-DUCKT?!
UND AUCH NOCH EINEN TREFFER GELAN-DET...?!
IHR SCHLAG HATTE KAUM POWER...

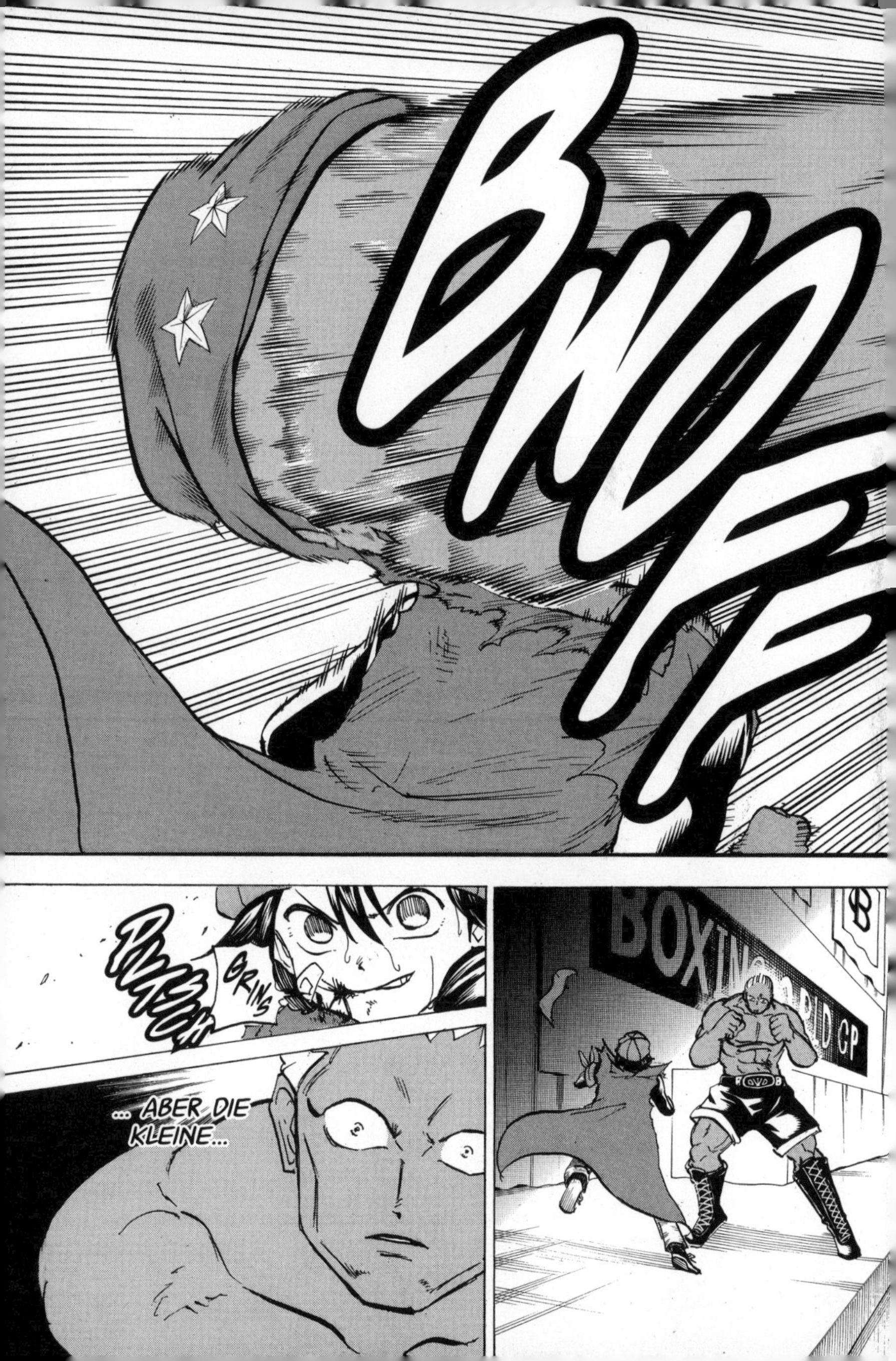
GRINS
... ABER DIE KLEINE...

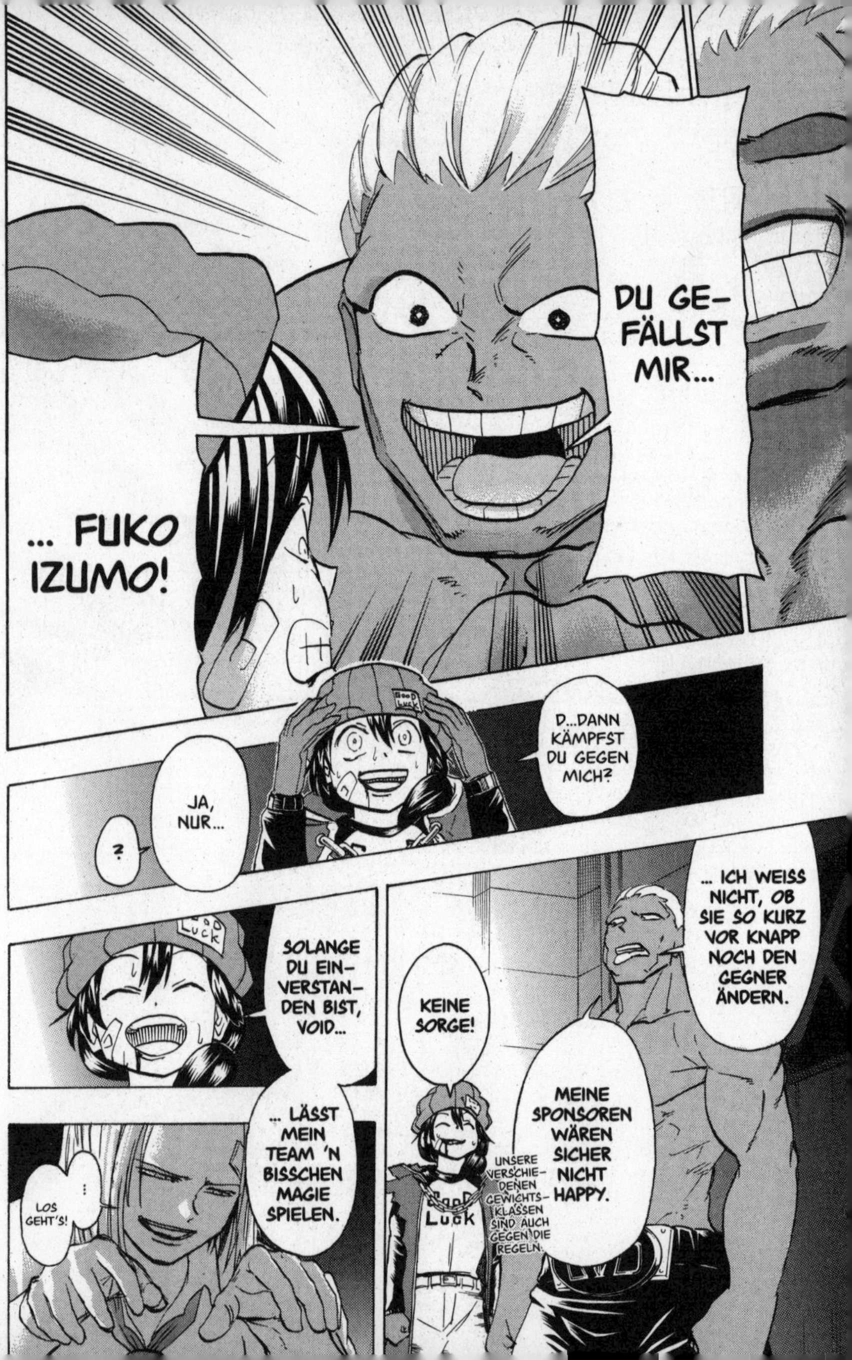

DU GEFÄLLST MIR...
... FUKO IZUMO!
D...DANN KÄMPFST DU GEGEN MICH?
JA, NUR...
?
... ICH WEISS NICHT, OB SIE SO KURZ VOR KNAPP NOCH DEN GEGNER ÄNDERN.
MEINE SPONSOREN WÄREN SICHER NICHT HAPPY.
UNSERE VERSCHIEDENEN GEWICHTSKLASSEN SIND AUCH GEGEN DIE REGELN.
KEINE SORGE!
SOLANGE DU EINVERSTANDEN BIST, VOID...
... LÄSST MEIN TEAM 'N BISSCHEN MAGIE SPIELEN.
...! LOS GEHT'S!

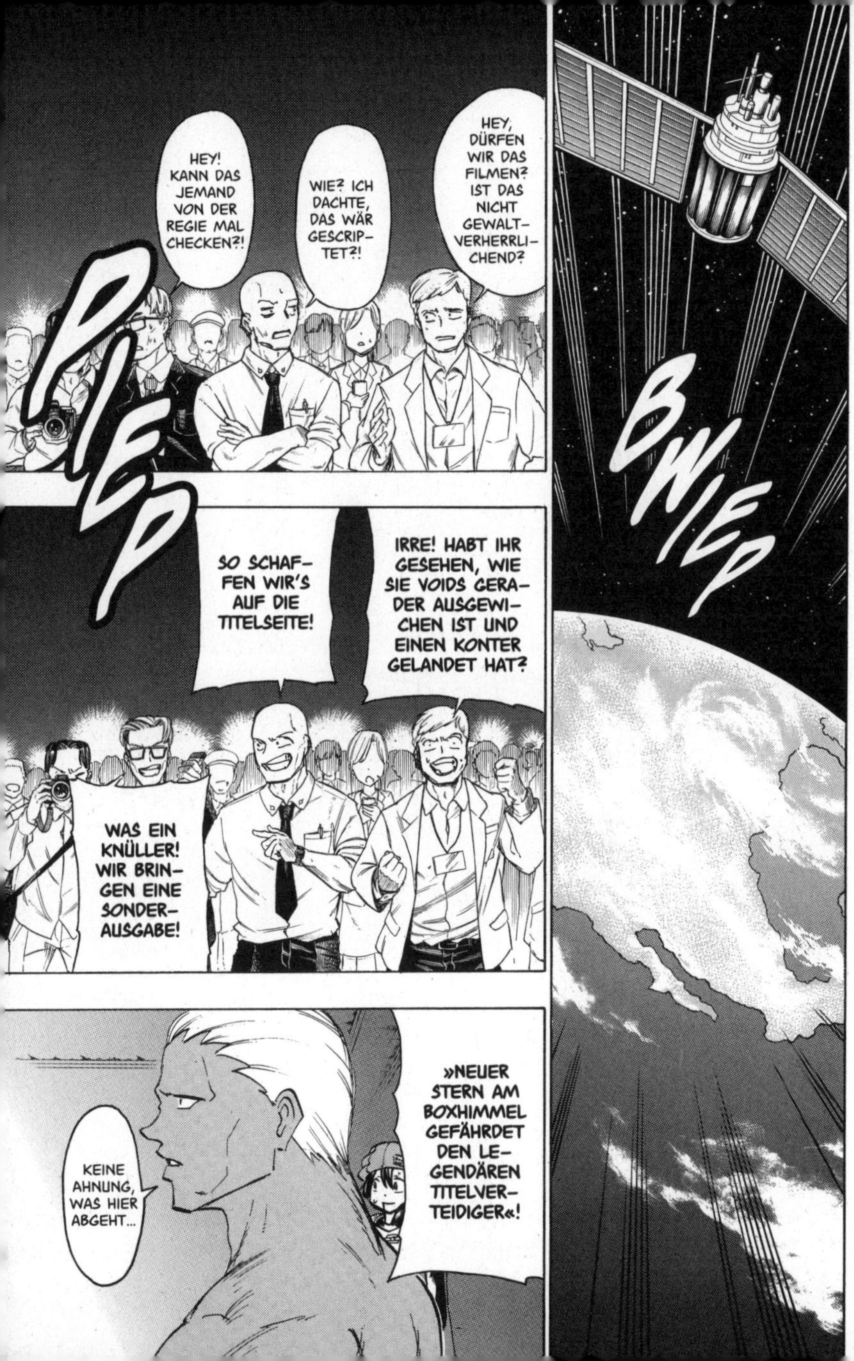
BWIEP
HEY, DÜRFEN WIR DAS FILMEN? IST DAS NICHT GEWALTVERHERRLICHEND?
WIE? ICH DACHTE, DAS WÄR GESCRIPTET?!
HEY! KANN DAS JEMAND VON DER REGIE MAL CHECKEN?!
PIEP
IRRE! HABT IHR GESEHEN, WIE SIE VOIDS GERADER AUSGEWICHEN IST UND EINEN KONTER GELANDET HAT?
SO SCHAFFEN WIR'S AUF DIE TITELSEITE!
WAS EIN KNÜLLER! WIR BRINGEN EINE SONDERAUSGABE!
»NEUER STERN AM BOXHIMMEL GEFÄHRDET DEN LEGENDÄREN TITELVERTEIDIGER«!
KEINE AHNUNG, WAS HIER ABGEHT…

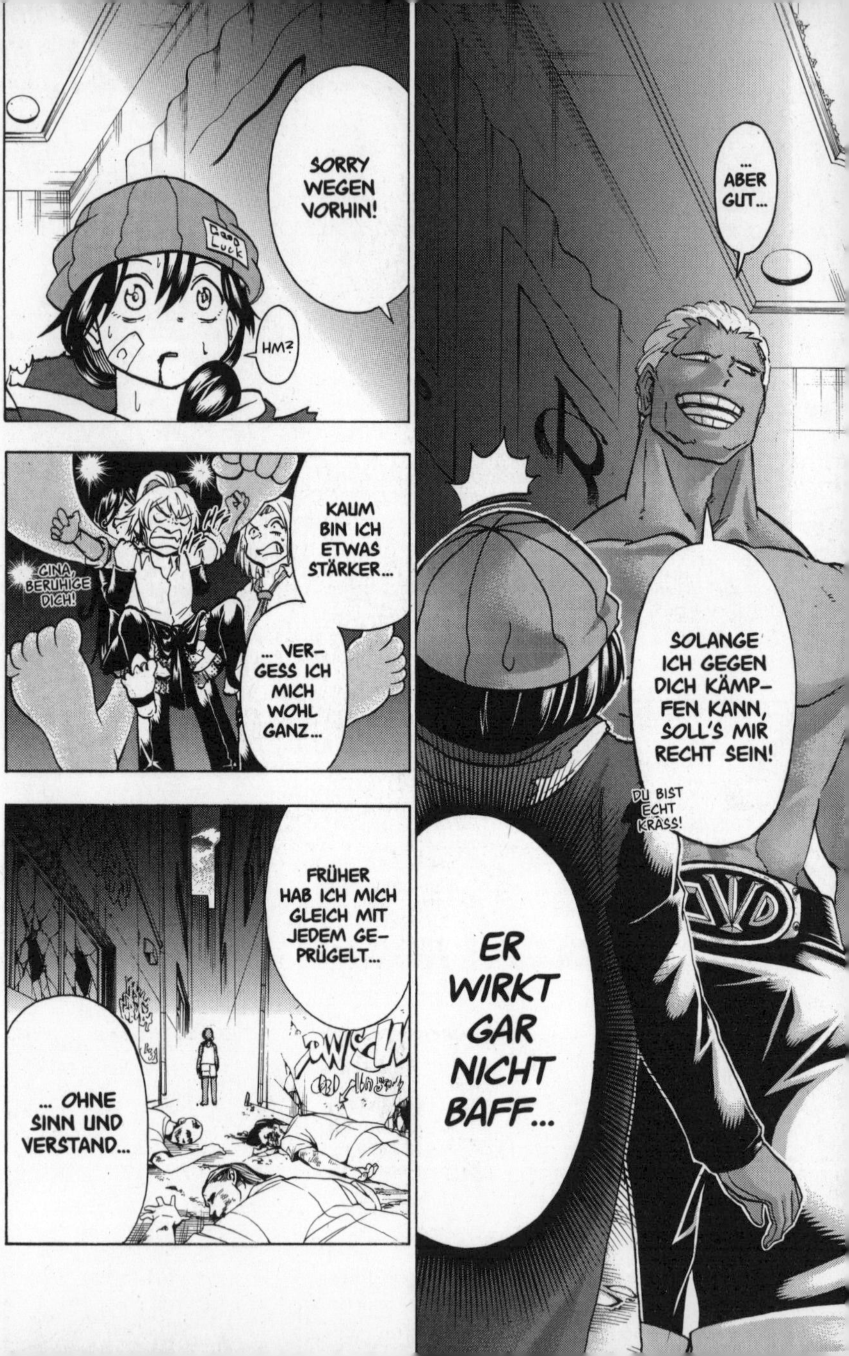
... ABER GUT...
SORRY WEGEN VORHIN!
HM?
KAUM BIN ICH ETWAS STÄRKER...
... VER- GESS ICH MICH WOHL GANZ...
GINA, BERUHIGE DICH!
SOLANGE ICH GEGEN DICH KÄMP- FEN KANN, SOLL'S MIR RECHT SEIN!
DU BIST ECHT KRASS!
FRÜHER HAB ICH MICH GLEICH MIT JEDEM GE- PRÜGELT...
... OHNE SINN UND VERSTAND...
ER WIRKT GAR NICHT BAFF...

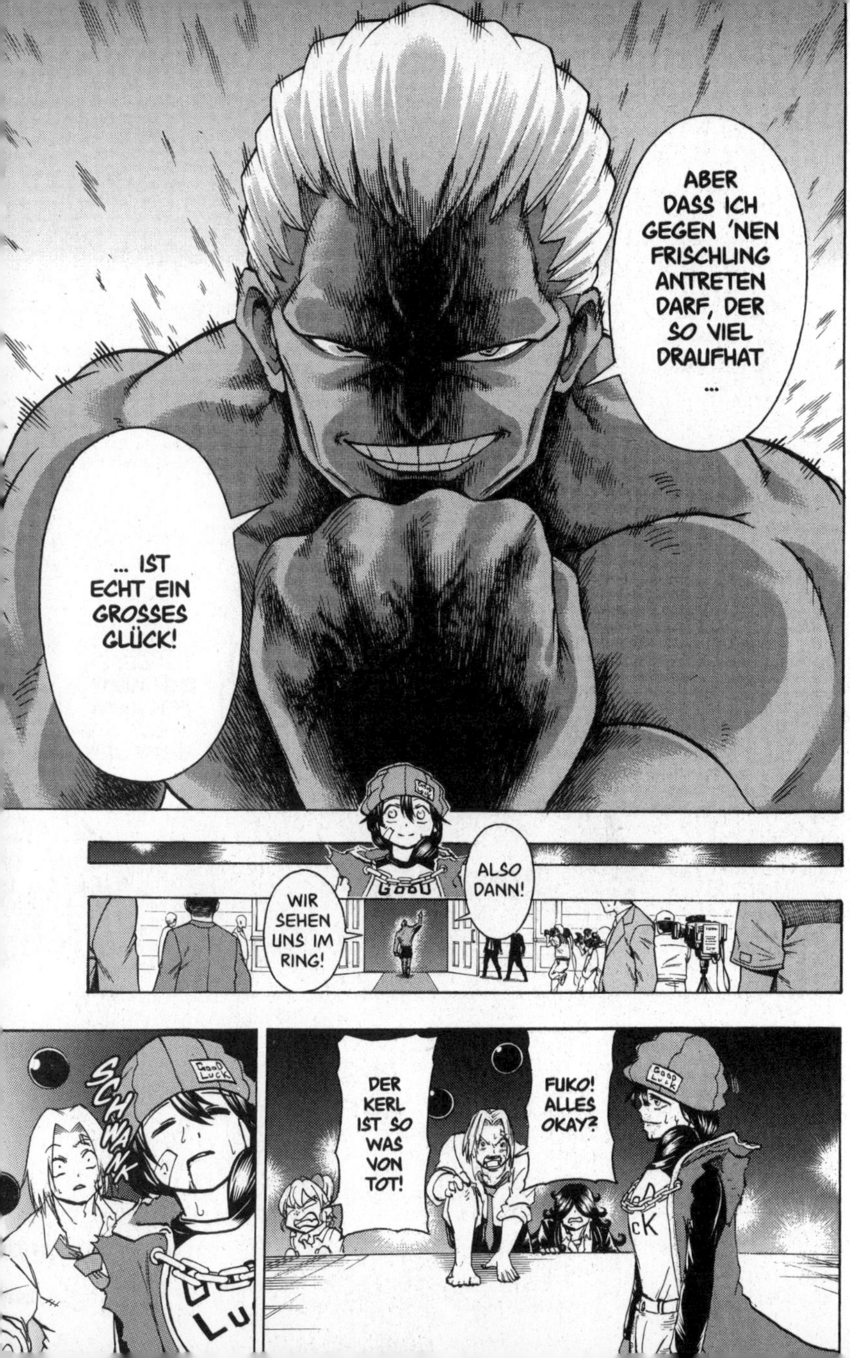
ABER DASS ICH GEGEN 'NEN FRISCHLING ANTRETEN DARF, DER SO VIEL DRAUFHAT ...
... IST ECHT EIN GROSSES GLÜCK!
ALSO DANN!
WIR SEHEN UNS IM RING!
FUKO! ALLES OKAY?
DER KERL IST SO WAS VON TOT!
SCHWANK

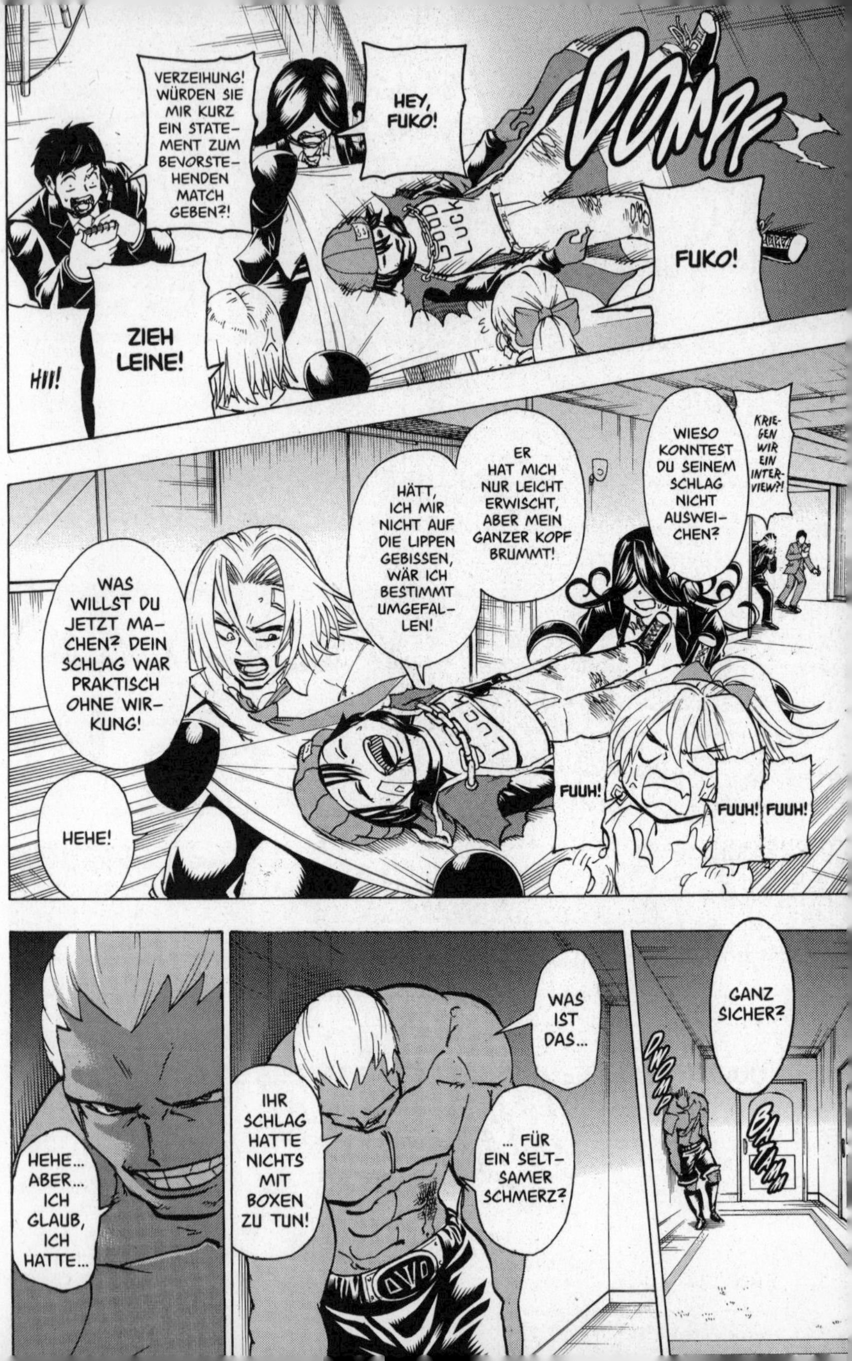

DOMPF
FUKO!
HEY, FUKO!
VERZEIHUNG! WÜRDEN SIE MIR KURZ EIN STATEMENT ZUM BEVORSTEHENDEN MATCH GEBEN?!
ZIEH LEINE!
HII!
KRIEGEN WIR EIN INTERVIEW?!
WIESO KONNTEST DU SEINEM SCHLAG NICHT AUSWEICHEN?
ER HAT MICH NUR LEICHT ERWISCHT, ABER MEIN GANZER KOPF BRUMMT!
HÄTT, ICH MIR NICHT AUF DIE LIPPEN GEBISSEN, WÄR ICH BESTIMMT UMGEFALLEN!
WAS WILLST DU JETZT MACHEN? DEIN SCHLAG WAR PRAKTISCH OHNE WIRKUNG!
FUUH!
FUUH!
FUUH!
HEHE!
GANZ SICHER?
WAS IST DAS...
... FÜR EIN SELTSAMER SCHMERZ?
IHR SCHLAG HATTE NICHTS MIT BOXEN ZU TUN!
HEHE... ABER... ICH GLAUB, ICH HATTE...

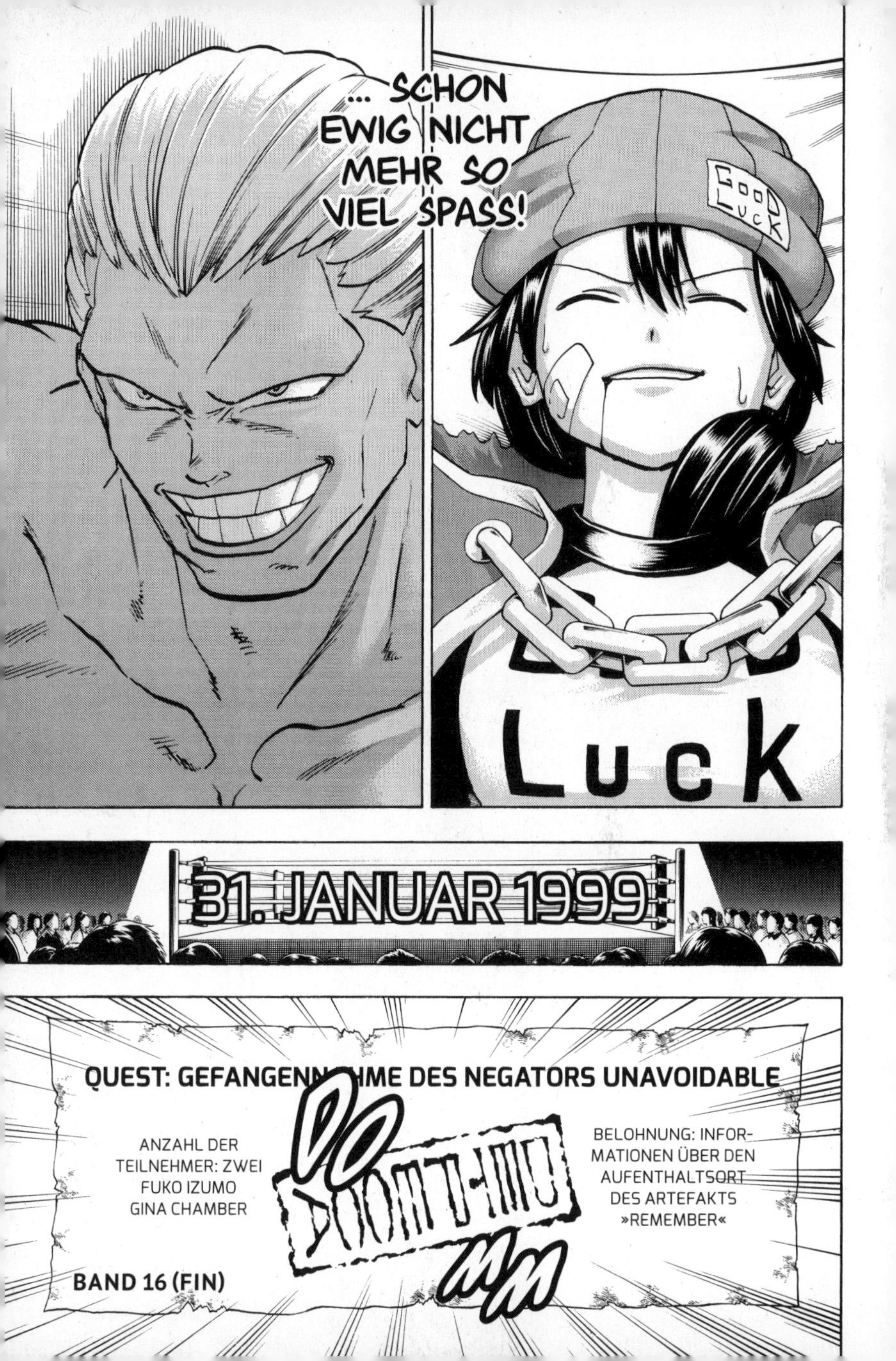
... SCHON EWIG NICHT MEHR SO VIEL SPASS!
GOOD LUCK
LUCK
31. JANUAR 1999
QUEST: GEFANGENNAHME DES NEGATORS UNAVOIDABLE
ANZAHL DER TEILNEHMER: ZWEI
FUKO IZUMO
GINA CHAMBER
BELOHNUNG: INFORMATIONEN ÜBER DEN AUFENTHALTSORT DES ARTEFAKTS »REMEMBER«
BAND 16 (FIN)

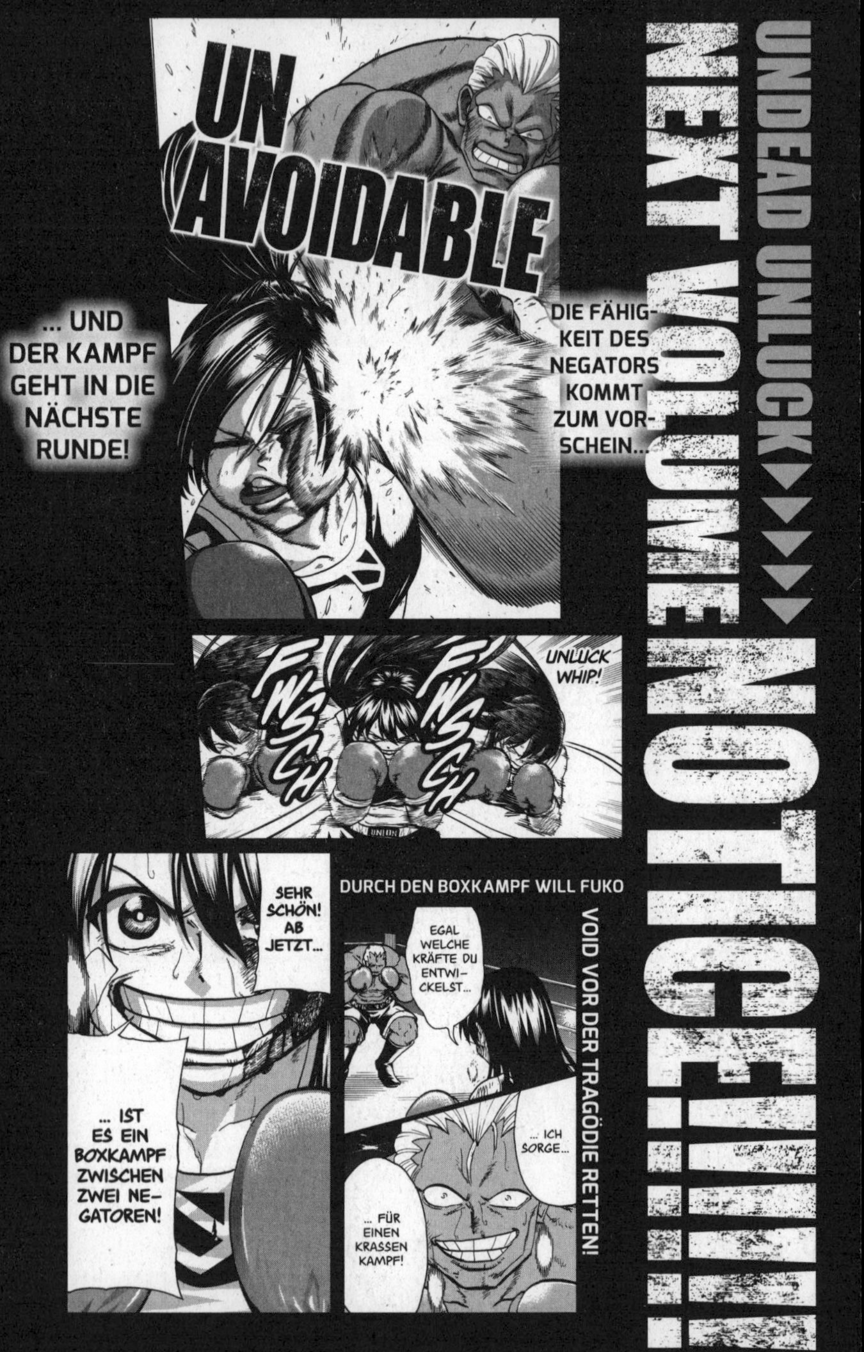
UNDEAD UNLUCK ▶▶▶
NEXT VOLUME NOTICE!!!
UNAVOIDABLE
DIE FÄHIGKEIT DES NEGATORS KOMMT ZUM VORSCHEIN ...
... UND DER KAMPF GEHT IN DIE NÄCHSTE RUNDE!
UNLUCK WHIP!
FWSCH
FWSCH
DURCH DEN BOXKAMPF WILL FUKO VOID VOR DER TRAGÖDIE RETTEN!
EGAL WELCHE KRÄFTE DU ENTWICKELST ...
... ICH SORGE ...
... FÜR EINEN KRASSEN KAMPF!
SEHR SCHÖN! AB JETZT ...
... IST ES EIN BOXKAMPF ZWISCHEN ZWEI NEGATOREN!

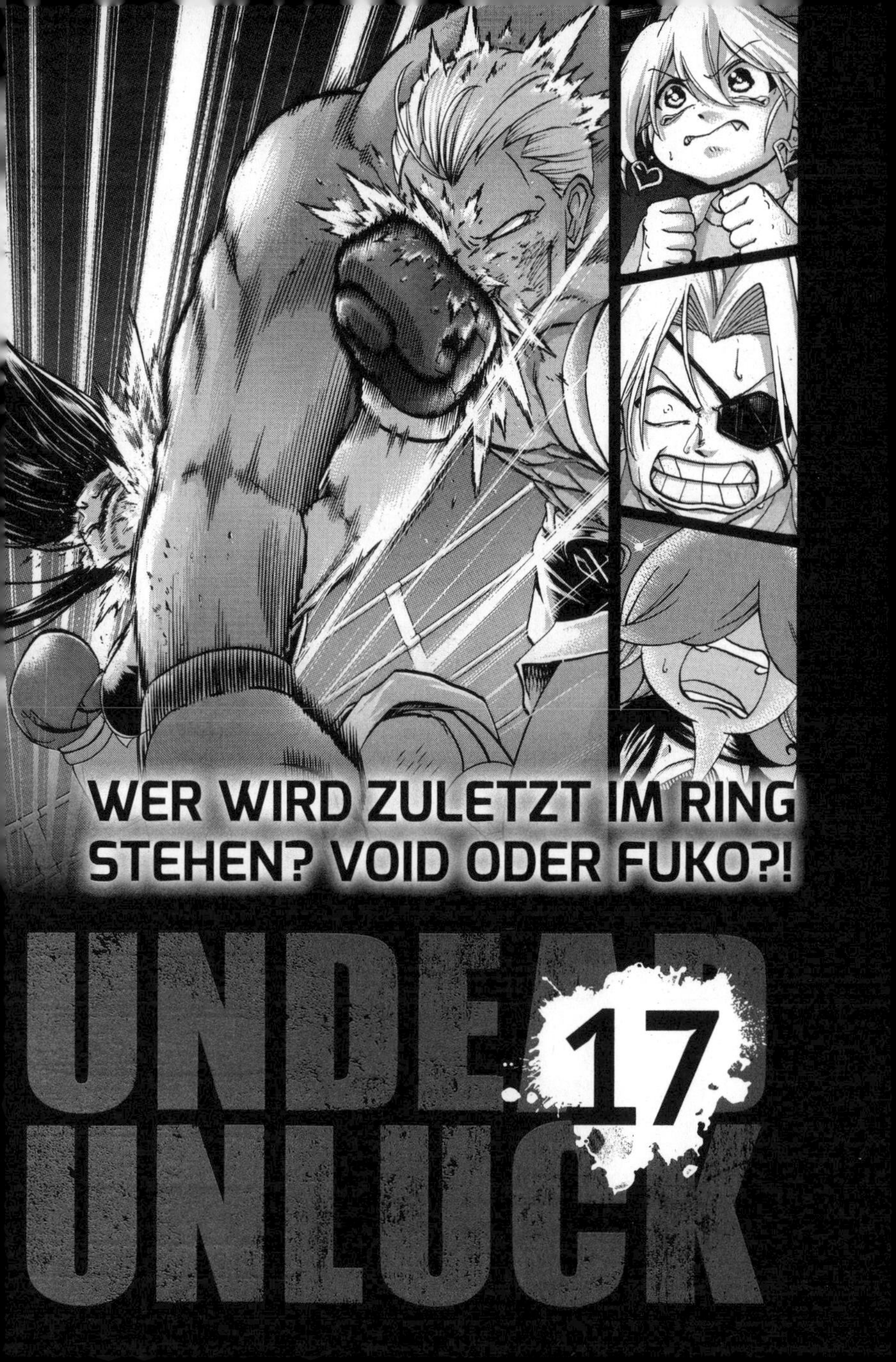
WER WIRD ZULETZT IM RING STEHEN? VOID ODER FUKO?!
UNDEAD UNLUCK
17

HALT!

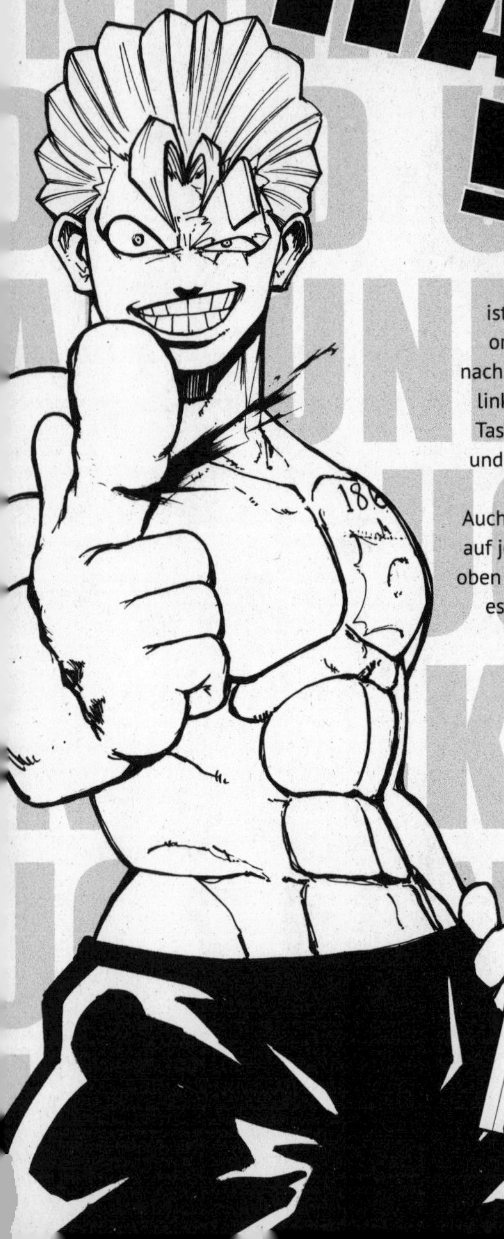

UNDEAD UNLUCK

ist eine japanische Serie, die originalgetreu von »hinten« nach »vorne« und von rechts nach links gelesen wird! Schlagt das Taschenbuch also »hinten« auf und blättert Seite für Seite nach »vorne« weiter!
Auch die Bilder und Sprechblasen auf jeder Seite werden von rechts oben nach links unten gelesen, wie es in der Grafik gezeigt wird!

Rotes Mützchen auf und Action auf Full Power!

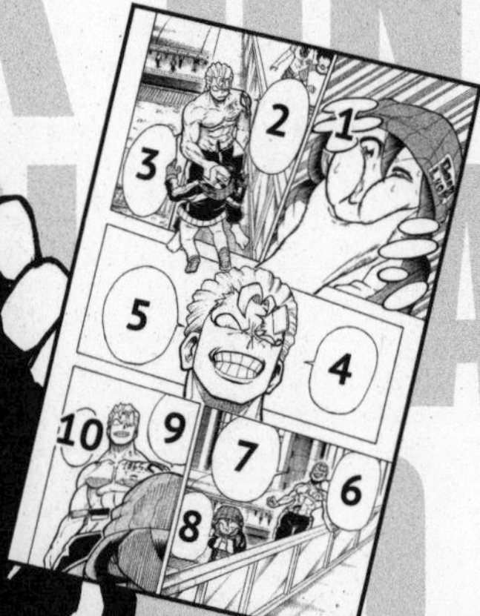